新版

サッチャリズムの世紀

作用の政治学へ

The Paradigm of Thatcherism: An Analysis of the Operative

Revised Edition with a New Afterword

豊永郁子
TOYONAGA Ikuko

keiso shobo

一九九八年　旧版へのまえがき

本書は一九八〇年代に英国の政治風景を一変させ、世界的な新保守主義ブームの先鞭をつけたサッチャリズムと呼ばれる一連の政治的イニシアティヴを理解しようとする試みである。それは同時に、今日における政治学という学問的営為の一つの可能性を指し示すことを期すものとなっている。

一九九〇年代も半ばを過ぎた今日でこそ、民営化、均衡財政、規制緩和、市場の自由化、「小さな政府」といった用語群は、政治討議の土俵上、揺るぎない正統的地位を確立したかの観がある。しかし、一九七〇年代までの先進諸国、就中イギリスでは、統治の公式教義はケインジアニズムと福祉国家にあり、「大きな政府」への楽観的期待もしくはその宿命論的受容が政府をとりまく一般的ムードであった。そうした中では今日、政治的言説の一般通貨となったこれら自由主義的言辞もむしろ、異端の口から発せられる教条的妄言として片付けられていたに過ぎない。ところが、昨日の異端が今日の正統へと変わる転換点が確かに存在した。イギリスでいえば、一九七九年五月四日から一九九〇年一一月二八日まで、一一年間と六ケ月余の長期にわたり保守党政権を率いたマーガレット・サッチャー首相の時代がそれである。彼女の政治は当初よりサッチャリズムという固有の名において言及され、この言葉はその政権時代が画することになる変化を表象する上でまさに格好のラベルを用意したのであった。

現時点より振り返れば、そこに変化があったことは明らかである。一九七〇年代の一時点と一九九〇年代の一時点を任意にとって、各々の時点における「当たり前と捉えられている事柄の地形」を比べて見るならば、政治や社会をめぐる「常識」の在り方は確かに変化を遂げていた。しかし、その変化を媒介するものとして一体どのような作用が存在し、これがどのような問題状況に対応するかたちで、どのような機縁によって生成したものであったのか、果たしてそこに政治は介在したのかどうかという点については案外満足のいく解答は与えられていない。これらの点がつめられて初めて、われわれはそこに生じた変化を、例えばサッチャー政権に具体的に結び付けて考えることができるようになるにもかかわらずである。この場合にはまさしく、変化に対応するような何らかの作用が抽出され、その作用がどのような機縁で生じたものであったのかが明らかにされることなくしては、よしんば変化それ自体が同定され得たとしても、その変化に関する何物もサッチャー政権ないしはサッチャリズムに帰すことはできない。つまり、一方で変化が生じたことを認めつつ、そもそもサッチャー政権も、サッチャリズムも、ひいては政治全体がそうした変化とは無関係であった、あるいは少なくとも大勢に影響を及ぼすものではなかったと論じることも可能なのである。

このようなサッチャリズムに対する、多分に意図的とも思われる矮小化は、現に次のような議論において行われた。すなわち、一九八〇年代に政治をめぐる「常識」を変える変化は確かに生じたが、それは一政権のコントロールの範囲を超えた現象であり、むしろ経済社会の構造変化や政治経済のグローバリゼーションに直接起因すると見るべきである。マーガレット・サッチャーの政治がいかにセンセーショナルな見出しの下に語られたところで、それは彼女の治世があくまで太古から繰り返されてきた政界ドラマ、権力闘争の叙事詩の一再現ないしは一カリカチュアとして魅力的な道具立てに事欠かなかったからに過ぎず、彼女の政治の何らかの側面が、そうした閉じられた人間ドラマの世界を超えて、現実に対する起爆力をもっていたからというわけではない。もっともこれよりやや建設的な議論は、現実へのサッチャー政権の踏み込みをもっと重く見て、これが従来価値を与えられてきた何かを破壊するものであったという意味付けを行う。しかし、破壊のあとに生み出されるはずの何かについては、やはりこれを政治の積極的なイニシアティヴや創造性に結び付ける装置を持たないのであり、サッチャー以後に現れる世界は、ただただ背後の大きな構造変化のうねりのなかに溶け出して行くばかりとなる。

そこで以下では、サッチャリズムを「作用」として理解することを試み、変化が政治によってもたらされた側面を可能な限り照射することとしたい。ここで政治とは何かを立ち入って論じる意図はないし、またその段階でもないが、とりあえず政治をその最小限の性格規定のうちに「人間が主体的に世界を構成する営み」であることを含むものとしておこう。本書はこの営みを媒介する作用、すなわち世界を構成する作用こそを分析の対象とすることとなり、それは右の政治観を前提とする限り、政治学の書に相応しい構えということになろう。さらに本書で展開されるサッチャリズム理解の試みは、もともと一九九〇年から九二年にかけて筆者が行ったサッチャリズム研究をまとめ直したものとして、サッチャー時代に重なるリアル・タイムでの試みであるという側面を含んでいた。目前に展開する現象を一体どのように理解するべきか——その時、その場に投企され、次の一歩をまさに自らのこととして問われる観察者でもあり実践者でもあるという立場からこの問題に対峙せざるを得なかったとして、その際にも「作用」概念によるアプローチに訴える理論的必然性があったことは、終章において詳しく解説する通りである。

「作用」とは、本書の終章において改めて定義されるとおり、内的な論理によって同定され、一定の力をもって周囲に働きかけるベクトルのようなものである。「作用」の抽出の際に決定的なポイントとなってくるのは、「作用」を同定するための枠組、いわば座標面をどのように設定するかという問題である。本書ではサッチャリズムに関する既存の言説、研究が、サッチャリズムの名において言及される事象を、いずれも断片的・部分的に記述したり説明したりするものでしかないことを踏まえて、できるだけ包括的にサッチャリズムを捉えることを意図し、そのために三つの座標面を設定することを提案する。「支持の政治」、「権力の政治」、「パフォーマンスの政治」と名付けられる三つの次元がそれである。これらは何も一般的に確立され得る分析次元というわけではなく、むしろ次の章で示される通り、サッチャリズムを「作用」として、しかもできるだけ包括的に理解するために、最も適した分析枠組として選びとられたものである。

さて、それではサッチャリズムとは一体何だったのであろうか。

サッチャリズムとはそもそもサッチャー政権下の政治に言及するために造り出された言葉であった。ここでその指示する政治について一般に言われた事柄を簡単に整理しておくならば、まず重要なのは、それが一九四五年以来、イギリスの二大政党が激しく政権を競い合いながらも暗黙裡に共有してきた「戦後合意」の枠組を徹底的に破壊するものとして受け止められたという事実である。ここで言う「戦後合意」とは、ケインジアニズムと福祉国家へのコミットメントを内容とし、合意の形成とプラグマティズムを重んじる政治手法によって担保されていたものであったが、これらはいずれもサッチャー政権が追求した一連の政策群によって、あるいは政策過程の随所に表されたサッチャー独自の政治スタイルによって明示的に覆されたとされる。

このうち同政権が追求した政策群の中身を敷衍するならば、それは第一に、ケインジアニズムに代わるマネタリズムの採用と、各々その一環としての完全雇用へのコミットメントの破棄、公共支出の劇的削減等からなるマクロ経済諸策であり、第二に、市場メカニズムへの信奉に裏打ちされた逆進的税制改革、国有企業の民営化、規制緩和の推進、労働組合の弱体化諸策、個人の自助努力の強化奨励などからなるミクロ諸政策であり、第三に、アメリカとの同盟関係の強化、対ソ強硬外交の復活、反ＥＣ的ヨーロッパ政策などからなる一連のナショナリスティックな対外政策であった。これらの政策には社会または経済領域の諸機能を国家の手から市場や個人の手に取り戻すことを主張するニュー・ライトの政治経済学と、保守党の伝統的支持層の間で根強く受け継がれてきた中産階級的モラリズムとが投影されていると考えられ、サッチャー政権下の政治はまさにこうした二つの保守的思潮の刻印を帯びることによって、一九八〇年代に世界中に伝播した「新保守主義」の最前衛に位置付けられ、また大西洋の反対側でほぼ同時に進行した共和党大統領ロナルド・レーガンの保守政治とはしばしば双生児のように論じられたのである。

他方、一九八〇年代のサッチャー政権下の政治が示した革新性、すなわち何らかのかたちでの過去との断絶を、サッチャー個人の強烈な個性もしくはその強引な政治手法の目新しさに帰す議論も盛んに行われた。現にサッチャー本人も従来の「合意の政治」を否定する「確信の政治家」を自任することで、歴代首相の穏健な政治スタイルからの訣別を喧伝していたし、また、その庶民的出自の含意――例えばその中小商店主的な道徳観・社会観――を前面に押し出すことによって、伝統的（特権的）な政治階級への挑戦の姿勢を広く国民に印象付けていたのである。

このように本来、一定の政策群や首相個人のスタイルに注目を集めたサッチャー政権下の政治を指示するために造り出されたサッチャリズムという語であったが、それはやがて一九八〇年代のイギリス政治を一言で語るキー・ワードとなったばかりでなく、世界的な規模でも一つの共通語となった観があった。すなわち、サッチャリズムは西側先進諸国の保守化の先触れに与えられた名前としてこれら先進諸国を席捲した新保守主義の別名となったのみならず、ペルー、ジャマイカ、旧ソ連など第三世界や旧共産圏の政治空間においては社会主義に代わる一種の象徴的価値を帯びた概念として流通したのである。それだけにサッチャリズムという語を単なる便利な代名詞、もしくはレッテルとして片付けることなく、一九八〇年代のイギリスで起こった政治現象を何らかの本質的、普遍的な内容において表象する概念として位置付けることが重要となる。これを行おうというのが本書の試みに他ならず、そしてそのためにサッチャリズムを何らかの「作用」——一般化され、伝播可能な「作用」を表象する概念として捉えようというわけである。

但し、一九八〇年代のイギリス政治はその現実の展開において従来のイギリス政治に対する解釈図式が殆ど有意性を持ち得ないような地点にまで進んだものであり、従ってそこに現れたサッチャリズムとは何であったかという問いに答えるためには、英国政治に対する全く新しい接近法が確立されなければならなかった。すなわち、サッチャリズムを理解することと、これまでのイギリス政治を新しい図式によって解釈し直すこととが同時並行的に行われなければならなかったのである。本書においてもまず第一に、サッチャリズムをイギリス政治のマクロな文脈に位置付けるためにサッチャー以前のイギリス政治史を再構成する作業が試みられる。その上で初めて、ミクロな政治過程にまで分け入ってサッチャリズム生成の過程を具体的にあとづける作業が着手され得ることとなる。そもそも一定の「作用」が言及可能であるためには、①その「作用」がまさに意味を持ち得るような——これを背景にその「作用」が鮮やかに立ち上がってくるような問題状況が同定されること、②その「作用」の生成に因果論的に関わり得た一連の出来事が同定されること、これらの手続きが要請される。前者は①に、後者は②に対応する作業として位置付けられる。

具体的には本書の構成は以下の通りとなる。

まず理論篇ともいうべき最初の二章のうち、序章では、既存のサッチャリズム論の限界を確認した上で、サッチャリズムを「作用」として、しかもできるだけ全体的に捉えるために本書独自の分析枠組――「支持の政治」、「権力の政治」、「パフォーマンスの政治」と名付けられる三つの次元を導入する。さらに第一章では、これらの分析枠組に即しつつ、サッチャー登場以前のイギリス政治の在り方に関する新しい解釈を「二層政党制」論、ならびに「二重国家構造」論として提起し、サッチャリズムのコンテクストを明らかにする。つづく第二章から第七章では、住宅政策を中心とするケース・スタディを基に議論を進める。まず第二章でサッチャー政権以前の政策史を辿り、これをもって右の「二層政党制」論、「二重国家構造」論を実証するケース・スタディに代えた後、第三章から第七章にかけていよいよサッチャー政権下の住宅政策の展開をあとづけ、さらにその周囲に民営化政策、行政改革の動きを押さえていく。その過程では、サッチャリズム成立をもたらした様々な機縁が明かされ、サッチャリズムと呼ばれるべき何かが一九八七年前後に漸く像を結ぶに至ったことが示されると同時に、サッチャリズムを構成する諸要素も特定されることになろう。そして最後の終章では、改めて理論編と住宅政策編の成果を結び付け、研究全体の総括を行った後、本書の戦略的視角をなす「作用」概念の可能性について、この概念を社会科学の方法論の諸系譜の中に位置付けることによって考察することとしたい。

最後に、イギリス政治、とりわけサッチャリズムを論考の対象として取り上げることの意義について一言付け加えるとすれば、次のようになるであろう。まずサッチャリズムを手掛かりに英国政治の伝統に深いメスを入れることによって、いまだに流通力の衰えない英国発祥の議会制民主主義にまつわる数々の道具立ての脱神秘化あるいは相対化が果たされ、それらの現実的諸条件が明らかにされることが期待される。特に、いまだ日本の政治空間にその残鳴を響かせている二大政党制待望論に対し、そこでモデルとされる英国の二大政党制について本書が提起する新たな解釈図式――具体的には第一章で論じられる「二層政党制」論は、何らかの重要な示唆を与え得るものではないかと思う。同じように近年、英国起源の新たな正統学説として世界中に伝播したサッチャリズムについても、その本質と文脈を正しく特定する必要がある。そうすることによって初めて他の先進諸国に生じた新保守主義的傾向、第三世界や旧共産圏に見られたサッチャリズム人気、そうした後発諸国へのサッチャリズム移植の試みといったものについて有意な考察を加えることが可能となるであろう。今日、経済システムの自由化や規制緩和、財政構造改革、行政改革などの課題において、サッチャー政権下に試みられた発想や手法が一〇年遅れで呼び起こされている日本の現状について、貴重な洞察が得られるであろうことも勿論である。

＊

本書は筆者が一九九二年三月に東京大学法学部に助手論文として提出し、その後一九九四年から一九九五年にかけて『国家学会雑誌』誌上に発表した「サッチャリズムと住宅政策――ポピュラー・キャピタリズムと英国国家構造の接点」に加筆と修正を行ったものである。加筆と修正に当たっては本書が今日の議論の状況においても可能な限り有意なものとなるよう心掛けたが、資料・文献について基本的には一九九二年当時までのものに依拠せざるを得なかった点はご容赦願いたい。その代わりと言っては何だが、今回の稿では方法論の探究に力を尽くしたつもりである。まえがき、および終章の最終節では、筆者がかつての稿について漠然と感じるようになっていた欠落を埋めるべく、政治学ひいては社会科学の方法論に定位し得るような議論を展開することとなった。いささか冒険心が過ぎた嫌いもあるが、これなくしてはまさに筆者のサッチャリズム論は完結され得なかったのである。

本書に至るまでの行程では、実に沢山の方々にお世話になった。特に東大時代の指導教官、佐々木毅先生にはこの場を借りて深く感謝の念を表したい。そもそも本郷に進学した春、ほんの思いつきで先生の政治学の講義に出席したことが全ての始まりであった。初回の講義が終わる頃には、それまで象牙の塔に少しの興味も抱かなかった筆者が、すっかり先生の下で政治学を学ぶ決意を固めていたのである。その講義で味わった感興は今も忘れられない。それ以来、佐々木先生からは言葉には尽くせない程の温かさと忍耐をもってご指導を頂いてきた。拙い助手論文を本にまとめることを最初に御示唆下さったのも、佐々木先生であった。本書によってわが「不肖」ぶりがまた露となるわけであるが、佐々木先生の「強い頭脳」（かつて先生が「強いアタマを持て」と言われたことが強く印象に残っている）に少しでも近づけるよう、今後も精進に努めたい。

東大時代には五十嵐武士先生をはじめとする諸先生からゼミや研究会、論文報告会などの機会を通じて貴重な学恩を賜った。城山英明氏をはじめこの時期に得た友人たちは、今も大きな励ましと刺激の源であり続けていてくれる。また東大を飛び出てからの筆者は、行く先々で助手論文に対する温かい反響を頂き、本書への励みを蓄えることができた。ケンブリッジ留学を機に出会った加藤節先生は学問に対する真摯な姿勢とともに文章を書く構えというものを筆者に教えて下さった。また本書の出版に関して創文社の相川養三氏を御紹介下さったのも加藤先生であった。川崎修先生と山口二郎先生は最も初めの段階の拙い原稿を読み、的確な講評と激励を下さった。論文が『国家学会雑誌』に掲載されてからは、さらに多くの方が目を通して下さり、過分の反応を寄せて下さった。特に中野実先生、落合仁司先生、毛利健三先生の言葉にはどれほど励まされたことか。ケンブリッジではまた、納富信留氏をはじめ日本語に飢えた友人たちが様々な専門から集まって論文を読み、新鮮なコメントをくれた。政治学の研究者以外を読者にもつ醍醐味を覚えたのは、まさにこのケンブリッジ時代のことであった。

一九九三年秋から一九九五年夏にかけてのケンブリッジ生活は、筆者にとって初めてのイギリス体験であった。

正直に言えば、この二年間で自らのサッチャリズム論が実体験を以て覆されることもあるいは覚悟していたのだが、むしろこれについての心証を強めて帰ってきたというのが実際であった。そこでは何より指導教官のジェフリー・ホーソン氏が筆者の二層政党制モデルを支持して下さったことが大きな自信となった。同門のシルヴィア・チェンの慧眼に裏打ちされた応援も頼もしい支えであった。ケンブリッジでの体験によって自らの議論の有意性を確信するようになったという経緯がなければ、本書の出版もあり得なかったであろう。

帰国後半年間在籍した地方自治総合研究所では、佐藤竺先生をはじめそこに集う諸先生、また同僚の皆さんから実《じっ》に温かい励ましを頂いた。特にそこで専門の異なる村上順先生から論文について頂いた鋭い指摘は、筆者が方法論への自覚を深めるきっかけとなった。

その後赴任したここ福岡の地でも、小山勉先生をはじめとする九州大学法学部の政治系スタッフの皆さんに、素晴らしい研究環境を与えて頂いている。本書において初めて展開した筆者なりの方法論も、もとは筆者が本学の政治研究会で報告を行った際に藪野祐三先生、大河原伸夫先生から頂いたコメントが手掛かりとなって生まれたものであった。

一時に一つのことしかできない筆者は、本書に至る様々な段階で周囲から多大なる励ましを得てきたと同時に、周囲に多大なる迷惑をかけてきた。最も身近にいて火の粉を浴びた友人たち、ケンブリッジの梁淑蛍、九州大学法学部および比較社会文化研究科のスタッフや学生の皆さん、そして大嶽秀夫先生をはじめとするガバナンス研究会の皆さん――筆者に忍耐と寛容を以て接して下さった全ての方々に感謝の意を表したい。

特に創文社編集部の相川養三氏の忍耐と寛容には最大の敬意と謝意とを以て言及しなければならない。遅筆の上に手際の悪い筆者の原稿がまがりなりにもここにあるのは、ひとえに相川氏のおかげである。氏の「生来の編集者」としての仕事ぶりには個人的にも大いに感銘を受けるところがあった。相川氏には心から御礼申し上げたい。

最後に私事ではあるが、本書はナチズム研究の途半ばで病に倒れ、筆を折った叔母、豊永泰子に捧げたい。

一九九八年三月二〇日

豊永郁子

＊なお、本書の一部は、安藤記念財団、および日本住宅総合センターからの研究助成に基づくものである。また本書の出版は、九州大学法学部国際交流基金の助成を受けて行われた。関係者各位にはこの場を借りて謹んで御礼申し上げる。

新版　サッチャリズムの世紀

作用の政治学へ

目次

新版　サッチャリズムの世紀

作用の政治学へ

序　章　サッチャリズムへの理論的視角

第一節　サッチャリズムをめぐる諸解釈

サッチャリズムとは一体、何であったのか。

サッチャリズムという概念は一九八〇年代のイギリス政治を語る際のキー・ワードとなり、その実際の用例は明確な定義を問うこともなくこれを便利な報道用語として用いるものが殆どであったが、その一方で、政治学者たちはこの言葉によって表象される現象を説明することを自らの任務と受け止め、様々なサッチャリズム論を生み出してきた(1)。そうしたサッチャリズム論には大きく分けて二つの接近法があったと言ってよい。一つはサッチャー政権がとった個々の行動、関与した諸事実の集合の中にサッチャリズムと呼ぶに足りる何らかの一貫性を見出そうとするアプローチであり、もう一つは実際に生起した出来事の歴史的・同時代的背景に言及することによって、一九八〇年代の政治現象に内在するダイナミクス、そこに働いていた一定の戦略を抽出しようとするアプローチである。

これらのうち第一のアプローチは、事実の断片性と両義性に常に裏切られる運命にあった。例えばサッチャリズムを一つのプログラムと見なし、サッチャー政権が現実に追求した一連の政策群をそのプログラムの遂行と捉える議論が広く行われたが、実際には、それらの諸政策は一つのイデオロギーから導出されたものでもなければ相互連関的に計画されたものでもなく、多分に状況的に積み上げられていったものに過ぎなかったという事実が存在した。[2]またサッチャリズムを、労働党の支持基盤を切り崩し、保守党の党派的優位を利するという一点においてのみ一貫性を持つものと見る向きも強かったが、そうして確立が図られた筈の保守党優位の党派的バランスについて、サッチャー時代に関する選挙や世論調査のデータが示唆するところは常に両義的であり、そのために特にサッチャリズムという概念を定立するほどの党派的性格の突出は少なくとも外形的には認め難いのである。[3]さらに、サッチャーに関連付けられる一定の政治手法にサッチャリズムを還元しようとする試みも、サッチャーの政治手法が従来の「合意の政治（consensus politics）」の否定であることを強調する議論と、これを統治権力の確保を最優先するプラグマティズムの実践例であるとして保守党の伝統的統治術の延長線上に捉える議論との両様の見地を生み出しており、サッチャリズムをそれとして画する規定に到達し得なかった。[4]その他、サッチャリズムを一定のイデオロギーと対応させようとする議論も盛んであったが、ここでもサッチャー政権のいわゆる新自由主義をそれまでのコレクティヴィズム（collectivism）への反動と見るか、それとも保守党内に脈々と流れてきた一方の自由主義の系譜と他方の国家主義・道徳主義の伝統、これらの合流上に見るかによってサッチャリズムの革新性と過去との連続性に関する理解が分かれており、サッチャリズム論の混迷は深まるばかりとなっている。[5]

以上のようなサッチャリズムへの接近法は、それだけではサッチャーが関与した政治的現象を断片的に表象し得るにとどまり、特に過去との連続性・断絶性を整序する視点に欠けていた。喩えて言うならば、サッチャー政権に帰されるところの様々な事象A、B、C、D……があるとして、集合X｛A、B、C、D……｝そのものをどのように料理しようが、そこにサッチャリズムと呼ばれるべきものは見出し得ないということであろう。むしろサッチャリズムとは、何かを変換してその結果として集合X｛A、B、C、D……｝を含む事象の集合を生み出すような、そのような変換式に当たるものとして理解されるべきではないか。

以下に紹介する四つのサッチャリズム論は、冒頭に述べた第二のアプローチによる議論であり、一九七〇年代にイギリスの「衰退」、または「統治可能性（governability）」の危機として切実に捉えられていた問題状況に即して、一九八〇年代のサッチャー政権が関与した諸事象の背後に働く論理を読み解こうとしたものであった。それらは第一のアプローチによって浮かび上がったサッチャリズムの断片的諸相を整序する視点を含む、多少なりとも理論的なサッチャリズム論をなしており、特にここで紙幅を割いて紹介するだけの価値のある議論となっている。もっとも以下ではそれらのサッチャリズム論についても、サッチャリズムを全体的に捉えきれていない、前述の喩えで言う変換式と変換結果とを理論的に区別し得ていない等の限界が示されることになるであろう。

① 権威主義的ポピュリズム論　最初に紹介する「権威主義的ポピュリズム」論は、一九七九年にスチュアート・ホールが提起した議論であり、サッチャリズムが理論的意味付けの可能な一つの戦略として論じられる端緒を開いた議論である(6)。ホールによれば、サッチャリズムは「社会的活動のあらゆるレヴェルを通して社会的権威を確立」する必要から生み出された。この観点は専らプーランザスに負うものであり、特に彼の「権威主義的国家主義」論、すなわち資本主義国家は民主的諸制度の周縁化によって正統性を失い、かつまた経済成長の行き詰まりによって被支配階級を懐柔する物質的手段を失う結果、秩序の再確立を図るに際して益々強制の契機に依存することになるであろうという予言的な議論が念頭に置かれている。但し、ホール独自の論点は、そうした統制的国家がイギリスでは逆説的にも反国家主義的アピールによって実現されつつあるとする洞察にあった。つまり、サッチャー

政権は「民衆を動員する局面においては反国家主義的なイデオロギー的自己規定に頼りつつ、その実際の戦略的作動においては極めて国家中心的・国家主義的」であり[7]、従ってサッチャリズムはむしろ「権威主義的ポピュリズム」の支配プロジェクトとして定義され得る。もっともホールの議論では、サッチャリズムは優勢（dominant）ではあってもいまだ支配的（hegemonic）ではない。支配（hegemony）を勝ち取るとは政治をめぐるイデオロギー間の闘争に勝利すること、すなわち社会と政治に関する思考の中で「当たり前と捉えられている事柄の地形を構成し直し、新しい常識を作り出す」ことであり[8]、サッチャリズムはこうした結果に向けての〝プロジェクト〟であるに過ぎない。

このようにホールが提起した「権威主義的ポピュリズム」論は、「統治可能性」の危機もしくは社会秩序再確立の課題への対応として理解され得る、政治イデオロギーの世界に照準を合わせた新しい統治戦略を同定しようとする試みであった。従って、それは経済社会の実態やこれに対する政府の働きかけに焦点を当てるものではなく、そこでは例えばサッチャー政権が推進した経済的自由主義の諸策も、「権威主義的ポピュリズム」のプロジェクトを具体化する際の――つまり政治イデオロギーの地平に働きかける際の――一媒体として、あくまで二次的な位置付けを与えられるに過ぎない。

②「二つの国民」戦略論

これに対してジェソップ、ボンネット、ブロムリー、リングからなるグループは、むしろ経済社会の実態に生じる構造的変化を重視し、そこから一定の戦略を読み取るアプローチをとった[9]。ジェソップらはホールによるイデオロギーの偏重を厳しく批判し、サッチャー政権が関係した現象全体を包摂する理論の構築を企図して、次のような四つの概念によって諸事象を整理することを提案した。第一は、政治的秩序を支える社会的基盤であり、ジェソップらによれば、これは社会における一定の合意の有無としてよりむしろ物質的利益の分布の在り方と制度化された統合様式との総体として表象される。第二は、経済成長に関する一定のモデルとその社会的枠組をなす調整様式（mode of regulation）、それに調整様式の安定的再生産を助ける諸政策とからなる蓄積戦略である。第三は国家戦略であり、蓄積戦略の追求と社会的基盤の整備とを側面援護するような国家の社会経済関係に対する介入パターン、ないしは国家における代表の在り方を意味する。第四は、以上の三つを結び付ける社会秩序確立のプログラムとしての支配プロジェクトである。

ジェソップらによれば、サッチャー政権は支配プロジェクトとしてのサッチャリズムを、政治的支持もしくは服従を調達する「支持の政治」と資本主義の管理に関わる「権力の政治」との二つの局面において展開し、支配を確立しようとした。それはまず「支持の政治」の側面では、新しい蓄積戦略の一環でもある民営化などを通じ、ポピュラー・キャピタリズムの掛け声の下に新しい社会的基盤の確立を図る一方、ポピュラー・キャピタリズムの恩恵に与ることのできないマイノリティーや自治体・労働組合等の政府の権威への脅威や挑戦を意味する勢力については、排他性と強制の契機を前面に押し出す国家戦略を以て容赦なく封じ込めていく。次に「権力の政治」の側面では、国内の南北格差を拡大する含意を持つイギリス経済の「国際化」が新たな蓄積戦略として追求され、その一環である「特権的な国民」本位の再配分政策を通じて新しい社会的基盤の創造が、また完全雇用やコーポラティズムへのコミットメントの破棄を通じて国家戦略の転換が図られた。ジェソップらは、このようなサッチャー政権の支配プロジェクトを「二つの国民」戦略と呼んだ。何故ならそれは、蓄積戦略のレヴェルでは後進部門の切り捨てと国際化を促進する柔軟な蓄積体制を通じて、社会的基盤のレヴェルでは「特権的な国民」を偏好する再配分様式を意味するポピュラー・キャピタリズムを通じて、そして国家戦略のレヴェルでは社会民主主義からの訣別と国家統制の強化を通じて、確実に国家に疎外され抑圧される一部のマージナルな国民を生み出す含意を持つからである。

しかし、ジェソップらの「二つの国民」戦略論には以下のような限界があったと言わざるを得ない。まず第一に問題となるのは、サッチャー政権の「支持の政治」を具体化し、新しい社会的基盤を組織していくとされるポピュラー・キャピタリズムについて、その動員力の淵源が社会における物質的利益の一定の配置に求められている点である。つまり、ジェソップらの議論では、サッチャー政権に対する積極的支持が調達されるとすれば、それは何より人々が持つ客観的な物質的利害への働きかけによって果たされるものであり、従って社会的基盤の再編は富の分布への作用によって引き起こされることが想定されていた。その際イデオロギーは、物質的利害によって既に析出されたグループがその利害に照らして擁するものでしかなく、政治権力が支持を訴求する際の一次的な媒体ではあり得ない。ここではホールの議論が出発点としていたような人間の意識への働きかけが現実に対して持ち得る起爆力といったものが軽視されており、ホールの議論がイデオロギー偏重論であるとするならば、ジェソップらの議論には逆に経済還元論的であるという批判が当たっていた。

第二に、ジェソップらはサッチャリズムと国家の関係について幾つもの興味深い論点を提起しているが、それらを「二つの国民」戦略論、特にその国家戦略論の中に位置付け得ていない。例えば、サッチャーのいわゆる〝選挙独裁〟を可能にした「国家の二重の危機」――すなわち民主的代表制と機能代表制のそれぞれの危機が、まさに当のサッチャー時代の産物である身軽となった権威主義的自由主義国家や企業と消費者を中心メンバーとする新しい政策ネットワークによって止揚されつつあるという洞察や、サッチャー政権下、公共サーヴィスの機能分散と中央政府への集権化が同時進行的に起こったという指摘は、残念ながら彼らの理論枠組による分析には包摂され得ていないのである。(10) これは彼らが分析の対象とした「権力の政治」が、国家そのものではなくむしろ国家による経済社会の管理の成功・不成功に焦点を合わせる類のものであったことに関係している。そこにはそれ自体がダイナミックな存在である筈の国家に対する内在的な分析の視点が欠如していたのであり、〝組織化の主体であり、客体でもある国家〟への視点が補われる必要があった。

第三に、ジェソップらによって支配プロジェクトの最も根幹的な部分をなすとされたサッチャー政権の蓄積戦略であるが、国際化を当の蓄積戦略の核心とする以上、何を以て英国における蓄積戦略の成功というのか、果たしてその成功が社会統合の確保という支配プロジェクトの課題と相反しないのかが甚だ疑問であった。[11]そもそも蓄積戦略の成果に新しい社会的基盤の成否が懸かるという彼らの発想は、物質的利害の配置をあまりにも無媒介に政治的動員の成否に結び付けている点で留保が付されなくてはならない。蓄積戦略についてジェソップらは、「サッチャリズムの政治的・経済的プロジェクトは、柔軟な蓄積体制と『二つの国民』ないし『ポピュラー・キャピタリズム』の支配プロジェクトとを結合する革新的な蓄積戦略を通して確立された」[12]として、これが様々な動きを調整しサッチャリズムのプロジェクトを統括する格別の役割を果たしていることを強調している。その一方で彼らはサッチャー政権によって政治的な支持の調達が最重要視されたことや政治闘争が常に先行しかつ優先されたこと、新たな自由主義イデオロギーの浸透が熱心に図られたことなどにも触れ、これらを「サッチャー政権がしばしば経済政策をヘゲモニーをめぐる政治の下位領域として扱ってきた」ことの表れと見るのであるが、彼らによればこうした政治優先の戦略もあくまで一時的な方便であり、「政府が短期的に諸力のバランスに操作を加えることができれば、社会を再構築し市場の働きが経済回復をもたらすための時間が稼げる」という蓄積戦略上の計算によるものでしかない。[13]ジェソップらにおいては、このように「支持の政治」も強い国家も、あくまでも一定の蓄積体制を実現するための露払いとして捉えられる。しかし、政治は経済を目的とするものに限られない。政治が政治を目的とすることもあれば、政治が敢えて経済を切り捨てることもあり得るであろう。

③　**近代化戦略論**　次に、サッチャリズムに対する第三の理論的なアプローチとして挙げられるのは、ギャンブルによる議論である。それは政党の戦略的行動や国家の自律性の契機を重視しつつ、具体的な政治権力が追求する統治戦略を歴史的・同時代的状況に対する適応の必要から説き明かそうとしたものであった[14]。その発想は、基本的には一国の政治経済を社会の発展段階と対応させて理解する近代化論を踏襲するものとなっており、サッチャリズムについても、一国の衰退ないしは世界経済の浸透という局面において典型的にとられ得る政党の政権戦略ないしは政府・国家の統治戦略の一類型として、これを普遍化し得ることが想定されている。具体的にはここでもやはり「支持の政治」と「権力の政治」の二つの側面からサッチャリズムを分析することが試みられている。

まず「支持の政治」の側面では、サッチャー政権のイデオロギーは保守主義の伝統と草の根ポピュリズムのそれぞれに結び付く要素を含むことによって背後に広大な支持の鉱脈を抱えるものであったこと、サッチャー政権期には保守党が伝統的に追求してきた「一つの国民」戦略が英国経済の衰退によって非現実的となり、かつまた不要ともなった結果、これに代えて支持を訴えるべき「国民」を財産所有者と専ら消費の場を非公共セクターに置く豊かな消費者とに限定する選挙戦略が合理的かつ実効的であり得るような時代が訪れていたことが指摘される。ところがギャンブルによれば、保守党は実際にはそうした新しい「国民」カテゴリーの析出を待つことなく、またそのイデオロギーが示唆する支持の鉱脈を十分に開発することもなく、既存の社会集団に対して選別的な攻撃や利益供与を仕掛けることによって当座の支持連合を形成することに終始したのであった。

他方の「権力の政治」の側面では、蓄積戦略の追求、国家の再編という二つの問題領域それぞれをめぐる戦略が存在し得た。このうち蓄積戦略に関しては、ギャンブルはジェソップらと同様に「国際化」の戦略が採用されたとするのであるが、その説明においてはジェソップらとは異なり、どちらかというと非階級論的視点に立って、「国際化」の戦略が採用されたのは、世界経済の有無を言わさぬ浸透を前にそれが最も現実的であり、政治的コストが最小の選択肢であったからという理解を示している。もう一つの国家の再編という問題領域においては、政府にかかる過重負担を解消してその権威を回復するために小さな国家が志向されたという側面はあったにせよ、現実に強権的な国家が出現したのは、むしろ政府の権威に対して殊更な挑戦が提起されたことへの場当たり的対応の帰結であったという理解が示される。すなわちギャンブルによれば、サッチャー政権下に進められた国家の再編とは、基本的には外発的かつアド・ホックなものであり、従ってそれは蓄積戦略の成功の条件を積極的かつ体系的に整備するような文化改革や国家改造にまで及ぶものではあり得なかった。ここに姿を現しつつあったのは、衰退の帰結である「二つの国民」状況の尻拭いをするには足り、辛うじて衰退を管理することができる程度の「強い国家」ではあっても、衰退を逆転できるような「強い国家」ではなかった、というわけである。

従って、そこではサッチャー政権による「国際化」の蓄積戦略も必ずしも実効的成果を上げ得るようなものではなかったことが示唆される。ギャンブルは、サッチャー政権の功績を経済の実績の改善に認める議論や同政権によって新しい企業家経済の条件が創造されたとする議論に反発し、サッチャー政権がイギリスの衰退に関して無策であり続けたことを次のように強調した。[15]「(英国産業は)一九八〇年代を通してその投資水準や労働熟練度の低さ、研究・開発部門の弱さにおいて諸外国に対する歴然たる劣位にとらわれ続けた。特に製造能力に関しては著しい衰退が起こっている。英国はまた産業戦略の遂行に必要となる政府・金融・産業の制度的統合を担保する装置を欠いている点でも諸外国に立ち遅れたままである。とりわけ金融業と製造業との間の歴史的分断は英国経済を世界経済の中で非常に特殊な立場に置いてきたが、サッチャー政権はこの特殊性をさらに強化することによって繁栄の恩恵が国民の一部に偏在する状態をもたらした。」

しかし、それではギャンブルは何を以て衰退の逆転、あるいは蓄積戦略の成功と言うのであろうか。右の引用からも明らかなように、ギャンブル自身は産業政策を志向する立場をとっており、コーポラティズムの必要を示唆しているかのようであるが、その一方で彼の指摘する当の「国際化」の戦略は、そうしたパフォーマンス評価——衰退かその逆転か——の一国的な引照枠組を吹き飛ばすような含意を持っていた筈である。ここにはジェソップらの蓄積戦略論に見られたのと同じ問題点が認められる。しかもギャンブルの「衰退」対応型近代化戦略説は、ジェソップらの議論のように蓄積戦略を国民社会の一部の利害や支配に対応させるのではなく、これを直接国民経済の課題に結び付けるものであり、それだけに、つまり国民経済の実在性・一体性を理論的に措定してしまっているだけに——さらには彼自身が随所で示す世界経済の浸透の非斉一的な影響に関する鋭い問題意識とのちぐはぐさも相俟って——一層に前時代的に響くものとなってしまっている。

このように基本的には近代化論の発想に立ち、近代化の各段階に応じた国民経済の管理様式が存在することを想定するギャンブルの議論では、サッチャリズムの本質も「衰退」段階に対応する一種の「近代化戦略」として理解される。しかしその「衰退」がまさに世界経済の浸透と表裏一体のものであることについて、その含意が十分に究められているとは言えないのである。

④　**統治術説**　最後に紹介するバルピットの所説は[16]、政治的な主体の行動や戦略に焦点を当てることによってサッチャリズムの政治的説明を試みるものであり、サッチャリズムを一つの「統治術（statecraft）」として理解しようとするものである。ここでの「統治術」とは、特に現代にあって「自然の少数派」政党であることを宿命付けられた保守党が、いかに政権を獲得し、これを維持するかという課題に即して鍛え上げてきた「選挙における勝利と統治能力（governing competence）とを確保する技術」を意味している。

バルピットによれば、第二次大戦後、保守党は、経済政策としては均衡財政の発想によって早くも換骨奪胎されてしまっていたケインジアニズムの政治的含意に着目し、これを統治術の手段に転じたという。それはケインジアニズムの「政治理論」と保守党の伝統的な国家経営のスタイルとの親和性が、同党にケインジアニズムを統治術の新たな媒体とすることを促したことによる。もともとケインジアニズムは、社会の諸圧力から隔離されたエリートによるマクロな総需要管理を命じるものとして、経済に対する政府の直接的な介入を不要とし、政府と企業もしくは労働界との間に相互的な自律性を実現する含意を持っていた。従ってそれは政府に対し強力な利益集団との間に面倒な「政治」を持つ必要を免除し、とりわけ保守党に対しては従来通り政権に就いても外部の諸圧力から隔離され突出した中央の執行府――英国の国家がバルピットによって「二重政体（Dual Polity）」と呼ばれる所以である――に超然と鎮座して得意のハイ・ポリティックスに集中することを可能にする。その後ケインジアニズムが二大政党間の了解事項となったことは、労働党もこの保守党流の統治のスタイルを受容したことを意味していた。

しかし、政権執行部の自律性とそのハイ・ポリティックスへの安住を可能とするこのような体制も、一九六〇年代には参加民主主義と近代化論争が噴出する時勢に当面し、正統性・機能性の両面においてその存続を問われるようになった。一九七〇年代にはこれに代わり得る体制としてコーポラティズムの可能性が模索されたが、少なくとも保守党の側はこの選択肢を明示的に退け、むしろその後はサッチャーによって新たな経済政策の教義に祭り上げられるマネタリズムを統治術の手段とする道を選んでいくことになる。このときサッチャー保守党がその〝原理〟を奉じたマネタリズムとは、本来ケインジアン的な経済管理の手法に対するアンチテーゼとして登場したものであったが、実はその「政治理論」としての含意においてはケインジアニズムを正しく継承するものであったばかりか、ケインジアニズムよりもさらに進んで政府が責任を免除される範疇を押し広げるものとなっていた。それは困難な経済情勢の下で権威の再確立を問われていた政府にとっての格好の盾とも思われた。しかしそのマネタリズムも、後述する通り、確かに政府と国家外にある様々な主体との間においてこそ失業問題や衰退産業の救済、福祉整備の課題等への政府の責任を解除することで政府の超然性を強化する本領を発揮し得たものの、政府が国家内でマネタリズムの命じる公共支出の削減を徹底させようとした場面では、むしろ中央の超然性を傷つける含意を表した。すなわち政府は下位機関に対してそれまで保持してきた「相互的自律性 (reciprocal autonomy)」尊重の原則を放棄して一方的な統制の手法をとることを余儀なくされ、しかもそうした手法が二重政体の下では必ずや陥る非実効性に苦しめられることによってさらに一層統制を強化せざるを得なくなるという悪循環に陥ったのである。もっともバルピットの観察では、一九八〇年代後半になって、例えば新しい対自治体戦略が打ち出されたことなどによって、漸くこの泥沼から脱出する道が見えてくるようになる。

このようにバルピットの議論は、サッチャリズムをその統治術としての側面において捉えることによって、保守党が古くから直面させられてきた課題と今日的な課題との両方に即して、サッチャー政権の前と後との連続性と断絶を整理し得ているのであり、さらにはサッチャー政権期を通じた状況の展開を理解する枠組を獲得している。その切り口はこれまで挙げた四つのサッチャリズム論の中でも最も鮮やかと言ってよい。しかもそれは構造主義マルキシズムの洗礼を受けた他の三者とは異なり、あくまで政治的な概念によってサッチャリズムを捉えようとしており、その点でも新鮮に映るのである。

第二節　支持の政治・権力の政治・パフォーマンスの政治

既に述べたように、本書はサッチャリズムという概念によって表象される現象を可能な限り全体的に捉えることを企図している。以上で紹介した四つのサッチャリズム論を参考にするならば、現象としてのサッチャリズムは、次の三つの論点に即して論じることができるように思われる。サッチャー政権の支持の調達に関わる論点、サッチャー政権が国家構造に及ぼした作用に関わる論点、サッチャー政権による英国経済への働きかけに関する論点がそれである。これら全てに言及するジェソップ説およびギャンブル説は、最も包括的で網羅的なサッチャリズム論をなしている。しかし両説はともに保守党もしくはサッチャー政権による働きかけのレヴェルと経済社会の実態に生じた変化のレヴェルとを理論上区別せずに現象を整理しているため、前者の起源や論理、成果などを正当に評価し得ていない。すなわち、本節で導入する作用ないし第一節で言及した事象の集合の変換式に当たるものと、その作用の働く対象、つまりその変換式にかけられる、あるいはかけられた諸事象の集合に当たるものとの間の区別が曖昧なまま放置されているのである。それに対して本書は、サッチャリズムをサッチャー政権による作用として見ることによって、主体から発する作用と客体に生じる変化とを概念的に区別して現象を整理していく。

このように保守党・政府ないし国家の作用に焦点を当てる本書のアプローチは、サッチャリズムをあくまで政治的な現象として見つめ、そこから有意な実践を導き得るような何らかの含意を汲み上げる企図に基づいたものであり、端的にはサッチャー政権とはどのような統治を行うものであったのか、その統治の作用の特徴は何であったかの究明が試みられることになる。従って政府の権威調達や権力行使を媒介するモード（様式）に関係しない現象は、ここでのサッチャリズム論の射程には含めない。また経済社会の客観的構造に一定の戦略を帰着させるジェソップら、あるいは国民経済の状態に引照して政治現象を解説するギャンブルにおけるような何らかの〝実態〟――客観的事物の有り様に先験的に一次的重要性を付与する理論的予断は一切排して議論を進める。もっとも、経済還元論的という批判を免れ、イデオロギーや統治術が持ち得る自律的作用に光を当てたホール説、バルピット説にも、サッチャー政権の統治を媒介した全ての事象を網羅するものではないという弱みがあった。それを克服してサッチャー政権もしくはサッチャー保守党の統治へのアプローチをできるだけ包括的に理論化しようとするならば、先に挙げた三つの論点に対応させて以下のような三つの分析レヴェルを設定することが望ましい。仮に第一を「支持の政治」のレヴェル、第二を「権力の政治」のレヴェル、第三を「パフォーマンスの政治」のレヴェルと呼ぶことにする。(17)

「支持の政治」とは、個々の国民の政治秩序への統合に関わる作用を意味している。それは政党・政府・国家による「動員」の作用であるとも言い換えられ、「個々人の政治的アイデンティティーに関する範疇化のプログラム」と「そうした範疇によって分類された諸個人を一つの政治システムに統合するからくりへの言及」とを含むヴィジョンを国民の上にプロジェクトし、そこに生み出される（あるいは生み出されるであろう）政党・政府・国家に対する個々人の「支持」の一定の集合を具体的政権の「正統性」に代える――これを以て「正統性」と見なさせる機能を果たす。サッチャー政権においては、ジェソップらが注目した「ポピュラー・キャピタリズム」という概念がまさにこの「支持の政治」で起こったことを凝縮していた。

このように規定される「支持の政治」とジェソップやギャンブルによる「支持の政治」論との違いを明らかにするとすれば、それは以下の二点にある。第一に、ジェソップらは「支持の政治」を国家による再配分に還元したが、ここではそのような国家による再配分の契機は、人々の意識への働きかけであるところの「支持の政治」の一媒体、あるいはここで言う「権力の政治」のレヴェルにおける組織化の作用の随伴現象に過ぎないものと位置付け、これを無媒介に支持の調達に結び付けることはしない。第二に、そもそも「支持の政治」は、その成果がこれによってまさに問われてくるところの政治社会の統合の確保のために、国家による物理的強制力をどのように配していくかというヴィジョンを含むものでなければならない。何故なら政治社会の統合とは究極的には国家の物理的強制力によって担保されざるを得ないものであり、「支持の政治」もその投影する統合のヴィジョンにこのことを織り込まずしては完結し得ない。このような見方に即せば、ギャンブルのように国家の機構的再編や産業政策、コーポラティズムと同じ範疇で不支持を封圧する警察的な「強い国家」を論じるのは見当違いということになり、例えばサッチャー政権による警察力の強化などという論点は、次に述べる「権力の政治」ではなくむしろ「支持の政治」の次元に関係付けられるべきことになる。

第二の「権力の政治」のレヴェルでは、国家社会の諸組織の配置に働きかける作用が表象される。すなわち「権力の政治」とは、政府ないしは国家による国家社会の「組織化」の作用を意味し、これがある一定の公私セクター間の関係を孕んだ一定の「制度配置」を生み出していく。コーポラティズム戦略が一見して最もわかり易い例である。そうした「組織化」が一定のパターンを以て現象する場合、そのパターンは国家社会の制度配置の在り方に関するある一定のヴィジョンにおいて、あるいはある一定の組織分化の論理として表象され得るものとなろう。因みに、「支持の政治」が代表過程に表れるとすれば、「権力の政治」は政策過程を反映する。

この「権力の政治」の分析レヴェルは、ジェソップらやギャンブルの所説に即して言えば、そこに欠落していた国家機構そのものへの視座を補うものであるが、他方でジェソップらやギャンブルが「権力の政治」の最大のテーマとして位置付けた経済管理・蓄積戦略の問題は、ここでは「権力の政治」における「組織化」の結果がどのように機能し、その機能の実態がどのように評価されるかという、むしろ次に論じる「パフォーマンスの政治」のレヴェルに関わる問題として捉えられる。そのようにして見たとき、サッチャー政権下の「権力の政治」とは、市場関係の普遍化、すなわち分節的な組織分化と組織間関係の競争関係への転換とを中身とする組織戦略によって代表され、付随的には自治体や労働組合などの〝確立された〟特定の自治の組織を政策過程から閉め出していくバイアスを含むものであったことが浮かび上がってくるであろう。

最後の「パフォーマンス〈結果評価〉の政治」とは、政府の「統治能力（governing competence）」を国民が評価する際に国民が依拠する基準や枠組への作用からなるものとして措定される。換言すれば「パフォーマンスの政治」とは、まず第一に、「権力の政治」の結果と「支持の政治」の結果が評価される際の基準・枠組に働きかける作用を意味する。その際の基準・枠組とは、「権力の政治」との関わりで言えば、例えば経済の在り方、「支持の政治」との関わりで言えば社会統合の在り方に関して、「かくあるべし」「かくあるもの」とするヴィジョンを内示し、これへの引照を命じるものであると同時に、その中での政府ないしは国家の果たすべき役割に関しても一定のヴィジョンを内示し、これへの引照を促すものである。第二に、「権力の政治」の結果と「支持の政治」の結果との間にどのような関係を見立て、これらにどのように評点を配分し、それを政府ないしは国家のパフォーマンスの総合評価に繋げるのかも、まさに「パフォーマンスの政治」の作用点であり得る。「パフォーマンスの政治」が働きかけるのは、「権力の政治」の結果と「支持の政治」の結果とを結び付け、政府に対する全体的な評価を帰結する回路なのであり、そこで評価が生み出される過程は、翻っては「支持の政治」における作用の環境を構成することにもなるであろう。

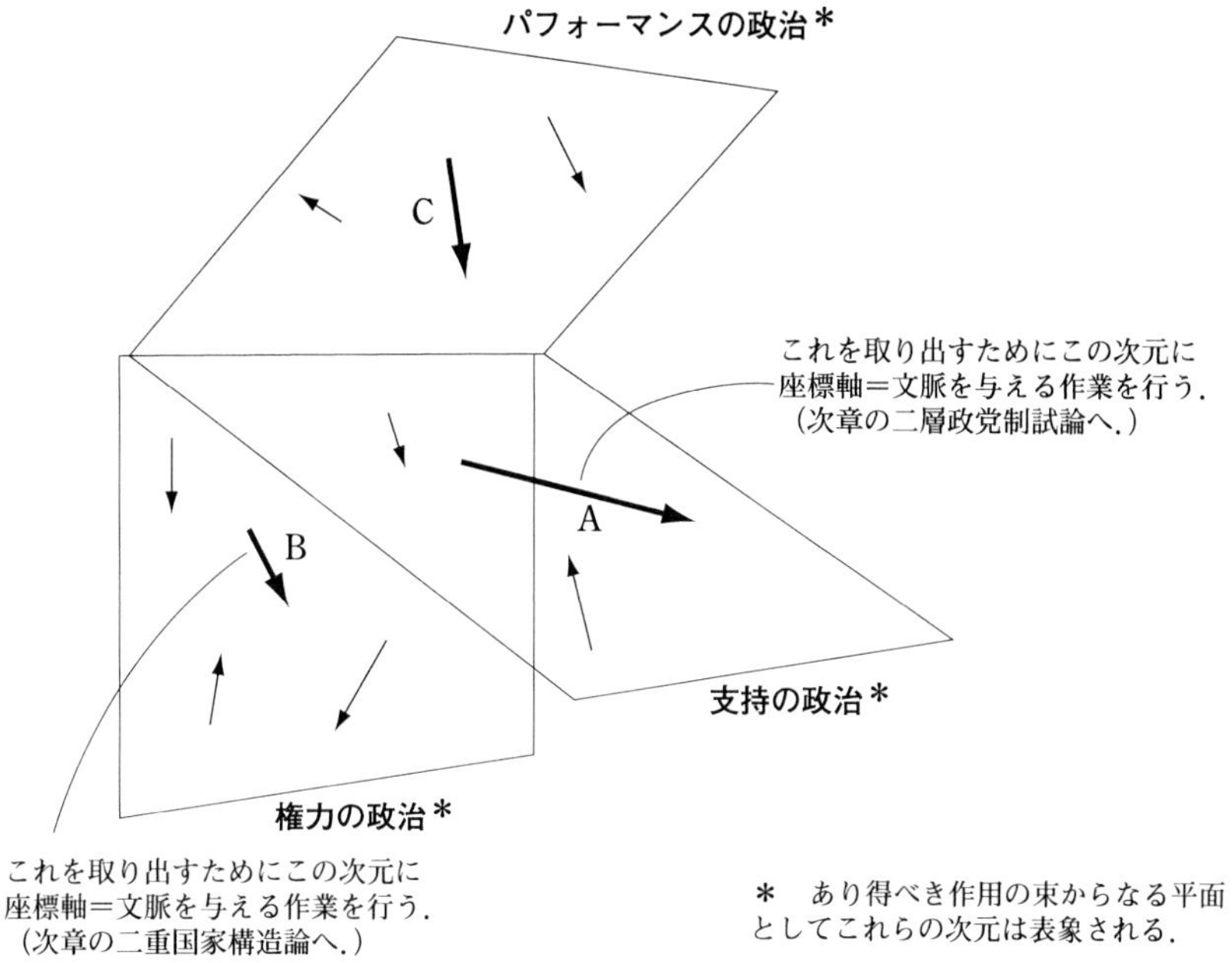

各次元においてサッチャリズムはA，B，Cの作用として表象される.

図1　作用としてのサッチャリズム

この「パフォーマンスの政治」への視点は、ジェソップらやギャンブルの所説が含んだ問題点に対応している。例えばギャンブルは、サッチャー政権が英国経済の国際化という蓄積戦略を採用したことを強調しながら、サッチャリズムの経済面でのパフォーマンスに言及する場面では一国主義的・国民経済論的な評価の視点を持ち込み、サッチャー政権下のパフォーマンスの好転を認める議論に反駁している。しかし、サッチャー政権による国際化戦略の追求は、国民が政府ないし国家のパフォーマンスを評価する際に引照する基準や枠組に対する改変の作用をも含んでいた筈であり、実際に国際化戦略と連結された新自由主義的経済理論の喧伝は、極めて明示的に政府や国家に対する期待の改変を人々の意識に訴えかけるものとなっていた。何を以て衰退の逆転と言うのか、経済に関して人々が政府や国家に望み得るのは何でありどこまでなのかに関する観念自体が変化の力に晒されていたのである。パフォーマンスが意味するところは人々の意識の構造に対する政党・政府・国家の働きかけに左右され得るものなのであり、この点に「パフォーマンスの政治」として現れる作用を独立的に措定する意義が存在する。

このような「パフォーマンスの政治」という分析レヴェルは、ジェソップらにイデオロギー偏重主義として批判されたホールの理論が含む鋭い着眼、つまり人間の意識の在り方がヘゲモニーの成否を左右するという洞察を生かすものとなっている。逆に言えば、それはジェソップらにおけるような政府に対する支持の基盤を専ら物質的条件の在り方に拠らしめるアプローチを唯物論的として退ける論理を内在させている。すなわち「パフォーマンスの政治」という概念は、そもそも物質的条件は政府に対する評価を決定する諸条件の一部であるに過ぎず、人間の意識の世界にはそうした物質的条件の相対化を果たし得るような自律的な観念の領域が存在し、ここにこそ重要な作用点が見出されるという前提に立つものに他ならない。

以上の三つの次元は、作用としてのサッチャリズムをできるだけ全体的に捕捉する上で有効であろうとの見通しの下に設定されたものである。次章では、その各次元毎に、作用としてのサッチャリズムを有意たらしめるような歴史的・同時代的文脈が――ちょうど各次元を刻む座標軸に相当するかたちで――現に同定され得ることを示したい。

第一章　文脈の同定――イギリス政治像の再構築

第一節　支持の政治――二層政党制試論

イギリスにおいて伝統的に政府の統治に正統性を付与してきたのは、「国民代表による討議に基づく統治」という理想が仮託された議会主義の理念であった(1)。今日でも議会主義が政治的言説の空間において不可侵の価値を帯びた概念であり続けていることに変わりはない。もっとも一九世紀には選挙による国民の付託を受けて統治を行うのが議会ではなく政党であることは瞭然となり、さらに二〇世紀には自らを社会の部分利益に積極的に同一化するような政党が現に政権を担当する時代が訪れている。今日、政党政治に言及しない素朴な議会主義の理念は、とりわけそれが議会に「全体」利益の代弁者ないしは発見者としての役割をア・プリオリに措定し続けるものである限り、「部分」を意味する「政党（party）」に支配された議会の実態、さらにはそうした「部分」による統治を議会が許していているという現実とは甚だしく乖離していると言わざるを得ない。

しかしながら実際問題として眼前の現実である政党制の正統性や効用を一切弁証しないどころか政党に関して言

及さえしない理念が、それだけで政府に十全な正統性を調達してきたとは考えにくい。むしろ議会主義を補完ないしは代替して、政党および政党制をその枢要な構成要素とするような、統治に対する正統性付与の装置が、国民の意識のどこかに隠されているのではないか、少なくともそのように疑ってみることに合理性はある。そこで以下では日本の政界・言論界がいまだに賛美してやまず、実際に後述するレイプハルトの研究以前は安定的政党制の唯一のモデルとして政治学者の称賛を恣にしてきた英国の「二大政党制」に注目する。英国発のオーソドクシーとして世界中に認知されてきた「二大政党制」こそ、翻って国民の間でのその独特の〝機構〟の了解のされ方――名状されるには至っていないとしても――と勝ち得た声望（価値）において、政治社会の統合の実現に関わる一定のヴィジョンを体現し、これを行き渡らせ、そのヴィジョンの中で政党による統治に正統性を付与してきたのではないかと考えられるからである。

イギリスの政党制に関してこれまでになされてきた理解は、以下の三つのアプローチによるものに大別される。第一は、いわばシュンペーター的なアプローチによるものであり、英国の政党制に民主政治の理念を最も完全に近いかたちで実現するメカニズムを見出すものである。(2) シュンペーターによれば、民主主義とは「政治的指導権を獲得するために諸主体が定期的に人民の投票を競い合わなければならないという制度的装置」、「人民が投票によって定期的に指導者を選出し直すという制度的措置」であるとされ、指導者を目指す主体間に指導権獲得競争が存在すること、しかもその競争の勝敗を決するのが選挙であることにその真髄が見出される。(3) この論理に従えば、英国の二大政党制は、①政権交代の可能性――つまり競争の契機を最大限に実現し、②多党制下におけるのとは対照的に連立政権の成立の余地を最小化し、③議会選挙が直接首班指名の効果をもつが故に優れて民主主義的である、ということになる。そしてこれら三つの効果とは、まさに有力な政党が二つあり、また二つしかないということの効果に他ならないのである。

もっとも、シュンペーターが英国を――その二大政党制の効果故に――民主主義を最も完全に実現している国と評したのは第二次大戦前後のことであり、彼のそうした所説はいまだに一つの正統的な見解をなしてはいるものの、その後の研究の進展はシュンペーター的な民主主義論・英国政治論に挑戦し、これに留保を付す新たな視点を生み出してきた。特にシュンペーターの所説を相対化する上で、レイプハルトが連合協調型民主主義（consociational democracy）のモデルを発見した功績は無視することができない。[4] 彼の研究は、範例化に値する安定的な民主主義体制が二大政党制の下以外にもあることを示し、二大政党制が民主主義を具現する機構として格別の価値を付与されている状態に挑戦すると同時に、シュンペーター的アプローチには欠けている重要な観点を提示するものであった。すなわち連合協調型民主主義のモデルにおいては、社会が幾つかの固いブロックに分かれ、各ブロック内でエリートへの無条件的信任が調達されることが、安定的連合政治もしくは安定的多党制の社会的条件とされるが、このように政党制の形態と社会の構造化された有り様とを結び付ける観点は、まさに英国の二大政党制にも適用されて然るべきものであった。そしてこのような観点からは、二大政党制の安定的存立の秘密、ひいてはこれを媒介とする政府の正統性調達のからくりが実はシュンペーター的な手続き的民主主義論の射程外にこそ探られるべきことが示唆されるのである。

英国の政党制に関する理解には、第二に階級政党モデルによるものがある。このモデルでは労働党が労働者階級の政党であり、保守党が中産階級もしくは資本家階級の政党であることがいわば与件視されるのであるが、これこそイギリスの二大政党制に関して最も広く行われてきた了解に他ならなかった。イギリスにおいて政党制と一定の社会構造とを結び付ける視点はこの種の階級政党論に尽くされてしまっていた観さえある。[5] もっともこのような階級政党論の含意を二大政党制そのものの存亡を問わざるを得なくなる地点まで突き詰めて考えた論者は少ない。しかしそうした論者の一人、ハロルド・ラスキは、一九三〇年代の時点で、労働党が自由党に代わって二大政党制の一方の統治政党となることの含意について次のように論じている。(6)

ラスキによれば、過去における議会制民主主義の成功は、政権を争う二大政党――保守党と自由党――がともに資本主義体制を奉じる同質的な集団であることを前提としていたものであった。これに対して今まさに自由党に取って代わろうとしている労働党は、労働者階級の利益を代表する階級政党として資本主義体制に挑戦する明示的な使命を帯びた存在であり、議会制を成り立たせてきた他の党や勢力との間に埋め難い溝を抱えている。従って労働党が議会内で多数派を制するような時代には、議会制民主主義はかつてない緊張に晒されることになるであろう。ラスキは一九三〇年代当時がまさにそうであったように、資本主義経済が下降線を辿り、再配分政策を通じた労働者階級勢力の懐柔が不可能となった局面においてそのような緊張が爆発し、議会制民主主義の危機が現実のものとなることを予言した。そのとき労働党政権にとって社会主義革命は避けられないものとなり、これに対して他方の保守勢力は国家装置や経済権力を総動員し、議会制の約束事を破棄してでも革命の妨害を図ることが予想される。裏を返せば、労働側の革命の成就も国家の強権掌握の如何に懸かっているのであり、議会制が維持されることはあり得ないであろう。労働党の出現によって政党が「階級政党」として立ち現れるようになったことが、議会制を根本から脅かしているというのが彼の洞察であった。

しかし、事態のその後の展開は、ラスキの予想を見事に裏切ることになった。ラスキに言わせれば、それは戦争という事件の介入に加え、何より資本主義経済の予想外のしぶとさ、具体的には予期せざる今一度の経済拡張期の到来に負っていたということになるのであろう。労働党政権がその支持者から革命を迫られる局面は終ぞ訪れず、資本制と議会制の枠組の中で行われる再配分政策によって労働者階級の物質的向上心は常に満たされてきた。そのような安穏なムードの中で、戦後の英国における議論の多くは労働党を明らかに「階級政党」と規定しながらも、その資本主義との平和的共存の現実をラスキのように相対化することはせず、むしろ労働党を体制内化し得た英国の政治的伝統の強靱さ、政治文化の寛容性、あるいは政治家や国民の具体的行動を規定するプラグマティズムの契機を強調することで済ませてきた。(7) そこには安定的な議会政治と「階級政党」との間の緊張関係を問う視点は消失していた。もっとも階級政党論の変種（ヴァリアント）として位置付けられ得る以下の二つの説は、例外的にもまさにそうした緊張関係を十分意識した議論となっており、またそれ故に、特殊英国型の二大政党制モデルの存在を示唆する二、三の重要な論点を提起するものとなっている。

第一のヴァリアントは、ミリバンドによる「封じ込め／包摂（containment）」論であり、(8) 従来労働者の階級利益に奉仕する道具であると見られてきた〝確立された（established）〟制度・組織について、むしろそれらが保守勢力による労働者階級の封じ込めの道具であったことを指摘するものである。そこでは普通選挙制度も労働党も労働組合さえも、労働者を「封じ込め」「包摂」する役割を果たしてきたものと理解される。この論理に従えば、二大政党制についても、「階級政党」としての労働党をその片翼とすることによって労働者階級を「包摂」し、これを以て政治体制に正統性を調達してきたという解釈が成立することとなる。

第二のヴァリアントは、ギャンブルの「保守的国民」論である。(9) これは逆に保守党がこれまで「階級政党」であったためしがないことを強調し、現代社会における保守党の予想外の健闘の〝秘密〟に注目を促す議論となっている。ギャンブルによれば、保守党はディズレイリ以来、「支持の政治」の側面では部分利益や階級ではなくより広く「国民」に自らを同一化し、「権力の政治」の側面、つまり実際に政務を執り国家を治める場面では有能な実務能力を約束し、さらにこれらを通じて政治社会における合意や調和を最大限に実現するリーダーシップをアピールすることで、「一つの国民」戦略を実践してきた。そしてそうすることによって初めて、大衆民主主義の時代にあっても統治政党としての命脈を保ってこられたのだという。このギャンブルの議論は、英国の二大政党制における保守党と労働党の性格の違いについて重要な問題提起を含んだものであり、一体どのような政党同士の組み合わせが戦後のイギリスにおける二大政党制の安定的機能を担保してきたのかという問いをわれわれに触発する。さらにギャンブル自身による保守党の性格についての鋭い洞察は、この問いへの答えの一端を含むものともなっている。

英国の政党制に対する第三の理解として、投票行動研究に用いられてきたアプローチにおけるものがある。このアプローチは基本的に、有権者は一定の社会的属性——職業・収入・年齢・住宅所有の有無等——によって分類される幾つかの集団から構成されており、政党はこれらの集団の支持をあたかも陣地を埋めていくように相争って獲得していくという見方からなる。これはイギリスでは一九六〇年代より、政党が選挙戦略を形成するに際して現に用いるところの観点ともなっている。この観点からは、二大政党制はそうした諸集団に対する二つの政党の相均衡した独占状態——いわば碁盤が括抗しあう白と黒の石でその大半を埋め尽くされた状態——として表象される。そして、そこでは二大政党は、浮動票の母体となる——白にも黒にも先占されていない——社会集団を特定し、その取り込みに——しばしば双方が同じ集団に照準を合わせながら——精力を傾ける誘因を持つことになるであろう[(10)]。但し、こうした諸利益・諸集団の集成の上に成り立つ政党とそうした政党が同じ平面上で陣地を争い合う政党間競争のイメージは、アメリカから輸入されたものであって、イギリスの政党制を理解する上での有効性には留保が付される必要があった。このことはイギリス政治の研究者たちが、本来労働党に投票すると想像される労働者階級のおよそ三分の一もの票が常に保守党に流れてきたという事実を、こうした政党および政党間競争のイメージの下に説明しようとした際に陥った困難――すっきりした答えに一向に辿り着くことができなかったというエピソードに端的に表れている。[11] この試みについては、そもそも労働者階級内の特定の集団と保守党票を対応させられるという想定そのものが不適切であったと言えるであろう。これは一つには、投票行動の解釈に供され得る英国独自の政党間競争の在り方に関する理論が存在せず、そのためにア・プリオリに分類された社会集団にいきなり説明が求められてしまったということであったと考えられる。これに対し、先に述べたギャンブルの保守党論などは、まさにそうした欠落を補う視点を提起している。

よりシェーマティックに構成された右とは同じ類をなすアプローチとして、政党と有権者のイデオロギー位置を「左」「右」を結ぶ数直線上に表し、有権者は自分の位置に最も近い政党を支持するものと措定して政党の行動を予測ないし解説する「空間市場」あるいは経済理論モデルと呼ばれるアプローチが存在する。[12] このアプローチは有権者の間での一定の選好や傾向の分布を与件と見なし、これに対応させて政党の、専ら選挙での得票の最大化に照準を合わせた戦略形成を論じる点で、その前提と実践的含意とにおいて投票行動研究のアプローチと通底する。特に二大政党制に関しては、二大政党は得票を競う過程でイデオロギー的に収斂していくという有名な予測を生み出している。そこでは二大政党制は政党の数が二つであることの効果において政党間の収斂をもたらすもの――有権者のイデオロギー位置の分布がよほど分極化していたり疎外や孤立化の恐れのある突起部分（棄権票となって現れる）を抱え込んでいない限り――として理解されるわけであるが、こうした理解が二大政党制の望ましさの認知、ひいては二大政党制そのものが一種の正統性を帯びることに大きく貢献したであろうことは論を俟たない。もっともこの「空間市場」ないし経済理論モデルに対しては、ダンレヴィー&ウォードが周到な批判を加えており、特にその有権者の利害・選好分布に関する与件性の前提を問題視し、政党や政権の側の政党選好形成戦略の重要性を論じている。[13] 但しこの利害・選好分布の非与件性・可塑性をめぐっては、次のようなサルトーリの指摘も想起される必要がある。[14] サルトーリは、実質的には有権者の分布が正規分布型に近いことが安定的二大政党制の条件となるという経済理論モデルの含意を重視しつつ、そうした意見分布が二大政党間の収斂を帰結するだけでなく、逆に二大政党制の方にもそうした型の意見分布を作り出す働きがあることを指摘し、これを以て政党制が社会の集成に寄与し社会に凝集力を与える契機を指し示したのである。この最後の議論はまさに本書の関心に通じる着眼を含んでいる。他方、イギリスに関して言えば、そもそもそれ以前に政党の位置を左右軸上に配するような認識の機構が果たして有権者の間に存在してきたのかどうか、この点についての疑念も提起されている。[15] 実際のところギャンブルの言うように、保守党が「国民の党」であり労働党が「階級政党」であるとするならば、両党の間で空間市場モデルが想定するような数直線上の位置取り、ましてや整然とした住み分けがなされているとは考えにくい。まずは英国固有の文脈に即した政党制に関する理解枠組が探られなくてはならない。それが用意されて初めて他国との有意な比較も可能となるであろう。

一九八〇年代のサッチャー政権期にイギリスの政党制に兆した変化は、以上の三つのアプローチの限界を浮き彫りにした。一九八八年に発表された世論調査と投票行動の系時分析は、一党優位制の成立と階級投票の衰退、さらには有権者のイデオロギー位置ないし意見の分布が投票結果に対して持つ有意性の低減を指し示しており、これらはそれぞれ以上の三つのアプローチに対してその射程外に自らの論理を置く現象に他ならなかった。[16] このことは、サッチャー政権下の政党制に働いた変化を理解するためには、イギリスの二大政党制をめぐる従来の議論に新しい視点が付け加えられなくてはならないことを示唆している。

以下では、まず前述のギャンブルによる保守党論の含意を掘り下げて、これをイギリス政党制論に結び付けることを試みる。ここでの企図は、保守党と労働党を見比べて単にその政党としての性格の違いを指摘することよりさらに一歩踏み込んで、二大政党間の異質性に有意な構造を見出そうとするものである。すなわち、相互に異質な二つの政党が一つの政党制を構成する際の相補的・共生的な関係を、二大政党制の成立から今日に至るまでの歴史に照らしながらモデル化することが試みられる。その際、少なくともイギリスの二大政党制からは、同一平面上で相争う同質的な二大政党からなるアメリカの二大政党制とは全く異なるモデルが浮かび上がってくることが予想されるわけであるが、本書ではそのような極めて英国的なモデルに「二層政党制」という名前が与えられることになる。そしてその「二層政党制」とは、普通選挙制度施行後の時代、さらには労働党が政党制に参加するようになった時代に、何故、如何にして保守党が統治政党としての命脈を保ち続けてこられたのかという問いへの答えを含んだものとなるであろう。バジョットの恐れが現実化することがなかった一方で、社会主義者の予言が成就することもなかった。とりあえずここでの議論の対象は自由党に代わって労働党が保守党のオルタナティヴとなった時代に限ることとして、労働党が労働者階級全体を糾合し、恒久的な〝多数派〟を形成するという事態が絶えて起こらなかったその理由とは一体何であったのであろうか。

戦後のイギリス政治の研究者たちは、この問題に対し、労働者階級の三分の一が保守党に投票しているのは何故かという問いを通して取り組んできた。ディズレイリが見出した「大理石の中の天使」——すなわち労働者階級内部における保守党支持者の存在は、どのように説明され得るのであろうか。一九六〇年代中盤までのデータを分析したマッケンジー＆シルヴァーは、自己の利害の認識に疎く伝統的権力の「威厳ある部分」に魅せられ易いとされる最下層の人々に「天使」を重ねる俗説を退け、労働者階級の保守党支持票の背後に、英国市民一般の属性であり美徳であるとさえ言われる階級的な「敬譲（deference）」の心性と実利志向の「豊かな労働者」における政党支持の流動性という二つの事由の働きを見出した。[17] これに対し、例えばギャンブルなどは労働者階級内における保守党支持の行動は有権者の宗派や居住環境といった前階級的な社会的属性によってその大半が説明され得るとしており、さらにその傍らにはむしろ労働党への投票の方を逸脱的・条件限定的なものと見なす議論も存在した。[18] またバトラー＆ストークスなどは、労働者階級による保守党支持の現象を保守党対自由党という古い政党編成の名残りとして説明しようとしている。[19] これら諸説を一覧して言えることは、少なくとも労働者階級内の特定の社会集団と「天使（労働者階級内の保守党支持者）」を結び付けようとする試みからは決定的な結論は得られそうもないということである。特定の社会的特徴によって「天使」の身元を特定する道は、従来の議論の成果を見る限り不毛であり、労働者階級内の保守党票の説明には別種のアプローチが試されて然るべきであった。

ギャンブルは、むしろ保守党が自らに付与したイメージとその国民へのアピールの仕方に保守党の健闘の秘密が存在することを示唆した。[20] ギャンブルによれば、保守党における保守主義とは一定の哲学や原理であるというよりも統治に関する「実践（practice）」の伝統を意味するものであり、従って節目節目において保守党が果たしてきた路線転換も、必ずしも保守主義の一貫性を損なうものではなかったという。

そもそも一九世紀中葉を通し、旧態依然の土地所有者の党であり続けていた保守党は、時勢を代表する新興ブルジョワジーと結び付いた自由党に対して常に劣勢に立ち続けていた。その保守党が一転して攻勢に出るのがディズレイリの指導下でのことであり、このとき保守党は自ら普通選挙時代の幕を切って落とし、またディズレイリの天才による「一つの国民」戦略を掲げることによって、労働者階級を含めた全階級に対する訴求力の獲得を期したのである。その際にはまさに「有権者に対する支持の訴求を階級的観点ではなく国民的観点に立脚させたことが保守主義者たちの戦略全体の核心をなした」のであり、今や保守党はイギリスが「持てる者」と「持たざる者」――ディズレイリの言う「特権階級（the Privileged）」と「人民（the People）」――に分断されている状況を憂い、この「二つの国民（Two Nations）」状態を止揚する使命を帯びた「一つの国民（One Nation）」の党として立ち現れる存在となった。これが自由党との関係では、同党に与えられた一部の階級利益の代弁者という烙印を際立たせる、極めて有効な差別化戦略をなしていたことは言うまでもない。しかしそれだけにとどまらず、この保守党の戦略は自らの政治的力に目覚めた労働者階級ないし大衆が政治の舞台になだれ込んでくるそうした時代が間近に迫っていることを見越し、将来における保守党の存亡を賭けて編まれたものでもあった。『一つの国民』は、保守党の単なるイデオロギー的装飾ではない。それは保守党が政治勢力として生き残るための一つの条件を表現」していたに他ならない[21]。その後世紀の変わり目には、自由党がアイルランド問題をめぐって内紛・分裂を繰り返したこともあって、保守党はあたかも「自然の与党」であるかの観さえ帯びるようになる。「一つの国民」戦略の下でのこの保守党最初の全盛期には、保守党は自らを社会改革の党ないしは帝国主義の党として喧伝し、これを以て「一つの国民」の党のアピールの中身としている。

一九四五年七月の総選挙での同党の労働党に対する思わぬ惨敗は、第二次大戦を勝利へ導いた首相チャーチルに率いられながらも喫したという完膚なきまでの敗北であり、同党内部の新路線を一気に浮上させた。それは大戦中から党内の右派進歩派（Right Progressives）がトーリー改革委員会（Tory Reform Committee）に集い温めていた構想による路線であり、党内ウィッグ派の反対に抗し、ケインジアン的な経済管理の手法と労働組合との協調、福祉国家の実現を新たな国政の方針に据えるものであった。そこではチャーチルが一九四五年の総選挙で展開した「赤の脅威」論的なイデオロギー色は影をひそめ、代わって保守党こそ信頼に足る経済運営の担い手であり、かつまた社会主義者や自由主義者が代弁する部分利益から「国民」の利益を守り抜く政党であるというアピールが前面に押し出されることになる。[22] 例えばバトラーは、保守党が「政治のエキスパート」の党であることのアピールに併せてさらに同党の国民的イメージを回復することを重視し、マクミランは同様な考えを「ディズレイリの伝統とチャーチルの権威」への依拠という文句で表現した。この時期、保守党がその党勢の立て直しに当たって頻りに引用したのが、普通選挙時代の幕明けに保守党の活路を指し示したディズレイリであり、その彼の手による輝かしい「一つの国民」戦略は半世紀以上を経た第二次大戦後の時代に、今度は改革派トーリーの手によって、経済運営の手腕と諸階級・諸集団間の平和を確保する技量に――これらは具体的にはケインジアン的手法による経済管理と福祉国家の整備を意味することになった――新たなアピールの中身を置くものとして見事に再生され得たのであった。

一九五〇年代に総選挙における連勝を果たした保守党は、いわば「一つの国民」戦略による第二の絶頂期にあったと言ってよい。当時、バトラーは、『二つの国民』間の分断は克服された」、今や存在するのは「持てる者」と「持たざる者」の別ではなく、「持てる者」と「より多くを持てる者」の違いでしかないと如何にも勝ち誇って語っている。「階級戦争は終わった」とはマクミランの弁であり、「イデオロギーの終焉」論や「ブルジョワ化」説もこの時期の産物であった。

これに対して労働党は「階級政党」であることに手一杯であったし、また自己満足的でもあった。手一杯であったとは、同党はそもそも様々な労働運動の連合の上に成り立ったものであり、同党の社会主義的なイデオロギーもその連合に政治的アイデンティティーを与える際のよすがとして二次的に採用されたに過ぎず、党の存在理由や発展の動因をなしたわけではなく、従って同党に労働者階級に対する指導的立場を保証するものではなかったという事実に対応している。[23] このように本来多元的――しばしば遠心的でさえある労働運動の上に担がれた労働党は、従って一九四五年に初めて政権を獲った際にも労働組合の協力の調達に苦労し、一九五〇年代の野党時代にも原理主義者と修正主義者との間の内紛に苦しむことになる。他方、労働党が自己満足的であったとは、労働者階級が社会の多数派を占めているという認識を前提に、労働者階級を唯一代表する労働党が半恒久的に政権を掌握する必然をア・プリオリに想定する態度が広汎に存在したことに対応している。[24] この想定は、一九五〇年代の党内対立を克服した労働党が総選挙に連勝し、時代の追い風も孕んだ一九六〇年代には、あたかも実証されるかと見えた。[25] そもそも社会主義者にとって、労働党が「自然の与党」になることはその政党としてのアイデンティティーの内に織り込み済みのシナリオであったが、そのシナリオが俄に現実味を帯びたのである。しかし、そこに降って湧いたのが、一九七〇年のエドワード・ヒース率いる保守党の政権奪回であった。[26]

保守党に久しぶりの勝利をもたらしたヒースのアピールは、経済政策の抜本的な変更を唱えながらも、経済成長と非階級的・非イデオロギー的なリーダーシップを約束した点では「一つの国民」戦略に連なるものであった。ヒースがこのとき統治に当たる「政治のエキスパート」の定義に変更を及ぼそうとした事実は重要である。そこに約束されたのは、半ば神秘化された政治的叡知や父祖伝来の統治術によるリーダーシップでもなく、また諸利益間の妥協・均衡を巧みに操るリーダーシップでもなく、科学的・合理的・体系的思考法を身に付け政治の外部であくまで技術的に問題を解決することを志向するテクノクラートのリーダーシップであった。[27] こうした新しいイメージのリーダーシップの提起は、一九六〇年代から頓に意識され始めたイギリスの衰退の原因を論じる近代化論争の文脈にぴったり呼応していたものであり、有権者にも好意的に迎えられた。[28]

その後一九七二年にヒース政権を見舞った非介入主義的・自由主義的な経済運営戦略の頓挫と「Ｕターン」と呼ばれた同政権の路線転換については、後にサッチャーとその支持者によってヒース政権の最大の罪過であり保守党史の汚点であるかのように語り伝えられたが、「Uターン」を画し「成長へのダッシュ」という掛け声の下に号令された拡張主義的経済政策が、当時はむしろ歓迎され、大きな期待を集めたものであったことも忘れてはならない。ケインジアン的な経済・財政政策への回帰ないしは国家の経済活動への積極的介入の再開を意味する新路線は、産業近代化の構想も伴っており、これらによってヒースの「近代的」保守党の統治能力が改めて実証されるという展開も確かに考えられた。最終的にこのシナリオに挫折を強いたのは、第一に石油危機で極まった経済状況の悪化であり、第二に衰退産業による補助金獲得競争と労働組合の賃金引き上げ競争――その各々の暴走であった(29)。

このうち第二の事由は、ヒース政権の「権力の政治」がきたした障害として理解され得る。その一方の局面に見られたのは、かつてマクミラン政権が創設した国民経済発展会議（NEDC : National Economic Development Council）に代表される政府と産業界との間のいわばコーポラティズム的協調の装置が、ヒースの企図したイギリス産業の近代化を促すどころか、産業界の遠心的な要求噴出の誘導管として機能し、衰退産業の延命対策を助長するだけに終わってしまったという展開であった。また他方の局面には、賃金水準をめぐる労働組合との直接交渉・個別交渉に終始消極的であったヒース政権のその姿勢が、石油危機という事件をきっかけに、労働組合の実力行使の噴出と政府の強権発動という事態の急進化を許してしまったという経緯が存在した。ヒースは当初労働界との直接交渉を頑なに拒み、公共セクターの賃金の操作や産業関係法の改正を通じてあくまで間接的に民間の賃金を抑制する道を模索していたが、いずれの試みも挫折した後には労働界の合意を取り付けることを不可欠の前提とする法定所得政策を渋々採用するに及んでいた。そしてそれはそれで成功するかに見えたところを、石油危機の際に生じた法定所得の見直し要求と組合間における賃金差の調整の必要に対応しなかったことにより労働界との関係を決定的に損ねてしまったのである。産業界と労働界の二方面に対するアプローチがそれぞれ裏目に出たというのがヒース政権の、特に「権力の政治」面での〝戦果〟であった。

一九七四年年二月、政府と炭鉱労組の対決に直接の端を発するエネルギー危機――平時にもかかわらず商用の電力消費を週三日に制限する政府統制が敷かれた――の最中にヒース政権は敢えて解散総選挙の時機を選んだ。このときヒースは「誰がイギリスを統治するのか」というスローガンを掲げ、労働組合に対する批判票を糾合する狙いを明らかにした。すなわちヒースは、国民は今回のように国民生活を混乱に陥れることを辞さない部分利益＝労働組合の専横に反対する意志を、そうした部分利益と結び付いた労働党を退け、国民全体の立場に立つ保守党への信任を新たにすることによって示さなければならないという論理を展開し、この主張の正しさを有権者に問うたのである。これはレトリックの上でこそ「一つの国民」戦略を踏襲するメッセージとなっていたものの、そこには「支持の政治」の戦略を成立させるための肝心な要件が欠けていた。すなわちそこには「一つの国民」が実現され得ることを示すヴィジョンが伴っていなかったのである。かつて保守党は、国民経済の持続的拡大が可能とする再配分の効果を織り込むことで諸階級・諸集団間の調和を約束し得たのであり、これら経済成長・再配分・社会融和を差配する同党の政治的手腕への信頼を喚起することで「一つの国民」の党＝保守党という主張に説得力を与えていた。しかし一九七四年当時、イギリス経済が短期的にも中・長期的にも危機的状況に瀕している事実は覆うべくもなく、しかも保守党政権は労働組合との対決姿勢によって社会の融和どころか遠心化を志向しているかに見え、既にエネルギー危機という統治の失敗まで帰結していた。またヒースによって脱神秘化された保守党には、もはやかつての政治エリートたちが同党に与えていたリーダーシップのオーラはなく、統治階級の党としての伝統や権威に縋る道も閉ざされていた(30)。

一九七四年二月選挙は結局保守党の惜敗に終わるが、これと前後して広まったのが「労働党政権でなくては労働組合を扱いきれず、秩序を保ち得ない」という観測であった。[31]このような見方が持たれた——つまりその統治能力が疑われたという一事において、既に保守党の「一つの国民」戦略——同党が統治の党であることのアピールをその一部とする——の破綻は明白であった。そもそも保守党は「誰がイギリスを統治するのか」というスローガンを掲げたことにより自ら背水の陣を張っていたに等しく、保守党の統治政党としての信望はもとより適格性そのものが選挙結果に懸けられてしまっていた観があった。保守党に同一年内に二度目となる敗北を喫させた一九七四年一〇月の総選挙は、同党の凋落をさらに印象付けたものとなった。他方、このとき労働組合の〝力〟が政権交替に繋がったことを受けて、左派の間では遂に労働運動が政治権力を掌握したと見る向きが生じ、労働党の長期政権や本格的コーポラティズムの実現を期待する声が労働党政権を守り立てた。[32]しかしその労働党の政権ですら労働組合の遠心的な賃金引き上げ競争を制御できないことが露呈したのが、ストライキの嵐が公共セクターを席巻し、イギリス社会を未曾有の麻痺状態に陥れた一九七八年から一九七九年にかけての「不満の冬」であった。[33]

一九七四年の二度の選挙の顚末は、有権者が保守党の「統治能力」の主張に真っ向から疑問符を突き付けたに等しい意味を持ち、これによって同党が戦後一貫して追求してきた「一つの国民」戦略は頓挫した格好となった。それでも一九七四年の挫折だけで「一つの国民」戦略が息を吹き返す可能性まで絶たれてしまったということではなかったであろう。続く労働党政権が「権力の政治」の土俵に有意な変更を加え、例えば周囲の期待通り政府・資本・労働三者間のコーポラティズムによる経済管理体制を確立するという展開もあり得たであろう。その上で保守党が階級融和と経済成長を約束してきた伝統を引き合いに出しつつこの新しいコーポラティズム体制を我が物のように受容し、これに合わせて装いを改めた「一つの国民」戦略を携え、統治に長じた党として再び返り咲くという展開も、第二次大戦後の保守党の軌跡を思い起こすならば決して考えられなくはなかった。

しかし一九七九年に労働党政権を見舞った破局は、保守党にさらにより困難な挑戦を突き付けるものとなった。というのも「不満の冬」は、労働党がもはや労働組合を社会秩序に繋ぎ止める力を持っていないことを露呈したからである。労働党の「階級政党」としてのアイデンティティーは公然たる挑戦に晒され、この自己規定が含意してきた同党が社会の実効的多数派を把握しているという認識上の仮設は根底部を突き崩された。そして一九七九年の総選挙について報じられた労働者階級票の保守党への流出は、労働党にまつわる一連の〝神話〟の瓦解を決定的なものとした。

ここで保守党の「一つの国民」スローガンが常に「二つの国民」状況に関する言説を弁証法的に伴うものであったことに注意が払われなければならない。ディズレイリにおいて然り、戦後の右派進歩派（改革派トーリー）の主張においても然りである。特に戦後について言うならば、保守党が高らかに「一つの国民」を謳い上げるその一方で、「二つの国民」のテーマにその存在根拠を置く労働党が、現にもう一つの統治政党であり続けた。このことには二つの意味があった。一つは、既にギャンブルの保守党論が示唆しているように、保守党を再生させた「一つの国民」戦略とは、「二つの国民」状況を体現する政党への差別化戦略として有効性を持ち得たものであり、この点においてまさに労働党の「階級政党」としてのアイデンティティーに依存する戦略であったということである。そしていま一つは、以下で詳述するとおり、まさにそうした「階級政党」としての労働党を二大政党制のパートナーに迎え入れたからこそ、保守党の「一つの国民」戦略は「二つの国民」状況ないしは階級社会の現実が指摘される中にあっても現実的な社会統合のヴィジョンに裏打ちされ得ていたということである。では果たしてその保守党が提起する論理において、一体どのようなからくりによって「二つの国民」状況が止揚され、「一つの国民」の像が結ばれ得たというのか。

一九二〇年代、当時の秩序観念を根底から脅かした一九二六年のゼネ・ストに象徴される騒擾の時代に、保守党を率いるボールドウィンは労働運動を穏健化・体制内化し、労働党に政権教育を施す明確な意図を以て、二度手ずから労働党に政権を渡し、労働党が政権を担当する慣行を生んでこれを定着させた(34)。第二次大戦後には事態はさらに進んで保守党は労働党を二大政党制の定常的なパートナーとするに及び、ここに保守党による労働勢力の包摂が完成したとも言える(35)。上述のからくりとは、まさにこうした節目節目を経て形成されたものであり、その要諦とは次のようなものであった。すなわちイギリスの伝統ある二大政党制においては、労働党は野にあっても「明日の政府」であり、また一定の承認を受け一定の機能を割り振られた「陛下の反対党」であり、労働党の代表する社会的な勢力は労働党政権下でなくても二大政党制によって政治秩序に繋ぎ止められる。これは保守党の側から見れば、客観的階級利益によって当然に労働党と結び付いている労働者階級がその時々の保守党政権を受容するのは、二大政党制への労働党の参加があってこそのことであり、このことによって保守党政権に対する社会の実効的多数派の承認、すなわち社会秩序の存立条件はいわば間接的に担保され、政府に付託された秩序維持の使命も果たされる。逆に労働者階級の側から見れば、政権交替の現実的可能性がある二大政党制の中に彼らの代表が認められる限り、その政治的認知への欲求が満たされることはもとより権力の分け前への要求も収まり、保守党政権に対する忠誠も約束できるということになる(36)。

戦後の保守党が「一つの国民」戦略を有意に展開し得た背景には、労働党が「二つの国民」状況を自ら体現しつつ二大政党制に参画することを通じ、「二つの国民」状況が政治的に止揚されていることが不可欠の前提としてあった。つまり保守党から見た場合、労働党は社会統合という課題に一応の答えを与えておくための欠くことのできない補完的存在として捉えられる。保守党と労働党は同一平面上で対峙する対等な関係にあるのではなく、その関係はむしろ労働党の上に保守党が寄生して一方的に差別化を仕掛ける二層構造に模し得ると言ってよい。下位の労働党が位置するレヴェルは社会を直接的に代表する次元であり、上位の保守党が位置するレヴェルは一定の理念や認識が媒介する下位との関係によって社会を間接的に代表する次元である。(37) 本書では、このように認識される英国の二大政党制を「二層政党制」と呼ぶことにする。この二層政党制においては、保守党は、労働党が「階級政党」として社会の実効的多数派、すなわち労働者階級を当然に掌握し、これを現に国家秩序に繋ぎ止めておくことができるという前提の上に初めて、保守党政権下でも国民の統合が保たれるという見込みを得られるものであり、さらにはそうした見込みが確保されている条件下でこそ、「階級政党」としての労働党との対比において自らを「一つの国民」の党、換言すれば国民統合の党とするアピールを有意に展開することができたのである。さらに言えば、もちろんそうした差別化を行ってきた限りにおいて、保守党は二大政党の一翼としての命脈を保ってこられたに他ならない。

かくして戦後イギリスの政党制に、保守党の「一つの国民」戦略がその一部をなし、かつまた自らが有意であるためにそれを必要とするような「二層政党制」を見出し得ることが明らかとなった。ビアは保守主義における「階級」がむしろ垂直的統合を含意する言葉であることに注目し、水平的団結と垂直的分断を含意する経済的「階級」概念との違いを指摘したが、(38) 保守党にとっての二層政党制とは、この保守主義の「階級」秩序の中にマルクス主義の「階級」を包摂する装置であったとも解し得るであろう。ビアによれば、労働者階級による保守党投票も一種の階級投票であるには相違ない。労働者は保守党に階級間の有機的調和を実現する生来の「統治階級」を重ね合わせるからこそ、これに投票する。確かに「一つの国民」論は、国民的利益を委ねるべき知見に秀でた一定の「政治階級」の存在を暗黙裡に措定するものであった。その「政治階級」の中身はヒース以前と以後との対比が可能であるように可変的ではあるにしても、いずれにせよ保守党は「一つの国民」戦略の一部として、「政治階級」の資質を湛えた党であることを実証するようなリーダーシップを示さなければならなかった。イーデンやマクミランのように「政治階級」のオーラをまとう人物を党首に戴くことは、とりあえずとり得る一つの方法――最も直截かつ容易な方法と言えた。

もちろんそうした「政治階級」の具現だけで済まされるものでもなく、具体的に提起される争点や政策のレヴェルにおいても保守党の「統治能力」を印象付けるような差別化が必要であった。そうした争点・政策レヴェルでの差別化に際し、保守党は、労働者階級の懐柔に関わるロー・ポリティックスの諸項目については労働党が設定した枠組をそのまま受容し、その量的な業績においてのみ差別化を図ることに徹した一方、外交・軍事などのハイ・ポリティックスの分野においては保守党の輝かしい伝統が常に想起されることを大いに頼みとしながら積極的にイニシアティヴを発揮した。また、極めて今日的なハイ・ポリティックスの分野を画す経済運営においても、そもそもケインジアン的手法を確立したのが保守党であれば、その放棄を最初に企てたのも保守党であったことが指摘され得るのであり、戦後における重要な経済政策上の革新は専ら保守党によって導かれてきた観がある。保守党はまた通常の経済管理の遂行やひとつひとつの政策目標の達成においても労働党に優るというイメージを追求し、一九五〇年代には「繁栄の党」として自らをアピールすることに成功している。一九六〇年代に一度はウィルソン率いる労働党に「近代化」推進のテーマにおいて水を空けられた後も、新党首ヒースの下ですかさずそのテーマを奪還しており、その際に返す刀で試みたのがケインジアン的な拡張主義的経済運営からの歴史的転換であった。このように現代のハイ・ポリティックスを代表する経済政策の分野も、どちらかといえば保守党がそのアピールに供し得てきた分野であった。保守党は総じてハイ・ポリティックスに関わる差別化を得意とし、この領域における同党の伝

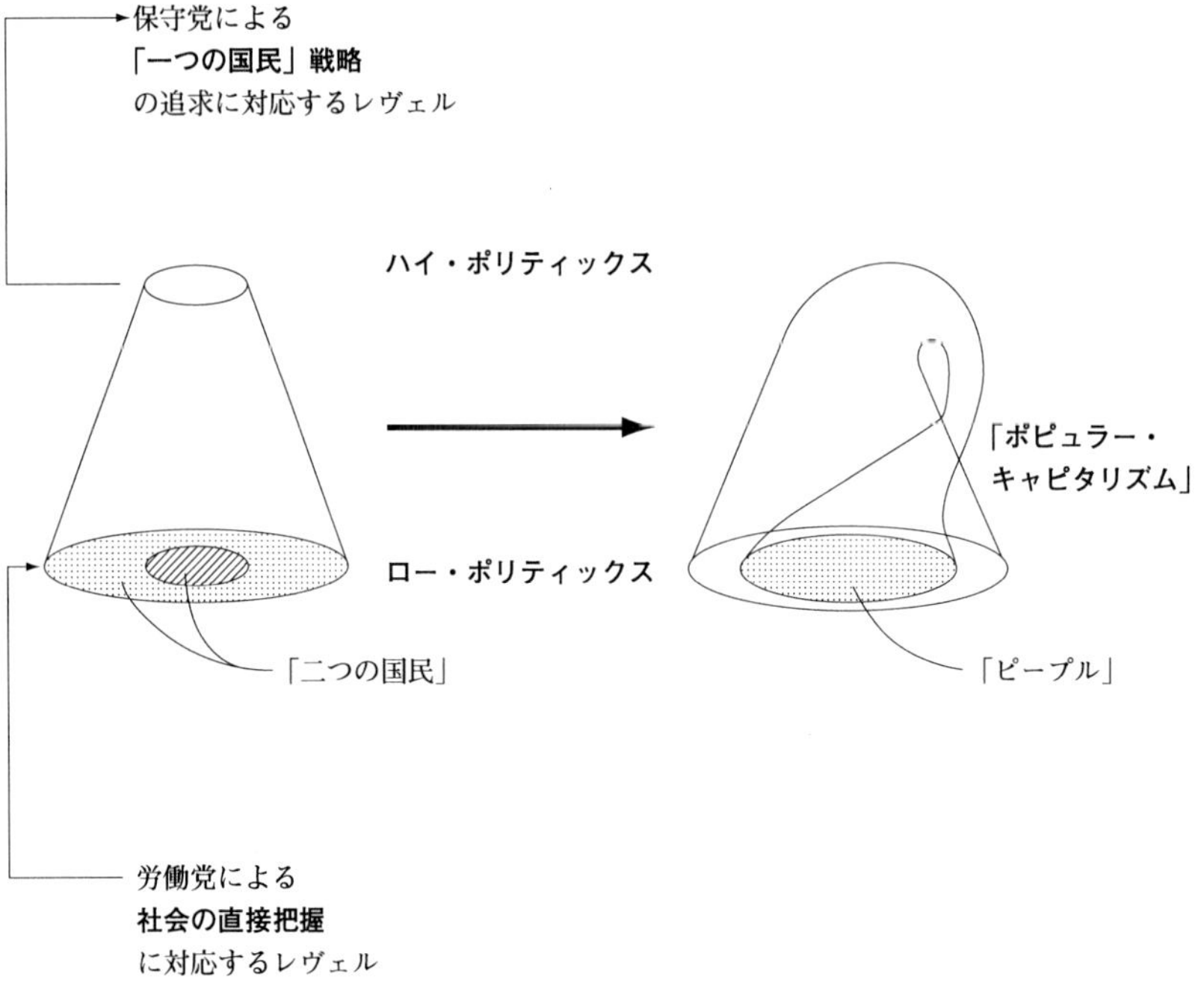

図2　二層政党制イメージ図

統への引照を繰り返しつつ、その「統治能力」に関する主張を形成してきたのである。

ところで社会の直接把握、すなわち「統合」の担保を二大政党の相方である労働党に任せ、その基盤の上で差別化を図ることによって戦後保守党の「一つの国民」戦略は成り立ってきた。従って一九七九年に労働党政権が労働組合の実力行使に対する統制力の欠如を露呈したことは、保守党にとって労働党に寄生することを通じて社会の多数派との接続を確保する道が断たれたことを意味していた。保守党は、たとえその超然的な「一つの国民」戦略をヒース以外の指導者の下で蘇生させ得たとしても、その戦略が労働党による下からの補完を当てにできなくなった以上、それが全く意味を持ち得ないような段階に立ち至ったのであり、遂に自らが当の下位のレヴェルに降り立って社会の直接把握に乗り出すことを迫られたのである。結論から言えば、サッチャー政権は「ポピュラー・キャピタリズム」という概念の周りに社会統合に関する新しいヴィジョンを築き上げることで、二層政党制の崩壊によってぽっかりと穴があいた「支持の政治」の地平に新たな作用をもたらそうとした。そしてそこでは保守党のアピールの名宛人は、理念的・抽象的な「国民（nation）」ではなく個々人の具体的な集合である「ピープル（people）」となり、抽象性の度合いを下げると同時に排他性のニュアンスを帯びることになる。すなわち社会の多数派を占める「普通の人々（the ordinary people）」の周囲には、そこからこぼれ落ちた少数派の「マージナルな人々（the marginal）」が滞留することになるであろう[39]。もっともこうした保守党の新機軸は政権後半期になって初めて形を現すものであり、それまでは同党も暗中模索の途にあったことが確認されなければならない。因みにサッチャー政権においては当初からロー・ポリティックスに対する並々ならぬ関心が目立ち、ここに保守党の争点体系（issue system）はハイ・ポリティックスとロー・ポリティックスの一元化によって平板化するかと見えたのであるが、こうした変化も「支持の政治」が新しいパラダイムに移る動きと平行裡に捉えられ得るであろう。

第二節　権力の政治――二重国家構造と国家戦略

次にサッチャリズムにおける「権力の政治」について考察するが、これに関しては、国家構造に内在する制度慣性（institutional inertia）[40]の作用と政府による国家戦略の追求による作用とを区別しながら事象の整理を行う必要がある。（国家構造という言葉によって、ここでは国家と社会の嚙み合わせの在り方をも射程に入れた国家の制度配置に言及するものとする。国家戦略とは、この制度配置に働きかける「組織化」の論理を指すものとする。）さらに場面に応じて国家セクターの内へと外への作用を区別し、あるいは国家セクターに関する作用の中でも中央政府内への作用と下位の政府諸組織・諸機関への作用とを区別することが必要となる。以下で論じる通り、既存の研究はこのような作用の動因や作用域の違いへの配慮に欠けているため、その提示する国家構造のモデルに適切な留保・限定を付し得ていないと言ってよい。

戦後イギリスの国家構造は、これまで主に次の三つのモデルのいずれかによって論じられてきた。コーポラティズムのモデル、多元主義のモデル、国家の「二重性」のモデルがそれである。

第一のコーポラティズムのモデルは、イギリスの政治の現実に様々なかたちで当て嵌められてきた。その最も緩やかな当て嵌めは、政府と政府外の自律的主体との間に成立し得る何らかの友好的・協調的な関係を広くコーポラティズムと呼ぶ用法に見られる。同様にしばしば単に良好な関係を意味するにとどまりながらも指示対象がより絞り込まれた適用として、コレクティヴィズムや戦後合意という言葉によって戦後イギリスの政治が形容される際に、そこでその存在が含意されている政府・資本・労働三者の協調関係をコーポラティズムとする議論[41]、一九七〇年代までの政策過程における中央政府と自治体等の政府外の様々な団体との間の協働関係をコーポラティズムと呼ぶ議論[42]が存在する。さらに同概念が最も限定的に適用されたケースとして、一九七〇年代にイギリス政府が産業界や労働界、あるいは地方自治体の代表団体との間に設け、そこでの協議の結果が拘束力を持つことが想定された一連の政策協議の機関について、遂にイギリスにも公式制度としてのコーポラティズムが成立したと捉える議論[43]が存在した。

ところでイギリスでこの最後の意味におけるコーポラティズムが試みられた一九七〇年代とは、全ヨーロッパ的に経済情勢の急激な悪化に対応する危機管理体制の確立が叫ばれ、そうした問題意識を背景に、利益媒介ないし調整装置としてのコーポラティズムが一躍脚光を浴びた時代であった。この時期にはそれ故に、コーポラティズム・モデルの定式化と同モデルをメルクマールとする国家構造の比較分析が盛んに試みられるようになったわけであるが[44]、実はそうした研究がオーストリアやスウェーデン、オランダ等の諸国との比較によって明らかにしたのは、英国におけるコーポラティズムの不足もしくは弱さであった[45]。この不足・弱さという診断を導いたコーポラティズム論は、それ以外の議論が大まかに言えば二つの事柄——事実上の協調関係か公式制度かのいずれかに注目しているのに対して、これとは明らかに異なるレヴェルでイギリスの国家構造を見ている。前者に注目する第一の語法では、戦後を通じて「合意の政治（consensus politics）」を裏打ちしてきたコーポラティズムは一九七九年を境に失われたということになり、後者に注目する第二の語法では、コーポラティズム確立への動きは一九七〇年代に生じた新しい現象であり、その芽は一九七九年にサッチャー政権によって摘み取られたということになる。ところが第三の語法では、むしろ一九七九年の前と後とは連続性において捉えられることになる。従って、これら複数の理解——あるいは事象の異なる次元——を整序する視点が必要となる。

イギリスの国家構造に関する第二のモデルは、多元主義のモデルである。[46] これはその機能と効用に関して極めて楽観的な見通しが持たれた一九五〇年代から六〇年代にかけては、古典的な議会制民主主義の代表過程を補完し、民主主義をより十全たらしめる一つの正統的な国家構造の在り方を示すモデルとして称揚されたが、[47] その後はむしろ民主的に選出された政府の政策が強力な部分利益の国家への浸透によって歪められる事態を意味するモデルとして否定的に言及されるものとなった。イギリス政治を論じる文脈では、そうした部分利益は生産者団体と同一視されることが多く、とりわけ労働組合のデ・ファクトな力を背景とした専横が大いに問題視された。[48]

しかし、実際にイギリスの事例をよく見てみるならば、部分利益の専横とこれによる政策の歪曲と見られる事例が、実は競合的に分立する労働組合間、産業ないし企業間の賃金アップや補助金獲得をめぐる〝ネガティヴ・サム・ゲーム〟によって説明されるべき現象であり、圧力団体の強さというよりも、むしろ労働界や産業界の組織度・統合度の低さや弱さを背景としていたことが浮かび上がる。[49] ここにはもう一つの、言うならば遠心的な多元主義が作用していたということになり、例えば一九七〇年代の国家の危機も労働組合による統治の乗っ取りというようなものではなく、こうした多元主義的状況に起因するイギリス国家の「統治不能状態（ungovernability）」において理解されるべきものとなる。英国におけるコーポラティズムの〝不足〟を論じる議論が注視したのも、まさにこのような状況であったに他ならない。

第三のモデルは、国家の「二重性」のモデルである。右の二つのモデルが特に一九七〇年代から八〇年代中頃までの議論を支配するものであったのに対し、これは一九八〇年代の終わりに、つまりサッチャー政権下の経験がある程度踏まえられた段階で俄然脚光を浴び始めたモデルである。今日的な状況をこの「二重性」のモデルに照らして最初に読み解いてみせたのがバルピットであった。バルピットによれば、イギリスの政体の顕著な特徴をなしてきたのは、政権執行部の政府外部の諸組織・諸集団からの隔離と超然性であり、これは「自然の少数派政党」である保守党が生き残りをかけて追求した統治術と分かち難く結び付いていたという。[50] イギリスの中央政府は、自治体を介して様々な社会政策を遂行する場面でも、国民経済の管理に乗り出した局面においても、自治体あるいは労働組合や企業などの経済主体との間に「相互的自律性（reciprocal autonomy）」尊重の原則を適用することであくまで中央の超然性を保とうとしてきたものであり、またそのようにして初めて中央は得意のハイ・ポリティックスに専心することができたのであった。

バルピットの鋭い分析によれば、戦後のケインジアニズムについても、それが隔離された中央のエリートによるいわば遠隔操作的なマクロ経済管理の手法を意味した点において、政府にとっては経済への直接介入、つまり強力な経済主体との具体的な〝取引〟の責務を免除する理論となったが故に、受容され重宝されたと捉えられる。従ってサッチャー政権が掲げたマネタリズムも、同様な含意を持つ総枠的操作の手法として、実はケインジアニズムを正しく継承するものであると言われ得た。しかしそのような中央の超然性を許容する「二重政体（Dual Polity）」とは、裏返せば、政策結果に対する中央のコントロールの欠如を意味していたに他ならない。「二重政体」においては、中央が「相互的自律性」尊重の原則に則った誘因付けの手段によらずして下位・周縁・外部に対していくら子細に介入・統制を試みたところで、それが実効性をもつことは難しい――バルピットはサッチャー政権下で見られた中央・地方関係の混迷に、このことの顕著な例証を見出している。

イギリスの中央政府が一般に下位の官僚制組織や地方自治体を介して思うような政策結果を得る能力に欠けていることは、既に一九七〇年代末にアシュフォードが政策過程の研究において明らかにしていた事実であった。[51] アシュフォードは国家機構が機能不全に陥る原因として、第一に、二大政党による「対決的政治（adversarial politics)」の過剰な演出が政権交替毎に政策の一八〇度転換を引き起こし、長期的視野に立つ合理的な政策形成を妨げていること[52]、第二に、政府の中枢部と政策執行の現場との関係が人脈や情報面での繋がりを養う制度的「複雑さ」に欠けているために、実効的な政策形成と政策結果とを結び付けるフィードバックがうまく働かないことを挙げている[53]。ここでの議論に直接関わってくるのは第二の〝断絶〟に関する指摘であるが、アシュフォードによれば、こうした政府中枢部と外縁部の断絶は、統治に関する「エリート間の合意」の重要な一部であり、かつまたそのエリートたちが演じる二大政党の「対決的政治」や諸々の正統的とされている政治制度・政治理念を介して、「社会の合意」が間接的に承認を与えている対象である[54]。しかし、このように国家構造と支持の構造を関連づける視点を含みながらも、彼の議論はそうしたイギリス的な国家機構の在り方をあくまで政策論的見地から機能的に劣るものと位置付け、対照的にフランスの国家構造に関して、中央と現場とが複雑な紐帯で結ばれているが故に政策の実効性が確保され易いことを示唆することで終わっている。その議論は英国の「二重政体」について、これが持ち得る政治的機能や由来、また状況への適応や進化の可能性を十分に掘り下げるものとはなっていない。

他方、一九七〇年代以降の政策過程研究の成果を総括したR・A・W・ローズは、政策ネットワークないし政策コミュニティーの概念によって、中央官庁を結節点として下位レヴェルの政府機関や機能集団、領域団体などの様々な組織を包含する政策過程の、いわばアクター相関図を政策領域毎に抽出することを提唱した。そしてそうして同定された政策過程の統合の在り方を調べることを通じて、政策の実効性を担保する諸条件を定式化しようとしたのである。これは一種のコーポラティズム・モデルを政・労・資の三者関係に限らず国家構造のあらゆるレヴェル、あらゆる側面に適用する試みを意味したと言ってよい[55]。その同じローズが、後に一九八〇年代のサッチャー政権下の政策過程を振り返り、同政権を特徴付けた「政策の混乱（policy mess)」――「意図せざる結果

（unintended consequences）」の頻発や「立法の繰り返し（repetitive legislation）」現象等を改めて論じた際に、それまでのローズであれば、真っ先に関心を寄せたであろう要因、すなわち政策ネットワークの不完全さ（例えば重要な機関・集団が疎外されていること）や一度確立されたネットワークが変化に抗する力ではなく、まず第一に「二重政体」が政府に課した制約なるものを問題にしたことは注目に値する。(56) そこでのローズの議論は、中央政府が政策の最終的な執行者ではないことに規定された「二重政体」において、サッチャー政権はこの「二重政体」に親和しない「命令」型の操作コード（operational code）を用いたが故に政策意図を実現できなかったというものであり、彼はこの「二重政体」という概念を、特にバルピットに負っていることを明らかにしている。このようにローズがコーポラティズムから「二重政体」へとその関心を移動させた背景には、第三期目のサッチャー政権が、自らの一方的な統制モードに少なからず起因するそれまでの中央・地方関係の混乱を解消しようとした際、政策過程の再統合というコーポラティズム的手段に訴えるのではなく、むしろ中央と地方の間に相互的自律性が保たれるべきことを改めて前提に据え直し、中央の介入主義の撤回と自治体の地元住民に対する「答責性（accountability）」の強化とからなる新路線を打ち出したという現実の展開の影響があったと思われる。ローズは、「二重政体」に適合的な国家の制御様式が呼び起こされ、その下で初めて中央・地方関係の安定化への展望が開けたとき、「二重政体」の潜勢力をこれ以上なく明瞭に認識させられたに違いない。

イギリスの国家構造に関する以上の三つのモデルは、それぞれが有意性をもつレヴェル・局面を正しく判別するならば、決して相互に排斥しあうものではない。その点に留意しながら、第二次大戦後から一九八〇年代末までの時代におけるイギリスの国家構造とこれを取り巻く状況に以上のモデルを当て嵌めてみることにしよう。

まず大戦直後の時期、政府によってケインジアン的な経済運営の手法が公式教義化されるに至った背景に、経済運営において労働組合や企業の協力を逐一取り付ける必要をなくそうという動機、いわば「二重性」創出の動機が働いていたことは――保守党がその伝統の統治術を現代に生かすために「二重政体」に適合的なケインジアニズムを採用したとするバルピットの所説に拠るかどうかは別にしても――十分に想像され得る。特に一九四五年に成立した労働党政権が物量統制的な経済政策を試みた際に労働組合の十分な協力を得られず手痛い失敗を被ったという経緯は、その後のイギリス政府の経済政策を抜き難く規定したに違いない[57]。英国の労働組合運動についてはその組織的な求心力の欠如と職場レヴェルでの闘争への専心の傾向が指摘されており、これらの特徴は議会労働党の自律性を高めた反面、労働党政権による労働組合への統制力にも重大な限界を課したのであった。シュミッターの優れたコーポラティズム定義に従えば、これらのうちの労働界の組織度の低さ――すなわちその多元主義的有り様からだけでも、英国におけるコーポラティズムの可能性は否定される。実際に一九七〇年代後半における事態の推移は、このことを劇的に実証するものとなった。

さて、保守党による統治術の追求、あるいは社会の多元的組織状況、そのいずれの帰結であったにせよ、超然的な執行部を核とする「二重政体」的な国家構造は、福祉国家を求める新しい時代の要請に適応させられ、ケインジアニズムの下に再生された。このケインジアン体制の下での政府は、例えば社会政策や公共事業の推進においても補助金の給付レヴェルを介して自治体を遠隔操作すれば足りることとなり（これらこそ象徴的には最もケインジアン的な政策であったにもかかわらず、そこでの政府の責務は当のケインジアン的な遠隔操作の手法によってむしろ局限され得たのである）、ここにハイ・ポリティックスでのアピールに特化したい保守党にとっては格好の政策体制が成立する。その後一九六〇年代末までの政府は、二重国家構造を戦略的に維持するために外部組織との間ではできるだけ相互的自律性を保つことに留意しながら、経済成長によって拡大する〝パイ〟を適宜切り分けてこれを配分することを通じて労働組合や産業界、自治体との間に事実上の「パートナーシップ」の関係――緩やかな意味においてしばしばコーポラティズムと形容される――を築き上げ、そうすることで諸政策の実効性もそれなりに確保していった。

しかし、一九七〇年代にそれまでの遠隔操作的な統治手法が行き詰まり、政府が生産者団体ないしは自治体との間に本格的なコーポラティズムの装置を確立することへの圧力が高まり、現にそのような新しい国家戦略が追求された際に、二重国家構造はむしろその制度慣性によって新しい国家戦略の遂行を阻害する方向に作用したのである。すなわち、このとき政府は表向きにはコーポラティズム体制を標榜しつつも、現実には二重国家の制度慣性に屈して大蔵省によるマクロ的なデフレ政策を当てにせざるを得なかった。他方、二重国家構造に対応して存在してきた国家機構外における多元主義的な組織状況は、とりわけ賃金引き上げ闘争の〝ネガティヴ・サム・ゲーム〟的な狂騒状態、言うならばコーポラティズムの対極にある状態を生み出すことによって、具体的政権の「統治能力（governing competence）」、さらにはイギリス社会の「統治可能性（governability）」そのものに疑問符が付されるという深刻な事態を惹起したのである。

一九七九年に発足したサッチャー政権によってコーポラティズムの戦略は正式に破棄された。代わりに同政権が掲げたのは、二重国家構造の制度慣性にも良く符合するマネタリズムであった。マネタリズムによれば、政府の経済管理はＰＳＢＲ（Public Sector Borrowing Requirement：公共セクター起債必要額）の統制を超えて行われ得るものではなく、それ以外の経済指標の動向に対して政府が逐一手当てを行うことは不要かつ有害とされる。このようなマネタリズムは、政府と国家機構外部との間の没交渉を正当化し、政府の経済に対する責任を外部化する点では政府にとって極めて有用な理論であったが、その反面、政府と国家機構内部の諸組織との関係においては、公共セクターの支出や起債に関する数値目標を下位組織の隅々にまで貫徹することを命じる点で、政府に極めて困難な事業を課すものであった。しかもサッチャー政権の側には、当初よりこの困難な課題に取り組む上での準備、特に組織戦略上の工夫といったものは一切なく、同政権はただ闇雲に下位機関に対する一方的な統制と直接的な介入を繰り返すばかりとなった。もちろん、そのようないかなる直接的統制の試みも、二重国家の制度慣性によってその実効性を損なわれずには済まされない。その結果として帰結したのは、中央政府による介入の果てしない泥沼化であり、これは政府の自治体に対する関係において特に深刻な様相を呈した。一方、中央政府とそれ自身の官僚制との間では、支出規制を二重国家の敷居――超然的な中央執行部と下位の実動部分との間の敷居――を越えて徹底させるという課題は、一つの組織のマネージメントの問題として定位された。そこでの政府の介入姿勢は、例えば大臣と事務次官級の官僚は政策形成に専心し、マネージメントは下位の官僚制に委ねられるという従来の分業の在り方の否定や、大臣を頂点とする全組織をマネージメント努力に一元的に参加させる情報システム作りなどに具体化された。

その後サッチャー政権は、第三期目になると、今度は遂に身に付けた組織戦略的発想によって、二重国家と財政統制の至上命令とのディレンマの一挙解消をもたらし得るような国家機構の大々的再編に乗り出していくことになる。その際、中央・地方関係は、まさに人頭税構想において端的に宣明されていたように、相互に自律性が保たれるような方向性において再定義され、中央の官僚制も大規模なディヴォルーション（［権限］委譲）計画の俎上に上り、この計画が実現された暁には自立した政策遂行機関（エイジェンシー）と中央に残った官僚制との間に「相互的自律性」が実現することが想定された。これらは二重国家の制度慣性に全面的に帰一する国家機構の再編構想であったと同時に、組織内関係の組織間関係への転換と組織間関係の市場化とによって財政統制の課題を一気に解消することを狙ったものともなっており、こうした発想の背後には、国家機構の編成のみならず市場と国家の関わり方をも射程に入れた組織戦略――国家戦略とも呼び得るもの――の出現が窺われた。そしてそこには次章以下の住宅政策の研究によっても裏付けられる通り、国家セクターと民間セクターの境界が曖昧化し、所属の曖昧な組織同士が中央の政策手段として競合させられる状態が現出しつつあったのである。結論から言えばサッチャー政権の国家戦略とは、公私のセクターの別を問わずまたあらゆるレヴェルを通じて追求され得る組織間関係における競争関係の普遍化という主題の周りに形成されたものであった。そしてこれはまたイギリスに伝統的に見られた多元主義的な諸組織の分立状況と緊密に嚙み合う戦略でもあり、それ故に「多元主義」という言葉がこのとき初めて政権によって、将来の国家構造のあり得べき在り方を指す概念としてポジティヴな意味で用いられ得たのである。(58)

注意すべきは、この新しい国家構造のヴィジョンに対応する「多元主義」とは、機能集団によって分化された国家や社会を含意するものではなく、従って一九七〇年代に隆盛した政策ネットワーク論が題材とした新多元主義的な国家構造、いわゆる「専門化された国家構造」を指すものではないということである。(59) 独自の行動規範と自律的な職業コミュニティーをもつ専門家が国家機構に浸透し、政策過程に対するコントロールを強める傾向を指摘した新多元主義論は、一九六〇年代後半から七〇年代末にかけての、例えばホワイトホール（中央官庁）改革や住宅政策過程の動向に関する説明としては確かに有意であったことが確認されるが、一九八〇年代に入ってからは完全に有意性を失っていた。

そもそも政策ネットワーク研究から「分化された政体」論を展開させたR・A・W・ローズの議論をはじめ新多元主義の国家論は、ニクラス・ルーマンが提起した次のような概念区分をその前提に置いて見るときよりよく理解され得るものとなる。ルーマン社会学は、社会システムの分化について「分節化」と「機能分化」という二つの論理を区別していた[60]。これによれば、「分節化」はシステム内に幾つもの相似的な部分システムを生み出し、他方、「機能分化」は各々特定の機能に特化した相異なる部分システムを生み出す。現代社会では後者が前者に取って代わる傾向が存在するという。興味深いことに、一九八〇年代の展開は、国家構造に関する限りこれとは逆方向の動きが起こっていることを示唆している。すなわち「分節化」の論理は、この公共支出の削減統制（cut-back management）が至上命令となった時代において二重国家構造の制度慣性と合致した統制を可能とする組織原理として再浮上を果たし、サッチャー政権の新しい国家戦略の凝結核をなすこととなった。このとき政策過程における専門家の役割は脇に追いやられ、代わって政策遂行のレヴェルで「支出に見合った価値（value for money）」を実現する至上命令を帯びた、まさに〝経営者〟のイメージで捉えられるマネージャーが主役に据えられる。そして彼らの率いる組織間相互の競争がコストの節減やサーヴィスの向上をもたらし、あらゆる問題を解決することが期待されるのである。市場的な競争環境に置かれる複数組織の創出がまさに「分節化」の一つのパターンに当たると見るならば、サッチャー政権下の展開は、現代社会において「分節化」の論理が「機能分化」の趨勢に対して巻き返しに出る局面が遂に到来したことを意味していると言えるのかもしれない。

第三節　パフォーマンスの政治への視角

以上に展開してきた『支持の政治』と「権力の政治」とに関する議論を整理するならば、次のようになる。まず「支持の政治」のレヴェルで保守党が追求してきた「一つの国民」戦略は、少なくとも戦後においては「二層政党制」を前提とし、これによって実効性を担保されてきたものであり、従って「二層政党制」の瓦解は、保守党に「支持の政治」の根底からの再構築を命じることになった。結局保守党は一九八〇年代後半に至って漸くポピュラー・キャピタリズムという概念の周りにかつては労働党任せであった社会の直接的把握を保守党が自ら果たすことを可能とするような社会統合の確保に関する独創的ヴィジョンを紡ぎ出し、「支持の政治」を立て直す。保守党が切り開いた新たな地平に、かつての「二層政党制」に代わってどのような構造をもった政党制が姿を現すのかは、なお一義的には定まり得ていない。鍵は、保守党が訴求した「ピープル（people）」というカテゴリーが果たして現に確立され得たのかどうか、確立されたとして、このカテゴリーに属する人々が現にどのような社会統合の在り方を志向し得るものであるのか、という辺りにあるであろう。(61)

他方、「権力の政治」における二重国家構造は、政府の積極的な国家戦略の前に制度慣性として立ちはだかり、その成否を左右するものであったが、逆にまたそうした積極的な国家戦略によって状況に適応させられて進化を遂げてきたものでもあった。戦後、そうした二重国家構造を前提として実践された政府の下位機関もしくは外部団体へのアプローチ（国家組織の再編、つまり組織化の契機を含んでいなかった以上、これはまだ国家戦略と呼ぶに当たらない）は可能な限り相互的自律性を確保し、政府のコントロールもあくまで遠隔操作的手法によってこれを果たそうとするものであった。しかし戦後におけるそうした中央の遠隔操作的統制手法も、現実には経済成長の恩恵の配分に媒介されることによって実効的であり得たに過ぎない。現に一九七〇年代に公共支出削減の要請が高まると、財政的な配分措置に頼る遠隔操作の手法はその有効性を著しく低減させる。そこで政府は支出管理を円滑に遂行するために二重国家の超克を含意するコーポラティズムの国家戦略を採用するのであり、これによって中央政府と下位・外部組織との間に公式の政策協議の場を結節点とする新たな制度的連携が育まれていくかに見えた。しかし、このコーポラティズムの試みは結局表面的・形式的なものに終始せざるを得ず、政府はむしろ二重国家の制度慣性に親和しやすいマネタリズム的な支出統制手法を裏口から導き入れ、実質的にはそちらの方を当てにする道に陥ったのである。その後に登場したサッチャー政権は、マネタリズムの公式教義化によって経済管理面では政府の超然性を再確立し得たものの、そのマネタリズムが命じる支出統制を国家機構内部に貫徹する場面では散々な苦汁を嘗めることになった。それでも第三期目には漸く分節化と競争化の主題に貫かれた積極的な国家戦略を手にし、これによって二重国家構造と支出統制の要請とを遂に折り合わせる道を得るに至ったことは、後に詳説する通りである。

ここでバルピットの言うように二重国家構造と保守党の統治術との間に何らかの対応性があったとすれば、二層政党制と二重国家構造との間にもたとえ因果論的ではなくとも何らかの共生的な関係が存在していたことが考えられる。現にいずれにおいても「二層」、「二重」の上部の層にはハイ・ポリティックスと親和的な環境が見出されるのであり、従って両者は相互に補強関係にあり、かつまた保守党を相乗的に助けていたことが想像されるのである。それならば「二層政党制」の瓦解に際して、果たしてこれに対応する変化が「二重国家」の方には生じなかったものか。サッチャー政権が保守党政権としては珍しくロー・ポリティックスに意欲的であったことは当初からよく指摘に上った事柄である。もちろんこの指摘は額面通り受け止められるべきではなく、政策執行に生じた混乱が政権のロー・ポリティックスへの関わりを不可避的に深化させた契機も無視されてはならない。しかし少なくとも第三期目にサッチャー政権のロー・ポリティックスへの関与がかなり自覚的なものとなっていったことは確かである。後の章で紹介する通り、一九八七年選挙綱領にはそうした保守党のアジェンダもしくは争点体系（issue system）の変化が劇的なかたちで表れるに及んでいる。このことは、バルピットがハイ・ポリティックスを重ね合わせた二重国家の中心部の性格に生じた変化と対応していたのではないであろうか。そしてそうした変化は、保守党が社会の直接把握に乗り出し、ポピュラー・キャピタリズムの構想を獲得しなければならなかったことと密接に連動していたのではないであろうか。確かにサッチャー首相の登場とその閣僚人事とによって二重国家の中心部の人的構成は目に見えて変質していた。もはやそこに古き良き時代の特権階級のオーラが輝くことはなく、むしろ充満していたのは中産階級的な活力と偏狭さであったと言われる。かつて「一つの国民」戦略において暗黙裡に想定されていた「統治階級」「政治階級」はもはや見出されず、国家の中心部は「ピープル」と一次元的に連結してしまったかの観があった。(62) 一九九〇年のサッチャー後継をめぐる保守党の党首選挙において、ダグラス・ハードでもなくマイケル・ヘーゼルタインでもない、庶民の等身大の代表ジョン・メイジャーが新党首つまりは新首相に選ばれたことは、この上なく象徴的な出来事であった。

最後に触れる「パフォーマンス《結果評価》の政治」は、「支持の政治」と「権力の政治」の各次元において抽出された作用が、サッチャー政権の作用——ここでは仮に同政権の統治戦略と呼んでおく——として表象される際、各々の作用が惹起する〝矛盾〟のいわば緩衝材として立ち現れるであろう。例えば、サッチャー政権下の「権力の政治」がイギリス経済の再建に全く寄与しなかったとしても、あるいは同政権下の「支持の政治」が人口のある部分に敢えて関知しないものであったとしても、これらの事実は統治戦略として見た際のサッチャリズムに必ずしも破綻をきたすものではない。特にそれらが統治の成否を直接規定する「支持の政治」を妨げるとは限らないという点は重要である。

このことは、貧困ラインすれすれまたはそれ以下のレヴェルの生活を送る人々や生活保護の受給者が確実に増加し、失業やホームレスが社会現象となり、さらには犯罪件数が目に見えて増大したにも関わらず、何故サッチャー政権が一一年もの長きにわたって存続し、その後も保守党政権が継続したのかという問いに関係してくる[63]。これに対する答えは、最終的には人々のパーセプションのレヴェルに生じた変化に求めざるを得ない。特に注目されなければならないのは、サッチャー政権下、自らが置かれている経済的環境に対する人々の認識の在り方や政府に対する期待の在り方に劇的な変化が生じた可能性である[64]。人々は「権力の政治」による規定を受けた経済組織の機能の成果をもはや国民経済の枠組では評価しないようになり、イギリスの衰退を我が身のこととは感じなくなった、あるいは国民全員の福祉と安寧を政府の責任であるとは認識しないようになり、自らの経済的苦境もしくは隣人の苦境について政府の責任を問わなくなった……。こうした新しい認識の在り方が広まったとすれば、そこには明らかにサッチャー政権が喧伝したイデオロギーの刻印が認められることから、それは人々のパーセプションに対するサッチャー政権の作用なるものが確かに存在したことを示唆していることになる。

この作用、すなわち「パフォーマンスの政治」が「権力の政治」のパフォーマンスに関する人々の認識を操作・組織化することにより、「権力の政治」は、そのパフォーマンスの実態がどのようなものであれ、「支持の政治」が人々を秩序に統合し、また具体的な政治権力のために支持を動員するに際してのマイナス要因へと直ちに転化させられることを免れる。同じことは「支持の政治」についても言える。何故なら、「支持の政治」は自らの「支持の政治」が成功すること、つまり政治社会の統合を確保し得ることを自己言及的にアピールしなければならないからである。その際「支持の政治」との関係において「パフォーマンスの政治」が働きかけるのは、あるべき政治社会の統合もしくは秩序の在り方に関する人々のパーセプションであり、端的には中央政府による動員や訴求の射程を「一つの国民」からより限定的な「ピープル」へと置き換える作用は、「パフォーマンスの政治」のレヴェルに定位され得ることになる。

このように「パフォーマンスの政治」は、「支持の政治」、「権力の政治」、それぞれのフィードバックを緩衝することによって統治戦略として表象され得るサッチャリズムをより自足的なものとなし得たと考えられる。サッチャリズムは「パフォーマンスの政治」のレヴェルにおける強力な作用をそなえていたが故に、それまでの常識で考えれば致命的であるような諸含意を抱えながらも、統治戦略として有効であり得たのである。次章以下では、サッチャー政権が「パフォーマンスの政治」の次元において、責任のディヴォルーション（下位ないしは外部への委譲）戦略とそのコロラリーとしての領域秩序の再編戦略を追求するものであったことを徐々に浮かび上がらせていくものとする。その上で終章において改めて「パフォーマンスの政治」に関する総括を行うこととしよう。

第二章　サッチャリズム前史――一九七九年以前の住宅政策

以下では、サッチャー政権下の住宅政策の展開をあとづける作業を通じて、サッチャリズムがどのように生成し、それが序章で措定された「支持の政治」、「権力の政治」、「パフォーマンスの政治」、各々のレヴェルにおけるどのような作用を意味するものであったかを明らかにしていく。ここで特に住宅政策をケース・スタディの題材として取り上げる理由は、住宅政策がサッチャリズム生成の節目節目においてその生成への動きをいわば先取りして表徴する重要な役割を果たしてきたからである。実はこのような住宅政策の戦略的重要性は、サッチャー政権以前の時代にも見られたものであった。つまり住宅政策は、過去においてもしばしば「支持の政治」や「権力の政治」の次元における重要な変化を画し、第一章で述べた「二層政党制」および「二重国家構造」の成立や発展の場面に決定的なかたちで関わってきたのである。本章がサッチャー政権以前の住宅政策の展開を辿り、これをサッチャリズムの前史に代えるのはそのためである。

第一節　住宅政策体制の確立

英国の住宅政策は元々公衆衛生行政と一体であり、その起源は一八四二年のチャドウィック報告に遡る。同報告書は労働者階級の劣悪な居住環境に世論の注意を喚起し、一八四八年の公衆衛生法の制定を導いた(1)。この法律の起草から執行に至るまで中心的役割を果たし続けたのは右の報告書の執筆者チャドウィックであり、彼は行政の公衆衛生管理責任を明確化し、中央集権的な統一的制度によってそうした責任の履行を確実にすることを期していた。しかしその企図は、自治の伝統や既得権益への脅威を感じ取った地方諸団体のロビー活動、およびマスコミの反集権化キャンペーンに阻まれ(2)、最終的に成立した一八四八年法は、中央に新設される衛生委員会は各地域の衛生管理について調査・助言機能しか持たないこと、各都市で実際に公衆衛生を管理する地方委員会についてはあくまで都市自治体が設置権限を有すること、各都市は全国共通の公衆衛生法に服す代わりに独自の議会特別法を成立させ得ること等の妥協案を含んだ大幅に水で薄められた内容のものとなった(3)。それでも同法の下で中央衛生委員会が各地に派遣した視察官たちは衛生行政の伝播をよく果たし、約二〇〇もの地に新制度をもたらしたという(4)。しかしその一方でこのような中央の干渉含みの制度が地方の反発感情を募らせていったことも確かであり(5)、マスコミも同制度に敵対的であり続けた。また当時既に強力な専門家団体を形成していた医師たちも、公衆衛生行政の発想に専門家としての領分に対する脅威を感じ取り、非協力的・批判的な態度を貫いた。こうした逆風に一八五三年のコレラの大流行を巡る責任問題が相俟って、一八五八年に中央衛生委員会は遂に解散に追い込まれる(6)。

その後、公衆衛生法は一八六六年に改めて制定されることになり、その際には都市自治体の衛生管理責任が自治体の権限としてのみならず義務としても定められた。但し、今回の新しい法律は、中央の委員会が各地に視察官を派遣するという以前のような制度はとらず、自治体に組織・執行両面での自律性を最大限に認めることによって、言うならば中央の非干渉主義との抱き合わせで、自治体に対する衛生行政の義務付けを果たし得たものであった(7)。それはまた医師の全面的な協力と参加を仰いだ点でも、医学界から反発を買った一八四二年体制とは異なっていた。

かつてチャドウィックが公衆衛生行政の主役となることを想定していたのは、最新の工学的知識と技術を身につけた土木技師たちであったが、公衆衛生行政は今般より強力な専門家である医師たちの影響下に入ることによって漸く確立を見た観があった[8]。

一九世紀半ば過ぎには既に公衆衛生行政の必要性、特に上下水道の供給やゴミ処理のサーヴィスが公的に行われることの必要性は広く認知されるようになっていた[9]。しかも当時の中産階級は、一九世紀的な道徳主義的心情からというよりもむしろ伝染病への恐怖心からこの問題に切実な関心を寄せ、これを自らの利益と重ねて見るようになっていた。その点で今回の公衆衛生行政への関心は、前回の企てが挫折を喫した一八五〇年前後とは情勢を異にして、とりわけ中産階級の間に政治的影響力行使の気運が高まった一八六〇年代という時代の只中にあって、まさに現実的な〃力〃に担われていたと言えるのである。同じ一八六〇年代に普通選挙制度が実現されたことも、一八四〇年代にチャーチスト運動に集った労働者階級だけでは崩せなかった壁が、政治的に覚醒した中産階級の〃力〃が加わって初めて突破され得たことを意味しており[10]、この頃二大政党が競って創設した党の大衆組織が、その本来のターゲットとして想定されていた労働者階級ではなくむしろ中産階級の政治的活性化の媒体になったという展開とともに、当時の政治的〃力〃の所在を如実に物語っていたと言ってよい[11]。

このように整備されていった公衆衛生行政から住宅政策が派生する。その独自の政策体制は、戦間期に自治体住宅への国庫補助金制度が確立されることで成立を見るが、そこに至るまでの過程については三つの時期への区分が可能である。まず第一の時期は、住宅に関わる国家の権限が規制権限から建設権限へと発展し、それとともに住宅政策が公衆衛生行政からの独立を果たした段階として区分することができる。

公衆衛生行政は、その立法化の当初から住宅が満たすべき基準を設定することによる規制を主な手段としており、そうした規制には、既存の住宅建造物に対する非衛生的使用の取締りと新規に建設される住宅に対する一定の設備の義務付けとが含まれていた。このうち問題を生じたのは前者の既存住宅に対する取締りであり、それは自治体レヴェルで規制行政を実施し、劣悪な住宅に対して実際に改善や閉鎖を命じる立場にあった医師たちに、そうした住宅に曲がりなりにも生活してきた住民たちの新たな収容先を行政側が供給していく必要性を痛感させるものとなった。[12] このような現場の声は、衛生行政に携わる医師たちの高まりゆく威信を背景に比較的速やかに立法に反映された。すなわち自治体の権限を非衛生的な住宅の取り壊しにまで拡大した一八六八年職工住宅法の法案には、そうした住宅の住民を再収容する目的に限って自治体に住宅建設の権限を認める条項が盛り込まれ、この条項は結局法案審議の過程で削除されたものの、その後、一八七五年の職工住宅改善法が取り壊しの対象を一棟一棟の住宅建造物だけでなく一つの地区全体にも及ぼした際には、スラム解消に伴う再収容目的のものであれば自治体は住宅を建設し、保有してもよいという制度が併せて実現された。もっとも再収容条項によって自治体に住宅建設権限を与えることに関しては、「都市社会主義（municipal socialism）」の種子を撒くものであるという強力な反対意見が存在した。一八七五年の職工住宅改善法がそうした反対にもかかわらず再収容条項を成立させ得た背景には、同法が住宅関連立法としては初の政府提案の立法であったことに窺われる通り、[13] 当時のディズレイリ保守党内閣の意志があったと思われる。ディズレイリは普通選挙時代の政治状況を強く意識し、「二つの国民」に分断されたイギリスに「一つの国民」をもたらすというメッセージを打ち出しており、一八七五年法はディズレイリがこうした主張に基づいて展開した社会立法の代表例として理解され得る。[14]

この時点ではまだスラム解消に伴う場合に限って認められたに過ぎなかった自治体の住宅建設が、労働者階級向けの一般的な住宅供給の目的のためにも許されるようになったのは、一〇年後に制定された一八八五年労働者階級住宅法においてであった。これもやはり社会主義的であると物議を醸した立法であったが、当時の保守党内閣が手ずから実現している。[15] このときの首相が民主主義への共感者とはおよそ形容し難く、むしろ保守的・伝統的なタイプの政治家の代表格として記憶されるソールズベリーであり、[16] 選挙法改正の立役者であり社会改革の推進者というイメージをまとったディズレイリとは対照的な人物であったことは、一〇年の間に住宅政策をめぐる政治階級の認識が深化したことを示していたと言えるかもしれない。確かにそうした認識の変化を促すだけの要因は存在した。すなわち当時参政権を得て十数年を経た労働者階級はいよいよ政治的な自己主張を行う存在になり始めており、その彼らがもはや中産階級を取り巻く外的な環境の一部として公衆衛生行政や慈善運動による〝操作〟の対象に甘んじるのではなく、彼ら自身の意志として居住環境の改善を求めるような段階が現実化しつつあったのである。従ってこの一八八〇年代とは、「住宅問題」が元来中産階級の関心事であった公衆衛生問題から自立し、独立的に世論の関心を集めるようになった時期でもあった。[17] 一八八三年に発表されたある著述は、貧困層の悲惨な住宅状態を具に報じて大反響を呼び、[18] 一八八四年には労働者階級の住宅問題に関する王立委員会が設置され、「住宅問題」の存在に権威ある認知を与えている。労働者階級自身による住宅改革運動が組織されるようになったのもこの頃であった。[19]

住宅政策体制確立への第二の段階は、国庫補助金制度がその必要性を認識され始めてから第一次大戦直後に実施を試みられ、一旦挫折を強いられるまでの時期として区切ることができる。一八九〇年の労働者階級住宅法は、それまでの住宅関連諸法を統合し、第一次大戦前の住宅政策の到達点を画すものとなった。この法律が自治体に与えた一般労働者世帯向けの住宅建設の権限は、ほぼ同時に民主的な地方政府制度が確立されたこともあって、労働者階級の人口が特に多いロンドン、グラスゴウ、シェフィールド、リヴァプールといった大都市では積極的に活用されたが、大多数の自治体は住宅建設には消極的であったというのが実際であり、自治体住宅の総数は全国的には伸び悩んだ。その最大の要因は当時の自治体財政の逼迫にあった[20]。その後、自治体に住宅供給を義務付けることを促す世論に応え、一九〇九年の住宅・都市計画法が中央の地方政府委員会に自治体に対して住宅建設を強制する権限を与えた際にも、そうした強制が自治体の財政危機の前には全く無意味であることは直ちに明らかになった。その一方で当時の絶対的な土地不足に根差していたと見られる「住宅問題」は悪化の一途を辿り、積極的な住宅政策を求める圧力はいよいよ高まっていった[21]。こうした圧力の存在を反映して、下院でも一九一二年から一九一四年にかけての毎年、保守党議員から、自治体による住宅建設に国庫補助金を支給するという趣旨の法案が提出され続けている[22]。

最終的に、第一次大戦開戦前の時点で国庫補助金への道に立ち塞がったのは、国庫それ自体の逼迫であった。老齢年金や国民健康保険制度の導入、さらにはドイツとの軍艦建造競争によって予算規模が急激に膨張していた一方で、財源の創出を期待された一九〇九年の税制改革は思うようなかたちでの実現を見ないままに終わっていた。ところがその後史上初の総力戦として戦われた第一次大戦とその最中に起こり世界を震撼させたロシア革命によって、住宅政策の優先順位は否応なしに高められる。大戦中に広まった新しい時代の空気は、国家と国民の関係――特に国家と労働者階級の関係について新しい意識を広め、今や国家は労働者階級の要求に応えていかなければならないものであることが切実に認識されるようになっていた。こうした新しい感覚が一つには労働者階級を含む全階級を動員した総力戦の結果であったことは、終戦直後の演説で当時の連立内閣の首班ロイド・ジョージが発し、一九一九年総選挙のスローガンともなった「英雄にふさわしい国を（Land fit for heroes）」という文句に端的に言い表されていた。そしてそのようなムードの中でとりわけ住宅政策は、右の演説や連立内閣派の選挙綱領にも明言されていたように、政府が戦争に動員された労働者たちに報いるために取り組むべき第一の任務として位置付けられていた。[23] さらにこうした国家と国民の関係に対する新しい意識は、戦時における国家と労働者との間の貸し借り勘定のみから生まれたものではなく、政治階級の間で広く共有された共産主義革命波及への恐怖心に動機付けられたものであったことも重要である。政府が住宅政策の優先順位を急に引き上げたその背景には、例えば一九一七年の時点で労働者階級の騒擾に関する調査委員会が「住宅」を「物価」に次いで二番目に社会平和を左右する重要な要因であると報告していたという事実があったことなどが注目されるのである。[24]

このように住宅政策の重視を促す政治的環境が形成されていく中で一九一六年に開始された戦後復興計画は、住宅政策について初めて包括的な構想が策定される機会となった。住宅政策は計画作業中にもその優先順位を上昇させ、最終的には戦後三年間で五〇万戸の住宅建設を実現するという具体的な目標まで定められた。もっとも再建省内に設けられた住宅部会は、政策目標の達成のためには自治体に住宅建設を義務付ける必要があることを十分に認識しており、そうした義務付けが自治体に財政的保証を与えることなくしては意味を持たないことも理解していた。そこで再建省は、国庫補助金と引き替えに自治体に住宅建設を引き受けさせる道を模索し、地方政府と大蔵省とを相手に根気強く折衝を繰り広げることになる。一九一七年から一九年にかけて再建省、地方政府委員会、大蔵省の三者間で持たれた自治体住宅の建設体制確立に向けての交渉は、自治体住宅を建設するために必要な費用負担を中央・地方でどのように配分するかという問題を焦点に難航し、長引いた。[25] そしてその結果として生み出された最終案は、地方政府委員会の背後にあって影響力を行使した都市自治体協会の要求に概ね沿った内容のものとなった。すなわち各自治体は自治体住宅の建設と運営に特化された住宅会計に対して地方税収入一ポンドにつき一ペニーという定額に限って自らの一般財源からの拠出義務を負い、家賃収入では回収しきれないコストの残りの部分については全て大蔵省が面倒を見るという線で合意が成立したのである。これは公衆衛生行政確立の際にも見られた自治体の側の自閉力――イギリス的〝自治〟の実態――を再度浮き彫りにした展開であった。そしてその際、費用負担をめぐっての大蔵省の大幅な譲歩が、戦債償還のために公共支出の大幅削減が急務とされていた中で引き出されたという事実は、当時住宅政策が政府内で如何に高い優先順位を与えられていたかを雄弁に物語っていたと言える。[26]

この妥協案に基づいて一九一九年住宅・都市計画法が制定された。同法は戦争によって生じた住宅難を解消するという名目を付された時限的なものであったが、[27]自治体に住宅不足の実態調査と建設計画の作成・遂行を義務付け、さらにその履行を担保するために上位の広域政府または中央政府による代執行の制度まで定めるものであった。しかし、折からの資材・労働力の不足に加え、際限のない国庫からの補助が自治体に放漫な制度運用を促した結果、一九一九年法体制は当初の五〇万戸の建設目標はおろかこれが改定された後の二五万戸の目標さえ果たせなかった上に、政府にとって圧倒的な財政的重荷に転じるものとなった。一九二〇年夏、押し寄せる不況の中で、住宅建設計画は反ロイド・ジョージ勢力による経費節減運動の格好の標的となる。[28]

一九一九年法体制の構想から実施に至るまで一貫して重要な役割を果たしたのは、この間、再建相、地方政府委員会委員長、保健相と、住宅政策に関連する重要ポストを歴任したアディソンであった。[29]彼は医師の出身であり、政治的判断とはおよそ無縁な次元で住宅政策への情熱を表した人物であった。これとは対照的に彼の背後にあって一九一九年法体制の成立を支えた首相ロイド・ジョージは、より政治的な見地から住宅政策を重視した。彼は住宅政策が大戦を経た国民に対して持つ訴求力に着眼するとともに、自らの住宅政策によって革命の脅威が取り除かれ得るとアピールすることで一時は旧勢力からの支持も取り付けた。彼に言わせれば、「年間一五万戸の住宅建設は『人民、すなわち労働組合運動』の不満に対する最善の答え」であり、革命に対する「保険料」であった。[30]これに対し、ロイド・ジョージが指導する連立政権に不満を持ち、保守党の単独での政権復帰を期する分子によって展開されたのが先の経費節減運動である。ところが当のロイド・ジョージ自身は、むしろ連立政権の命運を繋ぐ意図からこの経費節減運動に迎合する「裏切り」の道を選び、一九二一年にはあっさりと一九一九年法体制を中絶してしまう。一方のアディソンは、経費節減運動が彼への個人攻撃へと発展していく中でも「住宅への不運な関心」を捨て去ることなく一九一九年法体制を象徴する存在であり続け、屈辱的な辞任へと追い込まれていくことになる。

しかし、大戦後の新しい社会ムードは、このような展開を直ちに覆すだけの起爆力を持っていた。そしてそれは当時統治政党の一つへと躍り出る勢いにあった労働党を通して、その起爆力を見誤った保守勢力にその脅威を改めて実感させ、住宅政策をめぐる政治に不可逆的な展開を強いたのである。ここに住宅政策体制の確立に至る過程の第三の時期区分として、その後半世紀近くにわたって英国の住宅政策を規定し続ける自治体向けの建設補助金制度が遂に成立を見た段階を区切ることができる。すなわち、住宅政策を一つの取っ掛かりとして首尾よくロイド・ジョージを失脚に追いやり単独政権を実現した保守党の前途にも、当の住宅政策は最も危険なイッシューとして立ちはだかった。[31] 一九二二年の総選挙において労働党がその議席を前回の一九一八年の五七議席から一四二議席へと一気に伸ばし第二党に浮上した展開は、保守党を震撼させるのに十分であったが、こうした労働党の躍進の背景には、保守党が敷いた経費節減路線、わけてもこれに犠牲を強いられた住宅政策が労働党に格好の攻撃材料を与えていたという経緯もあった。特にこの選挙で保守党は家賃統制を撤廃するのではないかと疑われ、これが大きく与って現職の保健相の落選を見ており、さらにその後同じ保健相が議席復帰をかけた補欠選挙にも敗れ、遂に閣僚辞任と政界引退とに追い込まれたことは、保守党に住宅イッシューの重要性を印象付けて余りある展開であった。保守党内では例えば前党首のA・チェンバレンなどが、以前から労働党の台頭を警戒する見地に立ち、政府による住宅建設補助金の削減や家賃統制の解除の方針に公然と反対の意を唱えていたが、保守党政府もさすがに右のような衝撃に見舞われた一九二二年の総選挙の後には、経費節減路線の対象から住宅を除外する旨の表明を余儀なくされている。

このように住宅政策は、保守勢力の関心が連立の力学から労働党の脅威へと切り替わる契機をなした観があるが、それはまた保守勢力が労働党の脅威に対抗してこれを包摂していく戦略を先取りして現す政策ともなった。すなわち住宅政策をめぐって守勢に追い込まれた保守党政権は、新しく保健相に就任したN・チェンバレンの創意の下に一九一九年住宅法体制に代わる新たな住宅政策体制の骨格を自ら創り出すことで、第一次大戦後の世界における住宅政策への圧力や要求を収拾する枠組作りを手ずから果たし、これを以て住宅イッシューを保守党ひいては国家にとって無害化することに成功したのである(32)。

チェンバレン保健相が制定に導いた一九二三年の住宅建設法は、一九一九年法と同様に戦後の一時的な住宅不足への対症療法としての時限的な性格を与えられたものであったが、その一方で一九年法と異なり、民間建て売り住宅に対する建設補助金を主たる政策手段に据え、自治体住宅への補助は補完的・例外的手段とするものであった。さらにそれは一戸当たりの建設コストを削減して建設量を増大させるために、補助金の対象となる住宅に要求される設計基準を低く設定し直し、また明らかに補助金の節減を期する意図から国庫の負担額を一戸当たり一定額を何年支出するという算式によって限定するものとなっていた。しかしまさにこの一戸毎にxポンド×y年という補助金の計算方式こそ、これ以降一九六七年に至るまで住宅補助金制度の基本枠組をなし続けることになる。

そしてさらに一歩踏み込んで、自治体住宅に対する補助金制度を住宅政策の中心的手段として、しかも期限を限らない制度として確立したのが、翌一九二四年に史上初の労働党政権によって制定されたウィットリー住宅法であった(33)。同法において労働党政権はアディソン方式ではなくむしろ保守党が導入したチェンバレン方式を踏襲している。そうした一九二四年法は英国住宅政策史上、次のような画期的意義を持ったと評価される。すなわちこれによって、「自治体は労働者階級に住宅を供給する恒久的機関として確立された。つまりそれは単なる（住宅市場への）侵入者ではなくなった」のである。[34] もちろん同法が自治体住宅セクターの確立を画したと言えるようになるためには、同法による新体制の労働党以外の政権下における存続が試される必要があった。そして直後に労働党政権に代わった注目の保守党政権――ボールドウィン率いる――は、一九二五年住宅法において自治体への補助金を減額はしたが廃止はせず、ウィットリー法体制をそのまま継承する姿勢を明らかにしたのである。[35]

戦間期を通じ、自治体住宅の建設に国庫補助金が供されるという体制に変更が加えられることはなかった。民間住宅への補助金は一九二九年に打ち切られ、また自治体住宅も一般需要向けのものに関しては補助金の廃止が図られたが、後者は自治体住宅の建設をスラム解消事業に集中することとの抱き合わせによって初めて正当化、現実化され得た政策であった。[36] この間、中央政府は経費の節減やスラムの解消といったその時々の課題に応じ、補助金レヴェルの操作や自治体に対する建設計画の策定・提出の義務付け等を通じて政策目標を追求した。第二次大戦後の住宅政策は、この時期までにほぼ出揃った制度を政策手段として展開されていくことになる。

以上で見てきた住宅政策体制の確立過程からは、「支持の政治」、「権力の政治」、各々の側面における次のような事実が浮かび上がる。まず住宅政策体制がその確立へと至る節目節目に、有権者の状態あるいは何らかの社会的条件に発する下からの圧力が統治者に政治的な決断を迫る契機が働いていたこと、すなわち「支持の政治」のダイナミズムが住宅政策の成立と発展を画してきたことが注目される。しかも住宅政策は、そもそもそうした下からの圧力が統治者の戦略転換に繋がった場面において、戦略転換の必要性を先鋭的に現すイッシューとして、かつまた新しい戦略が先鞭を付けられる政策としても突出していた。因みに自治体による住宅建設を機軸とする住宅政策体制を史上初の労働党政権から引き継ぎ、これを一九二五年住宅法によって定着させたのが、他ならぬ労働党を統治政党の一翼に招き入れ、保・労共存の道を開いたボールドウィンの保守党政権であったことは強調を要する。他方、「権力の政治」の側面では、住宅政策体制が常に二重国家構造の特徴を表す制度配置に規定されつつ発展を遂げてきた事実が注目される。すなわち住宅政策体制の確立過程は、中央の介入や統制に対する地方の側の抵抗力と自閉力を雄弁に物語っており、そこでは中央は、地方の自律性を保証し、非干渉主義と財政的負担を自らに課すことによってのみ、地方の諸利益や自治体を政策体制に取り込むことができたのであった。最終的に出現したのは、中央が補助金を誘因として地方に住宅建設を促すという遠隔操作的な様式で統制される政策体制であった。そこには二重国家構造の刻印が明らかであると同時に、その一種の克服を含意する政府と下位ないし外部の諸団体との関係における相互的自律性尊重のモードも既に織り込まれていた。

第二節　戦後住宅政策の展開

一九四五年に大戦の功労者チャーチルを戴きながらも総選挙で屈辱的な敗北を喫し、労働党が単独過半数の議席を占めて政府を支配するという全く新しい事態に当面した保守党は、一九五一年の総選挙を統治政党としての命運をかけて闘った。このとき保守党が掲げた選挙綱領には、統治の自由度を奪うような言質を有権者に与えることをそれまで頑なに拒んできた保守党にあっては前代未聞とも言えるような具体性と明確性を持った公約が含まれていた(37)。それは年間三〇万戸という数字を挙げて住宅建設の推進を約束する公約であり、保守党はこの公約によって、つまり国民が「揺りかごから墓場まで」の行路上必要とする財の中でも最大の財である「住宅」の供給を進んで政府の役割と認めて引き受けることで、自党の「統治能力（governing competence）」を最大級にアピールし得たのであった(38)。この選挙の結果成立した戦後初の保守党政権は、三〇万戸公約の実現を至上命令として受け止め、その大任に当たる住宅相にはマクミランが就任した。当時、年間三〇万戸はおよそ不可能な数字と見るのが一般的であったが、マクミラン住宅相は大方の予想に反してこの目標を見事に達成し、後に首相職へと至る栄達の道に大きな一歩を踏み出す(39)。もっとも当の公約の履行のされ方は、単なる〝数字合わせ〟の観を免れず、その際、長期的な住宅供給戦略が問われることは殆どなかったと言ってよい。政府は住宅設計基準を緩和したり自治体による住宅建設を奨励したり等、とりあえず手元にある権限や政策手段を手当たり次第に動員して建設戸数目標を達成したという観がある(40)。これ以降一九六〇年代末まで、住宅建設戸数を高い水準で維持することが二大政党間の暗黙の合意事項となり、華々しい数字の誇示（numbers game）が住宅政策のお決まりの光景となるとともに、住宅相の〝力量〟も建設目標の達成如何に懸かるものとなる(41)。

こうした一九五一年以降の住宅政策へのアプローチは、それ以前に政権にあった労働党が追求した住宅政策とは明らかに力点を異にするものであった。一九四五年の労働党の選挙綱領では、住宅供給量の確保よりもむしろ建設資材や労働力の配分・配置に関するメカニズム作りへの関心が強く表されており(42)、また労働党政権下で住宅相を務めたベヴァンは、あくまで階級間の空間的住み分けが存在しない健全なコミュニティーを育成するという観点から住宅供給戦略を構築し、このことによって自らがとり得る政策手段を厳しく限定していた(43)。かつてない規模の住宅不足が存在するという終戦直後の現実にもかかわらず、労働党政権下の住宅政策はこのように野心的な計画経済の試みもしくは理想主義的な社会操作の企ての一環として追求され、それ自体として優先されることはなかったのである。実際に労働党政権下の住宅建設事業計画は一九四七年、四九年と、輸出製造業を最優先する同政権の方針によって立て続けに縮小を強いられている。[44] 従って労働党から保守党への政権交代によって、住宅建設の推進には確かにより高い優先順位が付されるようになったと言い得た。[45] さらにその際には、一定の経済的・社会的目的に照らして住宅の生産と配分の過程を直接管理するアプローチから、数字で与えられたマクロ目標の追求に住宅政策を還元するアプローチへと政策手法上の重要な転換も生じたのであった。この展開は、同じ労働党政権が物資や労働力の直接的な配置統制による経済管理の手法に失敗し、次の保守党政権がこれに代えてマクロ経済指標の管理を主な手段とするケインジアニズムを採用した経緯と平行裡に理解され得るものであった。[46] 結果的にはどちらの動きも、保守党とその統治のスタイルが戦後の福祉国家の時代を生き延びていく上で願ってもない条件を形成することになった。すなわちそれらは、そこで確立された政策が政策の遂行をマクロな数字合わせに還元し、これを社会への細かな直接介入を要さない遠隔操作で足りるものとすることで、言うならばロー・ポリティックスへの関与の要請を保守党が得意とするハイ・ポリティックスの問題に置き換えることで、同党の超然とした統治スタイルを活かす道を開いたのである。[47]

こうした経緯の下に、いわば保守党の三〇万戸公約によって幕が切って落とされるかたちで、二大政党間の住宅建設戸数競争の時代が始まった。保守党、労働党の二大政党は、競ってその政権下で実現されるであろう住宅建設戸数を公約し、また実際に達成された建設戸数の多寡によって政権としての力量を示そうとした。[48] この建設戸数競争は、一九五〇年代には不可能を可能にしたマクミランの功績に勢いづけられた保守党の一方的攻勢の下に進行し、逆に一九六〇年代には保守党の目標達成度の翳りを捉えた労働党に主導権を移して展開した。[49] そして、それは両党の〝入札〟を年間五〇万戸にまで高じさせた末、一九六〇年代終わりに幕を閉じたのである。

一九七〇年の総選挙は、二大政党がともに綱領中に目標建設戸数を明記することを避けた点で画期をなした[50]。実際にその後一九七〇年代を通して住宅建設総量はあまり問題にされていない。これは大規模な新規の住宅建設が必要とされているという両党の認識そのものが変化したことを反映していた。そもそも建設戸数競争の背後には、住宅建設を高水準で維持することへの二大政党の合意があった。こうした合意をもたらしたのが戦争による圧倒的な住宅不足の発生であったことは言うまでもない[51]。一九七〇年前後とは、大戦に起因する住宅の量的不足が漸く解消され、そうした合意の基盤がちょうど失われた時期に相当した。まさにこの時期を境に、住宅政策をめぐる政治は「競争」の局面から「対決」の局面へと移行する。すなわち一九六〇年代末以降、二大政党は「持ち家」テニュアと「自治体住宅」テニュアとの間に措定されるようになった対抗関係の図式に巻き込まれ、住宅政策における党派的対立を否応なしに深めていくようになった。このようにテニュア（tenure：不動産の保有形態）間の関係をゼロ・サム関係で捉える観点は、自治体住宅の払い下げが政治的争点として浮上する過程で成立したものであり、さらにこの自治体住宅の払い下げというイッシューは、「持ち家」対「自治体住宅」のテニュア間戦争における着火点となったばかりでなくその最前線としても争われていくのである[52]。

ここで簡単に自治体住宅払い下げの歴史をあとづけてみることにしよう[53]。自治体による住宅の払い下げという着想とその実践は、自治体住宅の歴史と同じくらい古い。一九世紀末に自治体がスラム解消の場合に限ってではあるが初めて公営住宅を建設する権限を与えられた際にも、一定期間内に当該住宅を民間に払い下げることが義務付けられていた。戦間期にも管掌の大臣による個別的な許可があれば自治体住宅を払い下げることが可能であり、小規模ながら実際に払い下げは行われていた。自治体住宅払い下げが中断されたのは第二次大戦開戦後のことである。政府は個別的許可を一切差し控えることによって実質的に払い下げを禁止し、戦後も労働党政権によってこの払い下げ不許可の方針は継続された。これに対して一九五一年に発足した保守党政権は自治体住宅の払い下げを再開させたのみならず、住宅相による個別的許可を不要とする「一般的承認」の方式を採用することによって払い下げを奨励する路線を敷いた。もっともこのような保守党による払い下げの再開は、多分に党派的な政策転換としてよりも戦時体制から平時の状態への復帰として理解されるべき性質のものであった(54)。現に労働党の払い下げ政策も、その後速やかに保守党の政策への接近を果たしており、一九五九年に綱領で初めて自治体住宅の払い下げを取り上げたのも労働党であった。また一九六四年に労働党が長い野党時代を経て漸く政権に復帰した際にも「一般的承認」の方式は温存されている。他方、保守党の方も、例えば一九六〇年に「一般的承認」を更新した際には自ら払い下げの条件を厳格化するということも行っており、払い下げの推進に必ずしも一義的な執着を示していたわけではない。総じて一九六〇年代中盤までは、払い下げイッシューをめぐり特筆すべき党派的対立が生じることはなかったと言ってよい。そもそも払い下げ政策自体が二大政党の住宅政策において周縁的な位置を占めていたに過ぎない。ところがその払い下げ政策が、一九六〇年代末以降、中央・地方関係の緊張の一つの焦点となることを通じて、住宅政策の中心に強引に割り込んできたのである。

その発端は、一九六六年から六九年にかけて実施された地方議会選挙の結果、元来労働党の牙城であった都市部の自治体が次々と保守党の支配下に移ったことにあった。大規模な公営住宅群を抱える都市部自治体に戦後初めて乗り込んだ保守党は、自治体住宅の払い下げを積極的に推進する政策を採用し、払い下げ戸数の飛躍的な増大をもたらした。このとき、特にロンドンやバーミンガムのように深刻な住宅不足が存在し、自治体住宅の入居待機者リストが長大化する傾向にあった大都市で払い下げが強力に推進されたことは、当時の労働党政権の大きな困惑の種となった。労働党政権は地方の自律性を尊重する姿勢をあくまで堅持して以下を一般論と断りつつ、賃貸住宅が不足する地域では払い下げは抑制されるべきであり、持ち家の拡大は「望ましいがそれは民間セクターの仕事である」とする声明を発表した。(55)通常このような中央の意向の表明は地方の自発的同調によって迎えられることを期しているものである。ところが保守党自治体の側はそうした役割期待に反し、政府の要請を真っ向から無視したのである。政府の再度の声明による払い下げの牽制も、また政府が「一般的承認」の更新に際して導入した払い下げの値引き価格に関する規制も、自治体の払い下げ熱の前には無力であった。

これに対して黙っていなかったのが労働党の平議員、そして党大会であった。一九六七年の労働党大会は、自治体住宅の払い下げイッシューが議論された二大政党の歴史を通じて初めての党大会となった。そこで問題にされたのは「公的な財源によって形成されたものが私的な利益のために売られることの妥当性」であり、また、なお厳然として存在する賃貸住宅への需要を無視して行われる自治体住宅の払い下げは、住宅に対する最も差し迫った需要を犠牲にして住宅購入の資力のある相対的に裕福な人々を利する「社会的不道徳」以外の何物でもないのではないかということであった。党はこのような議論によって激しく政府を突き上げ、具体的には「一般的承認」の撤回や公有地を用いた分譲用の住宅建設の全面禁止などを政府に求めた。政府はこうした党大会でもなお地方の自己決定の原則の尊重と各自治体の個別事情への配慮とを促し、中央政府による直接統制を求める党内のムードを宥めることに努めたが、その政府も一九六八年には遂に統制的手段をとることを余儀なくされ、四つの大都市圏を対象とした払い下げ戸数の割り当て規制に踏み切っている。

他方、保守党の側も、一部の保守党自治体で生じた政策革新が党の全国組織に強力に支持され、全国的アジェンダに浮上していく過程を通じ、払い下げ政策へのコミットメントを新たなものとしていた。保守党の場合もやはり党大会が新しい勢いの結節点になっている。最初に自治体住宅の払い下げに脚光が当てられたのは一九六七年の大会においてであった。続く一九六八年、六九年の大会では払い下げ問題は一躍重要イッシューに躍り出、特に労働党政権が払い下げ戸数の割り当てを命じた一九六八年通達に対する反対が声高に叫ばれた。その反対の論拠は、同通達が自治体に対する「明白な選挙民の信託」を侵害するものであること、つまり地方自治の原則に反するものであることに置かれていた。さらに一九七〇年の保守党の選挙綱領には、自治体住宅の払い下げを奨励する方針が明記されることとなる(56)。

一九七〇年に政権に復帰した保守党は、直ちに一九六八年通達を撤回して、一九六七年時点の「一般的承認」を復活させ、また払い下げの値引き率に課せられた上限を引き上げた。しかし保守党自治体の要求とこれを受けた保守党平議員および党大会の勢いは、これだけで満足させられるようなものにとどまらなかった。その頃、折からの不動産価格の高騰によって住宅が資産として熱い視線を集めるようになっていた時勢を反映し、保守党内では住宅所有それ自体の積極的な価値を強調する議論が高まりを見せていた。自治体住宅の払い下げ政策はこの種の論の強力な後押しを得てイッシューとしての独立を果たし、さらには保守党にとって象徴的な意味を持つイッシューへと昇華を遂げていく。こうした文脈の変化を経る過程で、保守党内の払い下げ論議は地方の自己決定を重んじる見地から自治体の払い下げの「自由」を擁護するなどといった穏健な性質のものではなくなっていく。例えば一九七一年の保守党大会で住宅・建設相は、「いまだに払い下げを拒んでいる少数の保守党自治体のリスト」が手元にあることを示唆し、これが「来年にはより短くなっていること」を強く要望した(57)。自治体の自己決定権を尊重する論調は、先の労働党政権が自治体に対して現に払い下げの割り当て規制に踏み切った際の調子と比べても確実に後退しており、これに代わって目立つようになっていたのが、自治体住宅借家人の〝買う権利（the right to buy）〟なる新奇な概念が言及される場面であった。

当時に至るまでの自治体住宅の払い下げ件数は、一時こそ保守党政権と保守党自治体の連携の下に一九七〇年の年間七千件から七二年の四万六千件へと急増を果たしたものの、それ以降は減少の一途を辿っていた[58]。そしてこうした払い下げ件数の伸び悩みが、住宅政策の他の領域に生じた行き詰まりとも相俟って、業を煮やした保守党内の論調に一層の過激化を促したのである。一九七二年の保守党大会では、一般党員の間から、払い下げを拒む自治体には政府が強制してでも払い下げを行わせるべきであるという声が上がり、環境相もこのとき払い下げ政策を実施しない自治体について、自治体住宅住人の「非常に基本的な権利」を剥奪しているとして厳しく非難する演説を行っている。その後、払い下げを促す政府の通達は益々訓戒の調子を強め、払い下げ価格の値引率の上限も再度引き上げられた。中央は強制という武器をちらつかせながら地方を批判するようになり、一九七四年に行われた二度の総選挙では、保守党はその短い合間にも語気を強めつつ、自治体住宅の借家人に現在居住している住宅を買い取る権利を与えることを公約した[59]。これは端的には、政府が自治体に対して払い下げの強制に踏み切ることを意味していた。

しかしこのように熱を帯びていった自治体住宅の払い下げ論争も、一九七〇年に成立したヒース率いる保守党政権の住宅政策分野での専らの関心事であったわけでは決してない。ヒース政権の関心はむしろ住宅財政システムの抜本的改革にあり、その実現は一九七二年住宅財政法に託された。改革の中身は以下で見ていく通り、第一に、自治体住宅に対する国庫補助金を建設補助金から赤字補塡補助金へと変えること、第二に、家賃行政を全国一律に公私セクターの別なく適正家賃制度の下に一元化することを骨子とした。同政権は、この改革に「公正な住宅政策(Fair Deal for Housing)」というスローガンを与え[60]、これが住宅補助金制度と家賃制度に合理化と公平性をもたらす専ら技術的な改革であることを強調した。しかしそれは実際には二大政党間の対決を触発したという一事においては、元来党派的な払い下げイッシューに匹敵するほどのインパクトを持った改革となった。

戦後の建設戸数競争の時代を通じて住宅政策体制の根幹をなし続けたのは、チェンバレン方式による建設補助金制度であった。しかし、この制度は戦間期の低金利・安定物価の世界を前提とするものであったため、金利高とインフレが続いた戦後の時代には自ずとその限界を表さざるを得なかった。すなわち、そもそも自治体の住宅会計は一般会計からは分離されており、その収益を一般会計へ繰り入れることを禁じる原則の下、家賃収入と国庫補助金、およびこれらを補う一般会計からの拠出金によって賄われる仕組になっていたが、高金利の常態化が国庫補助金の効果を低減させた結果、家賃と一般会計にかかる負荷が予想を超えて増大したのである。こうした現実に対して一九六〇年代後半の労働党政権はチェンバレン方式の廃止に踏み切り、一戸当たりの建設補助金に金利の上昇分を積み増す新たな国庫補助金の算定方式によって住宅会計の逼迫を緩和しようとした。それは折からクライマックスを迎えていた建設戸数競争の只中にあって、自治体にできるだけ多くの住宅建設を促したいという政府の思惑と当時行われていた物価・所得政策の一環として家賃に懸かる負荷を減らす必要があったことが反映された改革でもあった。しかし、そうして導入された新補助金制度も思ったような効果は上げられず、他方、一九六〇年代の後半に都市部に相次いで誕生した保守党系の自治体は、むしろ積極的に家賃の引き上げを行うことで政府の家賃水準抑制の狙いに公然と逆らったのであった。

ヒース政権の改革は、同じ住宅会計の逼迫という問題に取り組みながらも、労働党政権とは全く異なるアプローチを表していた。まず同政権は、住宅会計に組み入れられる財源の中でも家賃ではなくむしろ自治体の一般会計からの拠出にかかる負荷を減らすことを企図し、前者についてはその上昇を積極的に促す方針をとった。そして国庫補助金については、対症療法的な大盤振舞いの道を選んだ労働党とは対照的に、補助金そのものの整理・合理化を図り、その配分の在り方に抜本的な変更を加えたのであった。すなわち従来の一戸一戸に対する建設補助金に代えて各自治体の住宅会計に対する赤字補塡補助金を導入し、これによって例えば投資の回収が殆ど終わった古い住宅群を大規模に抱え、そこからの家賃収入で新しい住宅にかかるコストが実質的に補助され得るような余裕のある自治体にはより少ない補助金が、住宅群の構成が新旧の「新」に偏り、そうした水平補助の余地の小さい自治体に対してはより多くの補助金が配分されることになった。政府は新制度が自治体間に公平な取扱いをもたらすことを強調し、これを以て「公正な住宅政策」の具体的中身の一つとしたのである。

このような新補助金制度は自治体が住宅会計の余力を家賃の抑制に振り向けることを封じる含意を持っていたが、さらに保守党政権は、自治体が一般会計からの拠出金の増額によって自治体住宅の家賃水準を抑える自由をも奪うような新しい家賃政策を打ち出していた。すなわち政府は全ての自治体に「適正」家賃の実施を命じる適正家賃制度を導入し、これによってそれまで自治体が享受してきた公営住宅の家賃に関する自己決定権を全面的に否定し、自治体毎に分断されていた家賃制度に全国的な統一性をもたらそうとしたのである。過去には先の労働党政権が物価・所得政策上の必要から自治体住宅の家賃凍結を命じ、家賃水準に関する自治体の自己決定権を一時的に奪ったケースがあったものの、今回ヒース政権が踏み出した一歩はこれとは比べものにならないほど大胆なものであった。そして、これもやはり家賃水準に関して自治体間の「公平性」をもたらすという見地から正当化された改革であり、しかもこの制度は、戦時下の家賃統制の遺制によって複数の家賃制度の並存を余儀なくされていた民間借家セクターにも一律に及ぼされることになっていた。それはまさに家賃制度に自治体間のみならず公私セクターを通じた統一性をもたらすことを意味する改革であった。さらにこのような適正家賃の普遍化によって賃貸住宅セクター内に擬似的な統一市場が出現するということは、その市場が提示する家賃を負担できない住人には、テニュアを問わずまた自治体間をまたがって同じ家賃補助を手当てできるようになるということでもあり、そうした一元的な家賃補助金制度も併せて創出された（それまでバラバラに一部の自治体で行われてきたに過ぎない公営住宅向けの家賃減額［rent rebate］やバーミンガムのみに見られた民間借家対象の家賃手当［rent allowance］が全国に及ぼされることになった）。これによって補助金を真の必要者に公平かつ効率的に集中することが可能になる筈であった。

以上のような一九七二年の住宅財政改革は、ヒース保守党が在野時に党官僚制を動員して周到に練り上げた構想をそのまま実行に移したものであった。そこでは一貫性と合理性を備えた一つの住宅システムが追求されたわけだが、その体系的・技術的アプローチはヒース個人の性格および政権全体の傾向を表徴していたと言ってよい。そもそもヒースは保守党史上初の労働者階級出身の党首であることやその体現するテクノクラートのイメージにおいて、保守党の伝統的な指導者像からは大きく掛け離れた人物であった(61)。そうであるからこそ一九六〇年代の対抗文化や近代化論争の挑戦にあって守勢に追いやられていた保守党の再興を託され得たのだとも言える。一九七〇年、ヒースはイギリス政治史上最も入念に準備された政策プログラムを携えて政権に就き、「戦後合意」の破棄をも躊躇わず一連の「競争政策」を追求した(62)。そこには産業・社会の効率化ないし近代化のためには、政府は経済活動の具体や子細には立ち入らず法規制などの外枠の整備と必要者への集中的援助とに自己の役割を限定し、あとのことは市場による自律的調整に委ねるのが最善であるという政府観が存在した。住宅財政システムや家賃制度に対するヒース政権の取り組みも、こうした思想を映し出す点で「競争政策」の一環をなしたと捉えられる。

因みにヒース政権の「競争政策」は、しばしば後のサッチャー政権による諸政策の先取りであったと理解されるが、同政権の下での市場化・競争化・効率化という言葉にはサッチャー政権におけるのとは全く異なるイメージが重なっていたことが注意されなければならない。ヒースの政策へのアプローチは綿密に設計された機構的な改革への過信に特徴付けられており、またそもそも技術的合理性を第一とする点で良くも悪くもテクノクラティックであったと言え、従って市場競争の主役として想定されたのも、ヒース自身が共感を寄せやすい科学的経営に優れた大企業であった。そうしたヒースの政治に対する態度には、合理的な人間から見て自明な政策を行えばそれでよいという「傲慢さ」があったと言われ、例えば、彼は保守党大会に集う党の草の根の活動家たちを嫌う態度を隠そうとしなかった。(63) これとは対照的に、サッチャーは一般党員の支持を重視し、非合理的な政策や場当たり的な施策に居直り、市場競争の主役を中小企業の経営者に重ねるイメージを提示したのであり、彼女はまた機構的・体系的な改革への情熱とも全く無縁であった。

さて、以上のような合理的・体系的アプローチに導かれていたにもかかわらず、住宅財政改革は惨憺たる失敗に終わった。新住宅補助金制度は高度に専門的であり技術的な複雑さを極めていたことで悪名を馳せただけでなく、折からの経済情勢の悪化による金利・建設・管理にかかるコストの上昇が政府の補助金支出に予想外の膨張を強い、完全に裏目に出たのである。他方、適正家賃の普遍化政策の方は、一九七四年に政権交代が起こった時点では、民間セクターでは部分的施行を、自治体セクターでは移行ルールの施行を見ていたに過ぎないが、このうち自治体住宅への適正家賃の適用は既に激しい政治的紛争を惹起していた。(64) そもそも自治体住宅の家賃水準は既に一九六〇年代後半から党派的争点として顕在化しており、払い下げイッシューと同様、二大政党間の対立図に重なる中央・地方の対立関係を生み出していた。一九六〇年代の紛争は、物価・所得政策上の見地から家賃水準を抑制しようとした労働党政権と従来の家賃を安すぎるとして借家人の負担を増した保守党自治体との間に生じたものであったが、一九七〇年代の構図はこれとは逆であった。つまり、補助金の合理化と家賃の引き上げを体系的に追求する保守党政権と、地方選挙の風向きの変化によって再び主な都市部自治体に返り咲いた労働党自治体との間に衝突が生じたのである。しかもヒース政権が企てたのは、前労働党政権が行ったような自治体の家賃政策への一時的・緊急避難的な介入どころではなく、自治体が保有してきた家賃水準の設定権そのものを一挙に取り上げることであった。折しも一九七一年の産業関係法に対して非合法な手段さえ伴う抵抗運動が巻き起こり、自治体にもそうした抵抗の気運が伝播したことも与って、幾つかの労働党自治体では一九七二年住宅財政法の執行が公然と拒否されるに及んでいる。特にクレイ・クロス自治体では、それが中央による代執行が行われるという前代未聞の事態にまで発展した。

但しヒース政権は、家賃政策についてはこうした強制も辞さなかった一方、払い下げイッシューについては党内の突き上げに遭いながらも最後まで強制を回避し続けた。自治体住宅の家賃政策と払い下げ政策はともに一九六〇年代末より中央・地方の対立の焦点となっていた問題であったが、ここに政権の取扱いの分岐を見たのも不思議はなかった。合理性・体系性を重んじるヒース政権にとって、まさにそうした価値を体現する住宅財政改革こそ優先されるべきであって、これとは対照的に、自治体や一般党員の圧力によって状況的に浮上してきた党派的な払い下げ政策は、プログラム外の二次的な政策でしかあり得ず、あるいは厄介なお荷物とさえ映ったであろう。しかしこのように技術的な改良の発想にその多くを負い党派的意図とは無縁であった筈の住宅財政改革が結果的には激しい紛争を触発したのは皮肉な顚末であった。これとの関係では、やはり技術的アプローチに貫かれたヒース政権の産業関係法が同様の展開に見舞われたことが注目を引く。これらにおいてはむしろヒース独特のテクノクラティックな発想や行動が徒に党派的・イデオロギー的紛争のパンドラの箱を開けてしまったことが指摘され得るのである。

一九七四年に辛うじてながらも政権に返り咲いた労働党は、ヒースの一方的で頑なな政権運営の手法が保守党政権の崩壊を招いたことを教訓としつつ、政府外に存在する様々な勢力と頂上協議を行い合意形成を図るコーポラティズム的な政権運営の戦略を打ち出した。この時の「合意の政治」は単に行動様式として合意が尊重されるというだけではなく、合意形成手続きの公式制度化を前提としていた点で積極的に新しいものであったと言われ得る。中央・地方関係と住宅政策過程にもコーポラティズムの発想が適用され、それぞれが地方自治体の代表団体を巻き込むかたちで地方財政協議会（CCLGF：Consultative Council on Local Government Finance）、住宅協議会（HCC：Housing Consultative Council）を発足させた。これらは相互に自律性が保証される限りにおいて協働関係が持たれてきた従来の中央・地方関係の在り方を超え、中央・地方を包摂する一つの計画システムを作動させることで両レヴェルを新しい原理で結び付けようとするものであった。前者ＣＣＬＧＦに対応する計画システムが公共支出調査システム（PESS：Public Expenditure Survey System）、後者ＨＣＣに対応するそれが住宅投資事業計画（HIPs：Housing Investment Programmes）であった。

もっとも労働党政権によって導入されたこれらコーポラティズムの装置は、イギリスが石油ショックとＩＭＦ危機とに立て続けに見舞われた当時の情勢下では、危機管理の手段としての意味合いを強めていかざるを得なかった。その過程で、本来ならば協議会における合意形成の契機が重視されるべきところを計画システムの財政統制面ばかりが突出し、コーポラティズムの装置は早々に換骨奪胎されてしまう。まずＣＣＬＧＦは地方と大蔵省との間に初めて直接協議の場を設けたことでその画期性を評価されたものであったが、実際にはこれをＰＥＳＳに自治体を組み込む装置として捉えた大蔵省によって一方的にその思惑が押し付けられる場となり、結局は自治体の支出を中央政府が計画・統制していく手段として動員される格好となった[65]。特に危機管理の緊急性が、大蔵省がそれまでの制度配置の慣性でもあった中央の地方に対する超然的スタイルを新制度に持ち込むことを許してしまったということはあったであろう。同じことはＨＣＣとＨＩＰｓにも起こっている。その顚末が見届けられたのは制度が本格的に稼働し始めた次の保守党政権期になってからのことではあったが、ＣＣＬＧＦ、ＰＥＳＳとパラレルな存在として作られたＨＣＣ、ＨＩＰｓが同様の運命を免れ得ないことは既に明白であった。ＨＩＰｓとは、自治体が提出する今後四年間の住宅投資計画に基づき環境省が自治体に年度毎の資本支出枠を額面で割り当てていく仕組からなる。これによって地方の資本支出に対する中央のコントロールが強化される反面、割り当て枠の範囲内であれば自治体の側も様々な住宅事業に自由に投資できるようになることで、地域のニーズに即応する柔軟な住宅投資、包括的な住宅戦略の追求が可能となるとされた。しかし現実にはこのＨＩＰｓも公共支出削減の至上命令に対応させられ、中央による投資統制の側面ばかりを突出させられる。中央・地方の「パートナーシップ観念の涵養」を題目に掲げ、ＨＩＰｓの割り当て枠の配分を協議することになっていたＨＣＣも、それだけの実体を与えられることは終ぞなく、自治体が提出する投資計画はあからさまに無視され、中央による一方的な数字の押し付けが横行するというのが制度運用の実際となった(66)。

ところで労働党は、前ヒース政権による新補助金制度と新家賃政策を覆すことを約束して政権に就いており、それをその通りに実行していた。家賃政策では適正家賃への移行を中止し(67)、補助金制度に関しては一部の自治体への手厚い手当ての工夫を付して建設補助金方式を復活させ、大規模な新規建設を促す方針を示している。さらに新しい試みとして、自治体に民間住宅の買い上げを促しその改修等を行わせていくといった政策も明らかにしていた。しかし労働党政権があたかも新路線を開拓していくかと見えた形勢は、劇的な資本支出の収縮という現実の展開によってたちまち打ち消された。これは専ら住宅政策のその時々の経済・財政政策上の目標に翻弄され易いという特徴が前面に出、住宅政策上の目的の追求が二の次となった展開による。すなわち一九七五年以降一貫して見られる趨勢となった資本支出の収縮には、一つには政府が住宅向け公共支出を一九七五年の予算編成と一九七六年の緊急措置とにおいて立て続けに――さらには将来の支出計画中においても――削減対象としたことや、折からの物価高や金利高が要因となって、自治体の側に現在あるいは将来の住宅会計の逼迫への恐れから住宅投資を手控える気運が生じたことが与っていた。さらに自治体の公共支出全般に加えられた圧迫が特に住宅投資に跳ね返ったという面もあったであろう。そもそも住宅政策の中心的な手段とされてきた投資的支出は、経常的支出に比べて遥かに削減の容易な支出であり、従って自治体も鉈を振るい易く、しかもそれは起債額がまるまる計上される資本会計上の支出であったため（大きな削減の数値を意味したが故に）、ＩＭＦに公共支出の削減目標を課されていた政府から見ても実に好都合な削減先であったと考えられる。現にＩＭＦ危機以降、労働党政権は起債の認可を通じて自治体の新規建設戸数をコントロールする試みを始めており、資本支出の収縮にはこれによって作り出された部分もあった。さらに労働党政権は、中央政府が自治体の住宅投資の総額を直接統制する手段となる住宅投資事業計画（ＨＩＰｓ）の導入にも動いており、これについても資本支出を抑える狙いを忖度されていた。[68] 以上のような条件によって、殊更に住宅向けの公共投資の収縮傾向が帰結したと考えられる。

このように住宅政策、わけても住宅への公共投資が皺寄せを受けるという事態は、一九六〇年代までとは全く異なる世界を前提とした（異なる世界であるからこそ起こり、また特に異なる世界に属する新しい問題群を深刻化させる含意を持っていた）。それは「ブルドーザーを引退させよ」という標語が登場し、「借り手がなかなか見つからない（difficult to let）」自治体住宅の存在が多数報告されるような世界であり、この世界で新たに住宅問題として認識されるようになっていたのは、住宅の絶対量の不足ではなくその配分の偏りと流通の硬直性、[69] 既存住宅の老朽化と早急な修繕を要する住宅の急増であった。[70] これらの問題に対して労働党政権は、基本的には自治体の権限および所有の拡大によって対処しようとした。ところがこうして政府が自治体に寄せる役割期待が高じる一方で、同じ政府の緊縮財政による資本会計への圧迫によって自治体は動きを封じられた状態にあり、そこには困難なディレンマが生じていた。問題はどこから財源を捻出するかであり、このとき考えられる唯一の捻出先として脚光を浴びたのが、持ち家居住者に対する税制上の優遇措置であった。[71]

持ち家への優遇税制とは、実質的には持ち家居住者層への補助金のバラマキに他ならない。その中心をなす住宅ローンの金利負担に対する税額控除のコストは、一九六八年から七四年までの間に二倍以上に膨れ上がり、七〇年代中頃にはもはや無視し得ない財政上の軛となっていた。一九七一年度の数字によれば、自治体住宅一戸当たりに投入される補助金が五〇ポンドであるのに対し、住宅ローンに加入している住宅一戸当たりの減税額は七〇ポンドにも上っていた。自治体住宅セクターと持ち家セクターへの補助金の配分は明らかにバランスを失していた。[72] ヒース政権が賃貸セクター内で追求した居住者の負担や公的な補助金の配分の公平化は、実は持ち家セクターをこそ射程に入れる必要があったのである。[73]

そのような持ち家セクターを射程に収めた財政改革を構想し、個人への直接補助金の方式と持ち家セクターに傾き過ぎた補助金体制を、住宅そのものへの投資と賃貸セクターを充実させる方向で見直すことが期待されたのが、労働党政権が作成を進めていた政府の住宅政策緑書であった。[74] しかし一九七七年に最終的に発表された緑書の中身は、周囲の期待を大きく裏切り、中途半端で現状維持的な内容に終わっていた。何より失望を呼んだのは、そこに持ち家優遇税制の不可侵性が再確認されていたことであった。[75]「我々は現行制度の継続に対する何百万もの家族の期待を裏切り、そうした期待の上に組み立てられた家計を、単なる理論的、アカデミックな教理のために覆すことを可とはしない。[76]」こうした緑書の保守化の背後には、当然のことながら選挙を意識した持ち家層への配慮があった。[77] 一九七七年の時点で持ち家テニュアは全テニュアの五四%を占め、これに持ち家願望を抱く潜在的持ち家層を加えるならば、今や持ち家の利害は人々の圧倒的多数派によって共有されるようになっていた。しかも優遇税制は個人への直接補助金に相当し、その廃止は有権者の懐を直撃するだけに選挙において争点化され易い。現に一九七五年に政府が住宅財政の「根本的見直し」を宣言したことが、その直後に行われたウーリッジの補欠選挙での労働党の議席喪失に繋がったと指摘されていた[78]。

緑書が示した持ち家セクターへの配慮は、さらに労働党が「持ち家」の党であることの積極的なアピールへと展開されていた。そしてそこでは持ち家の望ましさが自明視され誰もが持ち家を望むことが与件視されたその上で、自治体住宅は持ち家層へと脱皮できない残留組を引き受ける二次的・残余的役割に振り向けられていた[79]。ところでこうした自治体住宅の「残余化（residualization）」論は、自治体が地域全体の住宅ニーズに「包括的」に対応していく「住宅戦略」の担い手となるという理屈――今後の自治体の役割は公営住宅の経営者としての狭い役割を超えたより大きなものになっていくという理屈に伴われていた。しかしこの新たな役割論も、具体的な政策手段の見通しや財政的な裏付けが示されてのものではなく、しかも自治体住宅が特に「スペシャル・ニーズ」に応えていく役割を強調するものとなっていたため、実際にはそれまで自治体が形成し利用してきた政策資源――つまりは良質な一般向け賃貸住宅のストック――を取り去ることに名分を与え、自治体セクターの「残余化」のみならず「周縁化（marginalization）」――二級市民のみが甘受する二級のサーヴィスを供給する二級セクターへの転落――を促すものとなるであろうことが容易に想像され、当然のことながら自治体側に歓迎されるものではあり得なかった[80]。

もっともいずれにせよ労働党のプライオリティーは極めて明瞭であった。同党は全国執行委員会の声明において、持ち家セクターと自治体セクターとの間の財源再配分を見送ることによって自治体住宅の「周縁化」が帰結したとしてもそれはやむをえないという立場を表し、そもそも「周縁化」問題それ自体が労働党の長年の持ち家拡大政策の成果であると述べる居直りさえ見せている。[81]

さて、このような労働党の持ち家セクターに対する露骨な支持の表明は、自治体住宅払い下げイッシューに関する労働党の立場を微妙なものとした。労働党が〝買う権利〟に反対するとき、そこには常に「持ち家に反対するわけではない」、「労働党こそ持ち家拡大に貢献してきた」という弁明がつきまとう。[82]一九七四年に政権に返り咲いた労働党政権が、払い下げ政策に関してかつて一九六〇年代末に導入した割り当て規制を当然に復活させるということも勿論起こらなかった。しかし労働党は今回も一九六〇年代と同じ展開に見舞われた。つまり地方選挙における風向きの変化によって保守党自治体が次々と誕生し、これらがまたもや無視し得ない規模で払い下げを実施し始めたのである。政府は自治体および選挙区レヴェルの党組織や党内左派が強硬に主張する払い下げ反対の〝建て前〟と選挙前に払い下げ論争を顕在化させて持ち家層の支持を失いたくないという〝本音〟との間の板挟みに苦しむ羽目となる。結局、労働党政権は、一九七九年の総選挙直前に漸く重い腰を上げて極めて表面的なものではあったにせよ払い下げ規制を導入し、さらに当の選挙に臨んでは「住宅不足にある地域における」払い下げについては反対を続けるという限定付きの反対を宣明することによって、とりあえず〝建て前〟を繕う道を選んだのである。[83]

以上で見てきた戦後の住宅政策の展開は、「支持の政治」と「権力の政治」に関する重要な示唆を含んでいると言える。まず建設戸数競争の時代については、この競争が本来は労働党の得点源であった住宅政策をマクロな数字合わせに還元することによって、同政策を保守党の統治能力を際立たせるハイ・ポリティックスの土俵に引き入れたことが注目されなくてはならない。これは二層政党制における保守党の戦略が典型的なかたちで実践された例として理解できるが、逆にこうした住宅政策上の展開こそ、第二次大戦後の時代に如何に統治政党としてのアイデンティティーを立て直し得るかという問題に直面した保守党が、二層政党制の枠組を前提とする新しい自己アピールの在り方、つまりは新しい「支持の政治」の戦略を確立する上での一つの契機をなしたと見ることもできるのかもしれない。このような保守党の〝マクロな数字合わせ〟による政策へのアプローチは、イギリスの中央政府が下位の諸組織を介して政策を遂行する際にとり得る手法としても、中央政府の持つ政策手段やその制度的環境の在り方によく適合し有意であったため、換言すれば「権力の政治」レヴェルにおける組織制御の方法としても二重国家構造の制度配置によく符合するものであったため、労働党政権にも踏襲されることになった。

これに対して一九六〇年代末以降のテニュア戦争は、地方自治体の選挙結果などに規定されつつ自治体レヴェルの党組織や一般党員のいわば下からの突き上げによって状況的に高じたものであり、中央政府や党の執行部はむしろこれを宥める受動的立場にあったと言ってよい。しかも、こうした下からの圧力は、一九七〇年代の政府を特徴付けた「権力の政治」における積極主義と「支持の政治」に対する無関心とによって、二大政党間、中央・地方間の党派的対立を後戻りのきかない地点にまで煽っていくこととなった。まさにこの一九七〇年代とは、中央政府が「権力の政治」の次元で次々と新しい動きを見せた時代であり、その刻印は住宅政策の展開の上にも明らかであった。そこでは戦間期以来の住宅政策体制に代わる新たな体制が模索される過程で、第一に、ヒース政権下、地方に政策執行の自律性を最大限に認め、中央はこれに対する遠隔操作に甘んじるという二重国家の慣行が破棄され、全国一律の「合理的」な住宅財政改革（とりわけその一環としての家賃制度改革）が自治体に強要された。第二に、つづく労働党政権下、今度は一転して住宅政策体制をコーポラティズムの制度的枠組によって再構築することが試みられた。しかしこれら二つの改革意図はいずれも、イギリスの国家構造を長く規定してきた二重国家構造の制度慣性によって挫折を強いられている。前者は地方の協働を前提とする二重国家構造の制度配置の下で直ちに政策の執行障害に陥り、後者は二重国家構造を特徴付けてきた大蔵省の超然的な統制スタイルによって換骨奪胎され、そのコーポラティズムの装置はむしろ大蔵省による一方的な財政統制の手段に転じてしまう。他方、この間にも自治体住宅払い下げイッシューは、中央と一部の自治体との間に生じた対立が二大政党間の党派的対立へと発展し、また持ち家テニュアの不可侵性を自明視する論調がエスカレートしていく過程を通じて、「支持の政治」の次元に大変革をもたらす起爆力を蓄えていった。この払い下げ争点が「支持の政治」のどのような変化にどのようなかたちで結び付いていくのか、また一九七〇年代に「権力の政治」における新たな試みを悉く失敗させた二重国家構造が、一九八〇年代には「権力の政治」の次元に生じた動きとの間にどのような相互作用を持ち、どのような発展を遂げていくのかは、次章以下で取り上げる問題である。

第三章　第一期サッチャー政権――「買う権利」政策の展開

一九七九年、サッチャー政権を誕生させた総選挙で最も注目を引いた個別政策とは、保守党が前面に押し出して闘った自治体住宅の払い下げ政策であった。保守党の選挙綱領は自治体の借家人に現在住んでいる住宅を「買う権利」(the right to buy：いわゆるRTB)を与えることをこれ以上なく明確に約束していた。(1)住宅政策が総選挙で脚光を浴びるのは、これが初めてではなかった。第一次大戦直後のロイド・ジョージのキャンペーン、あるいは保守党が一九五一年に統治政党としての復活をかけた三〇万戸公約を有名な例として、住宅政策はしばしば選挙キャンペーンの切り札となってきた。サッチャー前任の保守党党首ヒースについても、一九七四年の二月選挙で下野し次の選挙に備える間、政策作業班を次々と解散、縮小していった中で、住宅作業班だけは特に強化したという事実が伝えられている。(2)その後一〇月に行われた総選挙では、影の環境相(当時このポストにあったのは他ならぬサッチャーその人であった)が宣伝の任に当たった住宅政策を中心とする一連の政策が保守党の予想以上の健闘に貢献したと見られている。それらは自治体の借家人がその居住する住宅を〝買う権利〟を確立し、住宅ローンの利率を一定率以下に抑え、レイト(rate：土地に課される地方税)を廃止するという三つの公約に集約されていた。(3)

一九七九年の総選挙に臨んで今回はサッチャーを党首に戴いた保守党は、前回の三つの公約から自治体住宅に関する「買う権利」政策のみを継承し、これに割く綱領中の紙幅を大幅に増している。このことは選挙戦の照準が、レイトや住宅ローンに利害をもつ中産階級から自治体住宅に住む労働者階級へと比重を移したことを示しているようにも見えた。保守党の圧勝後、サッチャーが女王演説の日に首相として初めて行った議会答弁も、「買う権利」政策が保守党の勝因と言わんばかりの、特にその労働者階級に対する訴求力を称えるものとなっている。

「自治体住宅やニュー・タウンの公営住宅に住む何千という人々が、初めて我々に投票するに及んだ。何故ならこれらの人々は自分の家を買うチャンスを望んでいたからである。我々は、全ての自治体借家人に彼らの家を買う権利を与え、その際には市場価格に大幅な割引を加えた価格を実現し、また必要な者には一〇〇%のローンを提供するつもりである。これはアンソニー・イーデンが夢見た財産所有民主主義への偉大な一歩となろう。また、これによってより多くの人々が自由と移動の機会を享受し、子孫に資産を遺せる見通しを持てるようになるであろう。(4)」

一九七九年総選挙直後の分析によれば、このときの保守党は、従来最も弱かった部分で支持を増やし、最も強かった部分で支持を失ったという。最大の票のシフトは熟練労働者階級の間で労働党から保守党へと生じており(5)、従って、右のようなサッチャーの自負にも根拠がないわけではなかった。但し、自治体住宅の払い下げ政策が現実に選挙結果を左右した可能性については懐疑的に見る向きがある(6)。一九七九年総選挙は、自治体住宅払い下げ政策という一つのイッシューが有権者に階級の壁を越えさせたかということ云々以前に、そもそもその前提となる階級投票の有意性そのものが疑わしくなった選挙であった(7)。

一九七九年の総選挙において保守党の目玉公約になった「買う権利」は、さらに選挙後に保守党の勝因と見なされることを通じて同党の選挙戦略にとっての重要性を改めて強調されるようになった。もっとも「買う権利」政策の選挙への貢献が格別に評価されるようになったという事実は、この時点で「買う権利」が保守党の政権構想との間にどのような連関を持ち、さらには同党の統治戦略に対してどのような意味を持っていたかという問題とは別問題である。以下ではまず第一節において、払い下げ政策が一九七〇年代を通じて必ずしも保守党の政権構想や統治戦略にとって重要な意味を持つものではなかったこと、それが一九七九年の総選挙前後に保守党の政権構想との間に整合性を獲得し、同党にとって象徴的な意味を持つようになったことを明らかにする。第二節では、「買う権利」を制定した一九八〇年住宅法の内容と同法をめぐり当時存在した議論の文脈を概観し、第三節では、「買う権利」政策がその後保守党にとってより本質的な、いわば戦略的な重要性を持つものへと発展を遂げていく過程とそこに介在した幾つかの要因を論じる（但し、政権発足時には存在せず政権第一期目の間に新たに出現する要因については、後の章で取り上げるものとする）。そして最後の第四節では「買う権利」政策の展開において特に環境相マイケル・ヘーゼルタインが果たした役割に言及するものとする。

第一節　保守党綱領上における自治体住宅払い下げ政策の軌跡

保守党が選挙綱領中に自治体住宅の払い下げを促す方針を初めて明記したのは一九七〇年のことであり、さらに同党が払い下げ政策を〝買う権利〟の創出という方式によるものとして提案したのは一九七四年二月の綱領が最初であった。つづく同年一〇月の選挙綱領は、自治体に対して払い下げを義務付けることを意味する〝買う権利〟の確立をより決然とした調子で謳っていた。従って一九七九年綱領における「買う権利」の提案それ自体は、値引き率の拡大、買い取り予約制度の導入、「買う権利」のニュー・タウンおよび住宅協会の保有する住宅への拡大などの細かい提案を除けば特段新しいものではなかった。しかしこの間、自治体住宅払い下げイッシューを取り巻く保守党綱領全体の論調は劇的な転回を見ており、その中で同じ払い下げ政策に付される意味も自ずと変化していたのである。

ヒース政権の誕生に繋がった一九七〇年の保守党綱領は、「統治の新しいスタイル」を掲げ、合理的・科学的方法による政策決定と決然たる政策の遂行を約束するものであった。正しい方法（メソッド）が全てを解決するという楽天的なムードの下で、住宅政策の分野においても「公正な政策（Fair Deal）」と合理的・効率的な財政システムの確立が唱えられた。ところがその一方で、財政的合理性が一向に明らかでない上に党派的確執に抜き難く運命づけられた自治体住宅払い下げ政策がこのとき初めて綱領に取り上げられたのである。少なからぬ違和感を惹起するこの事実は、自治体住宅の払い下げ政策があくまで党大会や一般党員からの圧力によって綱領に含められたものであり、党執行部の路線とは必ずしも親和的なものではなかったことを示唆していた(8)。

一九七四年二月選挙に臨んでの保守党綱領は、ヒース政権の所得政策を破綻させた炭坑ストとこれによるエネルギー危機という非常事態を色濃く映し、部分利益による攪乱から「国民の利益」を守る「強い政府」たることへの決然とした意志表明を基調としていた。保守党右派が主張していた〝買う権利〟が公約されたのは、このように労働組合や労働党に対する対決姿勢が前面に押し出された中でのことであったが、つづく同年一〇月選挙に際しては、今度はむしろ宥和的な基調の綱領中にあったにもかかわらず、〝買う権利〟公約はさらにラディカルさを増した内容を伴って現れたのである。

すなわち一九七四年の一〇月綱領は、一転してコーポラティズム的な協調政治への意志を明らかにするものであり、それは労働組合の政治的影響力を容認した上で、綱領には珍しく言葉を尽くした説得調で経済危機への現実的な対応を説くものであった。その懐柔的な論調は、前回二月の選挙によってあたかも実証されたかの観となった見方、つまり統治には労働組合の協力が不可欠であり、労働党のみが組合と協調して国を治めることができるという見方が強く意識された結果にも見えた。ところがこのように宥和的な綱領の中で、それまで常に党派的対立の焦点であり続けた自治体住宅払い下げイッシューは、前回よりもさらに過激な〝買う権利〟公約に結実した。それは大幅な値引きを約束するだけでなく、二月綱領が留保していた自治体の拒否権にももはや全く言及しない――これを顧慮する素振りさえ一切見せない――究極の公約であった。このことからは〝買う権利〟があくまでも孤立的に煮詰まってきた自己完結的イッシューであったことが示唆される。すなわち、それは持ち家拡大政策の土俵を越えて他のイッシューや政権構想全体との間に有機的連関を持たされることなく、力強くではあるが無造作に、いわば単発の切り札として提示された政策であった。

これに対して一九七九年の保守党綱領では、「買う権利」はその目的である住宅所有の拡大というテーマを介し、保守党が政権の課題として掲げた五つの目標のうちの二つに連結されていた。最初に持ち家拡大テーマが現れるのは、経済再建のためのミクロ経済政策が列挙された「より繁栄した国を」と題された章においてであり、そこでは所得減税に次ぐ第二の公約として「財産所有民主主義」が掲げられ、その一環として住宅所有の奨励が約束されていた。第二に、保守党の社会政策が述べられた「家族に対する支援」と題された章が他のあらゆる社会政策に先んじて住宅政策を取り上げており、そこではまず「我々自身の住宅」という見出しの項において持ち家に対するお決まりの支援策が確認された後、「自治体住宅の払い下げ」という見出しの項でいよいよ「買う権利」政策が、非常に明確かつ具体的な提案としてその全容を現している。綱領中、これら二つの箇所は次のような論理で結ばれていた。

まず経済再建に向けてのミクロ経済戦略、つまり労働や投資へのインセンティヴを創出する戦略の一環として、より多くの人々による財産所有が促されるべきとされ、この目標に一九世紀末および今世紀半ばの保守党全盛期の語彙に由来する「財産所有民主主義」という概念が重ねられる。そして持ち家は、「大多数の人々にとって財産とはまず第一に何よりも彼ら自身の住宅を意味する」が故に「財産所有民主主義」の第一の関心事として位置付けられ、ここから「買う権利」政策が他の持ち家拡大政策とともに強力に弁証されていく。ここには「財産所有民主主義」という概念を持ち出すことで払い下げ政策をより広範な経済社会の構想に連結する筋道が示されている。

もっともこのように綱領の論理構成に表れた意味の広がりが示唆する以外にも、「買う権利」政策と一九七九年綱領が全体として形成した文脈との間には、当時台頭中のニュー・ライトのイデオロギーを介した連関・対応性が指摘され得た。すなわち一九七九年綱領全体を貫く主題は、国家の領域と個人の領域の適正なバランスの再定義であり、これを導くべきとされたのが「個人の自助独立」の観念であった。この観念は、減税、公共支出の削減、市場の徹底、「法と秩序」の再確立といったニュー・ライトのテーマのひとつひとつを綱領に含めることを正当化する役割を果たす一方、自治体住宅の払い下げ政策に関しては、そうしたニュー・ライト的テーマに内在する国家セクター批判の文脈を介して――さらに付加的には伝統的に個人の自立の理想と結び付いてきた「財産所有民主主義」の概念が帯びるイメージを介して――これを正当化するロジックを含んでいたのである。ここに保守党の払い下げ政策は、綱領全体および綱領が掲げる他の諸政策との間にイデオロギー的な整合性・一貫性を獲得したものとなった。

持ち家奨励政策における二大政党間の相違が、自治体住宅払い下げの是非に――一九七〇年代末にはその強制の是非にまで収斂していたことは前に述べた通りである。従って自治体住宅の払い下げ政策は保守党にとっては労働党に対する差別化を果たす格好の取っ掛かりであり、そのような争点へのアプローチに「財産所有民主主義」のイメージやニュー・ライトのイデオロギーが持つ広範な文脈を動員できたことは、二大政党間の言説闘争の局面での保守党の強みを形成した。さらに保守党が提示した「買う権利」政策は、一九七九年に同党が掲げた他の様々な公約と比較してもその公約としての具体性・明確性において突出しており、綱領にインパクトを持たせたという点でも力があった。実際に一九七九年総選挙で保守党が公約に掲げた主な政策を個別に見ていくならば、その大方が新味に欠けていたかあるいはキャンペーン中十分に強調されることのないままに終わっていた。例えば、保守党が奉じたマネタリズムの命じる公共支出およびPSBRの削減にしても、実は労働党政権が既に一通りの手腕を示していた政策であり、それ自体としては労働党との対比におけるインパクトを欠いていた。また、「不満の冬」の嵐の吹き荒れた折から最も有権者に対する訴求力を発揮し得たであろう労働組合に対する施策においても、一九七四年にヒース政権が「政府か組合か」どちらをとるかを国民に問い掛けた〝賭け〟が失敗に終わったことの傷がいまだ癒えない保守党には、踏み込んだ姿勢を見せることを臆するところがあった。特にヒース政権が対決させられた炭鉱スト、および今回労働党政権の信用を失墜させた「不満の冬」、それぞれの発火点となった所得政策に関しては、保守党はその採否についてあくまで曖昧な態度を通そうとしている(9)。さらに保守党が最も躊躇なく強調し得た筈の減税、あるいは法と秩序の再確立といったイッシューについても、綱領中の言及はその抽象性や迂遠さ故に有権者の間に漠然とした期待を喚起する程度のものにとどまっていた。

ところで一九七九年に首相となるまでのサッチャーの発言において何よりも新鮮であり革新的であると受け止められたのは、彼女が自らの奉じる経済政策および国家・社会関係の在り方を道徳的に弁証した点であった。サッチャーは長らく社会主義に独占されてきた道徳的優位の主張を奪還することを期し、従来の経済管理の在り方が帰結するインフレと国家機能の拡大を道徳的見地から糾弾する一方、国家に対しては対内的にも対外的にも道徳的アナキーと対決していかなければならないとして、そのために必要な〝強さ〟を求めた。しかし、道徳の言辞が政治の公けの舞台でいわば道具立てとして制度化されているアメリカとは異なり、イギリスではこうした道徳的言説は、とりわけ政治権力の帰趨や行使の懸かった場面においては、〝政治的〟な言葉に翻訳ないしはよく限定された上で提起されなければならなかった。[10] 実際に一九七九年の保守党綱領とそれ以降の首相の演説とにおいては道徳的な調子はかなり弱められている。[11] 一九七九年までの時点で保守党のラディカリズムを代表していた道徳的言辞が選挙綱領では後退させられていたことは、選挙キャンペーンにおける保守党の議論が概して控え目な――あるいは淡白なものに聴こえたことのもう一つの説明をなしている。

このように総じて保守党の個々の政策やレトリックがいま一つ印象力に弱く、それ故に同党の勝算も専ら労働党の失点に負うことが見込まれていた中で、自治体住宅の払い下げ政策は具体性を極めた内容を伴って綱領中に現れた。さらにこの政策は一九七〇年代を通して常に有権者の意識の上に存在してきた結果、保守党の政策として、しかも労働党との対比が際立った政策として、既に広い認知を得ていた政策であった。保守党にとってそれが唯一独自性と完結性を誇ることができ、存分な自己アピールを依拠させることができた政策であったことは想像に難くない。また先にも述べた通り、一九七九年の「買う権利」は、財産所有民主主義やニュー・ライトのイデオロギーを介して綱領全体との間にもイデオロギー上の一貫性を確保していた。「買う権利」が一九七九年の総選挙において保守党政権の性格を占う象徴的な政策として受け止められたとしても、以上を鑑みればそれは極めて自然な成り行きと言えた。しかしそれでもなお一九七九年総選挙の時点で、「買う権利」政策が保守党の政権構想全体にとって本質的な重要性をもっていたとは思われない。一九七四年に〝買う権利〟を掲げて保守党の善戦に貢献した当の影の環境相サッチャーも党首になってからこのイッシューに言及することは殆どなく、彼女が「買う権利」を政権構想の不可欠の一部と見なしていた形跡は全くない。

一九七四年に保守党初の女性党首となったサッチャーは、人間性に関する現実主義的な洞察と今日のイギリスの衰退が戦後の社会主義的諸政策の結果であるという認識を出発点に、個人の自発性が発揮される余地を最大化することによって各人の道徳的自己実現と経済全体の活力を実現するような社会の構想を打ち出した。そして、そのような社会への鍵として、法の支配を内外に貫徹する上では強力であるが個人の経済的・道徳的活動を阻害しない程度によく限定された国家の像を提示したのである。このヴィジョンに基づき、サッチャーは生産活動や社会的サーヴィスの供給事業からの国家の「撤退（ロール・バック）」を唱え、国有企業と官僚制を攻撃する一方、その同じ国家が軍事・警察力を強化し、また専ら法的規制を通じて産業関係を安定化させることを期待した。そして具体的な行動計画としては、何よりもまず第一に人々の勤労・投資への意欲を損なうインフレと過度の課税の解消が図られなければならないとしたのである。以上は道徳と経済の両面に関わる含意が押さえられた、最小限だが完璧な新保守主義の綱領化であった(12)。

しかし新保守主義の理論が政治的動員の能力をもつためには、それは社会統合のヴィジョン――社会統合が如何に果たされてきたかまた果たされているか、あるいは如何に果たされるべきかまたは果たされ得るかに関するヴィジョンであり、社会統合のからくりの説明とも言い換えられる――によって補われる必要があった。例えばアメリカでは、新保守主義のメッセージに無理なく重ねられ得る建国神話のメッセージが、聖書のイメージや社会契約説のメタファーに大いに頼りながらそれ自体で社会統合のヴィジョンを供給していた。すなわち、新保守主義の諸命題は社会統合のヴィジョンを国民の意識に刻み続ける合衆国の建国神話に補われることで、アメリカ国民への支持の訴求を媒介するメッセージとして完結され得たのである。そしてこの「神話」を背景とする新保守主義の「物語」は、レーガンという優れた語り手の力も与って、下層中産階級の心情に特に強く訴えるものになったと見受けられる。これに対してイギリスでは、新保守主義のヴィジョンと重なりこれを政治的に有意なものとする社会統合に関わる神話は存在しない。社会統合を語る言葉は、従来大英帝国の偉大なる使命を称える賛歌のうちに、あるいはイギリス政治史の名誉ある発明であり「二つの国民」の現実をその弁証法的前提とする「一つの国民」論の中に見出され得てきた。帝国主義が現すヴィジョンは実に容易にナショナリズムを喚起したが、それだけでは扇情的かつ不安定な動員しか行い得なかったのに対し[13]、後者は数段に精妙かつ安定的な〝政治的〟パーセプションを媒体として社会統合の見通しを担保し得た。それは「二つの国民」に分断された――少なくともそのように認識されている――階級社会という現実の中で、政治制度およびこれを操る政治階級が、階級間の巧みなバランスを実現することで、社会は成功裡に統合され得るというパーセプションであり、その成功の見通しが、つまりは政治階級や政治制度の〝叡知〟に対する信頼が「一つの国民」の紐帯として機能してきたのである。一九七九年時点における保守党は、イギリスではしばしばニュー・ライトとも呼ばれた新保守主義の諸論点によって政権構想を構成してはみたものの、かつてのように政治社会の一体性のイメージを喚起するために帝国主義の栄光に訴えることができないのは勿論、二層政党制の瓦解の結果、政治社会の安定的統合の見通しを生むような階級間関係に関するヴィジョンも喪失していた。実は保守党は、前回の一九七四年一〇月選挙の時点では社会統合を担保するからくりをコーポラティズムに求めようとしていたのだが、一九七九年にはこの道を完全に却下している。しかし、これに代わる統合のヴィジョンを持つようになっていたわけでもない。

一九七九年の時点でむしろ目についたのは、サッチャーが「我々」対「彼ら」という一種友敵理論を想起させるレトリックを持ち出す場面であった。そこでは明らかに共産主義陣営を指している国外の敵に加えて、国内にも敵がいることが示唆され、「我々」の党派的な在り方が鼓舞される。しかし肝心の国内における「彼ら」の正体は漠然としており（社会主義や国家主義や既得権が槍玉に挙がっていることまではわかるのだが）、サッチャー支持者でなければ誰をも含み得るように聞こえ、仮にそれが敢えて人々に「我々」か「彼ら」かの二者択一を迫ることで味方を増やすという計算によるものであったにしても、サッチャー保守党が社会統合を追求するどころか至る所で戦端を開き、徒らに社会に亀裂を増やそうとしているように見えたことは事実であった。当時の保守党には社会統合の維持という難題への答えを出し、これによって同時に自党の命運を繋ぐような統治戦略への展望はそなわっていなかったと言ってよい。

一九七九年の総選挙において、「買う権利」政策は初めて綱領全体の論調・構成との連関を獲得し、また総じて他の個々の政策に関するアピールが低調なあるいは漠たるものにとどまった中でたまたまその具体性・明確性・決然性において際立っていたため、保守党の政策構想を象徴する政策にもなり得た。しかし、このことは、「買う権利」政策が選挙に際して保守党の政権戦略がそこから紡ぎ出される源としての、すなわち保守党の統治戦略の同一性がそこに懸かってくるような戦略的重要性を持つものであったということまでは意味しない。むしろ同政策は、中央・地方関係を舞台に確執を深めてきた党派的対立と公約の積み重ねとからなる行き掛かり上浮上を遂げた単発的政策として、それだけで完結され得るかのように捉えられ、それだからこそ選挙向けの格好の宣伝材料として重宝されたのだとも言える。自治体住宅の払い下げという発想と新保守主義のイデオロギーとの心地よい連関も静態的なものにとどまり、「買う権利」政策がこのイデオロギーの本質的な要素であったわけでも必然的な産物であったわけでもなかった。しかしこの政策は、綱領にかなりの紙幅を割いて載り、保守党の勝因として大きな注目を集め、それ故殊更に慌ただしい立法日程に掛けられてからというもの、帆にはらむ勢いや舵手――特にヘーゼルタイン環境相――の舵さばきにも影響を受け、あるいは様々な住宅政策外のイッシューに絡めとられつつ、政権にとっての重要性や意義をどんどん変じていく。そして最終的には新保守主義のメッセージを下支えする社会統合の理論を用意し、このことによって保守党による新たな統治戦略形成への突破口を開いたのである。

以下では、サッチャー政権第一期目に「買う権利」政策の展開に関わった要因を整理する。様々な要因が「買う権利」をめぐる議論の文脈やその執行の場面に関与した結果、保守党政権が「買う権利」に付すレトリック、およびその執行に臨む姿勢はどんどんエスカレートしていった。そして第一期目におけるそうした展開は、「買う権利」の成功を印象付け、同政策が後々及ぼす影響力の基盤を確立する上で決定的な意味を持った。但し、次節ではそうした「買う権利」政策の展開を論じるに先立って、まず「買う権利」を確立した一九八〇年住宅法の内容を概観し、さらに同法制定時点における「買う権利」政策をめぐる議論の状況を確認しておくこととする。

第二節　一九八〇年住宅法

一九八〇年の新住宅法は、前年の総選挙で公約された以下の三つの政策を実現するものであった。第一は、それまで自治体住宅払い下げ政策の推進派にとっていわば最終的なゴールを意味してきた自治体の借家人が当該住宅を「買う権利（RTB : the right to buy）」の創出であり、第二は、自治体の借家人に「借家権の保証」を初めて及ぼすことになるテナント憲章の制定、第三は、短期借家権をはじめとする新しい民間借家形態の導入であった。このうち総選挙で訴求力を発揮したと目され、保守党の看板政策となったのが、第一の「買う権利」に関する政策であった。

「買う権利」 一九八〇年法に制定された「買う権利」の要締は次の三点にある。[14]

①従来、自治体住宅の払い下げは基本的には各自治体の裁量に任されていた。もちろん具体的にどの住宅を払い下げるかも自治体の決定事項であった。これに対して一九八〇年法は、全ての自治体住宅について三年以上居住してきた借家人には当然に当該住宅を買い取る権利が生じることを定めた。その結果、借家人側の一方的な権利行使によって自治体側には自動的に払い下げの義務が生じることになった。また次に述べる通り、自治体が払い下げ価格を決定する自由も完全に否定された。

②「買う権利」を行使する者には多大な便宜が約束された。まず払い下げ価格については市場価格の最小三三%、最大五〇%という大幅な値引き率が一律に定められた。それまでの制度は各自治体が定める値引き率に上限を課したにとどまり、それも一九七九年時点の上限は三〇%でしかなかった。さらに一九八〇年法は、現在の価格による買い取り予約制度を設け、また「買う権利」の行使者に自治体による住宅ローンの供給を保証した。払い下げ後の転売に関しても、自治体の先買権を廃止するなど、買い手に有利な規制緩和を行った。

③「買う権利」による払い下げ政策は強力な執行手続きをそなえるものとして制度化された。まず一九八〇年法は、「買う権利」の執行における地域間のバラツキをなくすために払い下げ手続きを子細にわたり画一的に規定した。そうした執行の手続きは、従来であれば各自治体の裁量に委ねられていたところのものであった。さらに同法は環境相に各自治体の執行に介入する権限を与え、これによって環境相は十分な払い下げ推進措置をとっていないと思われる自治体を選び出して警告を発し、最終的には代執行まで行えることになった。「買う権利」が表向きは個人の権利の拡大を装いながらも実は個々人の意志とは関係のない次元で、むしろ政府による払い下げへの強い意

志に動機付けられ、その意志に適うように運営される制度であったことは、この環境相条項の運用において端的に露呈する。以上のように、中央政府が「買う権利」政策の直接の執行主体である自治体に画一的な手続きを課し、かつまた強力な介入権を手にしたことは、公衆衛生行政の確立に始まる自治体による自律的政策執行の伝統や自治体にできるだけ執行の子細を任せてきた環境省のそれまでの慣行とはおよそ相反していた。[15]それは地方の自己決定権を重んじてきた保守党の伝統とも乖離していた。

テナント憲章　一九八〇年法に制定されたテナント憲章は、基本的には前労働党政権の案を「水で薄めた」内容のものであった。[16]それは自治体の借家人に初めて「借家権の保証」を及ぼすとともに、借家の相続・転貸・改修などの要件を確定するものであったが、実際に借家人の環境を変えるような有意性は殆ど持たず、執行の徹底が期された「買う権利」の場合とは対照的に、執行に特段の配慮が払われることも一切なかった。

短期借家権　一九八〇年法は三種類の借家権を定め、全ての新規借家契約はこれらのいずれかに服するものとした。これによって大戦時以来部分的に残存し続け、英国の家賃制度を混乱させてきた家賃統制が漸次解消されることになった。三つの借家権を順に解説すると、第一の「保証借家権（secured tenancy）」は、一九八〇年以前のいわゆる「借家権の保証」に服す類型であり、家主の立ち退き請求に積極的な事由の具備が要求される。第二の「短期借家権（shorthold tenancy）」は、今回の民間借家政策の目玉であり、契約中に定められた期間の経過後であれば家主は事前の通告によって任意に借家人に対して立ち退きを請求できるとするものであった。以上の二つの借家権が、ともに家賃に関しては一九六五年に導入された適正家賃制度に従うことを前提としていたのに対し、第三の「協議借家権（assured tenancy）」は、立ち退き要件については保証借家権に準じるが、家賃設定についてはこれを自由な契約に委ねるものとして定められた。協議借家権は政府の認可を得た機関家主——具体的には建築組合・

銀行・証券会社・建設会社によって、試行的に用いられることが想定されていた[17]。

短期借家権は民間借家市場の再興という野心的な目的を託された政策手段であり、その背後には、現時点で貸し控えられている住宅が大量に存在し、これが全て流通すれば民間セクターだけで借家需要の大半に対応できるという認識があった。前章でも触れた通り、一九七〇年代以降の住宅問題は、第一に、既に数字の上では世帯数に足りている住宅ストックを如何に効率的に配分・配置し、局地的な住宅不足を解消していくかという問題と、第二に、老朽化した住宅を如何に管理していくかという問題に収斂していた。短期借家権の試みは、このうち前者の配分問題を市場原理によって解決しようとしたものであり、ニュー・ライトの政治経済学との一定の照応を含んだイニシアティヴであった。しかし、貸し控えられた住宅と借家需要とに関する政府の理論は、その後の借家市場の動向によって容赦なく覆されることになる。

一九八〇年住宅法は、以上の三つの「権利」を創出する立法として提起された。これら三つの改革は、それぞれ「買う権利」を行使し得る自治体の借家人、同セクターに残る自治体借家人、民間家主からなる三つのグループを名宛人とし、いずれも新権利の付与というかたちで各グループに利益を約束するものであった。実は一九八〇年住宅法は住宅財政システムに重要な変更を加える条項も含んでいたのだが、それが基本的には前労働党政権による改革案を踏襲するものであったこともあって、立法段階でも主に右の三つの権利に関わる政策に世論の関心が集まった。その結果、住宅法案はプレゼントを沢山ぶら下げた「クリスマス・ツリー」といった趣を持つものとなったのであった[18]。

ここで立法日程を振り返るならば、この素晴らしいクリスマス・ツリーが当時最も論議を呼んだ法案、すなわち地方政府・土地・計画法案と双子のように肩を並べて議会過程を進んだ事実が注目される。これら二つはともに環境相ヘーゼルタインが提出し、彼の強力なパーソナリティーと結び付けられて進捗を報じられた法案であった。一九八〇年の地方政府法案は、各自治体の公共支出に対するキャッシュ・リミットの割り当てとその超過に対する制裁措置とを内容とする難航必至の法案であった。かなり以前からこの政策を懐に温めていた保守党も、選挙キャンペーンでは敢えて言及を避けたほどである。これに対して前述の三つの権利に注目を集める住宅法案は、その「誰も損せず誰もが得する」[19]構成や選挙で実証されたとも見えた「買う権利」の人気に加え、環境相ヘーゼルタインが派手なレトリックで守り立てていたこともあり、保守党の積極的な得点源になると目されていた。保守党にこれを地方政府法案の盾とする誘因が働いたことは想像に難くない。[20]逆に言えば、その傍らに泥仕合必至の地方政府法案を伴っていたからこそ、住宅法案、その中でも特に「買う権利」条項が前面に押し出され、結果的に政権にとっての重要性を増すことになったという側面もあったであろう。

そうした注目の「買う権利」を弁証するに当たって、保守党は以下の四つのタイプの議論を動員することができた。第一は、国家による賃貸住宅の経営への関与が行き詰まっているという議論である。その証拠として過去五年間の労働党政権下で自治体セクターに生じた様々な問題――供給コストの増大、新規建設の低迷、既存住宅の劣悪化が指摘され、これらが長年家賃統制に服してきた民間借家セクターの惨状と重ね合わせられる。そしてその根底には、国家による管理が宿命的に行き着く〝失敗〟があるとされた。保守党によれば、現在必要なのは個人の自助努力を活用した、つまり人々が自らの所有物に注ぎ込む努力と創意工夫を原動力とした住宅ストックの再生であり、そのためにも国家セクターは可能な限り民営化されなくてはならない。そうすることによってこれまで徒に国家セクターで費消されてきた資源を、真に援助を必要としている人々への支援に効率よく集中することも可能になるとされる。[21]

第二の議論は、個人が住宅を所有することが持つ価値や意義に言及するものである。この論においては、「買う権利」は「人々に彼らが欲するものを与える」が故に是とされ、また自由社会の基盤を強化するものであるが故に好ましいとされる。前者の論理によって、政府が「この国に深く根付いた願望」の対象を人々に与えること――この場合は自治体から取り上げて――が誇らしげに語られたことは、「買う権利」政策がまさに〝革命的〟相貌を持つものであったことを示している。また後者の論理は次のように敷衍され得た。一つに「買う権利」は「個人の生活に対する国家の支配がいや増すばかりの傾向を逆転させる」意義を持つ。つまりそれは「社会全体に富の広範な分散をもたらし[22]」、住宅所有者となった個人に「国家機構や政治的なパトロネージからの大幅な自由と独立を与え」、そうして自由社会をあるべき姿に近づける。さらに「買う権利」は住宅所有の実現を通じ、人々のうちに国の経済的な秩序と繁栄に対する「個人的な賭け金」を持つ状態を作り出し[23]、また「自由社会の礎石となる独立と自助の精神を鼓舞」する[24]。そしてこれらによって人々の自由社会に対するコミットメントを強化する。

第三は、「買う権利」は市場という最良の資源配分メカニズムが適用される範囲を拡大し、労働力の移動を促進する効果を持つという議論である[25]。第四は、「買う権利」が労働者階級の均質的コミュニティー、もしくは貧困層のゲットーと化した自治体住宅団地に風穴を明け、住民の多様性を促し、バランスのとれた「混合コミュニティー」を実現するという議論であった[26]。

以上のような保守党側の議論に対し、労働党は有効な反撃を加えることができなかった。第一に、持ち家の価値を主張する議論に対して反駁を加えることは、既に五五％の世帯が持ち家に住んでいる現状の下では、それまで労働党こそ持ち家の党であると主張してきた手前も相俟って大いに躊躇われた[27]。また、保守党による自治体セクターの〝失敗〟論に対しても、前労働党政権による投資の切り詰めと住宅財政システムに関する無策が同セクターの諸問題を浮上させたという負い目があった。[28] もっとも労働党には、「買う権利」政策の財政的非合理性を徹底的に批判するという道もあり得たであろう。自治体住宅の払い下げは、経費の節減を意味するどころかそれまでの投資の回収を不可能とすることによって、中・長期的には国家の出損になることは、多くの調査によって指摘されていた。例えば一戸につき五〇〇〇ポンドの財政的損失が生じるとした見積もりが存在しており、[29] 特に「買う権利」に付された大幅な値引きには非難が集中して然るべきであった。労働党内のある意見によれば、このような採算上無謀とも言える払い下げは、国民の税金によって形成されてきた資産を私人の便宜に供する恣意的なバラマキ政策に等しく、緊縮財政の時勢にも逆らう放漫な施策である。しかし保守党側には、たとえ財政的含意については多少の不利を負ったところで、最終的に持ち家の価値を力説さえすれば労働党の追撃をうまくかわし得るという強みがあった。他方の労働党側では、持ち家テニュアに対して否定的であるという印象を有権者に与えたくないという配慮が常にその矛先を鈍らせていた。[30]

「買う権利」に対して議会過程で提起された最も重大な挑戦は、自治体から自己決定権が奪われることを問題にするものであった。もっともこの論点を力強く展開し得たのは労働党ではなくむしろ保守党の議員であり、従って最も重大なというのも、問題そのものの原理的性格もさることながら、さらにそれが与党内の不一致を露わにしたことにもよる。下院での審議では、複数の保守党議員がそれぞれの地元の事情に言及しつつ、全国一律の「買う権利」の実施に留保を求める立場を表明しており、[31] ある議員などはさらに踏み込んで、民主的に選出された地方議会が選挙での付託に基づき反対している政策を政府が自治体に強制して実施させ得る道理はないと論じ、民主主義の原理によって地方の自己決定権を擁護する、「買う権利」に対する根本的な批判論を展開している。[32] この議員はまた地方の自己決定を重んじてきた保守党の伝統にも訴えるなど、総じて下院における最も印象的な（首尾一貫した）反対論を繰り広げており、第二読会終了時の採決では法案に反対票を投じるにも及んでいる。[33] このように与党内から反対意見や離反票が出たことは、その後の法案修正作業の長期化と上院で強いられた一連の局地的敗退を予示しており、政府にとっては単なる不面目にとどまらない面倒な事態を意味していた。[34] しかし、それは野党が唱和することもなかった――また上院を含む与党勢力内においても結局のところ特殊利益のための断片的な譲歩を政府から引き出すための手段として以上に用いられることのなかった、限定された挑戦であった。因みに保守党の払い下げ政策は、もともと自治体レヴェルで生じた政策革新に起源を持つものであったとはいえ、保守党自治体の全てが一九八〇年法の「買う権利」に賛同していたわけではない。現に保守党系自治体が多数派を占めていた団体も含めて、地方の自己決定権への脅威を感じ取った地方政府協会は揃って反対にまわっている。[35] シェルターの調査によれば、保守党系自治体のうち少なくとも三〇％が新政策を「正しくない」と評価していたという。[36]

しかし保守党は、「買う権利」に関しては地方自治の原理論を封じる強力な道具立てを有していた。すなわち保守党が「買う権利」の究極の論拠としたのは、住宅所有それ自体にそなわる価値であり、保守党はこの価値への個人の権利として「買う権利」を構成していた。そして個人が価値実現のために権利を行使する契機を利用して自治体住宅の払い下げを推進するという実に巧妙な仕掛けを講じたのである。このように払い下げ政策の手段が個人の権利行使と重ね合わされたことは、中央政府が自治体に対して払い下げを強制する契機を曖昧化し、自治体が中央政府ではなく個人と対峙する構図を作り出した。[37] 地方の自律性や利益を擁護する立場からの「買う権利」反対論は、中央政府ではなく個人の権利との対決を迫られることによって見事にその矛先をかわされたのであった。

このような保守党の手法は、単なる戦術上の方便として――それはそれとして優れているにしても――片付けられるべきではなく、サッチャー政権初期の特徴である〝組織戦略ならざる〟組織戦略を表していたと捉えられるべきであろう。サッチャー政権については、自律的団体が割拠し秩序が多元的に形成される社会に代えて、個々の消費者による市場原理の実践を通じて一般的秩序が成立する社会を思い描き、中間組織を極力個人に解体することを志向するものであったと見る向きが存在する。(38) サッチャー政権が独自の公営住宅セクターをなしてきた自治体の住宅資源の民営化――換言すれば市場への回収を、個々の住人への払い下げというかたちで推進しようとしたことは、この個人化された社会のヴィジョンとぴったり符合する。さらに自治体住宅住人の「買う権利」を創出し、自治体の資源の侵食を「買う権利」の行使の効果とするというそのやり方は、右のヴィジョンを実に精妙に裏打ちする方法と言えた。つまりそれは組織を用いず――従ってそこには〝組織戦略ならざる〟組織戦略があったと言うのが相応しい――個人の権利行使に頼るものであることによって、中間組織の権力が個人に移譲された社会というヴィジョンに対して、手段が目的を裏切る可能性を一切生じることなく接合され得るものとなっていた。またこれも実に巧妙なことに、中間組織の弱体化ないし解体を個人の権利の強化や創出によって実現しようとするこの手法では、レトリック通り結果が完全に個人の自発的意志に預けられるわけではなく、個人は新たな権利を示され授権された時点で個人化された社会へと規範的に方向付けられることになる。(権利を与えると言われて断る人は殆どいない。しかし一旦権利を与えられれば方向付けられることは免れない。) さらにこの手法は、個人と中間組織との間の利害の対立の構図を作り出すことを通じて、まさにそうした対立の余地をなくすが故に望ましいとされる個人化された社会のヴィジョンとこれに向けた中間組織の解体のシナリオを自ら〝正当化〟するものともなっていた。こうしてこの手法は個人化された社会のヴィジョンと連続し、これに人々を方向付け、またその望ましさを実証する効果を持つものとして立ち現れた。同ヴィジョンはこの手法に伴われることで一種の自己実現的な機構を持ったとも言える。因みにサッチャー政権は、懸案の労働組合に対する施策においても、労働組合といういわば自治体以上に目障りな中間組織を個々の組合員の権利の拡充によって弱体化させる手法をとっている。こうした手法が持つ右に述べたような一連の含意は、この例ではより露骨に見て取れた。

以上のように一九八〇年の住宅法案には、その内容構成や他の法案との関係において確かにクリスマス・ツリーとして提示され、そのように受け止められ得るような側面があった。また「買う権利」をめぐる議会での議論の応酬を見ても、政府による推進論が言説の土俵上で優位を確保していたことは明らかであり、「買う権利」政策が保守党の攻勢を印象付けた貴重な政策であったことが窺われる。さらに「買う権利」は、前節で見た通り、サッチャー政権の政権構想にしっくりと馴染み、少なくともこれを象徴すると言えるに足る位置付けを得ていた。これらはその後「買う権利」政策というイッシューが発展と展開を遂げていく上での初期条件を形成する。言い換えれば、それらは「買う権利」政策が政権にとっての価値を高め、突出した政策に仕立て上げられていくための基盤――いわば〝元手〟をなしたのである。

第三節　「買う権利」政策の展開

一九八〇年住宅法案の「買う権利」条項については、立法当初、これが実際に持つことになるインパクトは全く予想されていなかったと言ってよい[39]。例えばその二年前に大ロンドン市（GLC：Greater London Council）が始めた「世紀の払い下げ」キャンペーンがそれまでにわずか七〇〇〇戸弱の払い下げしか実現していないという前例があり[40]、また眼前には前労働党政権による払い下げ規制が撤廃されてからも払い下げのペースが一向に上がっていないという現実が存在した[41]。さらに政府自らが自治体セクターにダメージを与えるほどの大規模な払い下げは起こらないと請け合う場面さえあり、[42] 新住宅法は短期借家権やテナント憲章に関する条項も含めて実効性があるのか否かおよそ明らかでない、文字通り単なるクリスマス・ツリーとして登場した趣があった。このように結果として生じる払い下げの規模について小さく見積もる傾向が存在したばかりでなく、一九八〇年住宅法が定めた執行手続きについてもその運用上のポテンシャルは等閑に付されていた嫌いがあった。具体的には環境相に自治体の執行行政に対する介入権や代執行権を与えることの意味が法案審議の過程において十分に論じられなかったことが指摘され得る。環境相は下院の第二読会でこの最終手段について、「議会に注意を促したいのは、私がこの権限をあくまで予備的なものと見なしているという事実である。この権限は、地方政府の違法な行為または手続きを遅らせる巧妙な戦術から借家人を守る必要が生じた場合にのみ行使される」と述べており、[43] 下院も強制権限が実際に発動される可能性を低く見積もったためかこれ以上はこの問題を追及していない。総じて一九八〇年住宅法のインパクトは過小評価されていたと言える。

しかしその一方で、保守党が総選挙で圧勝して以降、同党のリーダーシップが「買う権利」に関して示す自己満足・自己称賛の調子は盛り上がりの一途にあった。今や彼らは、「買う権利」は選挙によって表明された人々の「意向」であると主張し得た。特に「自治体住宅の借家人がかつてない規模で保守党に投票することによって保守党の住宅政策に対する支持を絶対的明晰さを以て表明したという事実」[44] は、保守党が「買う権利」政策を挺子に労働党支持層の中核部分を切り崩し得たことを意味すると捉えられ、このことが「買う権利」を同党にとってとりわけ重要な――同党のリーダーシップにとっては最大級の自己称賛に値する政策へと引き上げた。選挙前から影の環境相として「買う権利」を担当していたヘーゼルタインも環境相となってからは同政策の宣伝に惜しみなくその雄弁の才を傾け始め、次のような派手なレトリックでこれを守り立てる。「今、私が誇りをもって議会に提出する住宅法案は単なる新しい住宅法案以上のものであり、希望次第で借家人から住宅所有者になる機会を提供することで何百万もの市民の人生の見通しを一変させるものである。[45]」「私は自治体住宅の借家人へのこうした権利の付与ほど無数の国民の態度を変えることのできる社会政策を他に考えることができない。[46]」それは「我々が歴史上体験してきたいかなる社会革命に勝るとも劣らぬ大きな社会革命の礎をなす」ものであり、「国家から人々の手にこれほどの大きな資産を移動させることを可能にした法はかつてない[47]」。「(新しい住宅法は)社会革命への枠組に他ならない。それは国民に劇的かつ直接的な利益を享受する機会を与える。我々がただ純粋に勤労者の間に富を広めようとしているときにこれを邪魔するのが労働党であることは注意を免れない。人々は意向を語った。我々は彼らに新しい希望と新しい機会をもたらすであろう。[48]」

このように保守党政権が「買う権利」政策に殊更な勢いを与えたという事実は、言辞においてのみならず執行の側面でも認められた。実は一九八〇年住宅法が施行された直後の時点では、「買う権利」制度の滑り出し状況や折からの住宅価格の高騰と金利高という条件に鑑みても、払い下げの規模はごく小さなものにとどまるという感触があった。施行前後に環境省が投じた六〇万ポンドの宣伝費と引き換えに、同省に寄せられた問い合わせがたったの五万七〇〇〇件であったという事実も、「買う権利」の行く末を疑わしいものとしていた。[49] しかし政府はここでこのような見通しを大いに不満とし、その矛先を自治体の執行行政に向けていく。そして最終的には自治体の非協力的態度が「買う権利」政策の前に立ち塞がるに違いないという一部の観測は、政府の想像以上の断固たる態度によって早々に覆されることになったのである。環境省は自治体による「買う権利」の執行に対して個別的介入を行うことを一切躊躇せず、一九八〇年法発効後五週間も経ない一九八〇年一一月中旬にグリーニッジに査察を及ぼしたのを皮切りに、積極的な介入政策を展開した。翌一九八一年四月末までには全部で三八の自治体に環境省の立ち入り調査が及んでいる。そのうち最も紛糾したノーリッジのケースでは、環境相による代執行の是否をめぐって同年一一月に法廷闘争が開始され、翌八二年二月の判決では環境相の側に軍配が上がっている。こうした一連の執行政策の展開の中で中央政府が見せた速攻ぶりと決然性には目を見張るものがあった(50)。

さらに政府による「買う権利」の宣伝が初年度に行われた大キャンペーンだけでは終わらず、その後も執拗に続けられたことが注目されなければならない。一九八五年五月の時点で「買う権利」の宣伝に投入された金額は何と二三〇万ポンドにも上り、それは一九七九年以降サッチャー政権が実施した最大の政府広報活動となっていた(51)。また、一九八四年住宅・建設統制法や住宅欠陥法、一九八五年住宅法、一九八六年住宅・計画法は、それぞれ「買う権利」の対象の拡大や値引き率の引き上げを通じて、一九八三年をピークに落ち込み始めた払い下げ件数をその都度梃子入れする目的で導入された観があった(52)。このような執行面での強硬な、少なくとも非常に積極的な態度が、「買う権利」の行使件数を当初の一般的観測を超えたレヴェルへと押し上げていった。一九八三年の総選挙までには五〇万戸を超える自治体住宅が「買う権利」によって払い下げられており、そこから上がった資本収入は四〇億ポンドに達している。

保守党政権にとってはこのように「買う権利」が特別な意義を有し革新的な政策であることを言説上および政策執行において自ら〝実証〟することは、同政策の貢献に関連付けられて捉えられた総選挙での保守党の労働党に対する〝快挙〟——支持基盤の切り崩し——の事実を改めてアピールし、既成事実化し、将来に向けて不可逆的なものとする企てとしての意味を持っていた。さらにそれ以外にも保守党政権の同政策へのコミットメントが急進化した背景には、次に述べる二つの要因が関わっていたと考えられる。第一は、政府にとって経済政策上の至上命令であった公共支出およびPSBR（Public Sector Borrowing Requirement：公共セクター起債必要額）の大幅削減への取り組みであり、第二は、環境相として「買う権利」政策の提起と執行に当たったヘーゼルタインの活躍である。これらは各々「買う権利」による払い下げ政策に新しい意味を付与することを通じて、同政策のインパクトを言説・執行の両面において大きなものとしていった。

サッチャー政権は既に述べた通り、マネタリズムによる経済管理を意図しており、その一環として公共支出とPSBRの削減を当面の最優先課題としていた。自治体住宅の払い下げ政策も、これらの指標に関して毎年設定される数値目標の追求に甚だしい程度で巻き込まれていった。保守党は既に一九七九年の綱領で医療・年金・軍事・警察の各項目について支出拡大を含意する政策を約束してしまっており、従って公共支出削減の矛先もまずそれ以外の政策（主に自治体による実施に服する政策がそうであった）に向けられ、特にその中でも最大の支出項目をなす住宅政策が格好の標的になった。しかも住宅政策を管掌する環境相ヘーゼルタインは、支出官庁の長としては異例にも、自ら率先して首相＝蔵相同盟の歳出削減の求めに応えていく姿勢をとり、最初の住宅向け支出計画を発表した際にも「この国が与え得るもの（what the country can afford）に基づいて公共支出額を設定する」方針を殊更に宣明している[53]。従って、公共支出削減の圧力は勢い住宅政策に集中的に降りかかることになったのである。

まず一九七九年に中央政府の住宅補助金予算が、政権交替に伴う予算修正の一環として一億二〇〇〇万ポンド中三〇〇〇万ポンドの削減を受けた。さらに一九八〇年初頭、住宅法案が第二読会を通過した直後に時期を合わせて、次年度の住宅投資事業計画（ＨＩＰｓ）の配分と八〇年度から八三年度までを対象とした公共支出白書とが相次いで発表された。一九八〇年度のＨＩＰ配分の総枠は前年度に比べ約二三％も縮小されることになり、これによって住宅法案の審議段階では保守党が一貫して否認していた筈の住宅への公共投資の後退が決定的となった。また、公共支出白書では向こう四年間に公共支出全体で五％の削減が達成されることが見込まれていたが、そのうち住宅向け支出には四八％のカットが予定され、全削減額の四分の三が住宅支出から割かれることになっていた。[54] 結局この間の住宅向け公共支出の推移は、目標に及ばず二八％の削減にとどまったものの、一九八〇年度に公共支出全体の四・八％を占めていたものが八三年度にはその割合を二・六％に落としている。さらに「住宅プログラムは最大の支出削減を被った福祉のプログラムであったのみならず、切り詰めが過剰に達成された唯一のプログラムでもあった。すなわち一九八一年度には一九八〇年に計画された額の一・五倍もの削減が実現されていた[55]」ともいう。

このような中でも特に自治体住宅の払い下げは、公共支出統計に資本収入を計上することを通じて公共支出およびＰＳＢＲの数値を積極的に引き下げる意味を持っていた。もっとも政府は建て前の上では払い下げによる資本収入は新たな住宅投資事業に振り向けられると説明していたが、実際には投資事業枠が大幅に縮小され、しかも一九八〇年地方政府・計画・土地法によって資本収入の使途制限が新たに設けられた結果、払い下げによる資本収入のプラスは資本収支のバランスにそのまま反映され、公共支出とＰＳＢＲの数字上の削減に直ちに結び付くことになっていたのである。

そもそも保守党政権の発足直後から、ホワイトホール（イギリスの中央官庁）では政府資産の売り物捜しが熱心に行われていた。[56] これは資産の売却によって政府会計に資本収入を計上することで、その年度のＰＳＢＲの削減目標を何とか達成しようという狙いからくる動きであった。確かにＰＳＢＲはマネタリズムの経済管理の手法においては殆ど唯一の政府にとって働きかけが可能な、その意味で有意な指標であり、当時の経済政策の手段はＰＳＢＲのコントロールに尽きていたとも言える。しかし、このようにＰＳＢＲの数値を資産売却によって操作しようとする試みは、「中途半端にしか理解されていないマネタリズム」と皮肉られる種類のものであった。政府は売却するのに手頃な債券に事欠いた結果、政府機関が収容されている建物の払い下げにも着手する。こうした不動産の売却は、売却後の物件を政府が借り戻すことになるために長期的には政府の損失となることは明らかであったが、それにもかかわらずPSBRの数値を粉飾する最も手っ取り早い方法として励行されたのである。因みにそれは目に見える不動産の売却であるだけに、国家の「撤退（ロール・バック）」を印象付ける象徴的、政治的アピールにも優れていた。自治体住宅の払い下げも同じようにPSBR削減の狙いによって促された形跡がある。例えば一九七九年八月の報道では、政府が一連の資産売却の次なる標的としてニュー・タウンの公営住宅に注目していることが伝えられたが、このことは同じ公営住宅である自治体住宅についても同様にその売却がホワイトホールの大売り出しと同じ文脈で捉えられていたことを示唆している。また一九八〇年法によって「買う権利」の行使者に保証された住宅ローンは本来は自治体が供給することが想定されていたが、政府の側でそれではPSBRの削減に結び付かないという配慮が働いた結果、市中の建築組合にローンの供給が要請されたという経緯も存在した。(57) 以上のエピソードは、「買う権利」が結果的に政府の財政目標の追求に貢献しただけではなく、逆に財政目標の追求が政府の「買う権利」政策における攻勢を規定した部分が確かにあったことを窺わせる。(58)

ところで自治体の「買う権利」執行行政に対する環境相の介入は、自治体が徒に「買う権利」の執行を滞らせているという名目に基づくものであったが、当の介入が執行遅滞を判断するにはあまりにも早い時点で、極端な例では「買う権利」の発効後五週間も経たないうちに行われたという事実だけでも、政府の真意を疑わせるのには十分であった。右のような当時の状況からは、そこには緊急裡に資本収入を上げる必要が存在していたことが推察されるが、それ以外にも政府が「買う権利」の遍く速やかな執行に執着した要因は幾つか考えられた。中でもとりわけ各自治体の支出と課税のレヴェルに対する中央統制の試みが泥沼化の様相を深めていく中で、「買う権利」の成功が政府、特に自治体を管掌する環境相の地位にあったヘーゼルタインにとって象徴的な意味を持つようになっていたという事実は見逃せない。

第四節　ヘーゼルタイン・ファクター

最後に、以上の展開の中で環境相ヘーゼルタインが果たした役割が特記されなければならない。ヘーゼルタインの存在が決定的な意味を持ったのは、以下に述べる二つの局面においてであった。第一に、ヘーゼルタインは環境相として「買う権利」政策がその執行・言説の両面においてエスカレートしていく場面に立ち会った。その際にはまず執行面で環境相の自治体への介入権が誰も予想し得なかったほど迅速かつ頻繁に行使されたことに彼個人の性格・傾向が少なからず寄与したことが容易に想像される一方、言説面で「買う権利」が先鋭化を遂げた経緯についてはヘーゼルタイン独自の貢献は見紛いようもなく明らかであった。ヘーゼルタインはその創造性に富んだ弁舌によって「買う権利」に付された意味の文脈に新たな次元を付け加えたのである。

もともと「買う権利」は一九七四年一〇月選挙当時の影の環境相サッチャーの名前とともに人々の記憶に刻まれた政策であったが、その後党首となってからのサッチャーがこの「買う権利」に言及することは殆どなく、従って一九七九年総選挙の時点では影の環境相ヘーゼルタインがこの政策を意味付け宣伝する役目にあった。選挙後に「買う権利」が立法過程にのった段階でも「買う権利」を華々しい言辞で演出したのは、サッチャーではなくヘーゼルタインであった。その言辞は、「買う権利」を「住宅法案以上のもの」であり、「何百万もの市民の人生の見通しを一変させ[59]」、かつてない規模で「国家から人々の手に資産を移動させる」立法であると形容した。[60]「我々はただ純粋に勤労者の間に富を広めようとしている」のであり[61]、「買う権利」は「(過去の)如何なる社会革命に勝るとも劣らぬ大きな社会革命の礎をなす」であろう。[62] ここでは「買う権利」は単なる持ち家拡大政策としてではなく、むしろより広く住宅所有を超えて一般的な富もしくは資本の再配分の契機——従って社会における権力関係の改変、つまりは「社会革命」に繋がるもの——として語られている。これに対して辛うじて一九七九年選挙の一年前に見出されるサッチャー自身の「買う権利」論は、より狭隘な文脈に属するものであった。[63] それは自治体セクターの存在が自治体の借家人と持ち家居住者との間の二極化を促していることを指摘し、そのような社会の二極化を解消するためには持ち家を拡大する劇的な手段がとられなければならないとしていた。そこにはヘーゼルタインの議論に見られた住宅以外の富の再配分に関する展望は含まれていない。またサッチャーは単に持ち家が広範に分布することの望ましさを説いたが、他方のヘーゼルタインの言辞は「買う権利」政策によって富の分布が変わることとの意義、つまり同政策が体現する革命的な作用もしくは運動それ自体を強調している。勿論サッチャーは、ヘーゼルタインのように「社会革命」といった派手なレトリックを用いて「買う権利」が持つ社会変革への起爆力を示唆することもなかった。その代わりに彼女が援用したのは「財産所有民主主義」という保守党伝統の概念であり、この用語は「買う権利」の革新性ではなくむしろ過去の栄光ある保守政治との連続性を想起させ、また「革命」どころかどちらかと言えば静態的な秩序のイメージを喚起するものであった。

このように「買う権利」の広汎かつ革命的な含意を掘り当てたのは、サッチャーではなくヘーゼルタインであった。その後の展開を見るならば、彼が切り開いた文脈は、「買う権利」が住宅政策の枠を超えて様々な意味やイメージに結び付き、保守党による新しい「支持の政治」の形成の触媒となっていくことにまさに筋道をつけたと言えるであろう。すなわちヘーゼルタインのレトリックは、一九七九年綱領の段階では保守党の政権戦略を象徴するものではあり得ても統治戦略を導くものではなかった「買う権利」に対し、将来統治戦略の再編の要となるための基盤を与えたと言える。政権第一期目の展開に限っても、彼による宣伝は、「買う権利」が保守党政権の看板政策に祭り上げられ、政権が同政策へのコミットメントを強めていくことを決定付けた重要な要因であった。これらは独創性と情熱、風貌と雄弁に恵まれた「(保守党)大会の寵児」ヘーゼルタインならではの功績と言えた。[64]

ヘーゼルタイン・ファクターが決定的な意味を持った第二の局面は、住宅政策が政府の公共支出削減攻勢を受けた場面で生じている。その際、環境相ヘーゼルタインは、支出官庁の大臣に通常期待される予算防衛的行動を一切起こさなかったばかりか、首相と蔵相の支出削減路線に率先して自らを同一化したのである。さらにヘーゼルタインは、自省における経費削減や自治体の公共支出の統制にも極めて積極的な姿勢で取り組んだ。このような彼の行動は当時の閣内でも突出しており、他の誰でもなくヘーゼルタインが環境相であったことは、住宅政策の財政政策への従属を決定付け、また「買う権利」が財政目的のために利用される契機を一層強めたと考えられる。

以上で指摘した二つの局面において、ヘーゼルタインの行動は「買う権利」政策の展開とその環境を決定的に左右した。すなわちヘーゼルタインは、「買う権利」に新たな意味の次元を付与し、また支出削減キャンペーンの急先鋒として振る舞った。そしてこれらは次に述べるような当時の政権執行部内の状況の構造と彼自身の個性との規定を受けた行動であったと理解され得る。

サッチャー政権第一期目の政権執行部を観察する者は、首相の独裁傾向と合議機関としての内閣の衰退に必ず言及する。具体的にはサッチャーが閣議の回数を減らし、これを開催した場合にも高圧的な議長ぶりを発揮し、また内閣を故意にバイパスした政策提起を躊躇わなかった等の事実が挙げられ、これらをサッチャーの強大な権力の現れと見なす首相独裁論や内閣衰退論も盛んに行われた。[65] しかしこうした事実の背後には、実は単純な独裁論や内閣衰退論には決して還元され得ない文脈や条件が存在したことが指摘されなければならない。例えばサッチャーによる閣議の軽視は彼女の政策観に負うところが少なからずあったと言われている。つまり政権初期のサッチャーは、政策とは綱領中に約束された所与のものであり、各大臣による忠実な執行を待つだけのものであるという政策観を持ち、閣議の必要性をあまり認めていなかった。[66] これは既に確定された政策について首相の関与を不要とする発想にも繋がり、「買う権利」政策がサッチャーの手を離れてヘーゼルタイン専属のイッシューとなる条件を整えることにもなった。またサッチャーが閣議を敵視し、これを疎外した背景には、当時の内閣では反サッチャー派が多数を占め、サッチャーが閣議で敗北を喫する確率が非常に高く見込まれたという状況が存在した。当時の閣内政治は「ウェット（従来型の福祉国家路線を支持する穏健派）」対「ドライ（サッチャー派）」の対立関係に支配されたものであった。この文脈では、内閣の「衰退」は、内閣の弱さ故ではなくむしろ首相の弱さ故のものであったと言われるべきものとなる。[67]

確かに政権第一期目には、サッチャーの執行部内での権力基盤が総じて脆弱であることが注目を引いた。首相を補佐するスタッフ機能はかつてなく弱く、また首相の背後に少数の閣僚が結集して構成するインナー・キャビネットもなく、サッチャーは「政治的真空」の只中にいると評された。[68] 政府外から招聘され首相の厚い信任を得ていたアラン・ウォルターズやデレク・レイナーも[69]特定政策分野に関する顧問であったに過ぎず、首相の全責任領域に対応する補佐役ではなかった。前政権によって強化された政府内部のシンク・タンク機能も周辺化された。[70] しかし以上のような状況については、逆に首相は「真空」の只中から必要に応じてアド・ホックに顧問やシンク・タンクを、あるいは個々の閣内委員会や閣僚・国務相を使い分ける立場にあったと言うこともできる。[71] 政権第一期目に関してはとりわけ首相と蔵相の間に鉄の同盟関係が存在したという事実が重要である。[72] これはマネタリズムの実践と公共支出の削減という第一期目の最重要テーマを反映した結び付きであり、少なくとも一九八一年までの経済・財政運営に関する決定はこの同盟によって殆ど専断されていたと言ってよい。

このような状況の中でヘーゼルタインは極めてユニークな存在であった。つまり、彼は「ウェット」にも「ドライ」にも属さず、また政権首脳部が推進した支出削減と行政改革については唯一人これを率先して実行に移した大臣であった一方、サッチャーの潜在的ライヴァルと目され、首相サイドから厳しい警戒を受けていた。(73) 当初から首相職への野心が報じられていたヘーゼルタインと首相サッチャーの対抗関係は、その後ヘーゼルタインの閣僚辞任を帰結した一九八五年のウェストランド事件、サッチャーの首相辞任をもたらした一九九〇年の保守党党首選において先鋭化する。ヘーゼルタインと首相のこのような関係を考えるならば、彼が公共支出の削減や行政改革を非常に積極的に追求したことは、首相=蔵相陣営に対する〝迎合〟というよりむしろ〝競合〟として理解されるべきであろう。ヘーゼルタインが自らが選挙前から担当してきた「買う権利」に関して、これをアピールする言辞をどんどんエスカレートさせその速やかな執行に固執したことにも、彼にとってはインパクトのあるパフォーマンスを通じて首相候補としての存在感を高めていくための格別の意味があったと考えられなくもない。

ヘーゼルタインをサッチャーと隔てていたのは彼の野心だけではない。ヘーゼルタインは極めて明示的に国家による積極的な産業政策を志向していた。そもそも彼はサッチャー政権において産業相を務めることを望んでいたが、(74) 彼の産業政策志向を快く思わないサッチャーは敢えてヘーゼルタインを環境相に任命し、産業相にはむしろニュー・ライトの最右翼キース・ジョゼフを配したという経緯が存在した。しかしヘーゼルタインは環境相になってからもその産業政策への関心を捨てず、その関心はやがて彼自身の発案による都市開発公社（UDC：Urban Development Corporation）のプロジェクトとメルシーサイド特任相のポストに結実した。(75) このうち都市開発公社のプロジェクトは、特定地域の再開発を目的として設立され、民間の企業家によって運営される都市開発公社が、当該地域に対して自治体が持つ所有と開発に関する権限をまるまる継承した上で、民間活力による地域の再開発を推進し、その任務の完了後に解散するというシナリオを骨子とするものであった。ヘーゼルタインがこのように官民の協働を前提とするプロジェクトを発想し得た背景には、彼の企業家たちとの密接な関係があった。この関係は、経営者の家庭に育ち自らも企業を起こしたことのあるヘーゼルタインの、ビジネスに対する心情的な自己同一化は勿論現実の人脈にも支えられたものであり、ヘーゼルタインの自覚的財産であった。彼がリヴァプールのメルシーサイドで暴動が起きた際に同地区の再開発を担当する特任相を志願したのも、その個人的人脈が民間企業の協力を得る上で役立つという自信があってのことであった。後のウェストランド事件における防衛相ヘーゼルタインの行動も、彼と国内の実業家との結び付きから理解することが可能である(76)。

ヘーゼルタインの産業政策志向とも一部重なり合って表れたのは、彼のトップ・マネージメントへの傾倒であった。この関心は実はサッチャーも共有するものであったため、これを反映させたヘーゼルタインの行政改革イニシアティヴは一九八〇年代前半を通じて政府全体に伝播させられた。しかし自治体との関係では、ヘーゼルタインのトップ・マネージャー然とした一方的統制を辞さないスタイルは、完全に裏目に出たと言わざるを得ない。すなわち彼自身のスタイルを一因として中央の地方に対する支出削減闘争は完全に泥沼化し、そのためヘーゼルタインが熱心にアピールしてきた浪費的自治体に対する「コンバッター」としての役割はむしろ彼の弱みへと転じたのである。もっともヘーゼルタイン自身は――中央・地方関係を泥沼の中に置き去りにしながらも――同じ地方対策の範疇内において支出統制の問題から都市再開発の問題へと目先を変えることで面目を保つことができた。他方、彼が「買う権利」政策で見せた執行・言説両面での大胆さも同じ傾向に関連づけて理解することができる。これなどはヘーゼルタインのトップ・マネージメントのスタイルが奏功した例と捉えられよう。

ヘーゼルタインによって革新的な意味の文脈を付与された「買う権利」政策も、彼が自ら発案した都市開発公社の構想も、また一九八〇年代前半の行政改革の動きを先導した彼のイニシアティヴも、その後はヘーゼルタインの手を離れ、各々独自の展開を辿っていった。すなわち、「買う権利」はサッチャー政権第二期目にブームとなった民営化とのイデオロギー的連結を通じてサッチャー政権による新しい「支持の政治」戦略の凝結核となり、都市開発公社は後に住宅事業公団（HAT：Housing Action Trust）の構想を触発することでサッチャー政権第三期目に全面化する組織戦略の起源の一つとなった。最後の行政改革において示されたヘーゼルタインのアプローチはむしろ一九八〇年代後半に克服される対象となり、これに取って代わるアプローチが新しい国家戦略を構成することになる。このようにヘーゼルタインに発した複数のイニシアティヴが決して単一の文脈に収斂せず、各々バラバラの文脈に繋がっていったという事実は興味深い。いずれにしてもヘーゼルタインの創造力と行動力は第一期サッチャー政権下における住宅政策を取り巻く状況を非常に豊かなものとし、第三期目に開花する政治的イノヴェーションへの道筋を準備した。サッチャー政権下の政治は、その最もダイナミックな展開に関して、ヘーゼルタインというアクターの存在に決定的に規定されていたのである。

第四章　一九八〇年住宅政策体制――中央・地方関係の混迷

前章では、第一期目のサッチャー政権下において、「買う権利」というイッシューが様々な文脈の間でどのような道行きを辿ったかを概観した。その後このイッシューが「支持の政治」の革新を導く役割を担っていったことは次章以下で明らかとなる通りであるが、サッチャー政権第一期目にはそうした「支持の政治」の革新に繋がる筋道が既にその一端を現していたと言うことができる。しかし同じ時期、これに対応する「権力の政治」の革新はまだ兆していなかったと言うべきであり、むしろ第一期サッチャー政権下の「権力の政治」について顕著であったのは、保守党が国家機構内部において支出統制を追求する際に陥った矛盾と混乱であった。すなわち既に第一章でも述べた通り、サッチャー政権が採用したマネタリズムは、イギリスの国家・社会関係にいわば制度慣性として組み込まれている二重国家構造とある意味では親和するものであったが、そのマネタリズムが命じた公共支出の統制は、同じ二重国家構造が含意する国家機構それ自体の制度配置の在り方に真っ向から阻まれる運命にあった。本章では、第一期サッチャー政権による住宅政策体制の運用がこの矛盾を最も劇的なかたちで表していたことを示し、これを以て二重国家構造がサッチャー政権に強いた問題状況の例証に代えることとする。総じて住宅政策は「権力の政治」の次元に関してもそこに生じる動きを真っ先に表徴する政策領域であったと言ってよい。現にその後、「権力の政治」にイノヴェーションが起こった際にも、住宅政策上の新イニシアティヴがそれを先端的に体現していたという事実が認められる。

以下ではまず第一節において、一九八〇年住宅法の制定時に出現した新しい住宅政策体制を概観し、これが住宅政策を他の政策目的の追求に非常に動員され易い位置に置いたことを確認する。第二節では、サッチャー政権下、この住宅政策体制が如何に恣意的な運用を強いられたか、換言すれば、如何に住宅政策が政府の政策の機能不全を吸収する緩衝材として機能させられたかをあとづけることとしたい。これらを通じて浮かび上がってくるのは、従来住宅政策過程を構成する要素として機能してきた中央・地方関係が、サッチャー政権の下で著しい混迷に陥ることにより住宅政策を翻弄するようになったその〝転倒〟の構図に他ならない。最後に第三節では、中央・地方関係の迷走の中で中央政府がとった自治体への攻撃が、ある一定の論理を伏在させるものであったことを指摘することとしたい。

第一節　住宅財政改革と公共支出統制

一九八〇年住宅法は、個人にどのような権利が与えられるかというレトリックの下に編まれた三つの改革、特にその中でも「買う権利」条項によって人々の関心を集めたものであった。しかし、住宅政策体制は個人の権利の組立てだけからなるものではなく、またそうした権利の行使を保証する手続きに尽きるものでもない。その根幹には、国家の住宅政策を機能させる——端的には国家による資源の調達と配分を媒介する装置が存在しなければならない。この装置を住宅政策の遂行に供される資金の流れを管理する住宅財政システムによって代表させるならば、これに改変をもたらす条項は当の一九八〇年住宅法に含まれていたほか、同年の地方政府・計画・土地法およびその前後に発布された政令にも含まれていた。これらによって一つの新しい住宅財政システムがもたらされ、住宅政策体制も新しい形態を得ることになったのである。

一九八〇年住宅法および一九八〇年地方政府法によって出現した新住宅政策体制は、第一期サッチャー政権の行程を通じ、甚だしい程度で中央・地方関係の混迷に巻き込まれていった。そもそも従来より中央・地方関係の在り方は、イギリスの住宅政策体制において決定的な重要性を持ってきた。すなわち、イギリスでは住宅政策は伝統的に自治体によって遂行され、中央政府は専ら補助金を介して自治体を間接的に誘導・操作することでその時々の政策目的を果たしてきた。ここに見られる中央と地方の分業体制は、イギリスの政策過程に極めて典型的な制度配置の在り方——端的には政策を遂行するための人的・物的・知的資源が自治体側に偏在する状態を意味していた。そしてこのような制度配置が現実に中央と地方の協働に結び付き得た条件として、中央・地方間には相互に自律性を尊重しあう行動様式（モード）が存在してきたのである(1)。ところが一九七〇年代以降、この制度配置が様々な挑戦に晒される過程で、中央と地方の関係はむしろ相互不信と強制の契機に支配されるようになった。特にサッチャー政権期に入ってからの中央・地方関係は、財政関係の突出を特徴とし、中央の地方に対する支出統制の試みによって極度の緊張と混乱に陥ったものとなった。住宅政策はこの緊張関係が最も直接に表出した政策領域であり、言うならば住宅政策が両レヴェルの政府に懸かる負荷を逐一吸収する——つまりは住宅政策に皺寄せが集中する——構図が成立していた。例えばそうした住宅政策体制の構成要素のうち「買う権利」政策の執行過程が、政府の財政目標の追求に動員されていた可能性については前章で論じた通りである。本章で見ていく住宅財政システムも極めて緊密に中央・地方の財政関係の中に組み込まれており、中央政府による財政目標追求の格好の媒体とされた。ここで注意を要するのは、住宅政策体制の方が中央・地方関係に従属させられていたという点である。そしてその中央・地方関係を支配していたのが、中央政府が自らに課した公共支出削減の至上命令であった。

このような住宅政策の〝従属〟を生んだ住宅財政システムと中央政府の支出統制の試みとの接点は、以下のようなものであった。まず住宅財政システムは、中央・地方関係においては中央から地方への補助金制度、ないしは投資コントロールに関わる制度として現れる。このうち補助金制度としては、第一に、特別補助金の一種である住宅補助金制度が存在した。これは各自治体の住宅会計（自治体住宅について生じる収支を計上する特別会計であり、一般会計からは分離されている）に対して中央から交付される補助金であり、自治体住宅を主要な政策手段としてきたイギリスの住宅政策体制において最も根幹的な制度をなしてきた。ところが一九八〇年に出現した新しい住宅補助金制度は、極めて露骨に住宅補助金の速やかな削減を可能にする仕組を現していた。[2] ある試算では、新制度の施行後一年から四年のうちに殆ど全ての自治体で住宅補助金がゼロになることが予想されている。長年にわたって住宅政策体制の根幹をなし、中央と地方を一つの住宅政策過程に統合してきた住宅補助金制度は今やひっそりと葬り去られようとしていた。

第二に、中央政府が自治体に配分する一般交付金も、自治体の住宅関連支出を補助する要素を含んでいた。その中には家賃手当や改修補助金に振り向けられる部分があったほか、各自治体が住宅会計を補うために一般会計から支出するレイト財源拠出金（rate fund contribution）を通じ、間接的に住宅会計を補助する部分もあった。一九八〇年の地方政府・計画・土地法は、この一般交付金に当たるレイト援助交付金（rate support grant）を包括交付金（block grant）方式に改めている。[3] レイト援助交付金は本来自治体のレイト（不動産税として徴収される地方税）収入を補うという発想に基づき各自治体の持つ資源や必要を総合的に勘案して算定されてきたものであったが、この時点で中央政府の交付金予算の全体額には、前年度からの増額率が制限を受ける総額規制（いわゆるキャッシュ・リミット）が適用されていた。これに対して新制度は包括交付金方式を採用することで交付金の使途に関する自治体の自由度は増すとする一方、さらに進んで中央政府が各自治体の適切な支出水準を算定し、これを過度に上回る支出を行ったと環境相が判断する自治体には超過の度合いに応じて交付金を減らし自己負担の増大を強いていく――多くのケースで政府の意図とは裏腹に支出削減ではなくレイトの引き上げが帰結された――というものであった。政府が設定するいわゆる「適切な」支出水準は交付金関連支出総額（GREs：Grant-Related Expenditures）と名付けられ、五〇の支出項目毎に環境省が査定する額の合計として求められることになった。住宅財政システムは、この新たな交付金制度に実に巧妙なかたちで組み込まれていた。交付金関連支出額項目のうち、レイト財源拠出金をカバーする項目はＥ７と呼ばれたが、この項目のＧＲＥは実際の拠出額からではなく住宅会計の不足額を措定する算式によって形式的に導かれるものとされた。ここで重要なのは、一九八〇年住宅法が住宅会計の「非営利原則」ないし『（一般会計との）分離原則』を廃し、住宅会計に発生した〝黒字〟を一般会計に繰り入れられるようにしていたという点である。その結果、住宅会計に黒字が措定される場合、Ｅ７はマイナスの値となり、これが一般交付金を減らす要因として働くことになった。このことは、たとえある自治体に対する住宅補助金がゼロになっても、環境省は一般交付金の削減を介してその自治体の住宅会計に圧力を加え、例えば家賃の引き上げを促し続けることができるということを意味していた。逆に自治体側から見れば、この仕組みは形式的に算定される包括交付金では賄い得ないような一般会計上の赤字を住宅会計の黒字によって補うこと――つまり自治体住宅住人の負担において一般市民もしくは地方税納税者を補助すること――を促す仕組みを意味していた。このようなＧＲＥsと住宅会計の連結は、Ｅ７を中央政府が一般交付金の削減を図る上で最も操作し易い指標とした、またＥ７は、中央政府が実質上自治体に課される支出割り当て額としての意味をもつＧＲＥsを殊更低めに算定し、地方公共支出の絞り込みを果たすための格好の媒体にもなった。以上に述べた住宅補助金＝住宅会計＝一般交付金の三者間に措定された連関は、住宅政策が中央政府の地方に対する支出削減攻勢――中央政府の補助金支出、自治体の公共支出の両方を対象とする――の最前線に置かれる条件を整えたものであった。

次に住宅への公共投資をコントロールするための諸制度を見ていくが、その前に住宅投資という支出項目が持っていた特別な意味に触れておきたい。住宅への公共投資は通常自治体の資本支出として行われ、その多寡は国家セクター全体の公共支出とＰＳＢＲ、両方の値に反映される。既に前章でも触れたことだが、そもそも公共支出の内訳をなす経常支出と資本支出のうち、資本支出は経常支出に比べて圧倒的に可塑性に富み、またその値は起債必要額を示すＰＳＢＲの数字に直接結び付くものであったため、公共支出およびＰＳＢＲの削減は専ら資本支出において実現される傾向にあった[4]。その中でも地方の資本支出の最大の項目を占める住宅投資は有望な削減先であり、住宅投資が中央政府ではなく専ら自治体の実施によるものであったことも、中央政府による恣意的な削減攻勢を容易にした。さらに注意されるべきは、イギリスでは、住宅投資から上がる収益が計上される住宅会計がこれに当たるところの経常収支の会計と、住宅投資額が計上される資本収支の会計とが、制度上分離されてきたという事実である。その結果、公共支出統計には常に住宅投資が二重に計上されてきた[5]。つまり特に自治体住宅への投資が他の国家による資本支出とは異なる一種の商業的投資であることが統計上無視され、住宅投資額は、住宅会計に反映される投資の事業としての収支の如何にかかわらず、他の方面の資本支出とともにまるまる公共支出とＰＳＢＲに計上される。このことは逆に住宅投資の削減は二重にその効果が捉えられることで、実勢以上に公共支出およびＰＳＢＲの削減効果を現すことを意味していた。さらにそれは中央政府が住宅会計への悪影響を敢えて顧みずに住宅投資のレヴェルを自在に操作すること（あるいは自治体住宅の払い下げを闇雲に推進すること）を促したと考えられる。

ところで自治体による住宅投資をコントロールするに当たって、中央政府は三つの方法をとり得た。一つは先に述べた住宅補助金や包括交付金の操作を通じて住宅会計を圧迫し、将来の債務返済の目処や事業経費の支出を封じることによって、間接的に投資を牽制する方法である。残る二つの方法は直接的に投資をコントロールするもので、事業の一つ一つに審査を及ぼし認可を与える事業認可、そして各自治体に資本支出額の総枠を割り当てる総額規制（キャッシュ・リミット）とその一部をなす住宅投資事業計画（ＨＩＰｓ）である。

このうち事業認可制度は、自治体の住宅投資事業が中央政府の定める諸基準を満たしているかどうかを調べ、これを建設補助金の交付や起債許可の条件とする制度であるが、一九八〇年住宅法の施行以降、その認可の基準は事業の費用便益比に求められるようになった。(6) さらにサッチャー政権は、本来は中央政府が自治体の個別事業をチェックするための制度であった事業認可制を、そうした制度趣旨とは全く無関係に、非常に劇的なかたちで利用した。一九八〇年一〇月、平時には全く異例の認可凍結によって住宅投資のモラトリアムを敷いたのである。これは環境省が自治体に仕掛けた支出削減戦争の緒戦において、中央の設定した目標値と実際の投資の勢いとの間の隔たりを埋めるために、あるいは向こう三年間で住宅公共支出を半減する計画を通すためのいわばショック療法として敢行されたという。しかしその真の狙いは、政府が計画した資本支出の目標値を実現することよりも、むしろＨＩＰ割り当ての過小支出を人為的に創出することによって経常支出の目標超過分を相殺し、公共支出総額の辻褄を合わせることにあったのではないかとも言われている。総じて住宅投資のコントロール制度が極めて恣意的に行われる財政指標の操作のための格好の手段とされた中でも、事業認可制度はとりわけ緊急避難的な投資削減を可能にする手段として動員され得たのであった。

他方、各自治体に資本支出の総額規制を割り当てる制度は、既に一九七七年に住宅投資事業計画において導入されていたが、一九八〇年の地方政府・計画・土地法はさらにこれを自治体の資本支出全体に及ぼした(7)。資本支出の割り当ては教育・運輸・社会サーヴィス・住宅・その他の五つのブロックに分けて行われ、自治体の投資が環境省の割り当てた支出枠を超過した場合には、中央政府は年度間調整という名目の下に翌年度の支出枠の削減によって実質的にこれに制裁を加えることが可能になった。一九八〇年地方政府法は住宅投資事業計画に関してこのように支出超過に対する制裁制度を新たに設けるものであったほか、環境省およびその地方局の裁量権を強化し、自治体が提出する投資見積もりの有意性を減じるものとなっていた。サッチャー政権下、この住宅投資事業計画は、中央政府が年度毎に行う（年度途中に見直しが行われることもあった）支出枠の割り当てを通じて短期的な財政目標を――必ずしも住宅政策上の目的とは関係なく――追求する手段へと還元されてしまう。ＨＩＰｓはもとより住宅政策に、合理的な計画の要素と中央による投資コントロールの契機とを導入するという触れ込みの制度であったが、既に労働党政権下より後者の役割への偏りが懸念されており、さらにこれが保守党政権下には、住宅政策の中・長期的計画化という名分は跡形もなく消え失せ、自治体の計画額に応じて配分が行われるという手順も露骨に無視される展開となったのである。一九八〇年地方政府法はさらに自治体住宅の払い下げ等から生じる資本収入の扱いに重大な変更を加えるものであった。それまで資本収入はＨＩＰ枠に上乗せすることができず、住宅債務の償還に充てるか利子収入を上げる基金にするしかなかったところを、同法は払い下げの誘因を増すべく資本収入の一定割合に限ってこれを自治体の資本支出総枠に加えることができるとしたのである。しかし、このような資本収入に関する新措置が住宅投資事業計画の資本支出コントロール手段としての有用性を掘り崩す含意を現すようになることは、後に詳述する通りである。

ところで住宅補助金の大幅な削減が追求され、各自治体によるレイト財源拠出金の使用も牽制された新住宅政策体制の下では、自治体住宅の家賃は政府の目論見通りの上昇を強いられた[8]。それは短期借家権の導入に伴い統制解除が敢行された民間借家においても同じであった。公私両セクターを通じたこのような家賃の上昇は、当然、自治体の借家人を対象とする家賃減額やレイト減額、主に民間借家人を対象とする家賃手当、さらに生活保護制度の一部をなす住宅補足給付を通じて支出される政府の直接補助金支出の急激な膨張に繋がってこざるを得ない。例えば自治体セクター内では、これら直接補助金の支出総額は一九七九年度から一九八六年度までの間に六億三〇〇万ポンドから二四億一八〇〇万ポンドへと増大し[9]、その増分は自治体セクターの住宅会計の収縮分を遥かに上回った[10]。ところが家賃減額や家賃手当による政府の支出は、これらが一九八二年の住宅給付法によって他の家賃関連給付とともに住宅給付へと一本化されて以降は社会保障費に計上されることとなり、住宅財政上の数字には全く表れてこない支出と化したのである[11]。このことは、政府が住宅財政上の諸数値を挙げて新政策体制の成果を自画自賛することを大いに助けたと言ってよい。その結果、住宅政策はサッチャー政権の公共支出削減努力に最も貢献した政策として誇示されることとなり、環境相の功績も輝かしくアピールされ得たのであった。

一九八二年住宅給付法以降、各家計の家賃負担に対する直接補助金制度は、一九八〇年住宅政策体制下の住宅財政システムを構成する「見えざる環」となった。しかしその他にももう一つ、「見えざる環」として一九七〇年代から存在し、変わらないことで住宅財政を拘束し続けた要素が存在した。それは住宅所有者に対する税制優遇の諸制度であった。持ち家優遇税制はサッチャー政権において、それが意味した経済・財政運営上の桎梏にも関わらず首相による聖域化の対象となったが、その財政的含意は実に凄まじいものであった。ローンの金利負担に対する税額控除のコストは、一九七九年度の一三億ポンドから一九八六年度には四七億一〇〇〇万ポンドにまで膨れ上がり、自治体住宅に対する中央・地方の補助金総額九億九三〇〇万ポンド（七九年度には一五億九五〇〇万ポンドであった）を遥かに引き離したのみならず、[12] 住宅公共支出のグロス総額をも大幅に上回った。[13] その他、キャピタル・ゲイン免税のコストも八六年度には三〇億ポンドに膨張していた。[14] このような税制上のコストは基本的に会計上不可視であり、社会保障費に計上された住宅給付と並んで一九八〇年住宅政策体制の裏の実態をなしていたのである。

以上によって、新しい住宅財政システムが中央・地方の財政関係とどのような接点を持っていたかが明らかになった。次節では、第一期サッチャー政権を特徴付けた中央・地方関係の緊張と混乱という背景の中で、そうした接点に実際に圧力が加えられた場面を検証していく。

第二節　一九八〇年住宅政策体制の運用と展開

第一期サッチャー政権下の中央・地方関係を特徴付けた「混迷」が、必ずしも同政権が自覚的に追求した地方自治体政策の結果ではなかったことは重要である。つまり、「保守党首脳部は一九七九年に政権を目指したとき、地方政府システムの抜本的な再編の意志など全く持ち合わせていなかった。彼らの地方自治体への猛攻撃はあらかじめ計画されていたことではなく、むしろ他のより基本的な目標の追求の副産物であった」。[15] この「他のより基本的な目標」が、マネタリズムの命じる公共支出の削減であったことは言うまでもない。特に公共支出全体の二二％を占める地方自治体の支出には、一九七九年の選挙綱領が他の政策分野に関して支出拡大を含意する公約を掲げてしまっていたこと、新環境相がへーゼルタインであったことなどの行き掛かり上、応分以上の削減ノルマが課されることになった。その結果、政府にとって最も重要な目標の成否が中央政府の自治体に対する支出コントロールの成否に重なるという事態が生じたのであった。しかし現実に自治体に支出削減を強いていく過程でサッチャー政権は散々な苦汁を嘗めることになり、そうした中で「サッチャー政権の地方政府に対する態度は、無関心から敵意へと発展していった[16]」のである。

サッチャー政権を苦しめた「混迷」は、政策面では「政策の混乱（policy mess）」あるいは「立法の繰り返し（repetitive legislation）」現象として、また政策過程を作動させる行動様式の面では中央と地方の「対決（confrontation）」の常態化として表出した。前者は特に、中央による地方支出統制の狙いが新しい地方交付金制度を敷く端から次々と裏切られ、一九七九年から八四年までの間に何と七つもの交付金制度が入れ替わるという事態として現れ、中央・地方関係の混迷ぶりを最も端的に表徴する現象となった[17]。このように新制度の機能不全が慢性化した背景には、前述の二重国家構造の制度配置が抜き難く作用していたこともさることながら、より直接的な要因として中央・地方関係が「対決」の様式において固化していたという状況が存在した。そこで以下では、まず「対決」関係の硬化の経緯を概観した後、「立法の繰り返し」の過程を具体的に見ていくこととする。

一九七〇年代末に労働党政権は、レイト援助交付金の全体予算に総額規制（キャッシュ・リミット）を導入した。この措置がレイトの大幅な引き上げを促し、一部のロンドン区部では納税者の抗議運動も発生するような情勢の中で[18]、保守党は個々の自治体の予算にもその内訳に基づいた総額規制を及ぼすことを政策に掲げていた。その後発足した保守党政権は、この各自治体の予算への総額規制の導入を立法日程に載せる一方、支出統制上の必要から直ちに——年度途中にも関わらず——レイト援助交付金予算の下方修正に踏み切り、これに未曾有の追加徴税を以て応えた一部の自治体との間に早くも緊張の火花を散らしている。しかし、ここからさらに中央・地方の対決ムードが定着するに及ぶまでには、当時の環境相の側にも挑発の責を問い得る部分が少なからずあった。すなわち新環境相へーゼルタインは着任早々わざわざ支出の多い自治体のブラック・リストを作成し、自治体の警戒心を煽っている。[19] しかも実際に作成されたリストからは、保守党自治体をできるかぎり除く作為の痕跡が明らかであった。こうして保守党政権下の中央政府は、当初から性急で一方的な攻撃的態度および支出闘争を仕掛ける際の党派的・選別的姿勢を露わにしていたのである。[20]

他方、一九七〇年代後半に整えられた政府と各種地方政府協会との協議の場である地方財政協議会（ＣＣＬＧＦ）や住宅協議会（ＨＣＣ）も、新環境相へーゼルタインによって速やかに上意下達の場に貶められた。[21] へーゼルタインは法律によって定められ長年行われてきた諮問義務さえ蔑ろにする姿勢をとり、その高飛車な態度には当初から目に余るものがあった。そもそも一九七〇年代に進められた協議制度の整備が中央・地方の積極的な共同事業を志向するものであったとすれば、それ以前の中央・地方関係は中央・地方が相互に自律性を尊重し合いながら政策過程を住み分ける関係によって特徴付けられていた。ところが今回のへーゼルタインによる諮問・協議の省略は、一九七〇年代へのアンチテーゼではあったにせよ、それ以前の関係の在り方への回帰であったわけでは決してなく、むしろ中央政府が自治体との関係を「一方的な統制（unilateralism）」の作動様式に還元してしまうことを意味していた。そしてそれは自治体側の「反抗（recalcitrance）」を惹起するとともに、そもそもそうした統制そのものの有効性をも疑わしくしていたのであり、ここに「立法の繰り返し」の素地が生じる。

「立法の繰り返し」現象は、中央政府による自治体の経常支出のコントロールの試みにおいて最も劇的なかたちで生じた。まず、いくらレイト援助交付金支出を押さえ込んだところで地方公共支出の抑制を果たしようがないという状況に陥っていた中央政府は、一九八〇年に成立した地方政府・計画・土地法によって新たに包括交付金制度を手にした。それは交付金関連支出総額（ＧＲＥｓ）を自治体毎に算定し（特に労働党自治体には応分よりも低いＧＲＥｓを割り当てる算式が工夫されていた）、これを超える自治体の支出に対してはペナルティーとして交付金の削減をもたらすという制度であったが、労働党支配下の自治体はそこで促された支出削減の道を選ぶよりはむしろレイトを大幅に引き上げる道を選び、政府の狙いに公然と歯向かった。しかしこれに対しては中央政府も負けてはおらず、一九八一年には公共支出の削減目標と支出の実勢との間の隔たりを埋めるためとして年度途中にもかかわらず二億ポンド分もの包括交付金の支給を留保するという異例の強硬措置をとっており、さらに翌一九八二年の地方財政法では、反抗的な自治体に対するより厳しい締め付けを図って新たに支出ターゲット制を創出し、また予算を補うために行われてきた追加レイト徴収の制度を廃止している。(22) 前者は、各自治体への支出ターゲットの割当てとその超過に対する制裁とからなる仕組を包括交付金制度とは別途に設け、GREsに比べ政府が許容する自治体の支出水準をより明示的に示すとともに、より強力でより選択的に行使され得る制裁権を環境相に与えるものであった。しかしそもそも自治体の側にレイトの課税権がある限り、中央政府の支出統制が如何に厳しい制裁を伴うものであってもその実効性は保証されようがない。制裁効果の蓄積の結果、問題の自治体に対する交付金が無に等しくなり、制裁の脅しが意味を失ったケースも現れていた。政府としては遅かれ早かれ、レイトの引き上げを封じる方策を検討せざるを得なかったわけだが、環境相がレイトの水準を直接規制できるようになったのは漸く第二期目に入ってからのことであった。すなわち一九八四年の地方政府財政法が、環境相に対して特定の自治体を選び出しそのレイトに上限を課すレイト・キャッピングの権限を与えた結果、レイト課税について自治体が伝統的に享受してきた自由は遂に制限を受けることになったのである。

基本的には以上のような交付金関連支出総額からターゲット制へ、そしてさらなる曲折を経て最終的にはレイト・キャッピングへという道筋を辿りつつ、合計七つの地方交付金制度が中央・地方関係の舞台を去来した。こうした「立法の繰り返し」は、新制度の効果に対する見通しの甘さ、「意図せざる結果（unintended consequences)」の生起、そもそもの改革案の不徹底性に運命付けられたものであった。特に最後の改革案の不徹底性は、自治体のレイト課税権が支出統制の最大の障害であることは政府内でも十分に認識されていたにもかかわらず、その肝腎のレイトを見直す地方税制改革にサッチャーもヘーゼルタインも及び腰であり続けた――仄めかしながらもなかなか踏み切ろうとしなかった――ことの当然の帰結とも言えた[23]。もっとも地方財政制度をめぐっては、議会での立法化の行程も決して平坦なものではなかったという事情が斟酌されなくてはならない。そもそも一九八〇年地方政府・計画・土地法は、その第一号法案が議会運営の失敗がたたって難破しており、第二号法案の議会通過も難航の末でのことであった。一九八二年地方政府財政法の審議過程でも、まず政府の認める水準を上回る追加レイト徴収については住民投票（referendum）に諮らなければならないとするヘーゼルタイン案が撤回を強いられ[24]、続いてターゲット以上を費消する見通しの自治体に対して環境相は年度の途中でも交付金を削減することができるとする条項が一九八一年のような緊急の一般的措置をカバーするためだけのものに後退させられるなど[25]、環境相は手痛い連敗を喫している。こうした地方財政関連の法案を難航させた最大の要因は、上下両院における保守党議員の「反乱」であり、それは諮問過程から排除された各種地方政府協会の意向を受けた動きでもあった。勿論政府の側に法案通過を円滑にするための合意形成を怠った責任があったことにも疑いはない。合意の軽視は議会過程においてのみならず政策形成過程全般に認められた政府の行動様式であり、新制度の非実効性に結び付いてもいた。特にレイト・キャッピングに至るまでの道のりの紆余曲折については、環境相の職責にあったヘーゼルタイン個人の責任、つまり彼自身の性格や経験不足からくる性急で強引な手法や根回しの不十分さに帰し得る部分がかなりあったように見て取れるのである[26]。

ところで政府は自治体の経常支出についても一応削減先を指示して総枠のコントロールに臨んでおり、削減は専ら「不満の冬」で評判を落した自治体職員の人件費において果たされる筈であった。しかしここにもまさに「政策の混乱」の一つの起点が認められた。すなわち、この筋書きはおよそ政府が一貫性を以て思い描いていたものとは言い難く、現実的な見通しに裏打ちされていたものでもなかった。というのも、第一に、支出削減の必要に際して人員の削減は一番最後に行われるというのが現実であったし、第二に、人件費のもう一つの要素である賃金水準も、そもそも国の機関が実施する民間セクターとの比較調査と全国レヴェルの職種別労働組合の交渉力とを背景に決まるものであったため、各自治体の思うようになるものではなかった。まして保守党政権は所得政策的な取り組みは一切考えないという方針を掲げており、賃金抑制の契機など働きようがなかったのである。[27] 従って実際に経常支出の削減ノルマを背負いこんだのは人件費ではなく事業経費であり、さらに事業収支に皺寄せが生じたことが、意外にも判明した自治体による資本支出割り当て枠とHIP枠の過小支出（underspending）の傾向に拍車をかけていた。環境相ヘーゼルタインは再三にわたり割り当て枠いっぱいの支出を呼びかけたが、それも無駄であった。[28]

中央政府から見れば、その経常支出削減の意図が人件費ではなく事業経費の切り詰めに繋がり、資本支出の過小支出を拡大する結果を生じたことはまさに「意図せざる結果」であったに違いない。しかしその一方で、投資の削減が財政目標達成のための最も手っ取り早い手段であったことも事実であり、政府の方も資本支出の可塑性を地方公共支出の削減に積極的に利用する姿勢を隠そうとしていなかった。[29] 一九八〇年の住宅投資のモラトリアムにおけるように、HIP割り当ての過小支出が「意図された結果」としてもたらされたこともあったのである。

しかし、「意図せざる結果」としての過小支出は政府の頭痛の種となった。自治体が財政制度の混乱や財政状況に関する先行き不透明感から投資を控えた結果、一九八一年度および八二年度の投資の落ち込みは政府の想定を超えた規模にまで及び、[30] これを政府側は単純に喜ぶわけにはいかなかった。折しも政府は一九八一年度の緊縮予算が招いた産業界の悲鳴や閣内および平議員からの抗議の声を重く受け止めざるを得ない状況にあり、何より一九八三年の次期総選挙を前に低迷著しい建設業界に活力を吹き込み、景気回復を準備する必要に迫られていた。[31] それは政府の関心が公共投資による景気の挺子入れに向かっていたときであった。従って環境相ヘーゼルタインもまるで手のひらを翻したように「新規住宅投資事業が切実に必要とされている状況」を指摘して自治体を強く非難し、住宅投資を促す通達攻勢をかけたのであり、[32] それまで経常収支に計上されていた建造物の修理・改良のための支出の項目を資本会計に移し、改修補助金支出を促すという手当ても行われた。[33] さらに一九八三年度分、八四年度分については住宅投資枠そのものが大幅に拡大されている。[34] 以上の展開は、住宅投資の操作がいわゆるケインジアン的な景気浮揚策が図られる局面においても真っ先に当てにされる手段であったことを含意している。住宅政策は政府の経済・財政政策上のブレを逐一吸収する位置にあったと言ってもよい。また、政府が資本支出の過小支出を積極的に創出する立場から一転してこれを非難する立場へとまわったことは、中央政府による地方公共支出のコントロールが如何に恣意的であり、しかも中央政府が如何に自治体への責任転嫁を方便としたかを端的に物語っている。

ところが一九八三年度、八四年度には今度は資本支出枠に対する自治体の超過支出傾向が政府を悩ませるようになる。自治体は政府によって割り当てられた支出枠に資本収入の一定割合を上積みした額を投資に当てることができたが、この資本収入はそもそも見積もりが困難であった上に、「買う権利」による払い下げが政府によって強力に促進された結果、自治体は政府の計画値以上の投資力を持つようになった。そして初めは使い控えられていた資本収入も、改修補助金が資本支出として計上されることになって経常収支に後々の負担を生じることのない放出口を得てからは積極的に支出に振り向けられるようになったのである。ここに帰結したのは、個々の自治体は許された資本支出枠を守っているにもかかわらず、自治体全体としては政府の計画値を超える資本支出を行っているという事態であった。困惑した政府は改修補助金制度の見直しを行い、自治体の資本収入のうち投資への転用が許される割合を一九八四年、八五年と立て続けに引き締めたが[35]、このような政府の場当たり的な対応――つまり政府がここで資本収入の本格的把握に乗り出さなかったことは、やがて住宅投資事業計画（ＨＩＰｓ）が中央による地方の投資のコントロールの手段としては全くの無用の長物と化すことに繋がった。例えば一九八一年度には自治体が住宅事業に関して有するグロスの資本支出枠にＨＩＰ割り当て額が占める割合は八〇％であったが、それが八五年度には六七・一％、八九年度には遂に二七・五％にまで落ち込んでいる[36]。まさに「買う権利」によって、自治体の資本支出についての政府のコントロールの及ばない範囲は急速な拡大を遂げていったのである。

以上から浮き彫りとなる通り、政府が公共支出削減のために行った自治体の経常収支への圧迫、改修補助金の会計上の位置付けの操作、「買う権利」による払い下げの推進は、それぞれの「意図せざる結果」によって、政府にとっては支出統制の手段として最も重宝されていた筈の住宅向け資本支出の操作という道具を損なっていった。この過程は、地方自治体への一般交付金の制度において、交付金が本来の目的を離れて専ら中央政府が自治体の支出を統制するための道具にされた挙げ句、この道具を用いた制裁に制裁を重ねる統制の強化が交付金の統制手段としての有用性そのものを蝕んでいったという過程と相似した構造を内包している。そこには方便として見出された手段が他の手段と矛盾をきたしあるいは使われ過ぎて使い物にならなくなるという皮肉な顚末が見られるのであり、この顚末は地方公共支出の統制が極めて場当たり的に――その過程で住宅政策を甚だしく巻き込みつつ――遂行されたことを象徴的に物語っていたと言えるであろう。

第三節　責任のディヴォルーション

住宅政策への公共支出が本来住宅政策とは無関係なところで中央政府と地方自治体の支出統制をめぐる攻防に翻弄された時代にあっては、一九七〇年代の住宅政策研究が見出した中央政府と地方政府の協働関係を機軸とする「住宅政策コミュニティー」は有意性を持ちようがないどころかそれ自体が真っ二つに引き裂かれざるを得ない(37)。現に住宅政策コミュニティーの重要なメンバーであり政府による諮問や協議の主たる相手方であった地方政府協会は中央政府によってあからさまに無視され、また一九七〇年代後半に鳴り物入りで導入された政策計画システムも形骸化させられた。これらの団体や制度は中央政府と住宅政策の実際の執行主体である地方自治体との間に意志疎通や情報交換の契機を実現するパイプであり、その欠缺は政策の実効性を著しく損なう意味を持ち得るばかりでなく、議会の不安定化にも繋がり得る。一九八〇年住宅法の議会過程においても、諮問段階で影響力を行使できなかった地方政府協会は、下院の常設委員会および上院議員に対して積極的にロビー活動を行い、法案の細かな修正に精力を傾けている(38)。サッチャー政権下、住宅法案、さらにより顕著には地方政府関連の一連の法案の議会通過が概して波乱含みであったことは、一つにはこうした動きによる。

しかし、地方から政策過程へのこのような議会を通じた入力は、かつての住宅政策コミュニティーを成立させていた中央・地方間の幅広く安定的な連携関係を代替するものではあり得なかった(39)。そもそも政府の法案が議会を通過する過程において遭遇する唯一の何らかの実効性がある挑戦を意味した与党平議員や上院の「反乱」は、あくまでも選別的に一定の特殊事例や特殊事情への反応として発動され得たものでしかなく、しかも大部分は次のいずれか――保守党と田園部の密接な結び付き、上院が伝統的に示してきた自治体や一部のカテゴリーの社会的弱者に対するパターナリズム、特に下院の「反乱」について言えば次期選挙で議席を喪失する恐れ（これに憲法問題を付け加えれば「反乱」事由のほぼ完璧なリストとなる）に関連していた、というよりこれらのいずれかまたはその組み合わせに争点も限度も尽きていたと言ってよい。例えば一九八〇年住宅法案に最も速やかに修正をもたらしたのは、保守党の強力な地盤である田園部自治体への影響を危惧する声であった[40]。また一九八一年から八二年にかけて「反乱」の気運が最高潮に達し、これが一九八二年地方政府財政法の第一号法案を審議の暇も与えずに葬り去り、さらに予算編成に影響を及ぼした際にも、その背景には政府への支持率が史上最低を記録するという情勢の下で、保守党平議員が募らせた危機感があった[41]。

以上の結論として、サッチャー政権第一期目の中央・地方関係は、特に財政関係において険悪化した関係が他の関係や回路によって代替されることなくいわば連絡や連携が成立し得ない状態にあり、実効的な政策形成と政策執行が危ぶまれるような事態を生じていたと言える。しかし他方で中央と地方の断絶関係は、中央政府にとって政策の結果に関する責任転嫁を容易にする格好の条件を意味した一面もあった。例えば中央政府は、「立法の繰り返し」現象についてさえ一つの言い逃れを講じ得た。それは自治体に対する責任のディヴォルーション（devolution：委譲もしくは押し付け）であり、現にサッチャー政権は公共支出削減の失敗を自治体の責任に帰し、また財政的に圧迫された自治体セクターに自ずと生じる様々な問題についても、その原因を自治体の経営の在り方に帰している。この戦略は「対決」関係によって中央が地方を主観的にも外観においても外部化し得ていることを前提とし、第一期サッチャー政権ならではの統治戦略上の発明であったとも言ってよい。

自治体は責任のディヴォルーション先として実に有意であり、責任はしばしば言説上のもののみにとどまらず政策遂行のために必要となる実際の事務負担としても転嫁された。例えばヘーゼルタインが政府内で率先して行った行政改革——わけても他省に対してその大胆さを誇った環境省の人員削減は、少なからぬ場面で自治体の事務量を増大させ、ヘーゼルタインが自治体に対する支出統制の局面では削減を求めていた筈の当の自治体職員の人件費に膨張圧力を掛けている(42)。しかし事務量の増大と人員の不足とから生じる如何なる問題も、自治体の責任において解決されるべき問題であって、これに関して非難を受けるのも自治体であり、ヘーゼルタインが行政改革での成果を誇ることの妨げにはならなかったのである。やはり行政改革の名分の下、家賃関連の直接補助金が住宅給付に一本化された際にも自治体へのディヴォルーションが行われ、それまで保健・社会保障省の出先機関が担当していた給付事務等が全て自治体に移されることになった。このことは確かに中央政府の組織のスリム化を意味し、また一見行政の簡素化を実現するかとも見えたが、実際には自治体に懸かる事務負担が一挙に増大かつ複雑化し、給付行政の現場は混乱をきたすことになった。さらに自治体は住民との関係において、給付行政に関して生じる批判や不満を一身に集める矢面に立たされる格好となった(43)。

責任のディヴォルーションは必ずしも権力のディヴォルーションを意味しない。従来、住宅政策を含む多くの重要政策は、地方に相応の資源と自律性を、言うならば権力を与えることによって遂行されてきた。逆に中央による一方的な義務付けや事務の委任は、一貫して地方の抵抗によって退けられてきたというのがイギリスにおいてはその歴史が示すパターンである。このように地方レヴェルに政策執行のための権力がかなりの程度預けられた制度配置の下、中央と地方は相互に自律性を尊重し合う行動様式に従うことで協働関係を築き上げてきた。これに対し一九七九年以降の保守党政権は、この行動様式を廃し一方的な統制モードを追求したために、旧来の制度配置によるいわばしっぺ返しを受け、政策の非実効性に悩まされたと理解することができる。しかし、その困難の中に兆した権力なき責任のディヴォルーションの論理は、一方的な統制のモードに代わる対自治体関係の可能性を示唆し、やがては制度配置の働きを変質させる含意を持った新たな国家戦略の論理にも連結されるものであった。そしてこの展開は、当時地方の自律性に対して敵対的な立場にあった筈の保守党政権が、責任の押し付けに際して「地方の自律性」の論理を逆手にとった場面に先取りされていたと言えるのである(44)。

第五章　第二期サッチャー政権——革新への胎動と民営化政策

サッチャー政権第二期目は、一九八七年の総選挙前後にその全貌を現すサッチャリズムと呼ばれるべき作用の、いわば揺籃期に相当する。この揺籃期としての特性は、「住宅問題」の深刻さが世論の関心を集めるようになった住宅政策を取り巻く状況にも看取され、また、革新的な政権構想を切実に求める保守党内のムード、民営化政策の成功に沸き立つ政府内外の熱気にも鮮やかに映し出されていた。本章では、まず第一節で、「買う権利」政策が第二期サッチャー政権の幕開けに際して保守党にとっての象徴性・重要性をさらに確固たるものにしていたことを確認する。もっとも「買う権利」を論じる文脈はこの時点ではいささか狭隘化していたと言わざるを得ず、この文脈を「支持の政治」の革新——ポピュラー・キャピタリズムに繋がるものへと押し広げていったのが第三節で取り上げる民営化政策であった。第二節では、一九八五年前後の「住宅問題」の再発見を契機として住宅政策上の新機軸が切に求められるようになった経緯を辿り、流動化する政治過程の中で、様々な動きとアイディアが生じた様子を概観する。そこにはまた、「権力の政治」における新しいイニシアティヴへと繋がっていく糸口も認められた。つづく第三節では、第二期に起こった動きの中でも最も劇的な成果をおさめ、後の「支持の政治」の再構成を導く筋道を開き、さらにその一部には後の国家戦略の形成に繋がる動きさえ含んでいた国有企業の民営化政策の展開をあとづける。最後の第四節では、第二期から第三期にかけて民営化政策および住宅政策の進展に際立った足跡を残したニコラス・リドリーについて特に言及しておくこととしたい。

第一節　一九八三年総選挙と「買う権利」

一九八三年総選挙の時点で「買う権利」の行使によって払い下げられた自治体住宅は既に五〇万戸を超えており、そこから四〇億ポンド近い資本収入が生じていた。(1) この払い下げのペースは、当初予想された年間一〇万戸のペースを遥かに上回るものであった。(2) その一方で住宅向けの公共支出は、一九七九年度には公共支出全体の七％を占めていたものが一九八二年度には四％まで収縮した。(3) このような劇的な支出削減、さらには地方に対する投資の割り当て制度と住宅補助金・一般交付金体制とに加えられた中央の恣意的な操作に直撃されるかたちで、自治体セクターの住宅建設戸数は一九七九年の着工数八万強から一九八一年の三・七万、そして一旦一九八二年の五万強へと増加した後、八七年の三万戸弱まで減少している。(4) 従って払い下げによる自治体住宅群の喪失は埋め合わされるどころの話ではなく、住宅政策史上初めて自治体住宅セクターの絶対的縮小が帰結した。勿論これに連動してテニュア構造も変化しており、自治体住宅の全テニュア比は一九七九年の三一・五％から一九八三年の二八・六％へ、持ち家テニュア比は五五・三％から五八・九％へと推移している。因みに民間借家セクターに関しては、保守党政権の新イニシアティヴもその衰退に歯止めをかけ得ず、この同じ期間にそのシェアは一三・一％から一一・五％への縮小を見ている。(5) これらの数字が示す持ち家の拡大と民間借家の衰退は確かに戦後一貫して存在してきた傾向ではあった。しかし、一九八一年から一九八四年までの持ち家テニュアの拡大が新規建設よりもむしろ自治体住宅からの転換に負うものであったという事実は[6]、一見従来の傾向の延長線上にあった持ち家テニュアの拡大が実はその拡大のメカニズムに重要な変化をきたしていたことを意味する。そして「買う権利」政策こそ、その変化をもたらした直接の要因であった。

以上の数字に示される通り、「買う権利」政策は当初の予想を超える払い下げの成果を上げた点でも、テニュア構造を変える積極的な要因となった点でも、相当に実質的なインパクトを持った政策であった。しかし、このような数字に表れる以前の問題として、「買う権利」は人々の日常的な感覚や感情のレヴェルに最も直截に訴えるタイプの政策であったことが強調されなければならない。例えば身近にいる人がある日突然自治体のテナントから住宅所有者になり、所属階級を示すそれまでの最も重要な特徴を失う。あるいは近所の自治体住宅団地に一つ二つと個性的な仕様に改装された玄関が増えていく。誰かが「買う権利」を行使したという事実は人々の目に留まりやすく、しかも人々に強烈な印象と様々な感情を喚起する。他方、「買う権利」を一因として自治体住宅セクターは劣悪化の一途を辿り、人々にとって持ち家の望ましさ、「買う権利」の有難さは尚更痛感されるようになる[7]。

このような物理的可視性および心理的インパクトを持った「買う権利」政策は、保守党が一九八三年の選挙キャンペーンにおいて存分にアピールし得た唯一の政策であった。そもそも保守党には「買う権利」以外は第一期目に特に見るべき政策上の実績はなく、第二期目に向けて派手に打ち上げられるような新政策もなかった[8]。従って保守党にとって「買う権利」は唯一成果を誇示し得る有難い政策となったばかりでなく、労働党が「買う権利」の廃止を公約したこととの対比において労働党の負のイメージをアピールする上でも大いに利用し易い争点となった。具体的には、例えば保守党は労働党政権が成立すれば奪われるであろう市民的自由の一つに「買う権利」を挙げ、労働党を攻撃することができた。一九八三年の選挙結果が実際にどの程度「買う権利」という個別イッシューに左右されたものであったかを計測することはもとより不可能であるが、[9]「買う権利」政策の人気、すなわち有権者に支持されているという一点における同政策の成功は疑いようがないものであった。[10]このことは、その後労働党が一九八三年総選挙の大敗北を経て、「買う権利」を承認する立場への転向を余儀なくされたことに端的に示される。

但し、この一九八三年前後の時期に関して留意されるべきは、こうした顕著な成功の陰で「買う権利」に付される意味の文脈が収縮し、「買う権利」を論じる文脈がいわば住宅政策を論じる文脈に回収されてしまっていたという事実である。一九八三年の保守党綱領は「買う権利」政策を「住宅所有民主主義」という言葉によって意味付けた。[11]これは明らかに「財産所有民主主義」を下敷きとするスローガンであったが、そこには住宅所有それ自体が自己目的化されているような響きがあり、その含意も住宅所有の拡散に尽きている。かつてヘーゼルタインは「買う権利」に「社会革命」の端緒を見出し、「買う権利」を社会の広範な領域を巻き込み波及していく「革命」に結び付けた。またサッチャーはむしろ伝統的な「財産所有民主主義」という観念によって住宅所有を遠い過去の時代から尊ばれてきた土地所有になぞらえ、その倫理的・政治的価値を示唆した。いずれの議論も「買う権利」を住宅政策を超える文脈に位置付け、住宅所有を何らかの社会的ヴィジョンの実現に繋がるものと捉えた点では相違ない。こうした「社会革命」論や「財産所有民主主義」論に比べ、「住宅所有民主主義」をスローガンとする一九八三年時点の「買う権利」論は確かにより狭隘な文脈に捕捉されている観があった。

このことに対応して、一九八二年頃からの「買う権利」推進論が、当時政府が熱心に提唱し始めていた「低コスト住宅所有」の促進論に回収されてしまっていたことが指摘されなければならない。[12]全ての人々の手に届く価格で持ち家を供給することを目的とする「低コスト住宅所有」促進のキャンペーンは、「買う権利」政策をより広範な住宅取得の促進政策の中で相対化するものであった。件の一九八三年保守党綱領も「低コスト住宅所有」を掲げ、その場面では「買う権利」の恩恵に浴し得る自治体の借家人以外の人々にも「様々な低コスト住宅所有プログラムを通して」住宅取得への道を開くことが謳われている。[13] これは「買う権利」政策が持ち家に絶対的な価値を付与したその議論の延長線上に当然に現れてき得る種類の政策であったが、その一方でこの「低コスト住宅所有」論には確かに「買う権利」政策を以前に比べて周縁化してしまっている観があった。言うならば、「買う権利」政策において周縁化されてきた住宅政策固有の文脈が、逆に「買う権利」イッシューを内部化、包摂していった過程が窺われるのである。「住宅所有民主主義」とは、まさにこうした「買う権利」論の住宅政策論への収縮に対応したスローガンであった。

第二節　新しい住宅政策の模索

「住宅問題」の再発見　「社会革命」への含意をちらつかせた「買う権利」論から、「住宅政策」そのものの文脈にがっちりと捕捉された「低コスト住宅所有」論へと力点を移してきた住宅政策論議であったが、それは常に住宅政策外の目的ないしは持ち家の即自的価値によって住宅政策を意味付けることで、〝問題〟に対する〝処方箋〟として政策を論じる政策論的見地を欠いてきた。しかし一九八〇年代半ばには、民間団体による「『物理的』住宅問題の再発見」に促され、住宅政策も新しい局面に入ることになった。

一九八五年に民間の調査委員会によって発表された二つの報告書は、人々の意識の上に「住宅問題」を急浮上させ、住宅政策に新しい勢いを求めるムードを一気に盛り上げた。その報告書とは、一つは全国住宅協会連盟（NFHA：National Federation of Housing Associations）がエディンバラ公を委員長に迎えて発足させた

「英国の住宅に関する調査」委員会の報告書であり、もう一つはカンタベリー大司教が主宰し英国国教会より発表された「都市の信仰」と題された報告書であった[14]。その調査の規模や徹底性もさることながら、これらの報告書は王室あるいは国教会の関与によって、地方政府協会やシェルターが刊行した数々のパンフレットからは望み得ないような権威と話題性を持ち得た[15]。これによって「政府はもはや英知を独占するものではなくなり、あらゆる反対者に対して国家による供給や統制の信奉者であると決め付け、その声を切り捨ててしまうわけにはいかなくなった[16]」。そして、こうした〝権威〟ある報告書の出現を契機に、住宅問題に注意を促し政府の政策努力を要求する報道は確かに増えていったのである。

二つの報告書によって暴露されたのは、低所得者層の賄い得る賃貸住宅の不足とホームレスの増加、そして今や民間借家のみならず持ち家、自治体住宅セクターにおいても住宅の老朽化・劣悪化が深刻になっているという事態であった。これらの問題の根底には、住宅投資量の絶対的不足、および持ち家優遇税制を顕著な例とする住宅財政システムの非合理性・非効率性があることが指摘された。実はこのとき投資量と財政システムに関して指摘された問題は、一九七〇年代後半の住宅政策論議で既に十分に注意が喚起されていた問題であった。それが今改めて深刻度と認知度を新たにして再浮上したという事実は、一九八〇年代前半の保守党政権が如何に「住宅問題」に関して無為であったかを物語っていた。現に「一九七九年綱領を始まりに、それ以降の大臣による数々の発言は、終始一貫してニーズの見積もりや計画策定といった作業、住宅関連団体による住宅不足や住宅危機に関する指摘を無視する態度をとり続けてきた[17]」のである。

民間からの警鐘に促され、環境省も早速同年中にイングランドの自治体住宅群を対象とする調査を行い、改修・修繕の必要は一九〇億ポンド分にも及ぶという数値を弾き出した[18]。地方政府協会の一つである都市自治体協会

（AMA：Association of Metropolitan Authorities）が独自に行った試算によれば、民間セクターではさらに二五〇億ポンド以上の投資が必要とされていた[19]。イングランド地域だけでも公私両セクターを併せて総額およそ四五〇億ポンド分もの改修・修繕の必要が存在したわけである。またエディンバラ委員会の報告では、住宅の不足は今や一〇〇万戸分に及び、自治体住宅の入居待機者リストにも一〇〇万人以上の人々が名を連ね、ホームレス登録者も毎年約一七万五〇〇〇人を数えることが指摘されていた。翌一九八六年には、サッチャー政権自らが自治体財政に介入するための手段として発足させたばかりの地方会計監査委員会が、「自治体住宅における危機管理」という報告書を発表し、政権の住宅政策を真正面から批判している[20]。同委員会は、その直前にも自治体の資本支出に対する政府の統制を厳しく批判する報告書を出しており、政府はいわば立て続けに「飼い犬に手を噛まれた」格好にあった[21]。地方会計監査委員会による報告書は、その本来の管掌事項である各自治体の財務内容の監督に関する議論を踏み越えて、自治体財政に対する中央政府の統制の在り方を厳しく批判し、自治体の住宅投資の自由とその財源が確保される必要を説くものとなっていた。「委員会は、地方が責任を負った方が中央が統制を強化するよりも確実に（住宅政策の）効率性・実効性が担保されるものと信じている。中央による過度のコントロールこそ今日の我が国の公営住宅セクターが抱える諸問題の根源に他ならない[22]。」

このように政府の外部にある権威から、また味方である筈の身内の機関からも批判を浴びたことによって、保守党政権もいよいよ「住宅問題」に対する何らかの積極的な対応を示すことを迫られる。特に住宅への十分な量の投資をどのように確保していくかについての見通しを早急に明らかにする必要があった。先の地方会計監査委員会は、大都市中心部のニーズ逼迫地域ではどうしても国家による集中的投資が必要になるとして自治体セクターを通じた投資の拡充を力説したが、財政指標に固執する保守党政権としては、「住宅問題」を公共支出の拡大に直結させるわけにはいかない。各家計に対する直接補助金を削減して財源を捻出する道も、特にサッチャー本人の強い意向によって封じられていた。[23] さらに既に自治体とは修復不可能なほどの敵対関係に陥っていた中央政府が、今更自治体に資源を委ねることを潔しとする筈もなかった。政府としてはあくまで自治体の周縁化を前提とした上で、これに代わる政策手段を見出す必要があった。

政権執行部内および議会内の動態　サッチャー政権第二期目の住宅政策をめぐる政治過程は、第一期目とは若干異なる様相を呈していた。一九八三年総選挙を前に、政府が改修補助金を通じて住宅投資の拡大を促したことは前章で触れたが、その他にも明らかに有権者へのバラマキを意識した政策として、住宅金利に対する税制上の優遇措置の拡大等の出捐策がとられていた。しかし総選挙後、大蔵省は一転して絞り込みに転じ、例えば自治体の住宅向け資本支出枠は一九八三年度から八七年度までの間にグロスで九％（ネットで四三％）も削減されることになった。[24] 但し今回の引き締めについて言えば、それは第一期目とは異なり環境相の協力を必ずしも期待できない情勢下で追求されたものであった。むしろ大蔵省は一九八五年度、八六年度と続け様に環境相ジェンキンそしてベイカーの予算防衛行動に煩わされている。[25] ヘーゼルタインの下ではすっかり影を潜めていた大蔵省対支出官庁という構図が復活した背景には、大臣の交替や「住宅問題」の再発見といった要因が働いていたこともさることながら、そもそもそれ以前に、第二期目の政権執行部が第一期とは異なる力学に規定されていたということがあった。

第二期目のサッチャー政権は、既に目障りな「ウェット」を閣内から締め出すことに成功しており、その代わりに必ずしも経験や能力に富むとは言い難い多くの若手閣僚・閣外国務相に依存するようになっていた。これに対応するかたちで政権執行部内には、首相対内閣あるいは「ドライ」対「ウェット」の対立図に代わって、サッチャーに対して皆一並びに弱輩にあたる閣僚同士が首相の支持を競い合うという首相中心の、言うならば等距離衛星型の権力配置が出現していた。[26] これは同時に、首相＝蔵相同盟と内閣バイパスの誘因とに特徴付けられた第一期目の政治過程が、政策・争点毎に首相＝閣僚連合が形成される流動的な政治過程に取って代わられたことを意味していた。このような変化を具体的に現していたのが、大蔵省の支出官庁に対する専制力の低下であり[27]、その反面として見られた予算編成過程における「星室庁」の台頭であった。[28]

ここで政権執行部内の新しい権力配置が等距離衛星型であったとは、各閣僚がサッチャーの支持を求める求心性に規定されていたことを意味し、そこに現れたのが単に漫然と合従連衡が繰り返されるというような意味での流動性ではなかったことを含意している。各大臣はいまや一定程度「サッチャリズム」に対する認知を共有するようになり、自省の政策あるいはその予算防衛的行動を、「サッチャリズム」の具体化もしくは応用として提示することによって正当化し始めた。第一期目に「サッチャリズム」を牽引した大蔵省の地位が低下したことも、各省が大蔵省によるひとしなみのマクロな財政統制より一歩も二歩も踏み込んだ政策イニシアティヴの提示に努め、「サッチャリズム」の先鋒を積極的に分有し始めたことを一因としていたであろう。[29] そして多分に他省＝首相の政策連合に対する自己防衛の意味を持った各省独自の政策革新熱に対して、首相サッチャーは一方的な選択権を発動する立場を確保し得たに違いない。実はこのような配置は、首相を取り囲む「真空」の外側に首相の一方的な利用に供される助言者ネットワークが広がっているという第一期目に見られた首相＝顧問の関係図のいわば延長線上に予期され得た在り方でもあった。

また第二期目の閣僚人事に見られたのは、経験不足や未熟さを意味する若さだけではない。そこには急進性を意味する若さもふんだんに存在した。すなわち、「ウェット」の封じ込めが課題であった第一期目とは対照的に、今度はサッチャーは彼女自身を手ぬるいと詰め寄りかねないような右派閣僚を登用することで平議員からの突き上げを防ぐことを考えなければならなかった[30]。あるいは第一期目以来サッチャーが若手気鋭の人材に対しては批判勢力も含め――恐らくは社会化の意味もかねて――積極的な登用を行ってきた結果、この頃の閣内には既に一定程度の独立心や創造性、冒険心が宿るようになっていた[31]。そしてそのような若さもしくは急進性を特徴とする新しいタイプの閣僚が次々と斬新な政策イニシアティヴを打ち出していくのに対して、サッチャーの方はむしろその公表のタイミングや政治的反響を気に懸ける立場に立たされるようになったのである。政策革新の主導権は今や各省、各大臣の側にあるかのようにも見えた。

大臣による新政策の提案は、しばしば省庁間競争の文脈において生じている。この大臣間もしくは省庁間の政策競争は、第二期目の政権執行部内の動態を最も端的に映し出した現象であった。例えば教育科学省と雇用省との間の職業教育政策をめぐる競争はその代表的な事例であり[32]、省庁間の競合が主に「サッチャリズム」に対する迎合度において競われ、首相の個人的采配によって勝敗を決せられるものであったことを示している。両者の闘争の発端は、雇用省が若者向けの職業訓練のためのクォンゴ（quango：quasi-non-governmental organisation）、人材開発委員会（Manpower Services Commission）を創設し、本来であれば教育科学省に委ねられるところの教育予算枠に食い込んだことにあった。危機感に駆られた教育科学省側はやがて一層野心的なイニシアティヴを繰り出してこれに反撃を加えた。それは職業教育を供給する専門大学（Polytechnic）についてその経営母体を民間企業が参加する財団に移し、地方自治体の管轄から除くことを内容とする政策であり、首相の敵視する地方自治体を政策過程から排除すると同時に職業教育に民間活力を導入することを謳ったものであった。結局、民営化と自治体外しの主題を取り込んだこの政策が首相の関心を引き付け、教育科学省は見事にその予算枠と影響力を回復した。このようにサッチャーの支持は、各省にとっては他省に対する予算や権限の防衛もしくは拡大が果たされることを意味していた（それはさらに個々の大臣にとっては閣内および自省内における立場の強化を意味したであろう）。そして「サッチャリズム」というラベルの下に認知される首相のイデオロギーないし選好は、サッチャーの支持（あるいは不介入）を求める各大臣・各省官僚によって同一化の対象ないしは政策形成の指針と見なされることを通じ、あらゆる未知の領域において首相の影響力の「増殖器」として機能したのである。(33)

第二期サッチャー政権の執行部には、環境相が新しい住宅政策上の構想を生み出していく環境が確かに整っていたと言える。また、それが「サッチャリズム」を冠する類のイニシアティヴとなる条件も確かに存在していた。これに加え政権執行部内だけではなく当時の下院の情勢も、新イニシアティヴを促す空気を醸していたことが指摘されなければならない。当時の下院は、与党保守党の議員による政府の法案への「反乱」が頻発し、しかもそれが限られた一部の議員の間での現象にとどまらないという、いわば「反乱」が日常化した状態にあった。(34)そこには舞台裏での反対派議員とのやり取りに政府が煩わされるのみならず、表立っても議員からの動議の提出が相次ぎ、また党議拘束に挑む集票ロビイングが公然と行われるというかつてない議会の有り様が見られた。こうした下院の流動化に与っていたのが、保守党が圧勝をおさめた一九八三年の総選挙で初めて議席を獲得した大量の新人議員の存在であった。彼らは次の選挙での議席の帰趨を絶えず案じて喧しく、例えば財政統制一辺倒と見えた政府の経済・財政運営に対しても――いくらそれが減税に繋がると言われたところで――批判的であった。(35)そしてそうした彼らの立場からは、次期総選挙の綱領に保守党政権が積極的かつ不可逆的な――従って彼らが議席を返上するいわれもない――変革を進めていると有権者に印象付けられるようなインパクトある内容を盛り込むことが切に求められていた。平議員の間での反乱ムードはまた、当時の世論や野党の動向にも煽られたものであった。一九八五年に保守党がフォークランド戦争以来初めて世論調査で労働党にリードを奪われたこと、(36)労働党が新党首キノックの下で新路線を掲げ、新しさをアピールしていたことは、ただでさえ前回総選挙の圧勝の結果インフレ気味となっていた保守党議員を大いに刺激した。他方、社会民主党と自由党からなる中道勢力はこの頃には保守党に与える脅威を減じており、そのため保守党にはもはや穏健派の声を汲む誘因はなく、むしろ同党は労働党の右ににじり寄ってきた新路線と新党首の下での清新なイメージとへの対抗上、ラディカルな路線での展望を示すことが促されていた形勢にあった。保守党内では、次期総選挙に際しては、何としてもそのアピールを新たにしていることへの必要性が痛感されていたのである。

こうした要請の下、一九八七年の選挙キャンペーンがこれまでの「買う権利」政策の成功を最大限に強調するものとなることは十分に予想され得たことであった。しかし、この頃には既に労働党も「買う権利」への支持を表明するようになっていたのであり、従って問題となるのはそのアピールの仕方である。しかも今回は「買う権利」の訴求にとどまらず、「住宅問題」に対する何らかの解答——住宅政策上の新たな構想を用意することが厳に必要とされていた。

様々なアイディアの出現　一九八五年は「住宅問題」の再発見に促され、住宅政策上の新イニシアティヴの模索がいよいよ本格化する画期となった。また以上で見てきた通り、この頃には政権執行部や議会内にもそうした新イニシアティヴを揺籃もしくは待望するムードが現れていた。これ以降、住宅政策をめぐって様々なアクターによる様々なアイディアが出現し、一九八七年の総選挙後に明確化される新しい住宅政策構想が準備されていく。

まず新しい住宅政策の展開を期するムードの中で浮上してきた一つの有力な立場として、規制解除の徹底と住宅供給システムの市場化を求める論が存在した。この立場は、保守党ならびに政権執行部内部でも影響力を持ち、一つには住宅担当相による家賃規制解除の提案、すなわち適正家賃制度の漸次撤廃案をもたらした。これに対して首相と環境省官僚は否定的であり、特に首相は選挙への影響を危惧して及び腰であったという[37]。やはり市場化政策の一貫として論じられていた住宅ローンの優遇税制の廃止に対しては、首相サッチャーの態度は廃止を強く望む大蔵省との確執を抱えながらもさらに頑なものであった[38]。結局、家賃の規制解除政策が一九八七年の選挙綱領中に公約されることになったのに対し、住宅ローン優遇税制の方は依然聖域として温存され続けることになる[39]。

当時の住宅政策論議のもう一つの焦点となったのは、既存の自治体セクターをどうするかという問題であった。五年前に自治体セクターの住人に新しい展望を与えた「買う権利」も、一九八二年のピーク以降その払い下げ件数は減少の一途を辿っており、既に限界が見えていた。その後ろには「買う権利」によって良質な住宅群を取り去られた巨大な自治体住宅群が残り、さらに保守党政権による住宅向け支出の削減がそうした住宅群の劣悪化に拍車を掛けていた。保守党は従来、自治体住宅の様々な問題は自治体の経営努力によって自足的に解決され得るという建て前をとってきたが、このような論は一九八五年に「住宅問題」が改めて発見されてからは説得力を失い、特に政府肝入りの地方会計監査委員会が発表した自治体住宅セクターに関する報告書によってその非現実性を暴露されていた。今や既存の自治体住宅ストックに対する資本投下の必要性は明らかであった。こうした問題状況に対して、例えば地方会計監査委員会は既述の通り自治体を介した投資の拡大を主張していたが、公共支出とPSBRの抑制を追求する政府としては住宅向け支出の拡大は到底受け入れ難い。これに割くべき資金を住宅税制の改革から捻出する政治的意志を持ち合わせていなかったことも前述の通りである。保守党政権としては残る巨大な自治体住宅セクターを〝処理〟するために、ポスト「買う権利」とも呼ばれ得るような何らかの革新的な施策を打ち出す必要があった。

こうした中で一九八五年に環境相ジェンキンが検討中であることを表明した新政策とは、自治体住宅の管理や改修を住民の協同組合等の多種多様な枠組に委ねていくという工夫を内容とするものであり、そこには自治体外しの方向性だけは明確であったものの、自治体から業務や事業を引き受ける肝心の受け皿に関する現実的な見込みが欠如しており、また住宅状態の改善に必要な資金の出所に関する見通しもそなわっていなかった。[40] それは結局のところ大蔵省に強いられた金の出し惜しみのカモフラージュと皮肉られるような提案であった。一方、当時のマスコミは、自治体に代わる借家供給の担い手としてむしろ既に実績があり、新しい公共住宅の三分の一を供給するまでに成長していた住宅協会セクターへの注目を促していた。[41] そこでは住宅協会への補助金の拡大とその資金調達に関する規制緩和が提唱され（それまでは大蔵省が補助金対象事業に供され得る民間金融の割合を厳しく制限していた）、将来的には住宅協会に賃貸住宅群を委ねていく道が示唆されていた。その他、保守党右派のシンク・タンク、アダム・スミス研究所などは、大胆にも自治体住宅を一挙に全廃し、その所有を住人が構成する協同組合に市場価格の五五％で移してしまうことを内容とする抜本案を提起していた。[42]

総じて環境相の示した案は、政府外から寄せられた提案に比べれば、現実性にもまた目に見える大きな変化を約束する大胆さにも欠けており、弥縫策としてとりあえず出されたという印象を免れなかった。当初環境相の側には政策革新への意欲はなかったようにも思われる。しかし「住宅問題」をめぐるこのような政府の微温的態度は、一九八六年にニコラス・リドリーが環境相に就任することで一変した。[43] 環境相リドリーはその独創性を存分に発揮して新しい住宅政策構想をまとめ上げていくことになる。そしてそのリドリーによる新政策とは、住宅協会の活用や自治体住宅セクター全廃への志向などにおいて確かに右に紹介した民間からの提案を想起させるものとなるのであるが、その一方でこれらに勝るとも劣らず新政策の着想に貢献したと思われるのが、以下に言及する一九八五年に発表された労働党の新住宅政策構想、ならびにほぼ同じ時期に注目を浴びた民間資本による自治体住宅団地の再開発事業であった。

一九八五年に労働党はそれまでの「買う権利」反対路線を改め、住宅政策に関する包括的提言を「未来のための住宅」と題された政策文書にまとめて発表した。(44)「買う権利」の承認は、新党首キノックが党内左派の制圧によって実現した一連の路線転換の中でも、一方的核廃棄政策の撤回と並ぶ最も重要な政策転換として受け止められたが、政策文書に結実した労働党の新住宅政策は、さらに進んで単なる「買う権利」の追認にとどまらない新機軸を含むものとなっていた。すなわち同文書は第一に、テニュア間の変更に柔軟性を持たせ、人々のテニュア選択の自由を広げるという趣旨の下、①「買う権利」を民間の借家人にも拡大すること、②民間借家人は自らが「買う権利」を行使する以外にも、自治体にその居住する借家を買い上げさせて自治体の借家人になることができる――後の保守党の用語法に倣えば「オプト・イン」の権利を持つ――ようにすること、③同様に持ち家居住者も自治体の借家人になることができるようにすることといった驚くべき案を含んでいた。また同文書は第二に、テニュア間の相違を極力解消するためとして、住人が修繕を賄えない民間住宅に対しても自治体が修繕サーヴィスの供給義務を負うこと、貧しい持ち家居住者にも政府は住宅給付に相当する補助金を支給すること等を提唱するものでもあった。特に「(住宅を)借りる権利(the right to rent)」と題された箇所では、自治体の借家人に持ち家居住者と変わらない条件を享受させるための手当てが列挙され、自治体の借家人に改修・修繕を自由に行う権利を与えること、借家人が管理組合や住民組合に自治体住宅の管理や所有を委譲(devolution)する道を開くこと等が提唱される。この「借りる権利」という言葉は、その後二大政党が各々自らの住宅政策をアピールする際のキー・ワードとなるが、労働党が実際にその宣伝を繰り広げた場面ではより広くホームレスに対する住宅の供給や人々が借家テニュアを選択する自由そのものの保証、この保証を実効的にするための借家ストックの拡充等を意味するようになり、これらの意味によって広義の「借りる権利」が構成されることになる。

労働党文書はさらに、自治体が自治体住宅の経営だけでなく地域内の全住宅事業を監督し、不動産取引の仲介や住宅金融の直接供給もしくは斡旋サーヴィスなど、民間セクターを対象とするサーヴィス事業にも乗り出すことを期待するものとなっていた。同文書は、以上の提案の全てが実現されれば住宅供給システムを未曾有の複雑さに陥れかねないような盛り沢山の代物であった。また、そこでは住宅への公共投資の優先順位の回復が唱えられる一方で持ち家所有者に対する優遇税制の維持が約束されるなど、財源の捻出先に関する現実的な踏み込みは示されず、当時住宅政策論の焦点となり始めていた住宅協会についても、これを労働党政権に非協力的な保守党自治体に対する代替肢と捉え、あくまで補完的な役割を振り当てるにとどまっていた。このように労働党の住宅政策構想は、総じて当時の「住宅問題」や住宅政策論議に対する有意性をそなえていたとは言い難いものであったが、同党の構想に関して最も重要なのは、そこに提起された幾つかのアイディアを保守党が転倒的に摂取し、新政策の形成に大いに役立てたという事実である。特に「借りる権利」という言葉や、借家人と持ち家居住者に家主を自由に選ぶ権利を与えるという着想は、保守党の新政策の中で重要な意味を付与されて再登場する。

ところで一九八六年には環境相ベイカーの下で住宅・計画法が制定されるが、この時点までに保守党政権が「住宅問題」に関して何らかの地点に辿り着いていたとすれば、それはあくまでも「買う権利」路線によって問題の包摂を図ろうという地点であったと見られる。同法は「買う権利」による一戸単位の払い下げの進展に限界が見え始めたまさにその時期に、自治体が借家人に立ち退きを請求する条件を緩和することによって、自治体住宅を一棟あるいは団地丸ごと民間の開発業者や借家経営者に譲渡する大規模な払い下げに道を開いた。これによって民間の力による自治体住宅群の大掛かりな再生が可能となることが謳われ、それは保守党政権の「住宅問題」への遅ればせの回答でもあった筈なのだが、政府は自治体住宅セクターに対する失政を認めさせられる羽目を注意深く避け、この施策を「買う権利」以来のこれまでの政策の成功をさらに先へと押し進めるものとして意味付けたのである。[45] 今日から振り返ると、一九八七年以降の住宅政策の不可欠の一部となった民間機関・民間資本によるまとまった規模の自治体住宅群の継承と再開発を当てにする要素は、このとき既定方針として確立されたとも言えそうであるが、むしろ、この施策が政権の誇る「買う権利」政策の延長線上に位置付けられたこと、懸案となっていた「住宅問題」への回答も含んでいたこと、さらに当時民間レヴェルで華々しく行われていた実例に支持されていたこと——これらが特にこの施策に、その後形成される住宅政策のパッケージに取り入れられる素地を与えたと見るべきであろう（少なくともこの時点では、一九八七年体制で重要な役割を与えられることになる住宅協会への政府の態度はまだ固まっていなかったことが留意されなければならない）。折しも都市部の一部の自治体では、建設会社や建築組合が中心となった合同プロジェクトが自治体からスラム化した自治体住宅団地を引き継ぎ、その再開発を行うという試みが鳴り物入りで進行していた。[46] こうしたイニシアティヴは、一部の大手建設会社の冒険心あふれる事業開拓欲に発し、また民間主導の再開発が含意するジェントリフィケーション（gentrification：古くからの住民の半強制的な転出を伴う一等地化）を容認した非労働党系の自治体のみが舞台を提供し得たものであった。しかし、このように特定のアクターによる〝ユニーク〟な試みとして生み出されたイニシアティヴが、単に〝ユニーク〟な例にはとどまり得ないような共振性を政府のアンテナとの間に持ったのである。すなわちそれは政府に、都心の商業・産業地区の再開発政策において都市開発公社を通じて試みてきたような民間の大資本の導入が、住宅地の再開発についても可能であるという見通しを与え、住民への個別的な払い下げ以外にも自治体住宅の民営化を進める有望な方法が存在することを知らしめた。自治体住宅の受け皿について頭を悩ませていた政府にとって、こうした大企業の関与の展望が開けたこと――少なくともそうした展望を語れるようになったことは福音であったに違いない。

以上で見てきた様々な議論や出来事が内包するアイディアが素材となって、保守党政権の新しい住宅政策の構想が形成されていく。そしてここでもその過程に関わった新環境相リドリーの多方面での活躍が、「買う権利」に関わったヘーゼルタインのケースと同様、サッチャリズムの生成過程においてまさに特記されるべき重要性を持ったことが指摘されなければならない。このリドリー・ファクターについては、次節において「買う権利」政策とあたかも両輪をなして「支持の政治」の革新に貢献した国有企業の民営化政策の軌跡をあとづけた後、改めて言及することとする。

第三節　民営化政策

一九八七年の総選挙前に保守党が模索していたのは新しい住宅政策上の構想だけではない。保守党はそれ以上にサッチャー政権に飽き始めた有権者を魅きつけるインパクトをもち、これによって新たな「支持の政治」の可能性を開き得るようなヴィジョンを必要としていた。そしてそのヴィジョンには、これまで八年間の長きにわたり統治を担当してきた保守党政権の業績を有意に総括するものであること、同政権がイギリス政治に不可逆的な変革を起こしていることを弁証するものであることが要求された。つまり、それは今まで引き延ばされてきた保守党政権の存在理由の証明でなければならなかった。結論から言えば、一九八七年総選挙前後の保守党が「支持の政治」を新たにすることを可能にしたのは、第一期目に目覚ましい成功をおさめた「買う権利」政策と第二期目に本格化した国有企業の株式払い下げ政策との理論的結合が生んだヴィジョンであった。これら二つの政策は、広義の「民営化

(privatisation)」という概念の下に括り上げられ、一つの意味の水脈を形成する。以下では、国有企業の民営化政策を意味する狭義の民営化政策についてその軌跡をあとづけた後、そこに含まれた要素が保守党の新しい「支持の政治」への突破口を開いたばかりでなく、第三期に追求された新しい住宅政策との間にも有意な接点を有していたことを明らかにしていく。

「民営化」という概念は、「買う権利」政策と国有企業の株式払い下げ政策とがどのように結び付いたかを示すものではあっても、これらの政策の起源にあったものではない。まず一九七九年に保守党が政府に持ち込んだ「買う権利」政策は、専ら中央・地方関係を舞台に発展してきた党派的争点がその行き掛かり上、保守党の公約中に取り上げられたものであり、従って本来は自己完結的な政策として立法化されるだけで足りる筈の政策であった。ところが払い下げによってもたらされる自治体の資本収入が政府の財政目標の追求において格好の操作対象となるなど、「買う権利」が主に財政政策の文脈に絡めとられていく過程で、その実施のペースや規模、徹底度が当初の見通しを遥かに超えるレヴェルへと高じていったものであった。

他方の国有企業の株式払い下げ政策は、そもそも一九七九年の時点ではその実施の範囲や方法に関する何らかのプログラムが存在するわけでもなく、正当化のための理屈も整えられていなかったような政策であった[47]。ただ財政的な目的のために次々とその対象が拡大されていったというのが初期の実態であり、政府による行動計画も払い下げが一定程度進展した段階で初めて自覚的に形成され始めたに過ぎない。その財政政策への巻き込まれ方については、「買う権利」政策の展開とパラレルに理解できる部分が多い。民営化によって実現されると言われた様々な目的——競争の導入による企業の生産性の向上、庶民による資本の分有の促進、国家予算およびPSBRに国有企業が及ぼす負荷の解消——もむしろ政策が一定のインパクトを生じた後に事後的に主張されるようになったものである。保守党政権が初めからこれらの目的を奉じて民営化を追求していたわけでは決してない。従って一九七九年の保守党綱領も、「労働党による建設・銀行・保険・薬品・道路修理など多項目に及ぶ国有化計画に強く反対する」という反国有化の宣言に「最近国有化されたばかりの航空・造船会社についてはこれを民間の手に戻す」という極めて限定的な脱国有化の公約を付け足すものにとどまっている(48)。このときの保守党はあくまで国有化論のパラダイムの上で従来通りに「脱国有化（denationalisation)」――プライヴァタイゼーションではなくディナショナライゼーション――を唱えることで、労働党のネガを演じていたに過ぎなかった。一九七九年以前のサッチャーにしても、主に国有企業の独占状態を問題視して産業の効率性・生産性の観点から国有化を批判することはあっても、積極的な民営化の方針を指し示すことには一切立ち入っていないのである(49)。

一九七九年以前の時代にその後八〇年代に巻き起こった民営化ブームの何らかの意味での前触れらしきものがあったとすれば、ニコラス・リドリーを中心とする保守党内の私的調査グループがまとめたいわゆるリドリー報告書が挙げられるくらいである。一九七八年にリークされた同報告書は全ての国有産業の脱国有化を提案する衝撃的な内容のものであったが、当時の保守党首脳部はこの提案に対しては距離をおく態度を明確にしている(50)。もっとも同報告書は一九八〇年代に起こった民営化の規模を予示するものであっても、八〇年代とは全く異なる文脈で脱国有化を意味付けるものであった。つまりそれは脱国有化が国有企業の労働組合に対する抜本的な退治法であることを強調していた点で、一九七〇年代後半という時代状況を非常に色濃く反映していたのである(51)。これに対し、一九七九年以降の保守党政権が現実に国有企業の株式払い下げを推し進めた背景には、何よりも財政的な動因が強く働いていた。政権に就いた当初の保守党が国有企業の払い下げの実施を具体的に検討し始めたのが、他の政府資産を緊急の大売り出しに掛けたのと同じ文脈の中で、つまり臨時の収入を上げPSBRの帳尻を合わせる必要からであったことは当時の報道にも窺われる。[52] 急遽株式の払い下げに付されたのが公約に挙げられた航空・造船ではなく、むしろより収益性の高い――つまり高く売れる――石油・通信機器関係の公企業であり、これらが政権第一期目における払い下げ劇の主役を奪った観があったことは、財政収支を取り繕う意図が実際の払い下げを導いていたことを如実に物語っていた。

ところでそうした株式の払い下げの方式には、一般市場価格を想定した入札方式と固定価格での株式公開方式の両方が試みられている。保守党政権は当初は小口投資家を利すという名分から後者を好んだが、一九八二年四月に公共会計監査委員会よりこれが血税で賄われた政府資産の不当な安売りであると批判されたのをきっかけに一時入札方式に転向した。しかし数十倍の申し込みも珍しくない固定価格方式とは対照的に、入札方式の下ではなかなか買い手が集まらず、政府は再び固定価格方式に傾いていくことになる。一九八二年末に入札方式によって行われたブリトイル（Britoil：英国石油公社《British National Oil Corporation》の石油生産部門）株の売却が無残な失敗に終わった一方、翌年固定価格方式で試みられた英国港湾連合（Associated British Ports）の払い下げが三五倍もの購入申し込みを伴う大盛況を呼んだことは、払い下げ方式の大勢を決定的に固定価格方式へと揺り戻した。そしてその後はむしろ政府資産の「出血大サーヴィス」をも積極的に正当化するような民営化論が探られていったのである。[53]

固定価格による株式払い下げの方式は、最終的には英国電電公社（BT：British Telecommunications）の株式払い下げが大成功をおさめた際に、ＢＴモデルとして確立された。ＢＴ株の払い下げは、民営化の対象が「公企業（public enterprise）」から「公益企業（public utility）」へと展開を遂げた画期をなしたものでもあった。政府は当初、後者の領域では民営化よりもむしろ自由化（liberation：規制緩和や企業体の分割を主な手段とする）による競争環境の創出を唱えていたが、BTの民営化をめぐる政治過程で分割民営化案が敗北を強いられたことによって、公益企業の民営化における競争創出の契機は決定的に後景に押しやられてしまった。このような公益企業の独占状態を温存する路線の背景には、当該企業からの圧力の他、できる限り高く株式を売りたいという大蔵省の思惑が働いていた。(54)

BT株の払い下げはそれまでにない払い下げの規模と政府側の資本収入、払い下げを受けた個人投資家の数を伴い、そのインパクトは強烈であった。その結果、政府内には一九八四年以降、空前の民営化ブームが巻き起こり、既に一部払い下げられた企業の政府保有株の処分、および赤字企業の解体を含めた残存する国有企業の総処分が一気に民営化の日程に浮上した。また、BT株の払い下げは広く世間に認知と人気を博した点でもかつてない成功例となり、これによって民営化は一躍保守党の目玉政策へと昇格した。もっともその背景には政府が「世紀の払い下げ」と銘打ち、一般の個人向けにBT株の購入を促す大々的な宣伝キャンペーンを繰り広げたという要因もあった。このような派手なキャンペーンは、これ以降主流となったBTモデルによる民営化の不可欠の要素となる。(55)

さて、そうした宣伝キャンペーンの核心には、一般の人々に広く資本が分有される社会を約束し、各個人が資本家になることを促すメッセージがあった。それは一般個人の資産所有欲に訴え、持てる者と持たざる者の区別を止揚する運動を含意していた点において、まさに「買う権利」に関してヘーゼルタインが開拓した意味の文脈を継いでいると言えた。そもそも大々的な宣伝キャンペーンを打ったこと自体が「買う権利」以来の手法であった。勿論こうした宣伝の内容は政府内外によって民営化政策に付される意味に跳ね返ってこざるを得ず、民営化政策は人々の前に一種の再配分的な——所有の分布の改変を伴う——社会政策として投影されるようになった。このような再配分的な、極端に言えば「革命」的な意義の強調は「買う権利」政策についてもなされたものであったが、「買う権利」はその対象が不動産であるために伝統的な財産所有民主主義のイメージに引き摺られ易く、あるいは持ち家の価値が社会通念化されているために単なる持ち家奨励策に還元され易く、その再配分政策的なラディカリズムが閑却され易かったのに対し、企業の株式のバラマキは鮮烈であった。「買う権利」政策に関してヘーゼルタインが打ち上げた「社会革命」のイメージは、今や場所を変えて民営化の文脈において蘇り、広汎な浸透力を獲得しようとしていた。

民営化に関して最初にこの種の再配分論的ヴィジョンの萌芽を窺わせたのは、一九八二年に大蔵省で財務担当相の任にあった当時のニコラス・リドリーの発言であった。彼は国有化ではなく民営化こそが「真の公衆による所有――すなわち人々による所有」を実現すると述べている。[56] サッチャー政権第二期目に同じポストに就いたジョン・ムーアは、初めの頃こそ主に市場競争の強化を重視する観点から民営化推進論を展開していたが、注目のBT株払い下げの年に当たる一九八四年の発言では、「我々が国家の所有する資産を払い下げることによって、より多くの人々が所有者となる機会を得ることとなる……これらの政策は個人の独立と自由を増すものであり、新しいタイプの所有者を創出することによって人々のメンタリティーに重要な変化を及ぼすものである。それらは給与生活者と資産所有者の別を解消する方向に働くであろう」と語り、民営化を「（一般の）人々の資本市場」の実現に繋がるものと意味付けている。[57] ここには確かにヘーゼルタインの「買う権利」論がこだましていたが、それだけにはとどまらないイメージや論理のさらなる展開の契機も示されていた。この点については後に改めて詳述する。

以上のような民営化に対する再配分政策的な意味付けは、競争や効率性の概念による従来の民営化の弁証とは明らかに異なる文脈に属し、固定価格方式による株式の大安売りを積極的に合理化し得るものであった。それは固定価格方式を成功の不可欠の条件とする狭義の民営化政策が自らを弁証する格好の意味の水脈を見出したことを意味し、翻っては民営化の成功がこの水脈を太く大きく育て、また地表へと導いていくことにもなる。

第四節　リドリー・ファクター

最後に、民営化政策の進展の重要な局面において何度も先触れ的な役回りを演じたニコラス・リドリーについて言及する。彼は、その後一九八六年からは環境相も務めており、実に様々な意味において民営化政策と住宅政策の結び付きに貢献したと考えられるキー・パーソンであった。

ニコラス・リドリーは一九七八年に脱国有化に関する急進的な報告書を作成した中心人物であり、一九八一年からは財務担当相として民営化の実施を実質的に指揮していた。公共会計監査委員会によって固定価格方式での株式払い下げが批判された直後に他に先駆けて「真の公衆による所有——すなわち人々による所有」の促進という論理を持ち出したのも彼であり、また民営化に決定的な勢いを与えたＢＴ払い下げのプランも既にリドリーが同ポスト在任中に浮上していたものであった。

その後一九八三年に発足した第二期サッチャー政権では、リドリーは運輸大臣に任じられている。ここでの彼は急進的な党内右派としての面目を遺憾なく発揮し、バス事業の脱国有化と自由化を強引に推進した[58]。彼がこのとき独占的な地位にあった国有バス会社を分割民営化し、バス事業に対する規制解除を徹底し、上からの競争の強制をも辞さなかったことは、それまでの民営化プログラムが大蔵省の財政運営上の計算や金融・証券業界の思惑、あるいは当該企業内からの抵抗や監督官庁の反発を反映して、独占解体と競争化の追求にはおしなべて消極的であったことに鑑みると非常に画期的なイニシアティヴと言えた。このような新展開は、財政目標の追求と大蔵省の意向に専制された第一期目に比し、サッチャー政権第二期目が各省に漸く独自の政策を提起する勢いが生まれた時期であったと言えたこととも無関係ではなかったであろう。

さらにリドリーのバス民営化イニシアティヴに関して注目されるのは、それが保守党の牙城、田園部英国の意向にも反して強行されたという事実である。これは一九八六年五月の補欠選挙で保守党がそれまで安定的地盤としていた田園部の選挙区で敗退した〝事件〟の最大の原因として受けとめられ、翻ってリドリー本人も、かつて大胆なリドリー報告によって党指導部を慌てさせた前科を彷彿させつつ、執行部の弱点ないし問題児と見なされるようになった。首相はリドリーを運輸相から解任したが、リドリーが右派平議員の凝結核となって右からの反乱を煽ることへの懸念から、彼を政府から外すことは躊躇せざるを得なかった。結局、首相は彼を環境相のポストに据え、こうしてリドリーは今度は環境相として住宅政策および対自治体政策の領域における政策革新を導いていくことになったのである。(59) 結局このバス民営化政策が保守党にとって深刻な後遺症を残すものとなることへの懸念は、一九八七年の総選挙で保守党が大勝利をおさめたことによって雲散霧消した。そしてリドリーのバス政策は、むしろ政権第三期目の民営化政策――第二期目のものとは異なり自由化の契機をかなり含むものとなる――の重要な範例として振り返られるものとなった。

このような経歴を持つリドリーが民営化政策と住宅政策との間で果たした役割としては、以下の二つの局面におけるものが考えられる。その一つは、一九八七年綱領中に示された住宅政策（「買う権利」）と民営化政策（国有企業の株式払い下げ）との理論的結合の場面におけるものであり、リドリーはこの場面への関与によってポピュラー・キャピタリズムのヴィジョンの形成に直接貢献していた可能性がある。そして保守党はこのとき初めて、英国政治のエリート主義的な伝統の刻印を受けた「一つの国民」のテーマに頼らない、真に革新的な「支持の政治」上の戦略を手にすることができたのである。そもそも国有企業の株式払い下げ政策と「買う権利」政策とは、ともに政府の側の財政的なインセンティヴを原動力として、その限りではいわば互換的に追求されてきた結果、一九七九年当時の企図と予想を遥かに超える展開を見たものであった。また一般個人の間における所有の分散を促す方式を採用し、このことによって払い下げを正当化するロジックを構成した点でも両払い下げ政策は同じであった。さらには保守党政権発足直後から速やかに成果を上げた「買う権利」政策の成功が、一足遅れてＢＴ株の払い下げを機に確立された民営化政策の方式とイデオロギーに影響を与え、逆に民営化政策が帯びたイデオロギーが「買う権利」政策の「革命」的な含意を蘇らせたということも考えられた。従って両政策を結び付け一つに括り上げるという発想は極めて自然なものであったと言える。そして自ら国有企業の株式払い下げ政策に関わった後に、両政策の結合がポピュラー・キャピタリズムに昇華を遂げたまさにそのときに、他方の住宅政策を担当する環境相の任にあったリドリーについては、その果たした役割をめぐる想像を禁じ得ないのである。

もう一つ考えられるのは、リドリーが遡ってはいわゆるリドリー報告書の当時から表明していた国家セクターに関する問題意識と運輸相時代に開発した前衛的なバス事業民営化の手法とを環境省に持ち込んだことによって、新しい住宅政策の誕生に際して触媒的な役割を果たした可能性である。彼がバス事業の分割民営化の手法のうちに示した組織配置に改変を加えるアプローチは、新しい住宅政策――住宅政策過程に関わる諸組織の配置に働きかける含意を持ったその構想にも現れているのであり、これと軌を一にするかたちで従来住宅政策過程の最も重要なアクターであった地方自治体についても、その在り方の抜本的改変を迫るリドリーの新ヴィジョンが発表されている。これら彼が関与した構想に共通して見られたのが、上位の権威がいわば顧客となり、競合する下位ないし外部のサーヴィス供給主体に対して一方的な選択権を行使するという構図を意味する「内部市場」創出の組織戦略であった。

一方、この同じ組織戦略は、中央官庁を対象とした行政改革案にも採用され、サッチャー政権の国家戦略として一般化されていくことにもなる。以上は、組織や機構の問題に関心がないと言われ続けてきたサッチャー政権が漸く乗り出した新しい国家戦略の形成と追求の場面において、すなわち「権力の政治」の再構成の局面において、リドリーがその最前線の重要な一翼を担っていたことを意味している。

ニコラス・リドリーはヘーゼルタインとは対照的に政治的野心からの自由を特徴とし、自らの理論的情熱を何よりも優先させる政治家と見られていた。またヘーゼルタインと同じく極めて明確なヴィジョンを持ちながらも、その志向は産業政策にではなく徹底した自由化、つまり市場競争の普遍化にあった。そして、ヨーロッパ統合論者でありウェストランド事件ではEC諸国との産業面での繋がりを優先させようとして失脚したヘーゼルタインとは逆に、リドリーは一九九〇年にヨーロッパ統合への反対の立場から内閣と訣別し、閣僚を辞任する。このように多くの意味で好対照をなした二人の人物が新しい「支持の政治」と新しい「権力の政治」、その両方の形成過程に自らの個性を決定的に介在させていたという事実は、政治のダイナミズムに関する一片の真理を告げているようで興趣が尽きない。

第六章　一九八七年保守党綱領――ポピュラー・キャピタリズムの誕生

一九八七年の保守党選挙綱領の中でサッチャー政権の住宅政策は、これに付された新たな意味付けと新たに提案された政策構想とにおいて格別の位置を占める政策として現れる。このとき住宅政策に与えられた意味付けは、保守党が自らの新しいアイデンティティーの呈示によって一九七〇年代以来の懸案であった「支持の政治」の再構築を遂に果たそうとしていたことを示し、また第二期目の問題状況に促されて形成途上にあり、ここにその枢要な要素の大半を現した新住宅政策は、同党が「権力の政治」のレヴェルにおいて今まさに新しい局面を切り開きつつあることを窺わせるものとなっていた。その後第三期サッチャー政権下にその全容を明らかにする新住宅政策は、同政権の組織戦略――国家の他の側面にも適用されることで最終的には国家構造全体の再編に関わる国家戦略と呼ばれるべきものとして立ち現れる――を先駆的に含んだものとしてサッチャー政権の「権力の政治」における新たな動きを代表する政策となる。こうしてサッチャー政権は第三期目に至って遂に「支持の政治」と「権力の政治」の両面においてイノヴェーションを完成し、サッチャリズムと呼ばれ得る作用の同定を可能とする。そしてそうしたサッチャリズムのパラダイムへの突破口を開き、既成のいかなるアイディアやイデオロギーにも還元され得ないサッチャー政権の真のラディカリズムを初めて言葉に引き下ろしたのが、以下で紹介する一九八七年の保守党綱領であった。

第一節 「買う権利」からポピュラー・キャピタリズムへ

一九八七年の保守党綱領が個別政策の中で特に最初に取り上げたのが、住宅政策であった。[1] 綱領は「英国の復活」と題された第一章で過去八年間の保守党政権の功績を総括した後、第二章以下でいよいよ綱領のタイトルでもある「次なる前進（The Next Moves Forward）」の中身を明らかにしていく。その初めの第二章「より広範な所有とより大きな機会を」は綱領全体のクライマックスをなす章であったが、特にその冒頭を飾ったのが「全ての人々により良い住宅を」と題された住宅政策に関する節であった。第二章はさらに「資本所有民主主義」というタイトルの下、広範な人々による株式所有を奨励する第二節、教育政策を論じる第三節と第四節、労働組合政策に言及する第五節によって構成されていた。実はこのように住宅政策や教育政策が他の社会政策から切り離され、資本の話題あるいは労働組合に関する政策と一緒に取り上げられるのは極めて異例のことであった。現にサッチャー保守党の前二回の選挙綱領では経済政策や組合・雇用問題、産業政策は別所で、こうした社会政策が登場する部分に先行する章の中で論じられていた。それ以前の保守党綱領も、外交ないしは経済政策を扱う章を綱領の冒頭に置き、住宅政策についてはこれを医療や社会保障とともに綱領の中盤以降で取り上げるのが通常であった。さらに株式所有の奨励政策が明らかに国有企業の株式払い下げ政策の成果に言及するものでありながら、第四章の「民営化」の節からは切り離され、この第二章で住宅や教育とともに論じられていたのもユニークな点であった。組合政策が組合員個人の選択と自由の問題に還元され、経済政策や雇用・産業政策とは別途に論じられていたことも斬新であった。一九八七年綱領の構成は、保守党が有権者に提起する政権構想に革新的な再構成が加えられたことを極めて雄弁に物語っていたと言ってよい。

さて、「より広範な所有とより大きな機会を」と題された第二章は、綱領の本論冒頭部を占めるその位置からも、その要素の組み合わせの新鮮さからも、革新的な一九八七年綱領の白眉をなした。それではこの第二章に託されたメッセージとは何であったのか。第二章の序言は次のように宣言している。

「保守党は人々が自らの財産（property）を所有し資本を形成する機会、（子供の）教育に関して真の選択権を行使する機会、経済的な独立と安定を獲得する機会をできる限り広い範囲に拡大することを目標とする。

我々が目指すのは人々による資本所有民主主義（a capital-owning democracy of people）であり、各家族が自らの生活をできる限り直接的にコントロールできるような環境である。」

このような目的に照らしてそれまでのサッチャー政権の功績を総括するならば、それは「自治体の借家人がその居住する住宅を買い取る権利を導入したこと」、「可能な限り多くの人々による（株式）所有を促す方法によって国有企業を人々の手に返したこと」、「従業員株主制度や個人株主（奨励）計画を通じて英国産業の株式を（普通の人々にとって）より購入し易いものにしたこと」からなり、結果として「住宅所有、株式所有、自助独立の大きな盛り上がりがあった」という。

「さらに、初めて株主になった人や持ち家を得た人は、今や前よりも独立的になったが故に、一層大きな独立への要求を持つようになる。彼らはもはや自分達の生活を左右する最も重要な事柄――例えば自分達の子供をどの学校で学ばせるか、ストライキに参加するかどうか――を役人連中や労働組合のボスが決めることには満足できない。人々はそうした事柄を自分自身で決めたがっている。

こうして個人の責任の範囲は拡大され、家族は強化され、自発的な結社が繁栄する。国家権力は抑制され、諸機会は社会全体に広められる。所有と独立は少数者の特権ではなく、全ての人々の生まれながらの権利となる。

ここに『一つの国民』が遂に実現される。一つの組織的な社会主義プログラムの下に召集された単一の人民（a single people）によってではなく、各々自分の流儀で自分の生活を打ち立てる何百万もの個人としての人々（millions of people）によってである。[2]」

以上から浮かび上がってくるのは次のようなロジックである。すなわち第一に、まずできる限り多くの人々に住宅や株式の所有が広められるべきであり、第二に、そうした所有によって独立の基盤を築いた人々が自然に持つようになる欲求に対応するかたちで教育や組合活動等のあらゆる生活の場面で個人が自らの選択権を行使できる機会を増やしていく必要がある。言うならば、第二章の二大テーマは「所有」の拡大と「選択」の拡大とであって、論理的には前者が後者に先行する。それは「所有」を得た各人が「選択」への欲求を自ずと高めるようになるという第二章の文言通りの意味においてそうであるだけでなく、ここでも暗に前提とされているに違いない「選択」と「所有」の関係に関する一般的了解――経済的手段の保有、すなわち「所有」が実効的「選択」の実質的条件であるという命題――に照らしてもそうなのである。そして、このような内的な関係を持つ二つのテーマは、最終的には「独立」拡大のテーマに包摂され得るものとして――「独立の基盤」の確立から「一層大きな独立」追求への各ステップに対応するものとして――提示される。ここで重要なのは、保守党が最後に「所有」と「選択」が各人に享受されて初めて「一つの国民」が実現されると言明している点である。ここには過去を通じてこれに答えを与えることが保守党の「支持の政治」の試金石であり続け、従来は主に「一つの国民」の実現というレトリックで言い表されてきた問い――保守党による政府の下で如何に社会統合が担保され得るのかという問いに対し、遂に新しい答えを与えるヴィジョンが見出されたことが宣言されているに他ならない。但し、右の箇所では「一つの国民」は個人の「所有」と「選択」における平等によって実現されると示唆されているが、ここで保守党が見出したヴィジョンにおける統合の仕掛けはそうした平等の創出だけにとどまるものではなかったであろう（それだけでは実際、統合の理論としては不十分であったであろう）。このことは、以下で行う綱領のさらなる分析から浮かび上がってくる通りである。

さて、「買う権利」政策を中心とするそれまでの保守党の住宅政策は、一九八七年の綱領では「選択」に先行する、つまり右のロジックの出発点をなす「所有」拡大の端緒をなしたという意味付けを与えられた。そもそも「所有」の拡大が住宅から他の形態の財産にも及ぼされるべきことが唱えられたのは、この綱領においてが初めてであった（もっとも、そのような方向性が既にヘーゼルタインによって示唆されていたことは前に述べた通りである）。そしてそこではこれまで一緒に取り上げられることのなかった住宅政策と国有企業の株式払い下げ政策とが「所有」拡大の観点からあたかも車の両輪をなすかのように関連付けられ、これら両政策の連結によって住宅政策は初めてその先駆性、つまり株式所有の拡散政策を用意したという文脈において評価されることになったのである。恐らくは政権第一期目、第二期目に「買う権利」政策と民営化政策がそれぞれ大成功をおさめたというその結果の符合が、保守党にこの二つを結び付ける発想を促したのであろう。もともと両政策は「所有」拡大のテーマによって動機付けられた一組の政策として追求されたものではなかった。しかし、今や事後的に住宅所有から株式所有への展開という筋道が読み込まれるようになったのである。

「住宅所有の拡大は、他のどんな種類の財産所有の拡大にも増して重要である。自分の住宅を買うことは、大方の人々にとって子供や孫に遺せる資本をなす第一歩である。それは人々に社会に対する賭け金、すなわち何かしら守らなければならないものを持たせることになる。それは資本所有民主主義の礎石である。……住宅所有の拡大という点で過去八年の住宅政策は大成功をおさめた。一〇〇万人もの自治体住宅の借家人が住宅所有者となり、それ以外にも一五〇万もの家族が初めて住宅を所有するに至った。(3)」

「住宅所有の後、人々は自然に他の形態における将来への財政的蓄えに目を向けるようになる。年金加入や株式保有などである。……我々は住宅所有について行ってきたのと同じように株式所有を広めて行くつもりである。(4)」

「所有」拡大のテーマは、このようにそれまでのサッチャー政権の政策の中で最も成功をおさめた二つの政策を結び付け、サッチャー政権の過去を有意に総括する視点を提供するものであった。その反面、「所有」拡大のテーマにおいて「買う権利」に接木されたのが一般個人に株式を払い下げる政策であったことは、「所有」の意味に重大な変質をもたらさずには済まなかった。すなわち、株式とは第一義的に「資本」であり、その株式が「所有」の対象となったことは、伝統的に特別な意味を付与されてきた土地所有のイメージを引き摺る住宅「所有」に比べ、「所有」のイメージを決定的に押し広げたのである。そして最終的にはこのことが新しい「支持の政治」の地平が開かれる決め手となったのであった。新しいイメージは早速翻って住宅「所有」にも重ねられ、「住宅を買うことは……資本をなす第一歩」であり、なおかつ「資本所有民主主義の礎石」であると論じられた。

こうして静態的な不動産だけでなく動態的な資本までもが「所有」の内容に含まれるようになったことは、保守党が「所有」拡大の前途に措定する社会のイメージにも跳ね返ってこざるを得ない。それは「所有」と「選択」の拡散によって単に社会の分断線が消滅し、一元化された社会というだけではない。それは資本の分有によって、人々の資本主義のダイノミズムへの参加が保証された、あるいは強いられた社会となるであろう。かつてヘーゼルタインは「買う権利」政策を「社会革命の礎」と位置付けた。彼は「買う権利」が「所有」の再配分をもたらす運動の端緒となることを示唆したが、今やその運動が「資本」の再配分に及んだ際に持つ含意が明かされようとしていた。すなわち一九八七年綱領に蘇ったラディカルな言辞、例えば「全世界的に進行中の所有拡大革命」、「深く根本的なレヴェルで進行する社会変化」といった派手なレトリックは、ヘーゼルタインの論をさらに押し進めた先に現れる、資本が分有される社会を呈示するものとなっていた。この資本が分有される社会とは、土地や住宅といった不動産が社会に広く分有されていることが伝統的に含意させられてきた安定的・静態的な社会とはおよそ異質なものであらざるを得ない。それは、人々が資本の所有を通じて主観的のみならず客観的にも一つの運動――資本の運動に動員され、このことによって社会統合の契機が担保されるような社会である。敷衍するならば、それは普通の人々が資本家になることによって、マルクス主義の暗い預言に多分に規定されつつ資本制下の国民社会に厳然と刻み付けられてきた「二つの国民」状況が遂に超克され、人々の側に資本主義システムに対する積極的な自己同一化の契機が生み出された社会であり、かつまたその裏を返せば、伝統的に土地所有に結び付けられてきた市民的独立の観念からは程遠く、甚大なリスクを孕む資本の運動への人々の側の余りにも無防備な依存と従属を意味する社会でもあるであろう。このような資本所有を媒介とする動員と統合に関わるヴィジョンは、「ポピュラー・キャピタリズム（popular capitalism）」という概念によってアピールされた。

具体的には保守党は「資本所有民主主義」と題した節において次のように株式所有の拡大政策を振り返り、「ポピュラー・キャピタリズム」への展望を語っている。(5)

「……我々は株式所有に全国民の手が届くようにすることを決意した。自動車やテレビや洗濯機、海外での休暇と同じように、それはもはや少数者の特権ではなくなり、多くの人々が当然視するものとなるであろう。我々はこの歴史的な変革を三つの方法で成し遂げた。」

第一、第二の方法とは従業員株主、個人株主をそれぞれ対象とする税制上の優遇政策であり、第三の方法とは国有企業の民営化である。実際に小口投資家と従業員に株式取得の機会を与えたのは第三の方法であり、新しい株式所有者の殆どはこれによって生み出されたと言ってよかった。

「政府の政策は劇的な成果をもたらした。株主人口は三倍に増大し、今や成人五人に一人が直接株式を所有している。……保守党政権の八年間を経た今、英国は全世界的に進行中の所有拡大革命の最先端にある。成人五人に一人の株主人口は、フランスの一〇人に一人、日本の二〇人に一人の割合を遥かに上回っている。あとは人口の四分の一が株主であるアメリカを下回るのみであるが、その差も縮まりつつある。

これは非常に深く根本的なレヴェルで進行する社会変化――ポピュラー・キャピタリズムの最初の段階である。人々が産業に対し直接の賭け金を持つようになることは、個人の独立を強化するだけでなく、人々の英国のビジネスに対する参加の感覚とプライドを高めることに繋がる。利潤と投資に対するより現実的な態度も根付くであろう。そうして英国経済の繁栄の基盤が強化されていくのである。

我々はポピュラー・キャピタリズムを強力に推し進めていくつもりである。」

この「ポピュラー・キャピタリズム」という概念は、一九八七年の保守党綱領中、「資本所有民主主義」という概念とほぼ互換的に用いられている。「資本所有民主主義」は、前綱領中に登場した「住宅所有民主主義」と同様、保守党の伝統的語彙に属する「財産所有民主主義」の延長線上に生み落とされた概念であり、その大元に当たる「財産所有民主主義」は、元来保守党がその伝統的支持者に訴求する際の一つの決まり文句をなしていた。サッチャー自身、自らの路線と過去の保守党の栄光との連続性を印象付けるためのスローガンとしてこの決まり文句を用いたが、但しそのどの用例でも財産所有の中身を狭く住宅所有に限定した上で所有の単なる広範な分散を意味する概念としてこの語を用いている。(6)

しかし、そもそも財産所有民主主義が所有権と政治的権利との結び付きに言及しない概念であった筈がない。しかもそれはしばしばそのように理解されるように個人による土地や財産の所有が他者の恣意からの自由と独立の前提であり、従って民主主義の条件であることへの言及である以前に、所有権を成立させる社会秩序そのものの自己表白と言えるような概念であったのではないか。つまり、所有権が即自的に不可侵なものであるとすれば、そのような所有権があるところに民主主義が成立していることは必定である。何故なら民主的な政治秩序のみが所有権と両立し得、従って所有権を可能とする社会秩序を支え得るからである。財産所有民主主義という概念にはこのような「所有権が社会秩序を構成し、そうした（所有権に基づく）社会秩序が民主主義を要求し、民主主義が（政治権力を創造して）社会秩序を吊り支え、社会秩序が所有権を可能とする」という円環構造をなすロジックが内包されていた筈であった。しかしサッチャーの前述の語法では、恐らく「財産」の含意である政治秩序としての「民主主義」を「財産」の単なる広範な分布に読み換えてしまったためであろう、このような概念の理論的次元――より具体的に言うならば社会秩序の成立の契機に対する切実な関心はすっかり失われていた。ところがこれに対し、今回の資本所有民主主義ないしポピュラー・キャピタリズムは、社会秩序を如何に構成するかという問題への視点を含んだ概念として、その限りでは財産所有民主主義の深奥にある問題意識を共有する概念として登場した。但しそれは財産所有民主主義とは異なり、各人の財産権の保護と同義であるような静態的な秩序を想定するのではなく、むしろ資本の運動に各人が自己を投企することによって成立する動態的な秩序を含意するものとなっていた。

一方、歴史的状況への反応としての側面に光を当てるならば、ポピュラー・キャピタリズムはむしろ一九世紀後半から――財産所有民主主義が現実には単なるノスタルジーと化していく中で――社会統合の課題を処理してきたより新しい伝統との比較においてよく理解され得る。そのより新しい伝統とは、一九世紀イギリスの「二つの国民」状況を前提として作られた政治的言説、「一つの国民」論の伝統である。一九世紀後半のイギリスでは、普通選挙制度を不可避なものとし、また労働運動を台頭させたその同じ社会的・政治的変化によって、それまでは恐らくは有産者の間の財産所有民主主義への了解で済まされてきた社会統合の課題も、収攬すべき人々の範囲――社会の実効的多数派を形成し得るだけの人々の範囲に相当する――を格段に広げるようになっていた。しかも統治エリートは、いまや財産所有の有無を問わず国民全体を巻き込むようになった民主主義の認証を得ていなければならず（かつまたそれは自らの統治の正統性が懸かったこの民主主義の秩序を護持しなければならないことをも意味し）、そのためにまずは何をおいても自らが有産者と無産者を同じ秩序に繋ぎ止める社会統合の任務をよく果たし得ることを、当の分断を内包した国民全体（その中では当然に無産者が圧倒的多数派を占めていたであろう）に向けて示さなければならず、さらにそこではこの秩序の現実性について社会の実効的多数派に相当する部分を納得させ、彼らの民主主義秩序への信任を確保する必要があった。従ってここで国民に提示されるべき社会秩序の像は、財産所有者のみにアピールすれば足りる時代に想定された財産権の保護と同義であるような秩序では勿論あり得ない。

「一つの国民」論は、このような普通選挙の幕開け時代に、しかも「イギリスには二つの国民が存在する」という言説がいまだに厳然とした説得力を持つような階級社会の現実を前に、保守党こそが階級融和をもたらすプラグマティックな統治の技術によって、あるいはその体現する大英帝国の勢威（およびこれがもたらす利益の均霑）によって、国民統合の課題をよく果たし得る――社会平和を実現できることを国民に訴えるものとなっていた。そして保守党はこの「一つの国民」論の周りに、その統治戦略の「支持の政治」レヴェルでの現れとしての「一つの国民」戦略を一度ならず構築する。そしてそうした「一つの国民」戦略には、少なくとも一九七〇年代までのほぼ一〇〇年間に関する限り、イギリスにおける統治戦略が「支持の政治」の方面で展開し得る最も有効なパターンが体現されていたと言えそうなのである。

ポピュラー・キャピタリズムもこの「一つの国民」論と同じように、政党もしくは政権が自らの政権構想に人々の支持もしくは承認を取り付ける際に提示しなければならない、社会の秩序をどのように構成し、これに対する人々の自己同一化をどのように動機付けるかというヴィジョンを含むものであった。それは一九七四年の二月選挙で保守党の信用が地に墜ち、さらに一九七九年の「不満の冬」事件によって労働党の労働者階級に対する把握力の喪失が暴露されたことにより「一つの国民」戦略がその諸前提を失った局面で、これに代わり得るものとして漸く登場したヴィジョンであり、サッチャー政権の前に新しい「支持の政治」の地平を開いたものであった。

もっとも「一つの国民」戦略が階級間の関係や対外的な関係を積極的に操作し得る政治の役割に決定的な重要性を付したのに対して、ポピュラー・キャピタリズムはそれとは全く異なる統合の在り方を指し示していた。第一に、ポピュラー・キャピタリズムは、資本所有の拡散によって「二つの国民」状況がそもそも解消され「一つの国民」が実現されるというシナリオを提示したが、これに対して「一つの国民」戦略は、「二つの国民」状況においてこそ真価を発揮する保守党伝家の統治術をアピールするものであり、「二つの国民」状況それ自体の解消を目指すものではなかった。第二に、ポピュラー・キャピタリズムは、前にも述べた通り、資本主義のダイナミズムに人々が参加することによって直接統合が確保される社会を想定している。人々は資本の所有を通じて「産業に対し直接の賭け金を持つ」ことにより、「英国のビジネスに対する参加の感覚とプライド」を否応なしに高められる。従って一九八七年綱領が所有の拡大によって「一つの国民」が遂に実現されると述べた箇所も、それはその所有の対象が資本であることの含意として、社会の統合＝「一つの国民」が人々の経済システムへの統合によって直接実現されることを意味していた。つまり、本来の「一つの国民」戦略が国民統合をもたらす政治の技術を強調するものであったのに対して、ポピュラー・キャピタリズムにおいて人々の動員もしくは統合を媒介するのは政治ではなく経済である。そこで問題にされる参加も、政治的組織化の契機や政治的なアイデンティティーに基づく参加ではなく、非政治的で組織化未然の、個人のレヴェルにおける心情的・功利的な動機に意味が尽きているような参加であり、ひいては個人が単に投企されているという客観的事態でしかない参加でさえあり得た。この点においてそれは確かにポピュリズムと形容され得るような参加でもあったであろう。

現に首相としてのサッチャーの演説にポピュリスティックな調子が現れるようになったのも、一九八六年頃からのことである。[7] サッチャーの保守党党首そして首相としての演説史を振り返ってみるならば、[8] 一九七九年と一九八六年の前後にそれぞれ論調の変化が生じていたことが認められる。一九七九年以前の野党時代の演説では、何よりもその道徳主義的な調子が印象的であった。政治も経済も道徳的言辞で語られるとともに家族や犯罪などの道徳的争点が好んで取り上げられた。ところが一九七九年の首相就任以降はサッチャーの演説からは道徳主義的な主張は影をひそめ、演説は断固とした調子ではあるが実務的な、どちらかと言えば地味で非扇情的なものになっている。そして一九八六年に再度変化が生じる。以下で紹介するようにサッチャーの演説は非常に大仰でポピュリスティックな調子を獲得するが、このときは特に草の根受けのする道徳主義的な争点やレトリックが展開されたというわけではなく、むしろポピュリズムそのものが来たるべき社会の有り様として訴求されたのであった。

一九八六年三月の演説でサッチャーは、極めて劇的な言辞を用い、ポピュリズムを保守党政権の目的と手段を貫く一大テーマに仕立て上げた。

「……（保守党政権の）七年間は非常に多くの成果を生むであろうが、さらにこの後に続く七年間はより多くのことを実現するであろう。何故であろうか。保守主義は抽象的な理論ではない。それは普通の人々の手に権力をもたらす十字軍である。それがまさに人民の十字軍（a very popular crusade）であることが今明らかになりつつある。借家人は自治体住宅を買い取るチャンスに飛びつき、労働者は民営化がもたらした自らの勤める会社の株式取得の機会を捉え、組合員は誰が労働組合を支配するのかを決める投票を歓迎している。彼ら以外のイギリス国民もこれを喜んで見守っている。ポピュラー・キャピタリズムはそれほど深く人々の間に浸透しているのである。

かつて十字軍を語ったのは社会主義者たちであった。……しかし、今日社会主義者たちのラッパの声が如何に弱まっているかお気付きであろう。それは自由の経済的表現であるポピュラー・キャピタリズムが我々の社会に権力を広く分散させる手段として（社会主義よりも）数段に魅力的なものであることが明らかになってきたからである。社会主義者は『人々にパワーを』と叫び拳をあげる。我々は彼らが本当は何を言っているのか知っている。人々の上に権力を、国家に権力をということである。（これに対して）我々保守党の唱えるポピュラー・キャピタリズムはその字義通りのことを意味している。すなわち街頭の全ての男女に所有を通じたパワーを掛値なしで与えることである。[9]」

かくして一九八七年綱領が誕生した。そして今や保守党の政権戦略の要となったポピュラー・キャピタリズムは、その持ち家と株式所有の福音によって、保守党の統治戦略におけるかつての「一つの国民」戦略に代わるものとなり、さらにその固有の含意も現していくことになるのである。[10]

第二節　新住宅政策へ――新しい組織戦略への展望

次に一九八七年綱領によって奏でられた第二のテーマ、「選択」のテーマについてその展開を追ってみることとする。「所有」拡大のテーマが「買う権利」政策や国有企業の民営化政策といった既に華々しい大成功をおさめた政策に重ねられ、これまでのサッチャー政権の業績が総括される場面で言及されたのに対し、「選択」拡大のテーマはむしろ新しい政策が提起される場面で展開された。とりわけそれは教育政策と住宅政策の分野における新イニシアティヴに鮮やかに刻印されていた。

但し、新住宅政策上に表れた「選択」拡大のテーマは、「所有」拡大のテーマと一定のロジックで結び付けられて他の箇所で言及された「選択」のテーマとは若干中身が違っていた。例えば「選択」のテーマが教育政策に適用された場面では、そこで約束された父兄による選択の契機が、実際にはそうした選択の余裕がある――一定の授業料を払い得る、あるいは望ましい学区に移動できるだけの資力を持つ裕福な家庭のみのものとなることは言わずもがなであった。これに対し、新住宅政策において「選択」の主体とされたのは、「所有」によって有意な選択を行うに足りる基盤を持っている人々ではなく、所有革命の恩恵に浴し得ず従属的な立場に置かれたままの借家人であり、このことは、ここでの「選択」のテーマが「所有」のテーマのコロラリーとして展開されるものではなくなっていたことを意味している。結論を急げば、住宅政策の提案において「選択」のテーマに重ねられていたのは、もはや「所有」のテーマではなくサーヴィス供給主体の多元化を促す「競争」拡大のテーマであった。この「競争」のテーマは、綱領の段階では「選択」のテーマの後ろに姿を覗かせていたにとどまる。しかし住宅政策に関して綱領が行った一連の提案についてその含意をよく吟味してみるならば、そこには住宅政策の主題として高らかに謳われていた「選択」のテーマよりもむしろ「競争」のテーマの論理の方が一貫されていたことが浮かび上がってくるのである。このことは、それらの提案が第三期目に実際に実行に移されていく過程で「競争」化の含意を全面化させていったこと――しばしば個人の「選択」の拡大とは全く無関係なかたちで――を通じて改めて確認される。

さて、一九八七年綱領中に打ち出された住宅政策に関する一連の提案は、保守党政権の関心事が持ち家拡大政策から賃貸住宅政策へと移ったことを明らかにしていた。保守党は借家供給の拡大に関する一連の提案を行った後、これを特にイタリックで記した次のような一文で締め括っている。[11]「住宅は人々の最大の投資先であり、このことは住宅に投じられるのが金銭であるか時間や手間、労力であるかを問わない。過去八年の間に我々の政策は住宅所有者の劇的な増加をもたらした。次の五年間に我々はこの成果を賃貸住宅の供給量と質を高める政策によって補っていくつもりである。」そしてそのための政策は、以下の三つの要素を含むものになるとされた。

「借りる権利」　一九八七年綱領は「(住宅を) 借りる権利 (RTR : the right to rent)」という見出しの下、民間借家セクターに関する新政策を公約した。それは全ての新規借家権を従来の適正家賃制度から解放し、家賃の設定を当事者間の自由な契約に委ねるというものであった。このような規制解除は次のように弁証された。すなわち「家賃に対する行政の規制が民間借家セクターの劇的な衰退をもたらし、いまやそのテニュア比は八%にまで落ち込んでいる」。その結果、人々は持ち家か自治体住宅かの二者択一を迫られ、職を求めて自由に移動することも適わない。然るに保守党としては、「これまでは住宅を買う権利を実現してきたが、次期政権下では住宅を借りる場合についても人々の手が届くチャンスを増やしていくつもりである」。そのための第一歩が規制解除であり、これによって借家経営の収益性が回復し、借家供給が拡大されることが見込まれる。

その際、保守党は特に機関家主を奨励するために、協議借家権（assured tenancy）を一般化する方針を打ち出した。協議借家権の下では借家権そのものの継続は保証される代わりに、家賃と期間の設定は当事者間の自由な交渉に委ねられる。これは一九八〇年住宅法によって既に試行的に導入されていた契約類型であったが、新政策では政府による認可が不要となり、将来的にはこの協議借家権と機関家主の組み合わせが借家供給の主流を担っていくことが期待された。

右の政策は個人のハウジング・チョイスの拡充という観点から正当化され、「選択」拡大のテーマと重ねられて提起されたものであったが、そこで示された機関家主への期待は、後に述べるようにこれまで無視されてきた中間組織にサーヴィス供給主体を措定する点で、「競争」拡大のテーマの一端を現していたと言ってよい。もっともこの新政策に与えられた名称が、労働党の「借りる権利」の模倣であり、さらに「買う権利」政策の二番煎じでもあったことは敢えて指摘するまでもない。「借りる権利」は「買う権利」の延長線上に位置付けられ、後者がかつて持ったインパクトの再来を期して二大政党が競うシンボルとなった。但し、保守党による実際の「借りる権利」キャンペーンは、同党が「借りる権利」の見出しを付した民間借家政策よりもむしろ次の「自治体住宅借家人の権利」と題した諸提案に焦点を合わせて展開する。確かに「自治体借家人の権利」は、民間借家の供給拡大を待って初めて現実化し得る右の「借りる権利」とは異なり、現存の賃貸住宅について直ちに生じ、しかもそれが自治体の借家人によって享受される権利であるという点で「買う権利」との連続性にも優れており、そのため殊更にアピールに供し易いという側面を有していた。

「自治体住宅借家人の権利」　自治体の借家人に新たに約束された権利とは、第一に、「借家人協同組合を形成し、その居住する自治体住宅の会計と管理を（自治体から）継承する権利」であり、第二に、集団で「他の機関にその居住する自治体住宅を買い取ることを委嘱する権利」であり、第三に、個々の借家人が「その居住する自治体住宅の所有を住宅協会やその他の政府の認可を受けた機関家主に移転する権利」であった。これらは自治体の借家人が自治体セクターから「オプト・アウト（opt out：退出を選択する）」する権利と総称された。同様の「オプト・アウト」は、一九八七年綱領中では教育政策に関する箇所でも約束されており、そこでは公立学校が父兄や理事会の決定によって自治体の管轄を離れ、私立学校化する道が示されていた。これに対して住宅政策における「オプト・アウト」は借家人が個々に家主を選択するシナリオまで含んでおり、「選択」のテーマはこの部分で最も端的な表現を与えられていたと言える。

このように個人の権利から政策を構成し、個人の権利行使を政策手段に代えるのはサッチャー保守党一流の発明であり、「買う権利」成功の秘訣でもあった。しかし今回「借りる権利」、「自治体住宅借家人の権利」という見出しの下、個人の権利を拡充するというレトリックに装われて提案された新政策は、プレゼンテーションの工夫の中にも明らかに個人の権利の行使・不行使に還元され得ない一定の組織戦略を透けて見せていた。例えばオプト・アウトは「借家人による家主の選択を通じて自治体の独占を覆す」手段として意味付けられ、これによる借家供給主体の多様化と競争化がサーヴィスの向上と管理の効率化を促し、自治体住宅に生じている様々な「住宅問題」を解消することが示唆されたが、こうした議論はまさに「競争」のテーマを奏でるものであったに他ならない。また民間借家政策にせよオプト・アウト政策にせよ、いずれも住宅協会や建築組合といった中間組織に欠くことのできない役割を措定するものとなっており、そこでの政策手段はもはや個人の権利行使だけで完結され得るものではなくなっていた。保守党は遂に「中間組織」を再発見し、住宅協会をはじめとする種々の機関家主を賃貸住宅政策の主要な政策手段として頼みにするに及んだのである。すなわち「競争」のテーマが、とりもなおさず「組織」間の

「競争」のテーマとして保守党の住宅政策を規定するようになっていた。

そもそも「競争」のテーマは、綱領中には個人による「選択」のテーマの後ろに重ねられて持ち込まれたものであったが、それ自体はサーヴィス供給をめぐる組織配置の在り方に関わるものであり、具体的には複数の供給主体を設け、それらを競争関係に置くことを含意するものであった。つまり、「競争」のテーマは保守党政権の組織戦略に言及するものであったと言うことができる。これに対し、それまでのサッチャー政権は、組織配置の在り方への顕著な無関心ぶりを特徴とし、むしろ社会を個人に還元することを志向しているように見受けられた。(12) それは社会に分散する個人に支持を訴求し、これを一定の政策に動員することを得意としたが、その反面、社会に割拠する組織を動員し、秩序を組織で構成する視点には欠けていた。それが政権第三期目に臨むに際してのサッチャー保守党の政権構想では、自治体と競合させられるのは、もはや「買う権利」政策で自治体と対峙させられた個人ではなく、住宅協会等の中間組織となったのである。

但しこの「競争」が、実質的には中間組織の側が自治体セクターに対して一方的に仕掛ける競争に限定されて構想されていたことは、「競争」拡大のテーマが具体化される際に適用されるバイアス、換言すれば組織戦略上のバイアスが存在したことを意味していた。保守党のいう「選択」とは、オプト・インも提案していた労働党案とは明らかに異なり、ベクトルの方向を限定された「選択」であり、「選択」に対応する「競争」も決してこれに対する政府の公平性・中立性を保証されたものではなかった。そしてこのバイアスは、次に述べる綱領第三の提案において最も直截な表現を与えられていたのである。

住宅事業公団（HAT：Housing Action Trust）　一九八七年綱領はさらに深刻な問題を抱えた自治体住宅団地の再生政策として、政府による積極的な関与と財政的手当を約束された新イニシアティヴを提起している。それは中央政府が指定する自治体住宅団地について個別に設立される住宅事業公団が、最終的には全ての所有を民間セクターに移すことを前提に、自治体住宅群の所有と経営を丸ごと引き継ぎ、住宅の改築や改修などの再生事業を行っていくというものであった（それは明らかに都市開発公社の手法をモデルにしていた）。この住宅事業公団への移管――最終的には民間への払い下げを意味する――はオプト・アウトとは異なり、個人の選択とは全く無関係に行われる。そこにはもはや「選択」のテーマによって取り繕われることもなく、とにかく自治体住宅の処分を進めるのだという政府の強い意志が露呈していた。さらに政府がスラム再生という当時の緊急課題に関して、むしろ自治体セクターに官民の資金を誘導した方が手っ取り早いと言われた中で敢えて住宅事業公団を創出し、これを介してはかなりの公共投資さえ行う姿勢を見せたことは、政府の側に自治体に代わる政策手段への露骨な偏向が存在したことを物語っていた。そこには耳に心地よい「競争」のテーマの下で複数化される政策手段に対し、実際に選別を行うのが個々の市民や消費者ではなく中央政府であるという図式がありありとしていたと言える。

公団政策は、「買う権利」によって開始された自治体住宅の民営化政策を個々の住宅ではなく団地全体を射程に入れ、しかも個人ではなくクォンゴ（quango：quasi-non-governmental organisation）をその受け皿とするものへと展開させていた。自治体からの所有の移管も今や「買う権利」や「借りる権利」におけるように個人の権利行使を介することなく政府の側の一方的な行政判断によって完結され得るものとして構成されることになった。これらは政府の住宅政策においていよいよ新しい動きが表面化したことを意味する。つまり、「ピープル（people）」への訴求を媒介とすることなく、より直截に国家と個人の間を埋めるサーヴィス供給機能の配置が問題とされるようになったのである。そこには国家構造を規定する組織戦略が独立的に、もはや「選択」の拡大といった個人主義的なテーマに寄り掛かることなく、その姿を現していたと言える。この組織戦略は専ら市場的な「競争」のテーマによって合理化されたが、その「競争」とは、個人に訴求するサーヴィス供給主体間の競争というより、政府に訴求する下位組織間の競争として立ち現れることによって例えば自治体バイパスのバイアスを発現するような種類のものであった。このような組織戦略の輪郭は、次に述べる綱領第七章に記された自治体業務に関する新政策にも認められた。

第三節　競争入札政策

一九八七年保守党綱領の第七章「地方政府と都市問題」は、自治体に対してこれまで自治体が直接供給してきた現業サーヴィスを民間請負業者が参加する競争入札に付すことを法的に義務付け、自治体業務の民営化を積極的に推し進める方針を明らかにするものであった。これは「支出に見合った価値（value for money）」を実現するという観点から公共サーヴィスの効率化・合理化を図る施策として弁証された。このように現業サーヴィスの供給を競争入札に付して外部に委託することをテンダー・アウト（tender out）またはコントラクト・アウト（contract out）と言う。

テンダー・アウトは、既にサッチャー政権第一期目に一部の保守党自治体がゴミ収集や清掃業務等の分野で先駆的に実践したことによって全国的な注目を集めていた行政手法であったが[13]、中央政府が公共サーヴィスの競争入札化に関心を示すようになったのは漸く政権が第二期目に入ってからのことであり、それは運輸相ニコラス・リドリーがテンダー・アウトの要素を初めて自省のバス政策に持ち込んだことを始まりとしていた。リドリーはこのとき個々のバス路線に付される補助金を競争入札によって公私のバス会社に競わせる方式を編み出し、テンダー・アウトを民営化の手法の一つに加えたのである。

環境省が自治体業務一般についてテンダー・アウトの義務付けを検討していると報じられたのは、まさにそのリドリーが環境省に移動した直後のことであった。当初は第二期目のうちに立法化にこぎつけることが目指されていたが、結局それは総選挙後に引き延ばされる。[14] 一九八七年綱領の時点では、政府の意志はとりあえず次のような一文に集約されていた。

「我々はゴミ収集や道路・ビルの清掃、公共輸送の維持点検、給食サーヴィス、グラウンド管理など多岐にわたるサーヴィス業務を入札によって外部委託に付すことを地方自治体に求めていくつもりである。

地方の納税者は自治体ができるだけ効率的にサーヴィスを供給することを望んでいる。ところが民間業者の方がより安価に効率的にサーヴィスを供給できるケースについてまで、民間業者に入札の道を開くことを頑なに拒んでいる自治体が存在する。会計監査委員会はその独立的・中立的立場から、もし全ての自治体が模範的自治体の例に倣うならば年間五億ポンドもの経費節減が実現し、その額を地方税の引き下げやサーヴィスの向上に振り向けることができるであろうという試算を弾き出している。[15]」

ここでは綱領第二章においてとは異なり、「競争」のテーマが直截取り上げられている。それまで自治体の現業部門が独占的に行ってきたサーヴィス供給は民間業者との競争に付されるものとされ、政策手段間の競争が明示的に想定される。そこでは「競争」のテーマは個人主義的なレトリックからもはや完全に解き放たれているのである。

第七章　第三期サッチャー政権——新しい国家戦略の形成

一九八七年の保守党綱領中にその一端を現したサッチャー政権の組織戦略は、政権第三期目にいよいよ全面化され、住宅政策過程をはじめとしてさらに一般的にも国家と社会の間における自治体の布置や中央官庁（ホワイトホール）の機構上にその刻印を表していく。まず第一に、住宅政策に関する政策ネットワーク——言うならば政策過程に関与する主なアクターの相関図——はかつては中央政府と自治体の関係を機軸とするものであったものが、他の中間団体を大きく巻き込んだかたちへと大きな変化を遂げようとしていた。特にそれまで非営利の借家供給運動を担ってきた住宅協会が、これに関する新たな政策が八七年綱領には盛り込まれなかった第四の政策要素として一九八七年九月に出された住宅白書中に明かされたことで、一挙に住宅政策の主役へと浮上した。この協会セクターに対する新しい役割期待において、サッチャー政権の組織戦略の輪郭はいよいよくっきりと浮かび上がってくることとなる。第二に、住宅政策過程に見られた動きに対応する新たな自治体論も提起されるに及んでいる。それは環境相ニコラス・リドリーが一九八八年に発表した「ローカル・ライト」文書によって打ち上げられた。同文書は一九八六年の政府緑書において提案され、綱領中にも言及されていた新しい地方税、コミュニティー・チャージ（いわゆる人頭税）の構想を弁証する中で、中央政府と住民の間での自治体の布置に関する革新的なヴィジョンを提示し、さらにサッチャー政権の組織戦略を初めて明示的に定式化してみせるものとなっていた。第三に、一九八七年に政府が発表した中央官庁の組織改革に関する「ネクスト・ステップ」文書は、政策遂行機能のエイジェンシー（agency：政策遂行機関）へのディヴォルーションという画期的な行政改革構想を打ち出すことで、同じ組織戦略が中央政府機構にも適用されていくものであることを示していた。

このように、前章で見た範囲では綱領の各所に断片的に姿を覗かせていたに過ぎない組織戦略が、今や国家機構全般および国家・社会関係一般に適用されていくものとしての普遍性を獲得しつつ、より明確な表現を与えられて立ち現れようとしていた。

第一節　住宅政策ネットワークに兆した変化

住宅協会　一九世紀にその歴史を遡る住宅協会（housing association）(1)は、元来が慈善事業に発する非営利の民間組織であり、賃貸住宅を所有・経営し、伝統的に自治体セクターがカバーしてこなかったような単身者・高齢者・その他の特に特殊なニーズを持つ世帯を借家人としてきた。これに対する政府の補助金は戦間期より存在したが、それが一般的な制度として確立され、政府が自覚的に住宅協会政策を追求するようになったのは、ヒース政権下でのことであった。ヒース政権は一九七四年住宅法において、住宅協会に対し住宅公社（HC：Housing Corporation）への登録を義務付け、また住宅協会補助金（HAG：Housing Association Grant）制度を確立した。このうち住宅公社は、中央政府や民間金融機関から借り入れ資金を一括して調達し、そこから各住宅協会に借り入れ資金を配分するクォンゴ（quango：quasi-non-governmental organisation）であり、さらに個々の住宅協会に対する全般的な監督権限を持つものともされた。協会補助金は、住宅協会が住宅公社もしくは自治体から資金を調達して行う新事業について赤字を補塡するために与えられる国庫補助金であった。一九七四年法は自治体が補助金による借家供給を独占する体制に初めて楔を打ち込んだ法律と言われている。

その後一九七四年から一九八〇年までの間に住宅協会セクターは急速な拡大を遂げ、特に住宅公共支出に占めるそのシェアは急速な伸びを示した。これには住宅協会が中央政府にとって自治体よりも操作し易い政策手段であったことが影響していたと考えられ、例えば一九七〇年代中頃に政府の政策の重心が新規建設から住宅再生へと移動した際など、この変化は住宅協会セクター内の数字に最も忠実に反映されている。一九七九年に発足した保守党政権は自治体よりも住宅協会を選好する姿勢を一層露骨に表し、その結果、一九七九年以降、協会セクターの資本支出額や新規建設戸数の対自治体セクター比は一九七〇年代を凌ぐ伸長を見せた。但し、自治体セクターとの比較を離れ、協会セクターだけを見るならば、サッチャー政権下に顕著であったのはむしろその活動の停滞であり、政府の攻撃に対する守勢であったことを見落としてはならない。

すなわち一九八〇年代前半を通じて政府による住宅公社への予算配分は額面で殆ど変化せず、また一九八〇年住宅法が導入した開発認可事業計画（ADPs：Approved Development Programmes）による住宅公社への資本支出の割り当て額（住宅公社はこの範囲内で住宅協会に借り入れ資金を供給する）は八二年度の九億三〇〇万ポンドから八七年度の八億三一〇〇万ポンドにまで削減されている。しかも、このような財政的引き締めにとどまらず、保守党政権は政府の補助金を得てきた全ての協会住宅に「買う権利」を及ぼすことを躊躇しなかった。その結果、一九八〇年度から八七年度までの間に八万四〇〇〇戸近くもの協会住宅が払い下げられたという。(2)但し、保守党政権はこのように住宅協会セクターを停滞の局面に追い込みつつも、その一方では開発認可事業計画を通してこのセクターの資源を特定の事業項目へ誘導することにも余念がなかった[3]。それはその時々の政府の関心を映し出し、例えば協会セクターの本来の役割である借家供給を超えて低価格で持ち家を供給することが促された時期もあった。しかし協会政策の変遷をより長期的に捉えるならば、政権第二期目までは一貫して高齢者向けないしは特殊ニーズ対応型の借家供給を期待されてきた同セクターが、第三期目にはより一般的・標準的な借家需要に応えることを期待されるようになったという展開が最も重要である。さらに政権第三期目には、政府が住宅協会という政策手段に付す重要性やこれに投入する資金の面でも、第一期目・第二期目からの大きな転換が生じている。

住宅協会が住宅白書によって脚光を浴びた一九八七年とは、協会セクターがその二、三年前から展開してきた資金不足を訴えるキャンペーンがいよいよ盛り上がっていた時期にも当たり、住宅白書以後の展開は一見これが効を奏した結果とも見える[4]。住宅協会側は特に住宅公社からの公的資金と民間からの融資を同一事業に柔軟に併用できるようになることを要望しており、政府はこれに対しては一旦一九八六年の時点で渋々重い腰を上げる格好で、民間資金の利用を三〇％までに限って認めている[5]。ところがそれまでに若干の先触れはあったものの総選挙後の住宅白書において初めて姿を現した新住宅協会政策は、一転して民間資本の活用を強力に促すものとして立ち現れた。民間資本の利用はむしろ前提視され、政府の供給する資本をセクター全体で五〇％程度に抑えることが目指された。またそうした民間からの資金の調達は、顧客層の拡大や今後協会住宅が服すことになる協議借家権と短期借家権とが想定する「合理的な家賃（reasonable rent）」が、セクターの収益性を強化することによって可能になるものとされた[6]。そしてそこには住宅協会が政府によって自治体に代わる賃貸住宅政策の主役へと仕立てられていく道筋が初めて看取されたのである。

一九八八年に行われたリドリー環境相の演説は、このような新しい住宅協会政策に説得力ある説明を与えるものとなった。[7] すなわちそれまで住宅協会は、自治体住宅の民営化の受け皿として言及される際にも、あるいは衰退著しい個人家主に代わる機関家主として言及される際にも、民間借家セクターの一部として論じられるのが常であった。ところが一九八八年のリドリー演説は、住宅協会を初めて民間セクターではなく、むしろ自治体と並んで社会住宅セクターを構成する主体として論じたのである。その際リドリーは保守党の政策担当者としては初めて、収入審査に基づく各世帯への直接補助金だけでは困窮者に対する援助を効率的に行うには不十分であることを正面から認め、そこから議論を出発させている。つまり住宅コストに対する補助金の住宅給付への一本化は、「所得の罠（トラップ）にはまる人々——所得をそれ以上増やすと住宅給付を失い却って収入が減るため、所得上昇を妨げるインセンティヴが働いてしまう人々」を生み出すことに繋がってしまう。従って家賃補助の効率化のためには、個々の世帯への直接補助金以外にも家賃負担を緩和する何らかの手段を講じる必要があり、市場価格が支配する民間の賃貸住宅セクターとは区別される「社会住宅セクター」を独立的に設定し、これが市場価格より安い家賃で住宅を供給していくことが要請される。リドリーはこのような新しい考え方の下に、一九八七年の綱領と同年の住宅白書が示した新住宅政策の四つの柱——協議借家権、オプト・アウト、住宅事業公団、住宅協会政策に立ち返り、これらに対して「住宅を所有できない、あるいは住宅所有を望まない人々の選択肢を広げ、特に地方自治体による『社会賃貸住宅』の独占を打ち破るもの」という意義を改めて与え直す。そして新政策全体を貫く目的を「社会賃貸住宅の奨励」と総括してみせたのである。そうした中で住宅協会は社会住宅の主要な供給主体と位置付けられることで、新住宅政策体制において持つことになる格別の重要性を明らかにしたのである。

このように民間セクターではなく社会セクターによる自治体セクターの代替が謳われるようになったことは、政権側の発想の転換を意味していた。サッチャー政権もしくは新保守主義政権一般の住宅政策の特徴として、住宅の供給者に対する建設補助金から個々の消費者に対する直接補助金への政策手段の重心の移動、すなわち供給システムの市場への一元化への志向がしばしば指摘される(8)。確かにサッチャー政権の第一期目・第二期目には、一種の消費者至上主義、つまり個人の「選択」の拡大を旗印に国民を生産者団体から消費者個人へと解体して捉え直し、個人の単位に訴求する市場競争を社会第一の組織原理として普遍化していくというのが、政府が随所で示したイデオロギー的方向性であった。一九八〇年代前半に起こった住宅給付制度の整備、住宅補助金の削減とこれに伴う自治体住宅の家賃引き上げ、さらには「買う権利」による国家セクターの個人への委譲などは、まさにこのイデオロギー的方向付けに対応していた。しかし一九八八年のリドリー演説は、個人に対する直接補助金の限界を指摘することにより、個人消費者を基本単位とする市場化のヴィジョンについて初めて不足を認めるものとなった。その代わりにリドリーが示したのは、むしろ市場はセグメント化されていても構わず、とにかく一つ一つのセグメントの内部で供給主体の側に多元性が存在し、一定の競争と一定の選択の幅が確保されていればそれで可しとする考え方であった。具体的には、その部門内で供給サイドの複数性が確保されているのであれば非市場部門が存在してもよいということになる。この観点から、住宅協会にはその守備範囲を拡大したり自治体住宅群を引き継いだりすることによってあくまで社会セクターの内部で自治体の独占を打ち破り、自治体に競争を仕掛けることが望まれた。ここには市場を挟んで消費者から供給サイドへ、個人から組織へと住宅政策の関心が移動し、まさに供給サイドの組織配置が直接問題にされるようになったことが確認される。そして、この組織配置の問題に対する政府のアプローチとは、供給主体間の競争創出という原則に、政府にとって扱い易い政策手段の開発――具体的には自治体をバイパスするための手段としての住宅協会セクターへの挺子入れという本音を混ぜ込んだものであることが見て取れた。

さて、以上のような協会政策によって中身が揃い新しい発想も獲得した保守党の住宅政策は、一九八八年住宅法

(the Housing Act 1988) に結実した。そしてその後発表された政府の計画では住宅公社を通して住宅協会に割り当てられる資金は、一九八九年度の八億一八〇〇万ポンドが一九九二年までには一七億三六〇〇万ポンドへと一気に一一二%も増額させられることとなり、また自治体のホームレス対策に対する住宅協会の協力のためとして二年間で七三〇〇万ポンドもの特別予算をつけるということも行われた。このような支出の拡大は、一九七九年以来の住宅向け公共支出計画の展開の中では実に初めてのものであった。[9] これに対し、他方の自治体住宅セクターが絶対的な縮小の途にあることは誰の目にも明らかであり、しかもこれにとどめを刺すかのように住宅担当相ウォルドグレイヴは、今後自治体による一般世帯向けの住宅建設が見込まれることは一切ないとまで言明していた。さらにウォルドグレイヴは、借家供給の主役が自治体から住宅協会へと交替することを指して「住宅のコミュニティーへの返還」と謳い、これが住宅供給の地方の党派政治からの解放と「スペシャリスト」による適切な借家経営を実現するものとなることを強調した。[10]

もっとも新政策に対する当の協会側の反応は冷めたものであった。何よりも尽くされるべき協会側への諮問が省略されたことが非難の的となったが、それ以外にも特に民間資金の活用、協議借家権の一般化、および協会補助金制度の改革が、協会住宅の家賃の急激な上昇を帰結することが危惧されている。[11] 住宅協会の代表団体である全国住宅協会連盟 (NFHA：National Federation of Housing Associations) は、協会セクターの伝統的な顧客である社会的弱者への打撃を案じ、協会セクターにおいては借家人の所得に見合った「支払い可能な家賃 (affordable rent)」が維持されるべきことを強力に主張した。[12] リドリーによる民間セクターからははっきりと区別された「社会住宅セクター」の提唱は、その限りでは住宅協会側の「支払い可能な家賃」論とも矛盾なく接続され得る部分を含んでいた筈だが、実際にそこで社会セクターの顧客として想定されていたのが従来の協会住宅の借家人よりも遥かに高い所得を得ている階層であるとしか考えられなかった点に問題があった。すなわち住宅協会はこれまで専ら高齢者や母子家庭などの社会的弱者が抱える特殊なニーズに応えてきたセクターであったが、政府はこれに自治体に代わって標準的な世帯向けの借家供給を担っていく役割を振り向けようとしていたのであり、さらに協議借家権の下での市場価格に近い「合理的な家賃」水準を前提とした新しい協会補助金の算定方法や、協会住宅に収益性を強いる民間資金の活用奨励策が、協会住宅の家賃の急激な上昇を帰結することが予想されたのである。現実となりつつあるのはリドリーの「社会住宅」ならぬ元来の福祉住宅としての意味合いにおける「社会住宅」の危機であるとも言われた。「住宅協会は今後益々中産階級のための住宅供給機関となり、ヴォランタリー・セクターが伝統的に奉仕してきた世帯は、（協会住宅の）家賃の上昇の結果、全く住宅を賄えなくなるであろう。[13]」ところでこのような協会住宅に対する新たな方向付けに対応するかたちで、次節に述べる通り、自治体の方には逆に特殊なニーズに対応する役割——福祉住宅確保の責務が振り当てられていく。

因みに、住宅協会側としては、中央政府による自治体および自治体セクターへの攻撃に同調するわけにはいかなかったし、また敢えてそうする必要もなかった。[14] そもそも住宅協会にとって、その事業の成功のためには何にも増して地元の自治体の協力が不可欠であった。地元に関する情報は自治体側に蓄積しており、インフラ整備や都市計画の権限も自治体が掌握していた。また借家経営のノウハウについても長年の経験と巨大なシェアを誇る自治体に一日の長があるケースが少なくなかった。こうした自治体の実力は、イギリスではかねてより中央政府が社会政策の執行機関であることは稀であり、住宅政策を初めとする多くの政策領域において現実に政策を実施してきたのは自治体であったという歴史的経緯に関係している。これに対し環境省が住宅協会の統括を委ねようとした住宅公社は、歴史も浅い上にせいぜいリージョン（広域行政単位）のレヴェルで支局を有するにとどまり、住宅協会にとっては自治体に代わるパートナーでは到底あり得なかった。しかもその住宅公社と環境省との間でも、それぞれが具体的な住宅投資戦略をたてる肝心のリージョン・レヴェルの支局間において連携や調整の契機が乏しかったという事実が指摘されており（むしろ公社も環境省もリージョン・レヴェルでの政策形成に必要な相手方の情報は自治体を介して得ていたという）、このことは、住宅協会が融資を配分する住宅公社と環境省を一体視し、融資のために環境相に進んで同調するという契機も働きにくかったことを想像させる。[15] さらに言えば、新住宅政策体制下では環境省と個々の住宅協会との間の財政上および行政上の繋がりの殆どが公社を介することとなっていたため、住宅協会の側が環境相の顔色を窺う動因は益々弱まっていた。従って住宅協会の側においてはむしろ、中央政府の反自治体的な住宅政策によってこれまで自治体との間に築き上げてきた良好な協力関係に水を差されることの方こそ強く懸念されたのである。

建築組合　一九八七年の綱領は、借家権に関する新政策を弁証する文脈において建築組合に言及するものとなっていた。そこでは建築組合は住宅協会や小口の借家経営者とともに賃貸住宅への投資の担い手に数えられる。そして「借りる権利」の現実性を確保するためには特に民間機関のまとまった資金を引きつける必要があるという立論の下、建築組合はそうした大口の民間機関として住宅協会と並べられ、その賃貸住宅への投資を促す必要条件として協議借家権が弁証されたのである。第三期目に入って明確なかたちをとり始めた住宅政策では、建築組合が言及される文脈は細かく枝分かれさせられ、建築組合はその豊富な資金力を生かして賃貸住宅の再生・経営・民営化の全局面に関わっていくことが期待された（但し直接家主になることへの示唆は立ち消えていた）。従来、建築組合は、互助組織の形態をとる個人向けの住宅ローン専門の金融機関として、専ら持ち家促進政策の領域において政府の政策過程に重きをなしていた存在であった。それが今や賃貸住宅政策の分野においても重要な役割を割り当てられるようになったのである。こうした一連の動きは、政権第二期目に制定された一九八六年建築組合法があって初めて考えられ得るようになったものであった。このとき政府の推進する金融自由化政策の一環として、銀行や保険会社が住宅金融を手掛けることが可能となったのと引き替えに、建築組合については同法が定められ、それまで組合員の拠出金と個人預金に限られていた資金の調達方法や居住する住宅が担保に供される場合に限られていた融資対象について、大胆な自由化への一歩が踏み出されていた。建築組合には同法によって各種金融取引の他、不動産に関する周辺事業（不動産取引の仲介・管理、保険仲介、法務サーヴィスの提供など）を直接・間接に営むことが認められた。この建築組合史上最も重要とも言われた立法によって、その後建築組合が自治体住宅の再生事業に参加し、払い下げの受け皿に対してはそれが個人であるか団体であるかを問わず資金を供給し、後年特に政府に期待されるようになる住宅協会への融資についてもこれを行うことが可能となるような法的基盤が築かれた(16)。ここに建築組合の潤沢な資金を賃貸住宅セクターに引き入れる見込みが生まれ、住宅事業公団の構想や住宅協会セクター拡大路線の形成が促されたのである。

建築組合はこのように持ち家政策のみならず賃貸住宅政策の領域においても政策過程に進出する足掛かりを得、またサッチャー政権の第三期目にはそれを政府から強く期待されるようにもなったわけであるが、その際にこれが持ち家政策の政策過程で発揮してきた存在感を新しい住宅政策体制にも持ち込むことは十分に想定され得た。従来建築組合は、政府が持ち家拡大政策を追求する際の不可欠の協力要請先であり、その反面として建築組合も政府に対して隠然たる影響力をもち、例えば一九八六年の建築組合法は業界の要望通りの仕上がりとなり、その立法過程における政府と業界代表の馴れ合い振りも際立っていたという(17)。今回、中央政府は賃貸住宅政策の局面でも建築組合の資金力を当てにするようになったわけであり、このことは建築組合が賃貸住宅をめぐる政策過程においても強力なアクターとなることを予想させた。

もっとも建築組合の側は住宅協会と同じように、むしろ自治体との協力関係を重視する誘因に規定されていたことが指摘されなければならない。[18] 建築組合と自治体との間の中央政府からは自律した協働関係は、一九七五年に労働党政権が自治体の大元の融資枠を削減することで自治体から住民への住宅ローンの融資が切り詰められた際に、同政権によってこれへの埋め合わせとして自治体への住宅ローンの申し込みを建築組合に紹介し協力を要請するシステム（support lending scheme）が創出された経緯に始まる。このシステムの下、自治体の住宅局と建築組合との間には緊密な連携関係が養われることになった。その後一九八〇年代に「買う権利」政策が執行される過程でも、こうした協働の実績を背景に建築組合から買い手に対して積極的なローン供与が行われた結果、多くの自治体が中央政府の思惑を超える規模の短期的な資本収入を手にし、これによって中央政府から加えられる財政への圧迫を軽減するとともに、中央政府の財政統制意図の貫徹を妨げている。

つまり建築組合は自治体にとっても有意な協力者であり、特に財政的に手詰まりとなった自治体を救うという役回りを現に務めてきた存在であった。逆に建築組合の側から見れば、自治体との間に密接な連絡関係を発展させることには局地的な住宅市場に関する確かな情報を得られる――そもそも土地利用計画に関する権限も自治体が握っていた――という利点があった。そうであるとすれば一九八六年法によって自ら不動産事業に乗り出すことができるようになった建築組合にとっては尚更に自治体との関係が重要なものとなっていたことは想像に難くない。

「旧コーポラティズム」から「新コーポラティズム」へ　一九世紀後半の公衆衛生行政の確立期以来、住宅政策の政策過程は中央政府と地方自治体の協働関係を機軸として成り立ってきた。中央政府は住宅政策上の目標を追求するに当たって自治体による事業遂行――それも直接的なサーヴィス供給を主たる政策手段と頼むことで、自治体の協力を必要不可欠としてきた。自治体に対するコントロールも補助金制度を通じた財政的誘因の操作を通してあくまで間接的に行い得てきたに過ぎない。逆に自治体の側から見れば、そこには財政的に常に中央政府に依存する体制が成立しており、中央と地方の間には確かに相互依存的なパートナーシップの関係が存在したと言い得るのである。

しかし、こうした財政的誘因を媒体とする自治体の遠隔操作という手法は、公共支出削減の必要が生じた一九七〇年代以降はもはや実践されようがないものとなった。従って中央政府から繰り出される政策イニシアティヴは、一つには一九七〇年代前半のヒース政権による家賃制度改革がまさにそうであったように、自治体の激烈な抵抗を惹起し、中央・地方関係の「政治化（politicization）」を招く顚末に陥った。[19] 他方、一九七〇年代後半の労働党政権は、地方財政協議会（ＣＣＬＧＦ）を設置して地方政府協会を公共支出計画過程に包摂することで、当時さらに緊急度を増していた支出統制に対する自治体側の理解と協力を確保しようとした。そしてこれと平行裡に住宅政策の領域においても住宅投資事業計画（ＨＩＰｓ）が導入され、住宅協議会（ＨＣＣ）が設けられる。これらは財政的なバラマキに頼る遠隔操作の代わりに中央政府と自治体との間に計画システム上の連携を創出しあるいはコーポラティズム的協議の場を確立することによって、両者間のパートナーシップを新しいきずなで固め直そうとする試みであった。

サッチャー保守党政権がこのような前政権の実験を悉く無に帰し、中央と地方との間に一方的な財政統制のモードを専制させたことは前述の通りである。そしてその当然の帰結とも言える自治体に対するコントロールの喪失は、地方への修復不可能な敵意を中央に植え付けた。政府は政策過程から極力自治体を排除する意志を露わにするようになり、住宅政策領域においてもいよいよ対策を迫られるようになっていた賃貸住宅セクターをめぐる「住宅問題」に関して、自治体を故意に疎外し、住宅協会や建築組合、あるいは住宅事業公団といったクォンゴを介して対処する道を選んだのである。

以上で見てきた住宅協会や建築組合に対する政府の期待の変化は、確かに住宅政策過程、わけても国家が特に大きな比重を占めてきた賃貸住宅政策の政策過程に大きな地殻変動が生じていることを意味していた。政策過程に関与する諸組織・諸機関を結ぶネットワークは中央・地方関係を大動脈とする従来の在り方から、住宅協会と建築組合を大きく巻き込み、自治体を周縁化するものへとかたちを変えようとしていた。この変化は図3に表される。そこには確かに当時の政府が抱いていた組織配置に関する一定の企図が看取された。

マルパス&ミューリーは住宅政策の「行政的枠組」を論じる中で、こうした政府と民間機関の間の関係強化に注目して「新コーポラティズム」の出現を指摘し、これをかつての中央・地方のパートナーシップからなる「旧コーポラティズム」と対比している。[20] 彼らによれば政府が自治体外部の非民主的な機関にパートナーを求める「新コーポラティズム」は、「政策問題が非政治化され、重要な政策決定が政府と企業の間の取引と交渉の世界に委ねられてしまうこと」、すなわち「公的な（政治的な）議論」のバイパスを含意する。また、それは政府が標榜した国家の「撤退（ロール・バック）」を意味するとは言い難く、むしろ政府と民間組織の相互浸透を促し、公私の境目を一層曖昧にするものである。「個人の自由や自助独立、あるいは市場の力といったレトリックに装われ、民営化のイデオロギーを背景とする政策にも、実際には政府の介入や補助金、指導といった要素がふんだんに潜んでいる。」[21]

マルパス&ミューリーの「新コーポラティズム」論は住宅政策過程に生じた組織配置の変化に名前を与えることを試みた唯一の議論であり、少なくともそれは政策手段となる機関を複数化し競合させ、これら機関に対する政府の一方的な選別の契機を最大化する——その過程で自治体を積極的にバイパスしていく——サッチャー政権の組織

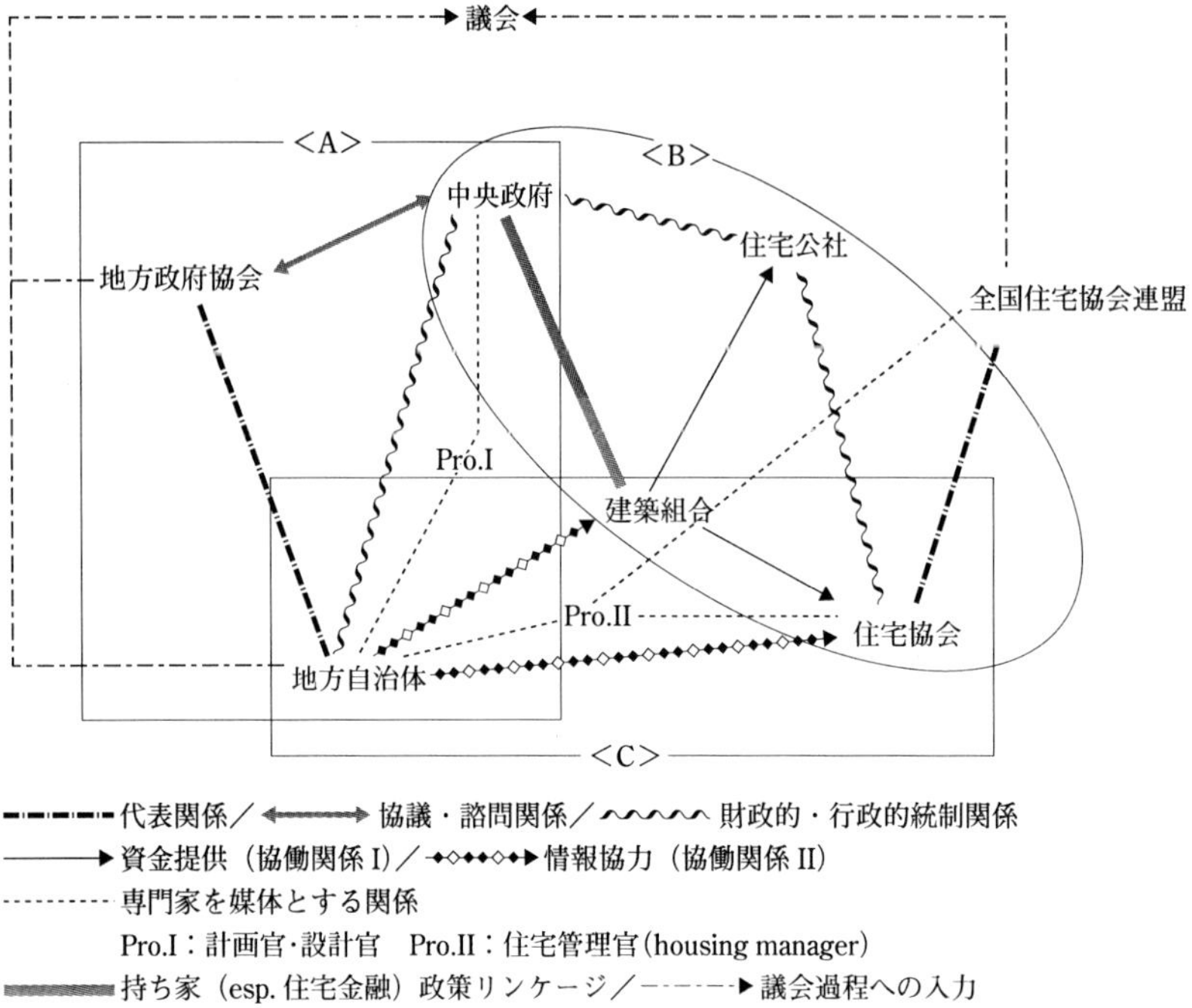

<A>，<B>，<C>　「政策コミュニティー」もしくは「コーポラティズム」？

1970年代的な政策コミュニティー論は，<A>の部分（自治体住宅政策コミュニティー）にモデルを求めていた．

これに対して，1980年代後半に出現しつつあると言われた「新しいコーポラティズム」は，<B>の部分に重なるものとなる．

そして，政策過程において中央政府が地方自治体を周縁化する傾向に歯止めをかけることが見込まれるのが，<C>の部分に働く協調へのベクトルに他ならない．

図3　住宅政策ネットワーク図

戦略について、その結果ないしは含意の一面を的確に描出するものであった。但し、彼らは組織配置の変化から組織戦略そのものの論理を読み取ることはなく、従って自ら鋭く指摘した公私セクターの相互浸透現象についても、保守党のイデオロギー的建て前である国家の「撤退」との矛盾を指摘するだけで終わっている。しかし、もしそこに政策手段を多元化し、それらの間に擬似市場を創出する組織戦略の論理を認めるならば、国家の「撤退」も、実際には政府の側に多分に作用点が留保されたかたちでの国家機能の戦略的なディヴォルーションであり、従って公私の境界の曖昧化も、政権の矛盾というよりもむしろその国家・社会関係に対するそうした組織戦略の適用の当然のコロラリーであったという理解が可能になるであろう。

最後に、「新コーポラティズム」論による政策過程の記述にも、一つ大きな欠落があったことが指摘されなければならない。そしてそれは保守党政権の組織戦略における死角でもあった。すなわち、いずれも住宅協会や建築組合が地方自治体との間に持つ密接な利害関係を視野に収めるものではなかったのである。(22) 住宅協会にせよ建築組合にせよ、自治体との協働関係の方がその歴史も長く、自治体の協力を現に具体的に必要としていた。従って中央政府と住宅協会あるいは建築組合との間にではなく、むしろ地方レヴェルで自治体と住宅協会あるいは建築組合との間に強力な「コーポラティズム」が成立し、これが逆に中央政府を牽制していく可能性が考えられた。少なくとも政府がその組織戦略を追求する中から現れる実際の組織配置が、政府の企図以上に複雑なものになるであろうことは確実であった。

さて、以上のようにサッチャー政権第三期目には、住宅協会や建築組合、あるいは住宅事業公団といったクォンゴが、地方自治体に代わる政策手段として中央政府の関心を集めるようになっていた。では政府は疎外されるべき当の自治体に関してはどのようなアプローチを考え、これをどのように自らが構想する組織配置の中に位置付け得ていたのであろうか。次節ではこの点を見ていくこととする。

第二節　「ローカル・ライト」――対自治体戦略の刷新

一九八八年二月、環境相ニコラス・リドリーは、ニュー・ライトの私的シンク・タンク、政策研究センター（CPS：Centre of Policy Study）から政策文書「ローカル・ライト――供給ではなく支援を（The Local Right：enabling not providing）」を刊行し[23]、保守党政権の新たな対自治体戦略の全容を明らかにした。その序文は次のように謳っている。「（この文書は）今日の保守党の政府の政策の背後にある『哲学』を説明し、地方自治体が社会の中で如何なる場所を占めるべきかに関する議論に貢献することを企図したものである。」

一九八〇年代の保守党政権はまさにそうした自治体の位置付けに関する明確なヴィジョンを欠いたまま、ただ闇雲に中央・地方関係をその経済・財政政策の遂行に巻き込むことによって、これを徒に敵対関係において硬化させてしまっていた。リドリーはこのような自治体に対するアプローチが決して思うような成果を上げ得ないことを見切り、過去八年間の保守党の路線への訣別を宣言する。そして、これまでの中央・地方の敵対関係を無用のものとするような、彼のいわゆる「哲学」に裏付けられた対自治体戦略を提示したのである。このときもあくまで地方公共支出の抑制、つまりその水準を「この国の与え得るもの（what the country can afford）と一致させる」ことが中央政府の重要な関心事であったことはそれまでと変わりない。但し、その支出の統制を従来のように漫然と中央が地方に対して財政関係上行使し得るコントロールに任せるのではなく、より実効的に果たし得る手段を確立することが企図されたのである。

保守党の新しい対自治体戦略を代弁した「ローカル・ライト」は、具体的には一九八六年の政府緑書において提案されていたコミュニティー・チャージ（いわゆる人頭税）[24]、一九八七年綱領中に公約された自治体業務のテンダー・アウト政策、そしてここに初めて明示的に語られることになった自治体の役割ないし位置付けをめぐる新たな方針に言及するものであった。そこでは全体を貫く「競争」拡大のテーマに新たに持ち込まれた「答責性(accountability)」の強化というテーマが重ねられ、また自治体周縁化のバイアスも真正面から取り上げられていた。「地方自治体が地元コミュニティーのニーズに即応的に (responsive)、しかも答責性のある (accountable) やり方でサーヴィスを供給し、また競争が有効な場合には他のサーヴィス供給者との競争を通じてより実効的かつ効率的に機能するようになれば、中央政府が自治体に対して細かいコントロールを及ぼす必要は確実に減るであろう」。

これらのうち従来のレイトに代わる新しい方式の地方税として浮上したコミュニティー・チャージは、確かに自治体の支出水準に対する牽制をその地元の住民に委ねることによって中央政府のコントロールを不要とする含意を持つものであった。但し、現実にはコミュニティー・チャージの導入に訴えるまでもなく、一九八五年地方政府法によるレイト・キャッピングの導入と大ロンドン市 (GLC : Greater London Council)・メトロポリタン市 (MCC : Metropolitan County Council) の廃止によって中央・地方の支出闘争は既に鎮静化の局面に入っていたのであり、地方公共支出のコントロールに執念を燃やしてきた当の大蔵省も、レイトに上限を課す念願の権限を確保したことで漸く一息ついていたという状態にあったことが指摘されなければならない。ところが一九八五年法が成立するや否や政府内では早くもレイトの廃止とコミュニティー・チャージの導入が検討され始め、特に環境省の熱心さと首相による年来の約束の存在がその推進力となった。他方、これに対しては、手にしたばかりの自治体財政に対する掌握力を失うことを嫌い、またコミュニティー・チャージが原理的に地方の公共支出の水準に対する中央の関与を一切無用とする含意を持つものであることを警戒した大蔵省は、終始消極的であった。[25] こうした大蔵省の反応からは、コミュニティー・チャージに対する政府内の支持が、それまでの地方に対する支出削減攻勢を貫いていたマクロ財政指標への関心――大蔵省によって代表される――によっては包摂され得なかった観点からくるものを含んでいたことが示唆される。

レイトに代えてコミュニティー・チャージを導入する地方税制改革は、一九八六年の緑書において「答責性」強化のテーマの下に強力に弁証されていた。それは有権者の約三五％が納めていたに過ぎないレイトに代えて全ての市民が一律に一定額をおさめる人頭税を導入するというものであり、これによって自治体の支出水準は有権者全員の地方税負担に反映されることになる筈であった。（政府は同時にレイト収入の六〇％をもたらしてきた法人対象のレイトについて、課税権を自治体から取り上げ、中央政府が直轄する方針を明らかにしている。法人は自治体への投票権を持たないため自治体の無責任な課税を蒙り易いというのがその理由であった。）そしてその結果、中央による支出統制によってではなく、有権者からの圧力によって自治体に支出の自己抑制が促されるようなメカニズムが働くことになるとされた。「自治体の財政的な答責性は、住民に懸かる自治体サーヴィスのコストの負担と地方選挙における投票権との間に対応関係が生まれることによって確実に担保される。」「政府には公共セクターの支出水準をこの国の与え得るものと一致させる責任がある。従って政府は地方政府の支出水準への関心を放棄するわけにはいかない。しかし（地方政府制度の）構造改革も中央コントロールの強化も、この責任を果たすための魅力的な手段ではあり得ない。オルタナティヴはむしろ、現在の地方政府の構造の枠内で自治体を有権者に対してより答責性のある存在にすることにある。これは幾つもの点においてより魅力的な方法である。それは地方政府の健全な民主的システムの存続を保証し、さらに中央政府と自治体との間の緊張関係を和らげるであろう。長期的にはより効率的な自治体サーヴィスの在り方を促し、また自治体とその地元に住む人々の繋がりを強化することも見込まれる。[26]」このような論理の下にコミュニティー・チャージの水準は各自治体が自由に定めるものとされ、それが地元の全ての有権者にとって自治体が提供するサーヴィスの価格としての意味を持つようになることが期されたのである。

さて、リドリーによる「ローカル・ライト」は、以上のような議論に二つの「競争」のテーマを織り込むことによって、コミュニティー・チャージ論をさらに一歩押し進めるものとなっていた。第一に、コミュニティー・チャージの下では有権者はサーヴィスのレヴェルと地方税額とを照らし合わせた上で地方選挙での投票を行うようになり、そこではより効率的にサーヴィスを供給し得る勢力が地方政府をコントロールする多数派に選ばれるようになるであろう。つまり、コミュニティー・チャージは各自治体内の政治勢力間に支出の効率化をめぐる「競争」を生じさせる触媒となる。そして、このようにサーヴィスの水準と価格の対応性によって地方政治が評価される契機が確立される結果、地方選挙は全国的な政党政治から独立し、真の地方政治が実現されるであろう。こうしてコミュニティー・チャージは自治体を全国的な二大政党間の確執から解放し、自治体のコミュニティーに対する「即応性(responsiveness)」を養うものとしての意義を持たされる。

第二に、リドリー文書は、コミュニティー・チャージが市民が自治体間のパフォーマンスを見比べるための指標となることを想定していた。これは自治体間に「競争」を措定する発想を意味しており、同様の発想はリドリー文書が民営化不可能な自治体の業務——例えば規制行政——に関して、自治体間の競争の契機が行政の効率性を担保することを期待した場面にも表れていた。このような発想は、地域の個性に不可避的に縛られる自治体の領域性を真っ向から無視するものと言えた。つまりコミュニティー・チャージはあたかも自治体間の一義的な比較が可能であるかのようなフィクションに対応させられており、市民に対し、領域的に仕切られた自治体に対する自らの帰属を相対化することを促す契機を秘めていた。もっとも少なくとも建て前上は自らの住む自治体と他の自治体とを見比べた際のパフォーマンス評価はあくまでも自らの自治体における地方選挙に反映されることが想定されていたであろう。しかし重要なのは、人々の移動（mobility）による自治体選別の契機が決して排除されてはいなかった──論理的に大きな意味を持ったままとされていた──という点である。むしろサッチャー政権が当初より産業政策全般を否定し、衰退地域から繁栄地域への労働力の自然な移動を待つ方針をとってきたという事実などは、異なる自治体間の選別という契機が、異なる党派間における地方政府の選択という契機の向こうにしっかりと──冷徹に──見据えられていた可能性を示唆しているのである。つまり、人々は今やコミュニティー・チャージという全国的に標準化された料金表を手にすることで、低価格で良質のサーヴィスが受けられる自治体を選別し、そこに移動することができる。不動産に懸かるレイトが税源の領域的な固有性を前提とし、納税者による自治体選別の契機──納税者の領域外への逃避の契機──を少なくとも理論上は無視することができたのとは全く対照的に、コミュニティー・チャージは人々の移動のポテンシャルを前提とし、またこれを促す領域秩序の在り方を含意しているのである。

このようにリドリー文書はコミュニティー・チャージによって、第一に地方の政治勢力間、第二に自治体間に健全な競争関係がもたらされ得ることを示唆しており、その際の「競争」は、極めて明示的に有権者もしくは納税者による「選択」のテーマ、ひいてはそうした「選択」を行い得る──例えば現に自治体間を移動できる──「一級市民」ないしは「ピープル（people）」への訴求に対応させられていた。(27) しかし同文書には「競争」のテーマをより直截に、つまりこれを「一級市民」の側の「選択」のテーマと重ねることなく、初めから供給側の組織に照準を合わせた組織戦略のテーマとして展開している下りも含まれていた。そしてその中では組織戦略としての「競争」化戦略の核心が、供給主体の複数性の確保を図るものとして真正面から定式化されていたのである。この定式化は文書中、特に自治体の位置付けに言及する箇所で行われたものであったが、このとき初めて一九八七年綱領以来随所に兆してきた——以上では特に住宅政策の展開の中に見出されてきた——組織戦略に明確な表現が与えられた。すなわちそこでは将来的に「地方自治体と並行して多種多様な機関が働くより多様化された（サーヴィス）供給のパターン」が確立されること、あるいは「自治体は過去におけるよりも多元主義的な方法で、すなわち公・私・第三のセクターの三部門にわたる様々な機関と共存しながら働く」ことが初めて明示的に唱えられる。そしてこうしたヴィジョンに特に「多元主義」という形容が冠されたのであった。この「多元主義」のヴィジョンを得ることで、自治体が行ってきた様々な仕事を民営化する政策は改めて一般的に弁証され得ることとなり、それまで綱領や白書の中で個別に提起されてきた住宅政策、教育政策、テンダー・アウト政策などの一連の政策が全てこの新しいヴィジョンによって総括され得ることとなった。遡っては一九八五年にリドリー自身が行ったバス事業民営化の手法が、その先駆性を改めて評価される文脈も確立されたのであった。

ところでリドリー文書は、さらにサッチャー政権が節々で表してきた自治体をめぐる組織戦略上のバイアスにも初めて一般的な表現を与えるものとなっていた。右のような「多元主義」的組織配置の中で自治体は特に次のような役割に振り向けられる。「自治体の役割はもはや普遍的な供給者のそれではなくなるであろう。しかし自治体もある側面では重要な役割を果たし続ける。それは地元のニーズを満たすだけの十分なサーヴィス供給を確保し、そのようなサーヴィスが多様な供給主体によって担われていくことを促す役割であり、サーヴィスを必要としている顧客に確実にサーヴィスが届き、しかもそれが彼らの賄い得るものであることを保証する役割である。」

ここで特に住宅政策領域において自治体に割り当てられた役割に言及するならば、既に八七年の住宅白書が「戦略的役割」という言葉を用いて自治体に地域の住宅供給全般を監督および補完する役割を措定していたが[(28)]、リドリー文書はさらに一歩踏み込んで、多様な主体による多元的な住宅供給の在り方を促していくために自治体が「イナブラー（enabler：支援者）」、「ファシリテイター（facilitater：促進者）」として機能することを期待した。具体的には、今後自治体は賃貸住宅を直接供給する代わりに、土地利用計画制度の運用を通じた宅地の確保や深刻なニーズを抱える地区または人々に対する重点的補助、住宅の質や安全性の監督、ホームレスや社会的弱者への住宅の保証といった領域にエネルギーを傾注することが期待される。特にホームレスに住宅を提供する役割が強調されたが、注目されるのは、このとき提供される住宅については自治体セクターからではなくむしろ民間から、自治体が民間大家と契約を結ぶことによって調達されることが想定されていた点である。

しかしとりわけ住宅政策については、戦略の作成と指令に特化し、その遂行の物的基盤を欠いた機関が如何に無力であるかは、過去の経験からも明らかと言えた[(29)]。しかも一九八八年に発表された土地利用計画に関する白書は、まさにそうした戦略の作成と指令に関わる自治体の計画・規制権限さえ脅かすような案を含み、政府による自治体への「戦略的役割」の期待が単なるレトリックであったことを露呈していた。従って新政策の狙いは、むしろ住宅政策過程において自治体を徹底的に疎外・周縁化し、その一方で最底辺と最小限のニーズへの対応については敢えてこれを自治体に押し付けて政府は頬被りして済ますという辺りにあったと見られるのである[(30)]。

自治体の役割の周縁化は、例えば自治体住宅の「周縁化」として現れ、少なくともこの一面では既にかなりの程度まで進行していた。元来上層労働者階級、ときには中産階級までをもその顧客層に含んでいた自治体住宅セクターは、一九八〇年代に強力に推進された「買う権利」政策の結果、良質な住宅群と相対的に豊かな借家人を奪われ、劣悪な住宅群、貧しい借家人ばかりを残される傾向にあった。それに加えて住宅公共支出の削減が同セクターの絶対的縮小を決定付け、さらにセクターの質的な劣悪化に拍車を掛けていた。(31) リドリー文書は自治体住宅セクターに現れたこの趨勢を追認し、自治体が乏しい資源による最小限のサーヴィスの供給者に甘んじ、最底辺の階層を顧客として、政策過程全体に占める比重と発言力を減じていくこと——自治体セクターの「周縁化」——をいわば正当化する論理を講じるものであったと言えた。特に住宅政策に関しては、自治体の役割の周縁化がまさに想定されていたことは、リドリー文書が自治体が集中的に取り組むべき住宅政策上の課題を列挙して自治体の役割の再定義を行った場面で、わざわざ「これは小さな役割ではない、自治体の重要性の低下を意味するものではない」と弁明してみせたことに表れていた。同文書がここで「恐らくは民間の（住宅）供給者との契約によって」と念入りにも手段を限定しながら、それまで政府が散々黙殺してきたホームレスの人々について自治体が住居を確保すべきことを殊更に強調している点も象徴的であった。(32) このホームレスという最もマージナルな境遇にある人々についての殊更な役割付与は、本来裕福な労働者階級を顧客とすることを志向し、ホームレスに対する責務はもちろん貧困層の顧客を引き受けることにも消極的であった自治体にとって決して本意ではない展開を意味していた。ましてそのような役割を果たすための手段を手元に持てない、手段を調達する元手も保証されないとあっては尚更であった。一九八〇年代末の自治体はマージナルな役割——すなわち専らマージナルな状況への対処に特化させられた（それだけに荷の重い）責務を、これを引き受ける意志も資源もないままに一方的に押し付けられる形勢に陥っていた。

最後に、第三期サッチャー政権が新しい対自治体戦略を提示するに当たって頻りに持ち出したのがコミュニティーという概念であったことが言及されなくてはならない。それは「コミュニティー・チャージ」においては言うまでもなく、自治体サーヴィスの民営化一般の弁証にも引かれており、第三期目の住宅政策の宣伝を演出したのもこの言葉であった。具体的には新しい住宅政策のスローガンとして「住宅のコミュニティーへの返還」が謳われ[33]、また一九八七年の住宅白書中では自治体住宅セクターは「コミュニティー」を公的福祉への恒久的依存に引き摺りこむもの、民営化は地元「コミュニティーの独立」をもたらすものという議論が展開されている[34]。これらの用法では「コミュニティー」は実質的には非公共部門と同義であり、しかもこれと自治体との間にはゼロ・サム的な対抗関係が措定されている。それ故に「コミュニティーの独立」というレトリックが、自治体によるサーヴィス事業の独占打破を意味するものとして、公共サーヴィスの民営化論に動員され得ているのである。そして最もコミュニティーの語感に相応しい筈のマージナルな弱者を救済する役割は逆説的にもむしろコミュニティーと対置される自治体の責務とされ、しかも自治体は彼らのためにコミュニティーと契約してそこから必要な資源を買うことが期待される。例えば、ホームレスへの援助は自治体の責任であってコミュニティーの責任ではないとされる一方で、自治体は前述の通り、この援助事業に必要な住宅はむしろ民間から調達することを要求される。また「コミュニティー・ケア」というスローガンの下、精神病患者・知的障害者への支援・介護サーヴィスを公立の大病院や施設ではなくコミュニティーが供給していくことが提唱された場面でも、政府の意図はあくまでコミュニティー＝非公共部門が自治体からの委託を受けて、つまり自治体側の負担と責任において支援・介護サーヴィスを供給するという体制にあった[35]。以上で意味されていたのは、まさに公共部門から独立して、つまり自らの福祉をこれから切り離して生活する（できる）人々と、公共部門との競合関係を指定された民間事業者とによって構成されるコミュニティーである。それはまたコミュニティー・チャージの含意そのままに、帰属する自治体を自由に選択できる有為な市民たちのコミュニティーということにもなるであろう。すなわちそれは非公共部門の事業を支え資本の運動に主観的に参加し得、多元的なサーヴィス供給者に対して選択権を行使し得、さらには自治体という領域的枠組から自らの帰属を遊離させ得る「一級市民」からなるコミュニティーに他ならない。そしてこのコミュニティーから落伍する者は、領域によって枠取られた地方自治体の足元に沈澱し、マージナルな「二級市民」としての境遇に甘んじることになるのであろう。

サッチャー政権は、選別的にもホームレスなどのいわば「二級市民」に関わる問題は自治体に押し付け、領域的に仕切り分けされた下位の政治空間に閉じ込めること——これも確かに一種のディヴォルーションであるとは言い得た——によって中央政府を極力身軽にすることを図ったと見ることができる。他方、「一級市民」からなるコミュニティーについてはこれを自治体から解放し、いわば領域秩序の重力から浮遊させて全国化することによってサッチャー政権のポピュリズムの基盤にしようとしたものと考えられる。つまりサッチャー政権は、国民ひとりひとりの政治的帰属——自らがどの政治的共同体に属しているか、どの政治的共同体に対して権利義務を負っているかに関するパーセプション——を全く新しい論理によって組み替えようとしたわけであり、それはどの政治的共同体も必ず領域的限界によって画定されることから、新しい領域（組織化）戦略の追求ないしは領域秩序の再編の作用として表象され得る企てとなった。そもそもサッチャー政権のポピュラー・キャピタリズムは、帝国主義と世界大戦の時代に興隆したナショナリズム、あるいはかつて保守党の政治的叡知が生み出した「一つの国民」戦略とは異なり、いわば社会のマジョリティーに重ねられる「一級市民」のみを射程に入れる選別的・排他的な統合原理を意味していた。そこでサッチャー政権が自らの基盤として想定したのはあくまで資本主義に主観的に参加し得る「ピープル（people）」であったが、これがビジネスの主体となり顧客となり得るここでのコミュニティーの構成員に対応すると考えられるのである。他方、ポピュラー・キャピタリズムに参加できない人々はそうしたコミュニティーから落伍する人々に相当し、彼らに関しては、自治体という領域的に仕切られた受け皿の底深くに沈潜し、全国的な政治の土俵では不可視の存在として無化されてしまうことが含意される。ちょうど北アイルランドの騒擾がかくも長きの間、人々の意識において、あるいは全国政治の舞台において、巧みに周縁化・不可視化されてきたのと同じように……。

第三節　サッチャー政権下のホワイトホール――エイジェンシー化の行政改革へ

サッチャー政権が第三期目に追求した住宅政策および対自治体戦略は、国家内の上位・下位組織間の関係および国家内の組織と国家外の組織との噛み合わせに関する一定の組織戦略を含んだものであった。以下では、その組織戦略が中央政府と自治体との間、国家セクターと民間セクターとの間にとどまらず、中央官庁機構の組織配置にも適用されることによって、サッチャー政権下の「権力の政治」に一貫した国家戦略と称され得るものを出現させていたことを明らかにする。サッチャー政権期を通じて、ホワイトホール（中央官庁）は絶えず何らかの改革圧力に晒され続けた[36]。しかし、サッチャー政権が組織戦略的発想を得た後半期には、その改革圧力は確実に前半期とは異なるものとして現れていたのである。

官僚制への攻撃　一九七〇年代までの行政改革熱が人材や人員ではなく機構の改革に焦点を合わせ、ヒースあるいはウィルソンの高級官僚に対するある種の敬意や親近感に伴われたものであったのとは対照的に[37]、首相就任当初からサッチャーの官僚制に対する改革攻勢を特徴付けていたのは、国家公務員への強い不信の念であった[38]。特に事務次官を筆頭に官僚制上層部についてはその微温的・現状維持的な体質が嫌悪され、中間部・末端部の公務員については人員数を膨張させ、組合の勢威を強めていたことがスキャンダル視された。サッチャー政権初期における行政改革の試みは、まずはこうした国家官僚制への攻撃というかたちをとる。そこで最初に推進されたのが、思い切った人員整理と公務員の「非特権化」であった。[39]

ただその実際の経緯は一見想像されるところよりも複雑なものであった。サッチャー政権は一九七九年五月の発足早々、国家公務員のリクルートの三ケ月間停止という大胆な措置をとり、[40]さらに同年末には年間四万職、約二億ポンド分もの人員整理計画を発表している。[41]政権発足時に約七三万二〇〇〇人を数えた人員数は一九八三年度の終わりには約六二万四〇〇〇人まで削減されるが、これは一九八〇年五月に設定された当初目標の六三万人を超える削減に当たった（さらに一九八八年度初めまでに五九万三〇〇〇人とする計画が立てられた）。このような思い切った人員削減はまさにサッチャー保守党が約束した「国家の撤退（ロール・バック）」を目に見えるかたちで実現するものではあったが、この〝成果〟は必ずしも政権が初めから有していた公務員への不信感のみに突き動かされてもたらされたものではなかったし、さらに言えば人員削減がそれ自体として追求された結果でもなかった。劇的な人員整理の背景には、そもそも保守党政権が公務員の人件費を大蔵省の定める総額規制（キャッシュ・リミット）の枠内におさめるという至上命令を自らに課しながら、公務員の賃金水準についてこれをコントロールする手段を持たなかったため、専ら人員数を削減せざるを得なかったという状況的な要因も関わっていた。すなわち保守党は、前労働党政権がその所得政策の一環として休止に追いやっていた公務員の給与水準に関する比較調査制度（公務員の給与ベースを民間との比較において客観的に決定する制度）を復活させる約束をしてしまっており、しかもそこで公務員給与の基準とされる民間の賃金水準については、所得政策は一切行わないという既定の方針によって全く手を出せない態勢に置かれていた——というより自らを置いていた。[42]そこで政府はキャッシュ・リミットの遵守を人員数の調整に拠らしめることになったのである。しかし、そもそもこのアプローチはより穏当ではない道——より簡便であり横着を決められる道かもしれないが——を選ぶことを意味した上に、当時民間に賃金インフレが生じていた折から財政上の効果にも限界があった。一九八〇年の夏、政府は突然比較調査制度を廃止し[43]、最終的には組合・政府間の個別交渉方式を新たな給与水準決定の方式として用いていくことになる[44]。このような政府の動きを受けて一九八一年に四ケ月もの長期にわたる公務員ストが巻き起こる。そしてこれに対して政府が反攻し勝利を得ていく過程で、政府の公務員に対する攻撃が先鋭化されたのである[45]。国家公務員の「非特権化」とは、政府が特にこの公務員給与に関する比較調査制度の廃止を正当化しようとして持ち出したスローガンであった。「非特権化」キャンペーンの槍玉には、その他には例えば公務員の年金制度——特にその支給額が物価の上昇に自動的に連動する仕組——が挙げられている[46]。大規模な人員削減も「非特権化」の攻撃も、このように多分に行き掛かり上もたらされたと言える側面を有していた（その展開はサッチャー政権の対自治体関係の展開によく似ていると言えた）。

以上のような人員削減や「非特権化」のキャンペーンに並行して、サッチャー政権はホワイトホールの文化改革にも着手していた。サッチャーはまず第一に、高級官僚の間にはびこる穏健主義や懐疑主義への悔蔑も露わに、事務次官の任命に際しては改革を臆さない柔軟で積極的な人物を選好する姿勢を明らかにした[47]。第二に、官僚の給与体系に能力給の要素を組み込み、また総合職と専門職の区別を廃する等の改革を通じて官僚制内に能力主義に基づく競争をもたらすことに努めている。そして第三には、以下に言及する一連の改革イニシアティヴにおいて、大臣やトップ官僚たちが政策形成に専ら関心を寄せ官僚機構のマネージメントをおろそかにする傾向の解消を図った[48]。

レイナー改革　この第三のマネージメント軽視への対策に関連してサッチャーが行ったのが、百貨店マークス＆

スペンサーを甦らせた辣腕経営者デレク・レイナーの起用であった。サッチャーはレイナーを首相の行政改革顧問（Efficiency adviser）として内閣官房に招き入れ、彼に強力な個人的信任を与え、行政組織の効率的な経営を実現するための改革の立案と実施を委ねた。(49) レイナーによる改革には、レイナー自らが統轄する改革の過程、これによって果たされる改革の中身、これらの二重の働きを通して合理的なマネージメントの精神をホワイトホールに行き渡らせることが期待されていたと考えられる。

レイナーが指揮した改革はまず、各省の若手官僚に一つの行政上の機能が果たされる際に動員される手続きを徹底的に調べ上げさせ、そこで発見された無駄の逐一とこれを解消する案を併せて提示させるというユニークな手法において実施された。抜擢された若手官僚は九〇日という期限のうちにこの任務を単独で遂行しなければならなかった。これは各省上層部をバイパスして首相がその若手官僚個人に直接信任を与えることを意味し、首相官邸の目に留まる機会を得た若手官僚を大いに発奮させるものとなった。(50) 換言すれば、それはいわばゲリラ的・内発的に行われる調査によってホワイトホールにランダムにメスを入れていく手法であり、同時期にアメリカで行われたレーガン大統領による一括的アプローチ――強力な一六一人委員会を設立し、これに包括的な行政改革案の作成を任せるもの――とは際立った対照をなしていた。(51) 一九八二年一二月にレイナーがマークス&スペンサーの経営に専念する意向を固める頃には、レイナー改革は既にその一三〇の調査の成果として年間一億七〇〇〇万ポンドおよび一万六〇〇〇職分の経費の節減をもたらしており、その他三九〇〇万ポンド分の一回限りの節約を生み、一億四〇〇〇万ポンド分の合理化の余地を示していた。さらにサッチャー政権が第三期目を迎える頃には、三〇〇調査の成果として年間一〇億ポンドもの節減が果たされており、改革のインパクトは疑いようもなく実体のあるものとなっていた。(52)

レイナー改革はその断片的・ゲリラ的な攻撃を通じてホワイトホールの部分部分に改革を及ぼしていくものであ

ったが、政府を去る直前のレイナーはさらに進んで効率化の契機をホワイトホール内に一気に行き渡らせるべく、各省が従うべきマニュアルの作成――いわゆる財政管理イニシアティヴ（FMI：Financial Management Initiative）のシステム作りに取り掛かっている。[53] 一九八二年、ＦＭＩはレイナーが発足させた行政改革班（Efficiency Unit）によってまとめられ、その実施は大蔵省に属する財政管理班（Financial Management Unit）に委ねられることとなった。

ＦＭＩは、へーゼルタインが環境相着任早々に導入したＭＩＮＩＳとレイナー改革の過程で環境省の若手官僚ジョウバートが考案したジョウバート・システム（別名ＭＡＸＩＳ）とを下敷きにした、強力なトップ・マネージメントと明確に定義された任務を与えられたコスト・センター毎の小マネージメントとを結ぶ情報ネットワークの形成を核心としていた。このネットワーク内では政策毎に具体的に特定された目標とこの目標に照らして測られるマネージメントの効率性を表すパフォーマンス指標が大臣によるマネージメントを補佐することが想定されていた。

ＦＭＩの創造に関しては、特にへーゼルタイン個人の積極的関与の事実を無視することはできない。彼がレイナーの助力を得ながら開発したＭＩＮＩＳは、「ホワイトホールに前例のない」システムであり、「巨大な環境省の活動全てを項目化し、各項目毎に現に投入されている人員と費用をまとめ優先度を付記するという一種官僚制に適用されたドームズデイ・ブックといった趣のものであった」。

「へーゼルタインは良い意味でも悪い意味でもホワイトホールの『フリーク』であった。彼はマシンに魅了されており、マシンの軽量化に熱心であると同時にマシンの馬力を高めることにも熱中した。彼のように政治に関する自著の最初の二章をマシンの話題に捧げる政治家は、他に思い浮かべることができない。……彼がどんなに異形の政治家であるかは、彼が一九八二年に一〇番地のダイニング・テーブルで首相の要望に応え、侮蔑的態度を露わにする同僚を前にＭＩＮＩＳの巧みさと効用を解説してみせた光景に集約されていた。[54]」一九八〇年代前半の行政改革イニシアティヴは、経営の手腕を買われて民間より抜擢されたレイナー、経営者的心性の持ち主ヘーゼルタイン――この二人の人物を中心に展開し、まさにこの二人が体現した「マネージャーとしての大臣」という観念によって導かれていたと言ってよい。

ところでサッチャーについてよく指摘されたのは、ヒースやウィルソンとは対照的に政府の機構改変には冷淡であったという事実である。このことは少なくとも政権前期においては、そのまま政権の機構改革への無関心となって表れた。[55]サッチャー政権が強力に推進した、政府機構の組織図に改変を加えることを意味するクォンゴ狩り――直接的にはホワイトホールそのものではなくその付属ないし延長部分を対象とする改革であったが――などは一見そうした無関心と矛盾しているかのようにも見えるが、これも実は過去の政権が示してきた機構改革熱へのアンチテーゼをなしていたことが見落とされてはならない。保守党内からはそもそもその在野時代より一九七〇年代に急激な増加を遂げたクォンゴ（quango：quasi-non-governmental organisation）の整理・統廃合を唱える声が喧しく上がっており、同党はクォンゴの増殖は即ち国家機構の肥大化であり、さらに大臣等が任命する非公選の専門家や利益集団代表によって構成され、政策形成や政策執行の一端を担うクォンゴは民主的な代表制度を形骸化させる「コーポレート国家」の先触れに他ならないという当時盛り上がりを見せていた反クォンゴ・キャンペーンに一役買っていた。サッチャーは首相に就任すると早速大蔵省の元高官のプリアツキーに命じて廃止すべきクォンゴのリストの作成に当たらせ、いよいよクォンゴ狩りを現実のものとする[56]（最終的には一九七九年から一九八七年までの間に八九六のクォンゴが廃止され、三七二のクォンゴが新設されている）。他方、環境相ヘーゼルタインは、ここでも独自に積極性を発揮して自省の傘下にあるクォンゴの整理に猛然と取り組み、数にしておよそその半数を一挙に廃止し、自らの熱心な「クォンゴ・ハンター」ぶりをアピールしている。[57] こうした動きは、「国家の撤退（ロール・バック）」やコーポラティズム的なものの廃棄といったサッチャー政権の大テーマと連結されていたが、それがまた機構改革熱に浮かされた従来の行政改革の系譜の否定でもあったことは、これについて一九六八年のフルトン報告に始まる「クォンゴ熱（a fad for quangos）」の終わりと評した当時の報道が意味した通りである。[58] それはサッチャーがそれまでの首相たちの機構マニアから距離を置こうとしたことと矛盾なく——むしろ一貫性を以て理解され得るような動きであった。サッチャー政権前期とはあくまで〝機構〟ではなく〝マネージメント〟に期待が寄せられた時代であったのである。

ネクスト・ステップへ　一九八八年二月、戦後期における最もラディカルな行政改革となるホワイトホール改革の青写真を明かす文書、「政府におけるマネージメントの改善——ネクスト・ステップへ」が行政改革班より発表された。[59] 同文書はこの時点では既に政府内での慎重な討議と利害調整を済ませ、サッチャー政権の確固たる意志に裏打ちされたものとして出てきており、[60] 従って文書の公表と同時にその実施を統轄するプロジェクト・マネージャーが任命されたほか、具体的な改革日程の第一弾——とりあえず一二の機関を対象としていた——も発表された。その改革構想は前代未聞の全く新しい発想に貫かれたものでありながら——しかもほとんど前触れなく突然世に告げられたものであったにもかかわらず——その執行への体制はあまりにも速やかに滑り出していた。

そのネクスト・ステップ改革の中身とは、以下のようなものであった。第一に、様々な事業の遂行に当たる「エイジェンシー（agency）」を各省から制度的に自立させ——つまり「ハイヴ・オフ（hive off）」し、各エイジェンシーを運営する執行責任者（executive manager）に可能な限りのマネージメントの自由を与える。第二に、そうしたディヴォルーションによって事業遂行の任務を取り払われ、いわば「小さな核」として中央部に残された官僚制の頂上部において、各省庁はその管掌する諸エイジェンシーに対して明確に特定された目標と資源を割り振るスポンサーとして振る舞うものとされる。こうして中枢部官僚（core executive）が煩わしいマネージメントや政策執行の子細から晴れて解放される一方、末端の自律的単位を率いる各執行責任者は事業の効率的遂行のみを念頭に置いてマネージメントに集中することができるようになる。

このような改革に関しては究極的にはエイジェンシーの民営化を目指すものという観測が広く持たれた。実際に政府のエイジェンシーの地位に関する言及は極めて曖昧な物言いに終始している。例えば政府はそれが国家公務員制度の範疇に残るのかどうかについて、「最終的には今日のような意味合いで公務員制度（civil service）に属するとは言えない位置を占めるエイジェンシーが出てくる可能性もある」と述べ、さらに進んで「こうしたエイジェンシーは政府や公共セクターに属するのかもしれないし、政府外に位置することでより効率的であり得る種類のものなのかもしれない」と述べている。[61]これらエイジェンシーが民間機関との競争に投げ込まれ、あるいは一気に公共セクターから取り払われることによって、将来ネクスト・ステップ改革がホワイトホールの大掛かりな民営化への第一歩として顧みられることになる可能性は大と見られた。

さて、以上のような大胆な構想による改革は、一九八〇年代にこれまでサッチャー政権が推進してきた一連の行政改革イニシアティヴとは以下の三つの点での決定的〝断絶〟を含んでいた。

第一に、「ネクスト・ステップ」文書に明らかにされていた通り、「マネージャーとしての大臣」という観念が正面から否定された。これはサッチャー政権の行政改革の発想が、ＦＭＩに代表される大臣やトップ官僚におけるマネージメントの機能を強化する方向から、むしろ彼らに懸かるマネージメントの負担を積極的に軽減する方向へと一大転回を遂げたことを意味していた。さらに長期的に見れば、これは一九六〇年代のフルトン報告以来の行政改革努力を規定してきた暗黙の了解、すなわち政策形成機能とマネージメント機能とが同一組織内・同一職内に統合されていなければならないという前提が遂に放棄されたことを意味していた（もっともこれまでにもフルトン報告がホワイトホール内のスタッフ機能を強化することによってトップの政策形成機能を補おうとしたのに対し、ＦＭＩはライン機能を強化することによってトップのマネージメント機能を補おうとしたといった力点の違いはあったが）。

第二に、ネクスト・ステップ改革において初めてサッチャー政権の行政改革の焦点が政府機構の組織形態の問題に合わされた。もはやサッチャー政権に関して機構改変に無関心であるという評価は当たらなくなった。この展開に関連して、ネクスト・ステップ改革のヴィジョンがそれ以前のＦＭＩ等の行政改革の全てが突き当たっていた壁を乗り越える一つの展望を示すものであったことが特記を要する。レイナー改革もＦＭＩの二つの前身も、ホワイトホール内の行政経費の節減のために考案されたイニシアティヴであり、公共サーヴィスの供給について生じる事業収支の管理への有意性は想定されていなかった。結果としてＦＭＩも公共支出の大部分を占める事業支出にはコスト削減の効果を及ぼしようがなく、政府は事業収支の管理に悩まされ続けることになった。これに対してネクスト・ステップは、事業遂行のディヴォルーションという処方を打ち出すことにより、政府は単に事業予算を固定しさえすればよく、そこでの支出の切り詰めが事業組織それ自体や事業のアウトプットの内容に与える実際の効果（ダメージ等）については各エイジェンシーのマネージメントの問題とすることでその責任を自らの外部に転嫁して済ますことができるという道を開いたのである。さらにそうしたディヴォルーションの先に中央政府とエイジェンシーの関係を競争入札的な関係に変換していく、あるいは事業そのものを漸次民間に委ねていくという展開があり得ることを示唆することによって、公共支出削減の将来の見通しを一挙に押し広げたのであった。

第三に、右の当然の帰結でもあるが、一九二〇年代にフィッシャー改革によって創造され、それ以来盤石の構えにあった統一的・一元的国家公務員制度がこのネクスト・ステップ改革によって遂に終焉を迎えた[62]。今日の一体的なホワイトホールの確立を導いた一九二〇年代のフィッシャー改革は大蔵省主導の改革であり、同省による支出統制の契機を各省に行き渡らせるという意図に導かれたものであった。従って当然予想されたことだが、ホワイトホールの統一的・一元的管理を不可能とする今回のネクスト・ステップ改革に対して大蔵省、とりわけその中でも公共支出計画を担当する部署は支出統制力の低下を懸念してあらゆる種類の留保を付すことに躍起となった[63]。実際のところ、一九八七年の総選挙直前に首相に内示された改革案が一九八八年二月にようやく公表されるまでのその間には、大蔵省の反対と首相の躊躇、そして原案を「水で薄める」過程が介在している。結局最終的な妥結案は、エイジェンシー設立の際にはその各々について給与制度、定員数、人員の任命・リクルートの方法、起債に対する大蔵省のコントロールの有無、多年度にまたがる決算の可否などを逐一検討し、必要に応じてこれらを柔軟に定めていくという線で落ち着いた。ここに至ってはもはや国家公務員制度の統一性の理念など雲散霧消し、その行く手に見えてきたのは、自らの輪郭において益々曖昧模糊たる中央政府とその境界に夥しく群がる変化自在のエイジェンシーであり、これらによる混沌の組織地図であったに他ならない[64]。

以上の三点において、ネクスト・ステップ改革はまさに革新的であった。それは一九八〇年代前半の行政改革の系譜との断絶において革新的であったのみならず、フィッシャー改革、そしてフルトン報告の時代からそれぞれ引き継がれてきた一定のパラダイムからの訣別を意味した点でも革新的であった。さらにネクスト・ステップ改革は、こうしたラディカルな内容においてのみならず、その実施規模においてもまさに中央政府機構に「革命的な」インパクトを及ぼすことを企図されていたことが指摘されなければならない。実施計画の第一弾が発表されてから半年も経たない一九八八年七月には、一九九八年までに現在の国家公務員の七五％をエイジェンシー下に移すという計画が発表され、また政府内でサーヴィス供給に携わる単位の約九五％がエイジェンシーの潜在的候補であるとも言われた(65)。このような政府機構の大々的処分の発想が一九八〇年代前半とは全く異なる地平に属するものであったことは、改めて言うまでもない。

さて、以上における中央官庁を対象とする一連の改革の研究は、先に住宅政策過程と自治体の布置に関する研究が明らかにしたサッチャー政権による組織戦略的発想の獲得と適用の事実を別の角度から実証するものになっている。ネクスト・ステップ改革とは、中央政府機構の組織内関係を、疑似市場的論理によって規制される組織間関係へと解体・再編していく試みであり、公私セクターの境界を曖昧化する含意も持っていた。それは住宅政策や対自治体政策において認められたサッチャー政権の組織戦略をこれ以上なく明瞭に、かつ目に見える大掛かりな変化に直ちに結び付くことからインパクトにも優れたかたちで表現していた。今この組織戦略に分節化・競争化の組織戦略という名前を与えることとしよう。するとここにこの分節化・競争化の組織戦略が、住宅政策過程が主な舞台とする国家の周縁部——国家内に自治体を、国家外に住宅協会や建築組合を配す——のみならず、国家機構の内奥に位置するホワイトホールにも及ぼされたということは、同戦略が国家構造のあらゆるレヴェルを包含する組織戦略として一般化されるようになっていたことを示唆し、このことはそれが今や一つの国家戦略として表象されるべきものにもなっていたことを意味している。そしてこのような一定の組織戦略に貫かれた国家戦略は、あくまで一九八〇年代後半になって漸く姿を現したものであり、一九八〇年代前半に継起したホワイトホール改革が組織内の文化改革とトップ・マネージメントの強化とをひたすら追求するものであったことに示されるように、それ以前のサッチャー政権にそうした諸組織の布置に関わる組織戦略的発想はむしろ全く欠けていたのである。

本節を経て、ここに初めてサッチャー政権の、国家構造全体を視野に収める国家戦略を語ることが可能になった。サッチャー政権は、ポピュラー・キャピタリズムのヴィジョンによって「支持の政治」上の新しいパラダイムを切り開いたのと同じように、分節化・競争化の国家戦略を得たことによって「権力の政治」の次元における「革新」を完了した。そして以上の「支持の政治」と「権力の政治」を有意に結び付け、まさにサッチャリズムと表象されるべき新しい作用の束――政府もしくは保守党政権を主体として語るならばその統治戦略とも呼ばれ得るもの――を完結させていたのが、サッチャー政権による「パフォーマンスの政治」であった。

終　章　作用としてのサッチャリズム

以上では「支持の政治」と「権力の政治」の二つの座標面においてサッチャリズムを構成する「作用」が同定された。以下ではまず第一節において、第二章から第七章までの事例研究によって明らかとなった事実に改めて第一章で提起した「二層政党制」および「二重国家構造」のモデルを適用し、サッチャー政権の下で「支持の政治」、「権力の政治」、それぞれに起こった「革新」の過程を明示的にあとづけてみることとする。その上で第二節ではサッチャリズムの「パフォーマンスの政治」における作用の定式化を試み、サッチャリズムの残された環を完成させ、さらにサッチャリズムの将来的含意についても若干の考察を加えることとしたい。最後の第三節では、以上の論考の視角を形成した「作用」概念によって現象を捉えることの意義を、この概念を社会科学の様々な方法論上の鍵概念と比較する作業を通じて確認し、社会科学、政治学、ひいてはわれわれの実践にとって「作用」概念が持つ意味を明らかにすることで本書の結びに代えたい。

第一節　ケース・スタディとしての住宅政策

まず、第二次世界大戦による圧倒的な住宅不足に初発を規定され、国民の喫緊の関心事となった戦後住宅政策をめぐり、保守党は自らの政権下で建設が果たされる住宅の総戸数を誇示して統治能力をアピールする戦略に訴え、これに〝成功〟をおさめることでその後二大政党の住宅政策へのアプローチを規定し続ける〝数の政治〟の手法を確立した。これは民主化の気運が社会にみなぎり労働党が大躍進を遂げた大戦直後の時勢に対し、二層政党制の確立とその中での「一つの国民」戦略の再生を通じて保守党が見事な適応を果たしていく、その適応のパターンを真っ先に体現した動きであったと言える。そしてそこでとられた戦略は、二重国家構造という与件にも実によく適合していたのである。

さらに住宅政策の起源を訪ねて一九世紀まで遡るならば、イギリスの二重国家構造が確立される場面に行き当たることとなる。チャドウィックの中央集権的な衛生行政の構想が挫折した経緯、あるいは自治体が公共住宅建設の費用負担に抵抗した経緯が物語っている通り、地方に割拠する自律的な権力はあくまで現状における既得権を保守しようとし、新たに負担と責任を負うことを嫌った。そして、それがそれとして通って初めてイギリスには行政国家が誕生し得たのである。住宅政策においても、建設補助金の供与によって自治体に公共住宅の建設を促すというのが中央政府のせいぜいとり得た方策であった。この補助金制度は戦後も二重国家構造の表徴としてその制度慣性レヴェルでの働きに裏打ちされながら存続し続けるが、その間には新しい環境との非適合性等による制度疲労も募らせていくことになった。

ところで保守党の「一つの国民」戦略は、労働党を片割れとする二層政党制の成立以前から存在し、その展開の一幕においてはディズレイリによる住宅政策イニシアティヴを促したこともあった。しかし、住宅政策が中産階級の気紛れな関心事を超えて政策アジェンダから外すことのできない政策項目として確立されたのは、あくまで労働党による統治の可能性が現実味を持つようになった一九二〇年代以降のことでしかない。住宅政策は労働者階級の政治勢力としての確立を象徴する政策であった。それだけに戦後の保守党が〝数の政治〟によって住宅政策における主導権を奪ったことは格別の意味を持っていたと言われなければならない。

さて、以下ではいよいよサッチャー政権下での住宅政策の展開についての総括を行うが、それは「支持の政治」の局面では二層政党制に代わる新しい政党制のかたちを含意するポピュラー・キャピタリズムを、「権力の政治」の局面では二重国家構造の変質を含意する分節化・競争化の国家戦略を用意し体現したというのが、その大要となる。そしてそうした住宅政策の展開に関する本書の研究は、これらの新機軸が因果論的必然の産物ではなく、真に創造的（イノヴェーティヴ）なものであったことを明らかにしている。

ここで新機軸が確立された経緯をまとめてみよう。ポピュラー・キャピタリズムに関しては、「買う権利」政策がどのように「支持の政治」の再構築に繋がっていったかという観点から整理を行うことが可能である。そもそも一九七〇年代を通して自己完結的イッシューとして独立的に発展を遂げてきた保守党の自治体住宅払い下げ政策は、一九七九年選挙綱領において初めて綱領全体との内容上の連関を得て政権構想の一部となったが、そこに存在したのはあくまで静態的連関であって、同政策は保守党にとっての戦略的な重要性をいまだ付与されていたわけではなかった。それが選挙への貢献を評価されて政権戦略の不可欠の要素となっていくのは、サッチャー政権発足後のことである。最終的に「買う権利」は一九八七年綱領において初めて綱領全体との動態的連関を獲得し、綱領全体に意味を繰り出す淵源になった。それは保守党のために遂に統治戦略の鉱脈を掘り当てたのである。「買う権利」がそこまでのものとなった背景には、この間に「買う権利」政策と多くの点でパラレルに論じられ得る国有企業の民営化政策が大成功をおさめていたという事実があり、また保守党が八年間にわたって政権を担当した後に総選挙に臨むに当たって、その間にもたらされた何らかの不可逆的〃変化〃に言及することを迫られていたという情勢があった。

分節化の国家戦略のルーツはより分散している。直接の起源はリドリーの足跡に重ねられ得るであろう。リドリーは一九八〇年代中盤に運輸大臣としてバス事業の分割民営化を敢行し、さらにそうして民営化されたバス会社に各バス路線毎に与えられる補助金を競争入札によって競わせるという斬新な民営化手法を導入することによって、組織戦略的発想を先駆的に現していた。その後一九八〇年代後半には今度は環境大臣として、自治体住宅を個人にではなく団体に払い下げる新方式を打ち出し、あるいは住宅政策過程における住宅協会や建築組合の役割を拡大する方針を明らかにしていく中で、組織戦略としての分節化・競争化戦略を明示的なかたちで提起するに及んでいる。そして、その同じ組織戦略の刻印がほぼ同時期に浮上したホワイトホールの改革案にも認められたことは、その射程に中央政府機構を含む国家構造全体がおさめられるようになっていたことを意味し、ここに分節化・競争化の組織戦略を国家戦略として語ることが可能となったわけである。その他にも一九八〇年代前半に見出されるルーツとしては、自治体をバイパスする政策手段を含意した都市開発公社の創出、および自治体レヴェルにおける自発的なテンダー・アウトを挙げることができ、これらが後の組織戦略上の構想を形成する材料となったことは疑いを入れない。しかし当時においては、例えば前者はあくまでヘーゼルタインの創意によるアド・ホックな試みとして位置付けられていたに過ぎず、その目的も単に再開発事業にビジネスの手法を取り入れることと見なされ、その組織戦略的な含意が注目されることはなかった。後者にしても中央政府の政策や戦略とは全く無関係に実施されたものであり、政府としてはせいぜいコスト節減の見地からこれを歓迎していたに過ぎなかった。一九八〇年代前半に自覚的に追求されたのは、むしろ国家機構の簡素化であり、組織ではなく個人へのディヴォルーション、サーヴィス供給者の競争ではなく消費者の〝主権〟であった。この点で、つまり組織戦略的発想の欠如において、一九八〇年代前半は後半とは明確に画されていたのである。

ところでこうした新機軸確立に至る経緯において二人のアクターの関与が決定的な意味を持ったという事実は、サッチャリズムの生成過程が多分に個人の創意や率先といった偶然的な要因によって左右されたものであったことを如実に物語っている。その二人とは言うまでもなく二人の環境相、マイケル・ヘーゼルタインとニコラス・リドリーである。

このうちヘーゼルタインについては、まず一つに、その二重国家構造という与件への鈍感さと企業経営者流の一方的な統制スタイルが、中央・地方関係の敵対関係における硬化を決定付けたと言える面があったことが指摘され得る。また彼の公共支出削減への情熱が住宅政策を最も攻撃され易い支出項目とした事実も重要である。そして自治体住宅の払い下げ政策、すなわち「買う権利」政策は、まさにこの環境相ヘーゼルタインの担当する政策として、そうした中央・地方関係の悪化や支出削減への圧力といった住宅政策外に発する要因の煽りをまともに受けることで、当初の見通しを遥かに上回る規模とスピードで結果を上げ、政府が最も成果を誇り得る看板政策へと成長を遂げたのである。さらに『買う権利』のそのような発展に、保守党随一の熱弁家であり活動的人物であったヘーゼルタインが自ら宣伝・演出に当たったことが大きく貢献していたことも疑いを入れない。つまり「買う権利」に対し、後にポピュラー・キャピタリズムの礎となるのに相応しい華々しい実績と豊かなイメージによる肉付けとを与えたのはヘーゼルタインであったということになる。また、彼による「この国の与え得るものしか与えない」という立場の堂々たる展開は、政府に対する国民の期待の縮小を期するサッチャーの企てを力強く守り立て、サッチャリズムの「パフォーマンスの政治」の可能性が開く一助になったと言ってよい。因みに「権力の政治」においては、彼はトップ・マネージメント強化論の主唱者として一九八〇年代前半の行政改革イニシアティヴを代表する人物であり、分節化・競争化の戦略が生まれた一九八〇年代後半との断絶を身を以て画している。最後に何より彼の行動は、産業政策を志向する経営者的心性とサッチャー首相に対する潜在的挑戦者としての野心に貫かれたものであったことが言及されなければならない。

他方のリドリーについては、かつて国有企業の払い下げ政策を担当し、ポピュラー・キャピタリズムが打ち出された際には環境相の任にあったことから、まさに民営化政策と「買う権利」政策とが両輪となってポピュラー・キャピタリズムのヴィジョンを紡ぎ出す現場に立ち会った人物であったと言える。しかし何より重要なのは、彼が国家戦略の形成に繋がっていく動きを先導した人物であったという点である。リドリーはその独創的なバス政策において組織の布置を改変することへの関心を具体化した後、環境相となってからは同じアプローチを現す住宅政策を提起している。またさらに進んで「ローカル・ライト」文書を著し、その中で分節化・競争化戦略を中央・地方関係や自治体組織の在り方にも一般的に及ぼしていく考えを明らかにしている。そこに見られたのは、二重国家構造に適合する新たな関係によって律せられる中央・地方関係とその中で割り当てられた新たな役割に沿って再編された自治体の姿を映し出すヴィジョンであった。ヘーゼルタインとは対照的にリドリーはリーダーシップ争いとは無縁な政治家であり、むしろ個人的野心を超越した理論的情熱によって政権中枢から警戒された存在であったことは注記に値する。確かに彼の発言や文章は、内容において非常にラディカルであり実質の詰まったものである一方、レトリックにおいては極めて慎重な醒めたトーンのものとなっており、そこには扇情的・扇動的な部分が少しもない。

こうした全く異なる個性をもつ二人が、一つには住宅政策への関与を通じてサッチャリズムの生成過程に決定的なかたちで介在したことは、サッチャリズムの生成を左右した偶然性の契機に光を当てる（例えばヘーゼルタインとリドリーが逆の順番で環境相を担当していたら、「買う権利」政策にあのような華やかさが付与されていたであろうか、あるいは分節化・競争化の組織戦略が生み出されていたであろうか）。さらに彼らの政権執行部内における首相との距離――端的にはその遠さを考えるならば、そこには〝サッチャーなき〟サッチャリズム生成論が浮かび上がってきそうでもある。もっとも本書が展開した政権執行部をめぐる議論は、サッチャー首相が政権中枢の真空の只中にあって、つまりは全面的に依存できる、ないしは外部との緩衝帯にできるような側近集団を持たず、その代わり比較的自律的に一方的・選択的な裁断権を行使する立場を保ち、省庁間のコンパートメント化と競合を利用できる体制を敷いていたこと（ここには既に分節化・競争化の戦略が予兆していたと言えるのかもしれない）を示唆しており、周縁からの（つまりヘーゼルタインやリドリーからの）イノヴェーション現象も、こうした構図に照らせばサッチャーの存在感の大きさとも全く矛盾しない現象として了解できる。勿論「パフォーマンスの政治」の追求ないしポピュラー・キャピタリズムの喧伝の場面で、サッチャー自身の「鉄の女」、あるいは庶民的宰相としての有り様が大きな役割を果たしたことは疑いようもなく、彼女の存在も重要であった。

「作用」とは生み出されるものであり、引き起こされるものである。それは一個人のイニシアティヴによって創造されることを排除しないカテゴリーである。従ってヘーゼルタイン、リドリーのイニシアティヴ、さらにはサッチャーのリーダーシップは、サッチャリズムを「作用」として捉えた場合、その生成に決定的に介在した固有の要因として確立され得ることになる。そして「作用」とは、その起点ないしは主体を横滑りさせ増殖させつつも「作用」としての同一性を保持し続けることによって、その大きさや作用域を果てしなく増大させ得るというカテゴリーに他ならない。そうであるとすれば、このような「作用」を分析概念として導入することは――そもそもヘーゼルタインやリドリーが如何にサッチャリズムの生成に関わったかという問いそのものが妥当なものとして成立するためにはまさにこれが必要なことなのだが――一個人の創意や行動からマクロな構造のレヴェルでの政治現象を説明する道を開き、これまで一個人ないしは一政治家が持ち得る起爆力について理論家が陥りがちであったシステマティックな軽視は遂に克服されるものとなる。

第二節　パフォーマンスの政治――責任のディヴォルーション、そして領域秩序の再編へ

これまでの議論では「支持の政治」にはポピュラー・キャピタリズムを、「権力の政治」には分節化・競争化の論理を対応させ、各々のレヴェルに生じた革新の定式化を行ってみた。以下ではサッチャー政権が「パフォーマンス《結果評価》の政治」のレヴェルで現した作用についてその定式化を試み、サッチャリズムを構成する最後の環を同定することとする。

まず確認されなければならないのは、この「パフォーマンスの政治」の考察は、サッチャー政権における個々の政策の不徹底性や非実効性あるいはその英国の衰退に対する無策を指摘することによってサッチャリズムの失敗を論じる種類の議論に対し、重大な留保を付すことを意味するものであるという点である。つまり経済・社会の実態

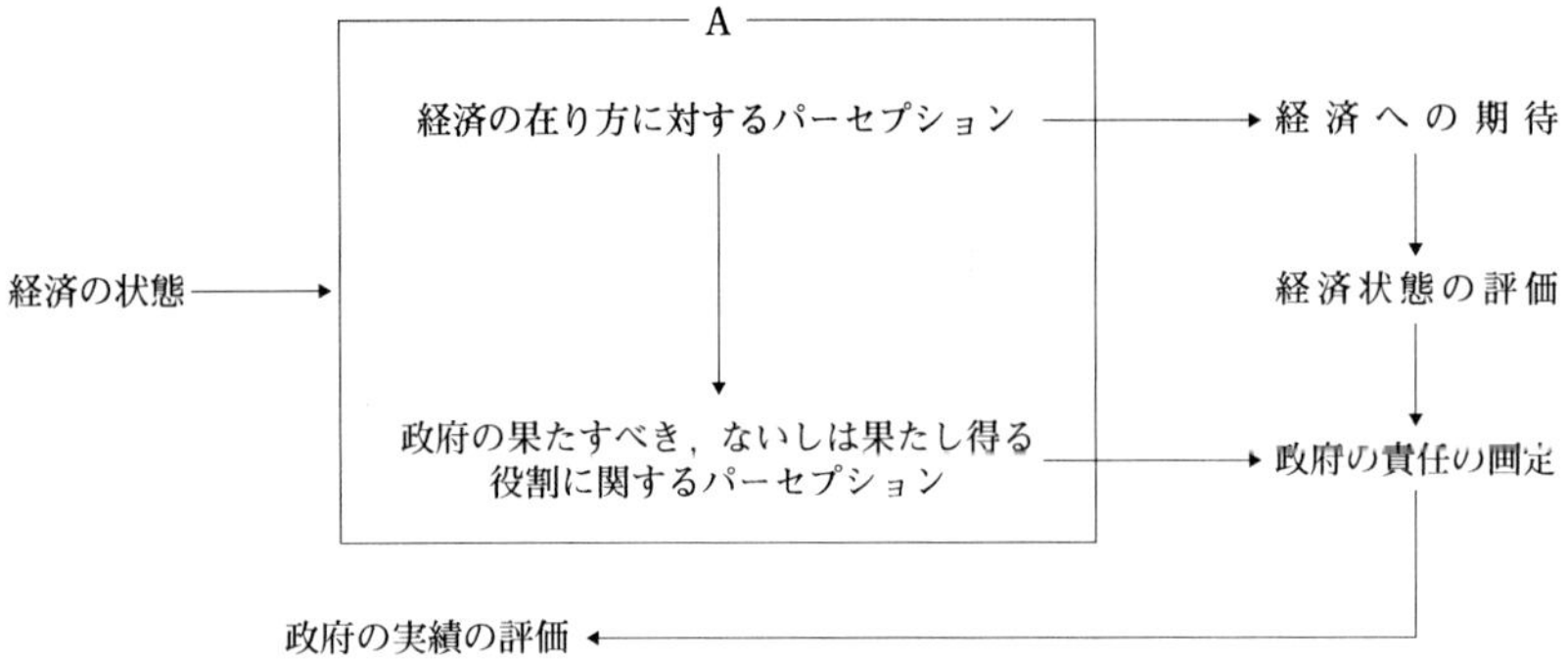

図4　経済状態と政府の実績

が、政府のパフォーマンスに対する一定の評価に結び付くまでには複数の認識の段階が介在する。例えばハドソンは、経済の状態と政府の人気の関係について、「経済の状態→経済に関するパーセプション・期待→政府の経済面での実績の承認→政府の実績の承認→政府の人気」という段階的な構造があることを指摘している。[(1)] このチャートはさらに洗練して図4とすることができる。「パフォーマンスの政治」とは図で言えばAの部分に働きかけ、政府の実績が問われる前提条件そのものを変えていく作用に関わるものなのである。

　サッチャーが野党時代に「モラル」という語を用い、首相就任後は「リアリズム」ないしは「新しい常識」という言葉を使って国民の期待のあるべき有り様に言及したことは、まさにこの「パフォーマンスの政治」のレヴェルで捉えられるべき事象であった。抗いがたい響きを持ったと見られる「他に選択肢はない（TINA : There Is No Alternative)」というスローガンも、人々に認識の変化を促す媒体となった。サッチャリズムが及ぼした何らかの不可逆的な変化の痕跡が認められるとすれば、それは何を措いても第一に、このレヴェルにおける作用によるものに求められるであろう。

まず経済の実態に対するパーセプションの変化について考えてみるならば、それは次の二つの点に表徴していると思われる。一つには、資本主義の当然の帰結として経済的「二重構造（dualism）」が容認されるようになったということであり、その結果、繁栄する一部の国民と大量の失業者との並存や国内における地域的南北格差が自然なことと捉えられるようになった。いま一つは、これと連動して「国民経済」に対する関心が人々の経済への関心から抜け落ちるようになったということであり、このことの一環として、一部の国民の最下層民化（アンダー・クラス化）が他人事のように受け止められるようになり、資本の国際化を問題視する論調も後退した。今や資本や「一級市民」が海外に逃避することを牽制し得る観念は消滅しつつあるように見える。

こうした経済の在り方、その働き方に関して人々が持つパーセプションの一部として、政府の役割への期待も形成される。一九八〇年代にはそれは「小さな強い政府」という言葉で表現され、この政府観はサッチャー政権が宣伝したイデオロギーを媒体として広まった。実はこうした政府観についての作用は、サッチャリズムにおけるとりわけ戦略的な要締をなしていた。何故なら政府が起点となりあるいは政府を介して及ぼされる作用とは、悉く政府観への作用を伴うものだからである。従ってそうした政府観への作用を構成する論理は、政権からマージナルな国民に対する責務が解除されることを意味した「支持の政治」上の作用にも刻印されていたし、また国家機構を分節化することでその制御の問題を市場競争に委ねていく「権力の政治」上の作用にも刻印されていた。そこに見られた政府観に関わる作用の論理は、一義的には責任のディヴォルーション（devolution：委譲もしくは押し付け）として、場合によっては第二に――これもあくまで責任のディヴォルーションのヴァリアントでしかないが――領域秩序の再編戦略として表象され得るようなものであった。

責任のディヴォルージョンとは、それまでは政府に帰されてきた責任を政府の外部に押し付けていく作用を意味する（それは言説によってのみでのことであったり、実体的負担を伴うものであったり、場合によって様々な厚みをとる）。サッチャー政権下では経済管理上の諸課題については市場や個人へ、支出の管理の問題や福祉への責任については自治体へ、責任を委譲もしくは外部化することが行われた。例えばマネタリズムも、まさにそのような責任のディヴォルーションの作用の媒体として理解され得る一面を持っていた[2]。そのマネタリズムの喧伝も与って、失業率に対する政府の責任がかつてのように無条件に問われることがなくなったことは、政府による責任のディヴォルーションが最も顕著に成功をおさめた例と言えた[3]。

もっともそうした戦略的形態において表象され得る「作用」は真空のうちに生じるものではなく、誰かによって、あるいは何かによって、その時々の具体的状況の中で有意性を獲得していくものとして起こされる。その意味では責任のディヴォルーションの論理による作用とは、国家の「統治不能状態」、政府の「過重負担」への直接の反応であったであろう。また、そうした「作用」は自律的ないしは自己完結的に一定のパーセプションの変化を帰結するものでもない。経済や政府に関する新しいパーセプションの在り方は、一九八一年度予算をクライマックスとする政府による経済への締め付け（ショック療法とも呼ばれた）からその後の世界的な経済情勢の好転や北海油田の恩恵に浴した一九八〇年代中盤の好景気などの諸要因――つまりその時々の政権の舵取りや経済情勢の変化によってその浸透を助けられたものであった。そしてここで是非とも言及されなければならないのは、ソ連・東欧で起こった革命の波及効果である。一九八五年二月にソ連共産党書記長に就任したゴルバチョフによる劇的な改革路線の追求は、彼のサッチャーとの親交のイメージも手伝って、サッチャーの「他に選択肢はない」という主張をいわば世界史において実証したかに見えた。市場経済への国家機能（もしくは責任）のディヴォルーションは時代の趨勢となり、しばしば明示的にサッチャリズムのラベルを付されて世界に流通し、例えば中南米においては社会主義からサッチャリズムへの転向は一つの潮流となった(4)。このようにいまや国家の非効率性と市場経済の優越性が世界的常識となったかに見えたことが、サッチャー政権の正しさあるいは先見性に対する事後的な評価を生んだとまでは言わないにせよ、それが少なくともイギリスの人々の間に引き起こされつつあった経済や政府に関するパーセプションの変化を決定付けたということは如何にもありそうなことである。とりわけそれが消極的な諦念によるものであったとするならば。

さて、責任のディヴォルーションの作用を領域性に規定される地方自治体に関して見ていくと、この作用が持つ一定の領域秩序再編の論理が浮かび上がってくる。「二級市民」のための福祉責任を中央政府から一方的に押し付けられた自治体は国の〝お荷物〟を一手に引き受けることによって、「一級市民」――彼らについては自治体から「解放」されるべきであるという議論まで展開される――の統合の上に中央政府が安住するための、いわば緩衝装置となることが期待された。換言すれば、自治体の周縁化によって、「二級市民」が中央政府との関係では透明人間となるようなパーセプション操作が企てられたのである。それは各レヴェルの政府が各々その領域内の市民や資源をア・プリオリに包摂するコミュニティーに対応し、いわば領域的に画定されて成立する政治的空間が中央・地方のレヴェルに重層的に存在するという従来のフィクションが破棄されることを意味していた。その代わりにサッチャー政権が指し示したのは、中央政府が恣意的に同じ領域に存在する人的・物的要素の帰属を全国単位と地方単位に篩い分けることによって、上位・下位の政府が重層的にではなく同一平面上において、かつては上位・下位両方の政府に矛盾無く帰属し得ていたところの領域要素を住み分けるというヴィジョンであった。いわば領域的帰属が政治的共同体をそれだけで画すことがなく、領域要素が新たなカテゴリー分けに従い、異なる政府レヴェルに対応する並列的・競合的な政治的空間にバラバラに包摂されるというフィクションが志向されたのである。勿論これは中央政府が下位の領域政治体に対して仕掛けた恣意的・選別的な領域秩序の操作であり、中央政府が最上位にあってその領域内への〝主権〟を帯びているからこそ――その限りで領域的排他性の最も完全な体現者であるからこそ――踏み切ることができるようなパーセプション操作であった。従って、例えばEUが緩やかな国家連合であることをやめてEUレヴェルの政治を上乗せした重層性のフィクションを改めて提起し、例えば中央政府と地方政府をそれぞれが完結した同型の政治的空間を持つものとして同等に扱ったり、後者を直接代弁もしくは支援するようになったりすることは、サッチャー政権の領域戦略に対する重大な攪乱を意味するであろう。

このようなサッチャー政権による領域秩序の再編戦略には、同政権が経済的「二重構造」への趨勢に適応し、政治的権威の確立され得るスペースを確保し得た〝秘密〟が直截に表れている。それはまた同時に政治的共同体における領域的同一性の要件を解除する、つまり領域による〝仕切り〟を非本質化することで国民経済の無意味化にも接続されていた。しかし人々のパーセプションが「二重構造」の現実を承認しこれに対する中央政府の責任を解除するだけにとどまらず、国民経済そのものの無意味化に馴らされつつあるとすれば、それはサッチャリズム後の世界に対して非常に深刻な含意を持つ。すなわちそうした傾向は、サッチャー自身はこの可能性に無頓着であったかもしれないが、政権が想定する資本の国際化においてのみならず人々のイギリス国籍（英国民としての権利義務）からの解離というかたちでも国家の領域的敷居の無意味化が現象する可能性を示唆している。これはサッチャリズムの作用の論理が、サッチャー政権の意図やその論理を生んだ問題状況の要請を超える地点にまで自己展開を遂げ得るものであることに対応している。

論を急げば、例えばサッチャー政権のポピュラー・キャピタリズムは、ワールド・ポピュラー・キャピタリズムとなる契機を抜き難く含んでいたのではないかということである。ポピュラー・キャピタリズムは資本主義における資本の運動へのピープルの無媒介的統合を意味するものであったが、それは「一つの国民」戦略とは異なり彼らを国家の政治秩序そのものに統合することを意味してはいなかった。サッチャーはイギリス人の国民としての自信の回復を期し（サッチャーが多少なりともこのような意識を持っていたことは、一つには彼女がナショナリズムの感情を喚起し、これを超国家的ECへの反対に動員しようとした場面に窺われた）、富の拡散をこれに繋げる意図を持っていたようだが、ポピュラー・キャピタリズムの鼓舞を受け「企業家社会（enterprise society）」への参加によって成功し、自信を回復し得た人々は、むしろ英国を見捨てる可能性が高いのではないか。〝アメリカン・ドリーム〟におけるように富の礼賛が即ち政治秩序へのコミットメントになるといった認識上の機構は英国人には存在しない。彼らはむしろ非政治的なピープルとして易々と世界資本主義の運動に一身を投じはしないか。他方、サッチャリズムが「権力の政治」において指し示す国家構造と市場の平板化は、イギリス国家の特異性をどんどん削ぎ落としていくであろうことが想像され、果てはイギリス国家が多元的な組織の分立状況の中に埋没した、世界システムの無個性な一分節となってしまうというシナリオも考えられる。サッチャリズムの作用には、まさにサッチャリズムを招請した舞台やサッチャリズムの道具立てそのものを解体しかねない論理が含まれていることが指摘されなければならない。

もっとも「作用」は「作用」として自足的に一定の結果を保証し得るものではない。それは政治学が未来の可能性について論じる学問であっても未来の予測の学問ではないことと同じである。サッチャリズムが「支持の政治」、「権力の政治」、「パフォーマンスの政治」の各局面において革新的な作用を体現するものであったことは確かだが、それぞれの革新にアンチクライマックスをもたらし得るような要因も常にその周辺に認められた。

例えば首尾よく資本家としてポピュラー・キャピタリズムへの参加を果たし得た市民がそこで身に余るリスクを負わされ手痛いダメージを受け、「労働力」ならぬ「資本」を搾取された階級になり果てる可能性が考えられる。一九八〇年代にイギリスの保険会社ロイズが推進したネーム（保険引受人）の拡大政策は、ごく平均的な住宅を所有するだけの人々までをも有資格者とし、彼らをワールド・ポピュラー・キャピタリズムの世界に誘うものであった。しかしその結果は、極端な例を言えば、普通の庶民が或る日突然、世界のどこかで発生した未曾有の損害に対し、無際限の保険債務を背負わされるという事態であり、一九八〇年代末のロイズの経営悪化はそうした苛酷な資本主義の論理による犠牲者を多数生み出した。ピープルのポピュラー・キャピタリズムも、これに主観的に参加した人々がその資本市場における圧倒的に弱小な立場を認識するに至るとき——つまり資本の運動への「参加」が客観的に意味するところを知るとき、社会統合のヴィジョンを支えきれるものではなくなるであろう。

また一九八〇年代の新しい「支持の政治」が、英国の伝統的な文化やエスタブリッシュメントの権威に対し、どの程度の破壊効果を及ぼし、あるいはこれらとどのような妥協を取り結ぶことになるのかは一つの見所と言えた。首相と有権者との間の同質性が促されることが二層政党制におけるのとは対照的なサッチャリズムの「支持の政治」の含意であったことは既に述べた。そうした同質性への傾向はメイジャー首相の登場によって不可逆的に根付いたかの観もあった。さらにイギリス社会のエスタブリッシュメントにとってのサッチャリズムのネガティヴな含意は、サッチャーによる政権執行部からの「ウェット」の駆逐やオックスブリッジへの攻撃として現実化した。しかし実際のところ、サッチャリズムがどこまで踏み込んで英国の伝統的な文化や権威の在り方を覆すものであり得たのかは慎重に見極められる必要がある。それはサッチャリズムが名宛人とする当の中産階級の心性に刻み込まれた伝統的なるものや田園生活への嗜好・憧憬を拭い去る力まで持ち得るものであったのであろうか。

英国の伝統的な文化や権威の在り方は、しばしば英国の衰退の最大の要因として非難されてきたが、他方でこれが英国社会における組織の曖昧な分立状態とこれが持つ多産さを条件付けてきた可能性は無視できない。つまり、イギリスに伝統的に見られる権威の多元的な割拠状態とこれに養われた諸組織の配置の〝混沌〟、〝曖昧さ〟こそ、例えば道路網の整備や郵便サーヴィス等の事業を民間レヴェルで〝発明〟し〝組織〟してきた英国人の輝かしい事績を可能にしてきたのではないかとも想像されるのである。「英国人は組織の天才である」というのがイギリス社会史を顧みての率直な感想である。そしてそこでは混沌こそ、英国人の組織・制度にまつわる諸発明の母であったのではないか。この点で、民営化や行政改革の果てにサッチャリズムの「権力の政治」が指し示す〝混沌〟が、英国の伝統的な組織状況における混沌に代わるものなのか、それともこれに包摂されるものなのか、その結末が大いに気になる。すなわちサッチャリズムが「権力の政治」において意味したのが、市場関係の網の目上に諸組織を浮遊せしめる類いの分節化であるとすれば、その先に現れる混沌が〝封建的〟権力の多元的割拠によって生み出された過去の混沌にすっかり取って代わり、文化変容を決定的なものとすることは十分に考えられた。しかし従来の混沌が新たな分節化の動きを呑み込み、イギリス社会の伝統的特性が鮮やかに保たれ続けるシナリオもやはり考えられるのである。いずれにしてもサッチャリズムが変容を促す文化とサッチャリズムの行方に現れる組織状況との間の相互干渉がどのようなものとなるか注視される必要がある。

最後に、サッチャリズムの「パフォーマンスの政治」が政治的空間から領域性の要件を恣意的に解除する領域秩序の再編戦略をその一面としていたことは、少し前にも述べた通りである。そしてそうした戦略とは、人々の移動可能性（mobility）を際限なく措定する理論上の操作の上に成立する——有意であり得る戦略であったに他ならない。しかし現実には、人々とは土地に縛られた存在であり領域的粘着性を持っている。人々の領域的に仕切られた政治的空間を執拗に要求し続けるであろう。例えばサッチャリズムが当てにする「一級市民」こそ階層間の空間的な隔離政策の推進主体であったことは、英国における「都市封じ込め（urban containment）」の歴史が雄弁に物語っているところである。郊外に居住しグリーン・ベルト保護の狼煙を上げる中産階級が体現する領域的粘着性こそ――そしてこうした彼らの空間的ポジションは田園生活を理想化する伝統的な英国文化と心理の深い部分でがっちりと噛み合っているのである――領域的に仕切られた政治的空間を要請し、自治体の砦を守り、サッチャリズムの領域戦略ひいては「パフォーマンスの政治」に抗するポテンシャルを持つものであろう。あるいは人々にとってポピュラー・キャピタリズムの幻想を支えるのが、資本や他の一般的な財とは異なり固定的で世界的な流通性を欠く住宅所有であるという現実がある限り、ワールド・ポピュラー・キャピタリズムの奔流の中でもピープルにとって国家が客観的に不要な存在となるという事態はまず考えられない。サッチャリズムとは、あくまでイギリス国家をめぐる軌道上に捉えられ、その周りを旋回し続ける程度に程良い力を以て放たれた矢、というくらいの「作用」であったということになるのかもしれない。

第三節　作用の政治学へ――結びにかえて

「作用」に照準を合わせること、「作用」を括り出すこと、これは政治現象を人間の側の働きかけによって可変的なものとして再構成しようという決意の表明に他ならない。このような決意は、あるいは社会現象に対する理解の試み全般に及ぼされるべきものかもしれないが、特に政治に関してこれを人間の可能性の〝わざ〟と責任の下に取り戻して理解することは、われわれの政治的実践に対する態度、積極性にそのままフィードバックしてくるに違いない。われわれは歴史主義的あるいは構造主義的決定論に服し、自らを巻き込んで展開する事態を、どこか特権的高所を匂わせる諦念をもって達観ないしは傍観するべきではない。自ら実践者として現実に働きかけるための挺子を発見・彫琢しなければならない。筆者の目には、まさにこの点にこそ政治学の存在理由――それが人間の営みの一カテゴリーとしてあることの意味――があるように思われる。

「作用」という分析概念は、人間の主体性とこれに対応する歴史の可変性の領域に属するカテゴリーである。このことは「作用」の次のような性格によって担保される。「作用」は、その起点の何たるかとは無関係に同定可能なものとして概念化される。数学の世界にアナロジーを求めるとすれば、それは大きさと方向のみによって同定されるベクトル概念に相当すると言えよう。そして、われわれはそうして現実から切り出された「作用」を、「作用」の起点たり得るわれわれ実践者の前に開かれた可能性として呈示することになる。われわれは「作用」を「用いる」ことができるのである。典型的には、発見された「作用」を別の場面に適用し、その「作用」を伝播・増殖させていくケースが考えられるであろう。あるいは、そこに見出された「作用」にこれに対抗するような「作用」をぶつけ、両者を相殺させるというケースも考えられよう。いずれにせよ「作用」という概念はわれわれの現実に対する理解を助けるだけでなく、その理解の中にわれわれの利用に供し得るような道具を仕組み込む概念として定立される。人間が現実をハンドルするためのいわば道具として「作用」概念は導入されるのである。

ここで「作用」概念との重なりが当然に問題となり得る「機能」・「構造」・「行為」の三概念について、その「作用」概念との異同を確認しておこう。これら三概念は、それぞれ今日における社会科学の主要な潮流を代表する分析概念であり、まさにこれらとの比較によって「作用」概念が今日の社会科学の状況に対して持つ意義も照射されることになろう。

機能と作用　まずはマリノフスキー、ラドクリフ＝ブラウンから、パーソンズ、そしてマートンへと至る機能主義者の系譜により彫琢されてきた「機能」概念との対照において、「作用」の特徴を明らかにしてみよう。

そもそも「作用」は具体的なアクターやアクターの主観的な意図、動機といったものを超越した（これらを一切捨象した）カテゴリーとして概念化される点では「機能」と変わるものではない。但し、このような共通点にもかかわらず、「作用」の方は前述の通り、あくまで人間にとって利用（ハンドル）可能なかたちで抽象されているのであって、この点において「機能」概念とは決定的に袂を分かつのである。

また、「機能」概念の二つの定式化の在り方に対応して「作用」の次のような特徴が浮かび上がる。一つ目は、マリノフスキー以来「機能」概念の核心をなしてきた、「機能」はその目的によって記述される、という定式化に関連する。これは「機能」が結果への言及を含んだ概念であることを意味するに他ならない。つまり「機能」とは、異なる二時点に挟まれた時間の幅を定義上含み込んだ概念なのである。他方、「作用」は一時点についても成立し得るものとして概念化されている。それは力であり、働きかけであり、放たれる瞬間の矢である。矢がその後実際にどこに飛んで行くかにはかかわらず、矢には目指す方向があり飛んでいくエネルギーがある。「作用」はベクトルに似ている。方向と大きさとによって同定される力。その瞬間に属する力。次の瞬間の事物の位相は、論理的にはこの「作用」と他の「作用」との間の合成を待って初めて決まり得るものでしかない。「作用」という概念は、起点への言及を含まないのと同様に確定された終点への言及も含まない。

二つ目は、機能主義のもう一人の父、ラドクリフ＝ブラウンによる議論、すなわち、「機能」は全体性をもった「システム」（あるいはその自己維持、自己再生産という目的と言い足してもよい）への言及によって記述される、という定式化に対応する。他方の「作用」は、全体性をもつ何かの措定を必要としない、つまり何にも内属しない、自足的なカテゴリーとして概念化される。このことを第一の定式化が含意する「機能」の時間的存在性と結び付けて論じるならば、次のようになろう。「機能」とは一定の時間の幅にわたって不変の、つまり線分の両端を含む時間的存在を持つもの——これは機能主義の用語にいう〈構造〉に相当する——が配する役割や制度によって媒介されるものである。これに対して「作用」は瞬時瞬時に存在し、従ってそれは瞬時瞬時に存在するだけの媒体（例えばある具体的な瞬間における存在としての人間や、事物の配列の確率的な出現としての事件など）もとり得ることになる。「機能」概念が、時間の幅の両端において一定不変の何かを自らの拠るべき枠組として措定せざるを得ないことにより、変動を扱いにくいアプローチを含意するのに対して、「作用」は変化をもたらす力を直接扱う。それは変化を理解し、かつまた変化をもたらすために導入される概念に他ならない。歴史が気紛れに選びとる如何なるエイジェントも「作用」概念の範疇を超えるものではないことは、まさにこのことと対応している。

構造と作用　次に、レヴィ゠ストロース、あるいはソシュールに始まり、フーコー、デリダなどを輩出した構造主義の系譜に目を転じ、彼らの分析概念である「構造」の「作用」との関係を明らかにすることにしよう。

構造主義のいう「構造」とは、現象の背後に伏在し、表示された現象に表徴する一種の概念分割の体系である。しかし、これだけでは言葉が尽くされたとは言えない。それはレヴィ゠ストロース以来、明らかに現象を規制し、構成する論理であることが想定されていた。「作用」もまた一つの差異の体系をなすような内的な論理によって記述され、しかもそれが現実を規制・構成する論理となる点では、実は「構造」と何ら変わるところはない。但し、構造主義による「構造」が、自らの再生産の結果とその再生産のための媒体とが混然一体となったものとして論じられ、そのためそれ自体で完結した一つの系、超時間的な系として理解される他なかったのに対し、「作用」はあくまで事象の生産・再生産の媒体に自らを限定している。自らが関与する事象の再生産の結果としての、客観的な事物の配列に言及するものではないのである。それ故、「作用」によって表象される世界は、原則的には次の瞬間に関するあらゆる可能性に対して「開かれた」世界となる。つまり「作用」はここでも、今度は構造主義の非歴史的・決定論的含意に抗し、自らが歴史の可変性の領域に対応する、変化や変動に照準を合わせた概念であることを明らかにするのである。

もっとも「構造」概念の右のような含意については、構造主義の系譜の内部においても、「構造」による規定を免れる「構造の外部」なるものを理論的に措定することによって、その克服が図られている。この試みを代表するのがフーコーであり、彼は「構造の外部」に広がり、力の発生とその相互干渉とが無定形に生じる場にダイアグラムという名を与えた。このような動きとの関係で言えば、「作用」は、構造主義がその自己批判の過程で措定するようになった「構造の外部」と「構造」それ自体との関係をいわば反転させ、後者が前者から生み出されたり呑み込まれたりする契機をも表象し得る概念となっている。すなわち、一枚岩をなす「構造」の外に「構造」では把握しきれない何かがあるというのではなく、無定形の力の場、いわばマグマの表面に、マグマが何らかの拍子に凝固した岩のかたまりが切れ切れに浮かんでいる――これが「作用」のイメージである。その岩の切れはし一つをとってみたところで、それ自体は確かに一定のロジックを帯びた「作用」を体現してはいるものの、他の諸々の岩の切れはし＝「作用」との間に構造的連関は存在しない……。現実を規制・構成するのは、そのような幾つもの相互に連関しない「作用」であり、一つの「構造」ではない。マグマのダイナミズム――事象の生起の論理は、そうした「作用」を神出鬼没に生み出し、またこれらにエネルギーを与えているのである。

ところで「構造」は、現実を規制・構成する論理であることが含意されているにもかかわらず、規制・構成力、特にその大きさについては何も語らない概念となっている。「構造」に対置されるべきものとしての「力」が構造主義の死角をなしてきたことは、これまで再三にわたって指摘されており、「構造の外部」の措定も、そうした「力」の場を別途設けることで「構造」概念を補う努力に相当した。しかしその「構造の外部」という概念とて、今までのところ体の良いブラック・ボックスとして働く以上の理論的深化は遂げていないのであり、「構造」に注入される「力」についても辛うじてその存在に言及する程度のものでしかない。これに対し、「作用」はまさに「力」を表象するための概念であり、その大きささえ問い得る概念として定立される。「作用」は、「構造」による現実の表象がどうしてもとりこぼしてしまう「力」を、自らのうちに取り込み得た概念として位置付けられるのである。

「機能」も「構造」も社会を構成するシステムなり論理なりの客観的な実在性を措定して事象を説明しようとするアプローチを含意する。これらの概念が論理的に内属するのは、いわば絶対的な視点をなす「アルキメデスの点」から得られる見取り図であり、それはまさに観察者の側に動きやバイアスが存在しないという前提含みの図に他ならない。しかし、そのような図をたとえ理論的にであれ求めて得ることが果たして可能なのであろうか。また仮に理論的には可能であるとしても、そうした図とこれを与える理論が果たして〝現実的〟と言えるであろうか。

「作用」は、事象の渦の中に自らも位置する観察者の視点をも許容する概念である。なぜなら、それは相対的にしか定まらない、移動する観察者の視点からも同定可能なものとして概念化されているからである。例えば、動いている乗り物上の観測者が一緒に動いている物体について観測し得るのは、観察者と物体各々にかかる加速度、すなわち力の大きさの違いのみである。すなわち、動いているわれわれから見て、しかも自分自身の位置や動きを決して知ることのできないわれわれから見て観測し得るのは、観測対象に働く力のみであり、しかもそれは観測者自身に働いている力との偏差として以外は観測され得ない。その点、それ自体が力であるところの「作用」は、何かの動きをわれわれ自身の動きとの偏差において表象するカテゴリーとして有用であり、従って、われわれ自身の位置を絶対的な視点に高めることなどそもそも不可能であるという前提と相容れる。それは、観察者と観察対象との間（本書でいえば、一九九〇年代の日本に位置する筆者と一九八〇年代のイギリス政治との間）に成立する地平において両者に働く力の偏差を表象する概念として導入されるのである。「作用」とは、事象の渦の中にあってそれとともに動いている他ないわれわれにとって、唯一可能な理論的視角を意味しているとは言えないであろうか。

行為と作用　最後に、「行為」を社会的事象の最も基本的な分析単位とする系譜について言及する。そこには、①行為者の主観を重視し、これを「行為」の類型化の基準に取り込むウェーバーの理解社会学に連なる議論の系譜、②ワトソンの行動主義心理学の流れを汲み、外部から観察可能な「行為」、あるいはせいぜいが生理学的・心理学的に記述の可能な「行為」に注目する、政治学の分野では例えば行動論の全盛をもたらしたような議論の系譜――これら二つの系統が存在するが、いずれも「行為」の類型化ないしは記述を社会的事象の説明の出発点にしようとする点で相違はない。（このように個人に属する「行為」を説明の基本要素とするアプローチが方法論的個人主義の立場の選択を意味するものであることは言うまでもなく、それはそれで納得できる。しかし近年「行為」は方法論的個人主義の想定を遥かに超えて、ゲーム理論ないしは合理的選択理論の隆盛を背景に、ルール現象をはじめとする従来個人単位のレヴェルでの類型化ないし記述が可能な事象には還元され得ないと思われてきたような種類の集合的現象をも射程に収めるようになっている。そしてそのために「行為」はその均質性・抽象度を高めざるを得ず、その結果、一方では具体的諸個人や諸集団への帰属関係を、他方では現実に生起した行為、あるいは現実を規定する行為との照応関係を失ってきてしまっているのである。）

さて、右のような趣旨の下に切り出される「行為」であるが、それは、他の潜在的行為者による実践に開かれた行為類型として記述される点で、「作用」にも通じる重要な特性をそなえている。すなわち両概念による表象は、ともに人間の具体的実践に接続され得るという性格を持ち、人間を「システム」の一分節もしくは「構造」のエイジェントへと還元してしまう「機能」概念による表象や「構造」概念による表象とは明らかに異なっているのである。但し、「作用」がそれとして存立する上で、アクターの自覚的な関与は必ずしも必要でないという点は重要である。ある方向が誰かに意図されたにせよ意図されなかったにせよ、その方向への力は同一の作用として表象され得る。「作用」は、アクターの有する意図や動機といったものから一切自由に同定され得るものなのである。

他方、「行為」をこれらから切り離して記述するのは、まず不可能といってよい。「行為」の記述は、行為の意図や動機、目的といったものへの言及を当然に含むものとして構成されざるを得ない（そういうものとしてしか完結され得ない）。このことはさらに突き詰めると、「行為」を記述する側がコンテクスト――つまり間主観的に了解される一定の基準に従って行為者の意図もしくは動機を推定しなければならないことをも意味している。しかし、「行為」を「行為」として記述するために、つまり「行為」概念を概念として自足させるために、このように間主観的に存在する何かを動員せざるを得ないという事態は重大な理論的問題を惹起せずには済まされない。つまり、それは「行為」概念がむしろ自らをもって説明（再構成）しなければならない社会的世界――この場合は間主観的な世界を意味する――に自らの定立の基盤をもつ、という循環論的構図を意味するからである。ここに「行為」概念は社会的事象を再構成するための基本的な分析単位として、もはやそれ自身を支えきれないことを露わにするのである。

これに対し、「作用」はそもそも社会的世界を再構成するための概念ではなく、むしろそうした世界を「作用」

の働く場としてとることで、そこに生じる変化を表象しようとする概念である。これはまた「作用」が「行為」とは異なり、個人に還元しきれない社会的実在をも呑み込み得る概念であることに対応している。つまり、行為論的アプローチに重大なディレンマを突き付けた間主観性の世界についても、「作用」はその実在性を矛盾なく措定し得るのであり、さらにはこれを自らが働く場として積極的に位置付けることができるのである。すなわち、物理的実在の世界において事物の空間的・物理的配置に働きかける種類の「作用」が想定され得るのは勿論であるが、その一方で、われわれの間に言語活動を介して共有される諸概念の配列の在り方、およびその事物との照応関係——これらに働く「作用」といったものも想定され得る。実際、人間が「作用」に関与する場合、後者の次元に中継されて初めて物理的実在の世界に何らかの「作用」が帰結するというケースが殆どであろう。こうして言説や知識の世界は「作用」の主戦場たり得ることとなる。これは、しばしばある種の言説に現実を変革する梃子が見出だされること、変化をもたらす前哨戦がしばしば言説の地平において戦われること——これらの事実に対し、「作用」概念が実に有意に対応する概念であることを意味している。

以上のように「作用」概念は、「機能」・「構造」・「行為」からは明確に区別され、しかもそれぞれとの比較において何らかの理論的特長をもった概念として定立される。何よりそれは人間の主体的実践の可能性に直結するような認識の在り方への志向に条件付けられた概念である点において際立っている。

このような特徴をもつ「作用」概念が、果たしてどのように実際の分析を導き得るのか、それは本書においてサッチャリズムの分析を例に示された通りである。勿論そのサッチャリズム論は、数多く存在し得るサッチャリズム論の一つでしかない。それは通常サッチャリズムに対応させられるイデオロギーないしは思想の内的構造に言及するものでもなければ、やはりこれに対応させられる特定の政策について政策論的に論じるものでもない。サッチャリズムの成果を確定するものでもなければ、サッチャーその人の行跡を追いかけるものでもない。しかしながらサッチャリズムを理解しようとするとき、特にこれを人間のなすわざの世界に属するものとして、さらに移植や伝播が可能なものとして理解しようとするとき、本書のアプローチには無視し得ない「分」があるものと信じる。以上に繰り広げてきた議論が、われわれの能動的、実践的な知の在り方に何らかの貢献をなすものであることを願いつつ、本書を締め括ることとしよう。

二〇〇九年　新版へのあとがき——ワールド・ポピュラー・キャピタリズムの果て

サッチャー政権の誕生からちょうど三〇年、そしてサッチャリズムの論理を世界中に解き放った東西冷戦の終結から二〇年が経つ二〇〇九年の今日、今なおサッチャリズムはわれわれが直面する世界を構成（そして再構成）し続け、われわれの現実理解に欠かせない座標軸を与え続けている。その日本への同時代的な波及や本国イギリスにおけるサッチャー退陣後の展開、そしてそれが早晩これとの相関を明らかにすることになるであろう二〇〇〇年代にアメリカに兆した新しい世界秩序の論理は、本書の続編に当たる『新保守主義の作用——中曽根・ブレア・ブッシュと政治の変容』（勁草書房、二〇〇八年）において詳しく論じた通りである。この新版へのあとがきでは、二〇〇九年という年にわれわれの意識を強烈な印象の下に捉えた三つの事件——日本における政権交代の実現、アメリカにおけるバラク・オバマ大統領の誕生、世界不況へと発展したいわゆるリーマン・ショックを引き金とする金融危機の発生が、一〇年以上も前に公刊された本書において論じられたサッチャリズムにまつわる様々な事象、さらに本書の続編『新保守主義の作用』が取り上げた現象、これらと結び付けて理解が可能なものである（あるいはこれらと結び付けることによって理解可能なものとなる）ことを示したい。

つい先月、日本戦後史上初と言える本格的な政権交代が実現し、民主党を中心とする鳩山内閣が発足した。それは世界大恐慌の再来を告げるかと言われ、今なおこれを機にぱっくりと口を開けた奈落の深さのほどは明らかではない、アメリカの投資銀行リーマン・ブラザーズの倒産――リーマン・ショックと呼ばれる〝事件〟からちょうど一年目の出来事であった。この間、アメリカでは、世界的な感興の渦を引き起こして黒人初の大統領が誕生する。

＊

さて、これら三つの事件は、本書の提起したサッチャリズム論に対し、自らを次のように定位する。

サブプライム・ローン危機とポピュラー・キャピタリズムの罠　リーマン・ショックにおいて遂にそのからくりを露呈した一つの資本主義の姿は、サッチャリズムがポピュラー・キャピタリズム（popular capitalism）というスローガンにおいて想定し、人々の統合を委ねようとした資本主義そのものに他ならない。この資本主義の一つの特殊な態様は、次の二つの特徴を持つ。第一に、それは国家に代わって経済システムが人々を政治的市民というより専ら経済のダイナミズムへの寄与者として、特にこれこそサッチャー政権の創意と言えたが小資本家として、秩序に繋ぎ止め、あるいは積極的にこれに賭け金を出させて動員するという秩序の構想――ヴィジョンに伴われている。第二に、しかもそこでそうした人々の賭け金を貪欲に呑み込み、そのことによって否応なく人々を方向付ける経済システムが、一般の人々の持ち得る小口の株券・債券ばかりか、彼らが居住する住宅を賭け金とすることも許容され奨励される。

こうしたポピュラー・キャピタリズムの特徴のうち、まず第二のものについて、本書ではその本質的な無理を指摘した。それは人間が物理的に限定された存在であること、住む場所を、一隅の定まった空間と場所を必要とする存在であること、そうした住まいを現実的には融通無碍には移せないこと――このことを十分に織り込んでいないシステムが作動を始めることを可能とし、それがこのシステムの帰結する災いをいわば自明のものとしていることを指摘した。この災いとは、システムによって想定済みの破綻のことではない。つまりバブルの上昇局面とそのバブルがはじけた後の下降局面がもたらす混乱に言及するものではない。住宅は、空間的実在性を持ち、物理的には言うまでもなくその生命活動・社会生活・心理機構上の要請から領域的粘着性を持たざるを得ない人間にとって、存在できる空間を保証し、一定の領域との繋がりを実現する上で、戦略的要諦をなす場であり財である。このような住宅を資本に見立て、世界的な資本の運動に投じることの人間的な無理は、それ自体として取り上げられ論じられなければならない問題である。今回の金融危機が、言われているようにサブプライム・ローンと呼ばれる低所得者向けの住宅ローンを金融商品に組み込んだことが原因かどうか、その因果関係にはまだ不分明な部分が多いのかもしれないが、少なくとも低所得者も、持ち家を持った途端、資本家と見なされ、ありたけの持ち物を賭け、あるいは実際の持ち物以上の資本を賭けることを奨励されるという状況が出現していたことは確かである。その結果として、多くの人々が突然居住する持ち家から立ち退きを迫られ、しかもそうした住居の多くが空き家のまま放置されるという事態が発生した。こうしたエピソードがわれわれの目に不条理として映るとすれば、それはそこに住宅を世界的な資本主義の運動に投企することの人間的な無理、住宅の資本には還元できない（してはいけない）人間にとっての価値が晒け出されているからに違いない。

この無理に別の角度から接近してみよう。住宅が市場の評価に曝されることによりその価値を伸縮自在とされ、その価値がそうして外在的に左右された結果住人の占有から取り去られるといったようなことが起こるとすれば、それは、人間の身体の延長としての住み処が市場の要求によって剝ぎ取られるのであるから、人間の身体のパーツが借金のカタにもぎ取られ、市場に載り、場合によっては巨大な在庫をなすことすらあるといった事態が人間にとって意味する災いに近いとは言えないであろうか。住宅がどこかの仮想空間で相互に、のみならず他の財との間においても、価格のみにて差異化された、交換可能な表象となる。このことが価格の上昇を見込んだ住宅への投機を起こり易くし、また一旦これが起こるとこれにより経済の拡大がもたらされ、住宅価格の上昇への期待がさらに高まることから、いとも容易く住宅バブルを生み、またあるときにはその逆、住宅価格の低下ないしその見通しが経済の収縮をもたらすという逆スパイラルも引き起こす……。しかし、そうした運動の自己循環的性格や全く恣意的に映る〝価値〟の急高下のみが問題なのではない。ある行為を行うこと（この場合は住宅価格の上昇を見込んでこれに投資すること）が自己実現的な効果を持つことや〝価値〟がジェットコースターのような軌跡を描くことが、人間の心理やモラル、社会に与える動揺が問題となり得ることもさることながら、より本質的な問題は、これが原理的にそうした運動のどの局面においても生身の人間が甘受すべきでないリスクを意味していることにある。ポピュラー・キャピタリズムは住宅を資本として当て込むことで、具体的人間の存在の条件と衝突する。それがその構想に従うことを現実の上に強いる過程で、人間社会がこれを呑み込めない地点をどこに露呈させても不思議はない。

人間が人間として持つ領域的粘着性、さらにモノとしてさえ持つ空間的実在性こそ、住宅が人間に対して持つ最も本質的な意味に関わっている。ポピュラー・キャピタリズムのモデルはそうした住宅を人々が易々と資本として差し出すことを当てにしている点において、空間的実在としての人間を捨象している。これまでのところ、われわれは逆スパイラルがもたらす様々な混乱の肩越しに、この背筋が寒くなるような捨象の含意を垣間見ているに過ぎない。その含意がフルに展開されることの意味をはっきりと突き付けられているわけではない。人間の、場から切り離されたモノ化、否、それどころではない、あたかもそこから瞬時にいなくなることができる存在であるかのように空間から切り離された透明人間化の意味を、である。

ワールド・ポピュラー・キャピタリズムの進軍　話の順番が前後するが、ポピュラー・キャピタリズムの特徴の第一は、それが「支持の政治」に対して持っている含意に関するものであった。ポピュラー・キャピタリズムは、専ら資産を持つ、あるいは資産を持つ見通しを持つ一級市民に訴え、彼らが資本主義の運動に対する参加を通じて現行の社会秩序に積極的に統合されている状態を指し示す、そのようなヴィジョンを含んでいた。重要なのは、ここからは、人々は国民としてイギリス国家が吊り支える秩序に統合されるのではない、つまり人々が統合される秩序、組み込まれる秩序は、イギリス国家のものに限られないという事態が含意され得ることである。その秩序は、ヨーロッパ大の政治によって、あるいは世界大の帝国によって吊り支えられるものであってもよい。あるいは、吊り支える力を、もはやわれわれは見ることができなくなりさえするのかもしれない。政治はというと、どの単位あるいはレヴェルでも、ある限界までは、こうした秩序問題への回答、秩序条件の実現といった至上命令（imperative）とは無関係に、つまり政治統合の責務の重要な部分を首尾よく外部化し得た状態で営まれ得る。それは国レヴェル、国に対して相対的な重要性を増してきたと見られているサブナショナルな政府のレヴェル、さらには国から煩わしい責務をどんどん解除してくれているEUレヴェル——どのレヴェルにおいても、ワールド・ポピュラー・キャピタリズムに対しては細心の注意を払って共生的関係を保ちながら、専ら既にある意味で統合されている人々、つまり少なくとも主観的には既に深く、この眼前にあり世界大の広がりを持つ一定の秩序にコミットしている人々を相手に、あまり本気でない「支持の政治」を繰り広げることになりそうである。いわば経済システムに〝丸投げ〟された政治統合……。今や一国の政治も、ワールド・ポピュラー・キャピタリズムのマーチの音頭取り、政治家の人気コンテスト、周縁人口に対する落ち穂拾い（すなわち人口のマージナルな部分を〝問題〟化し、彼らにも経済システムによる統合の網を投じること、包摂すること。持ち家がないのであれば労働を介して。あたかも彼らが瞬時に労働力不足の地域に移動し、均衡をもたらし得るかのような虚構含みのヴィジョンの下に)、あるいは地方行政化の様相を呈するものへと収縮する。どの単位において成立しているかがもはや問われなくなった、政治も関知しなくなった(し得なくなった)ように見えるこの秩序を、大多数の人々が支持している限り、あらゆるレヴェルの政府単位の「支持の政治」を貫く通奏低音として、ポピュラー・キャピタリズムのテーマは響き続ける。その他の一切の政治は、ポピュラー・キャピタリズムがその役割を果たし続ける間は、あたかも余興であるかのような一種の軽さを帯びざるを得ない。

勿論、人々が眼前の政権を支持することへの利害を資本の運動への参加によって一にするというヴィジョンを結ぶ「支持の政治」がそこそこヴァイアブル(viable)であるためには、この秩序は壊れないという想定が共有されることが必要となる。ポピュラー・キャピタリズムは、国内においては、そうして利害を一にしない、経済に寄与していると評価されない二級市民については、その封じ込めが有効に行われ得るという見通しを、彼らが、ポピュラー・キャピタリズムに参加し得る一般の「ピープル」から漏れた残余の、人口のごく周縁部をなす「マージナル」な部分として、あくまでもマイノリティーにとどまるという想定によって担保したのであった。さらに言えば、このマイノリティー想定を強化するべく、彼らのうち少しでも多くを、就労によって秩序にコミットさせる展望を示したのが、サッチャー後の時代に労働党政権の首班として一世を風靡したトニー・ブレアの「包摂の政治」であった。要は、資本と言わず労働力さえ提供すれば正規の市民となり、「ピープル」に合流し得るかのヴィジョンを示し、また経済の有意なプレイヤーは労働力の提供者まで含むというジェスチャーの下に、仕事を通じた「マージナル」たちの秩序への帰順、彼らへの管理の強化を図り、こうして社会に漠然とした不安を喚起しつつあった〝残余〟の部分が、建て前上は小さくなることを、実際にはきちんと管理されることを約束したのが、ブレアの「支持の政治」であった。このことは、本書の続編『新保守主義の作用』において詳しく論じた通りである。

しかし一国レヴェルではしばらくは命脈を保ち得るであろうこの想定も、例えば一級市民＝「ピープル」と就労・非就労を問わない「マージナル」の分化が、域内の国と国との間で、国民単位間で、従って後者が極めてよく見える大群＝〝マス〟をなすかたちで成立しかねない（しつつある）EUレヴェルで成り立つものなのか。あるいは一国内の地方や地域のレヴェルではどうか。二級市民がマイノリティーではない場所では、あるいはもはやマイノリティーでなくなった時点で、何が起こるのか。そうなるとポピュラー・キャピタリズムはその支持者たるべき一級市民向けにも収攬力を持ち得ないであろう。では事実上既に経済システムに良くも悪くも統合されている人々が大量に、これにより社会が統合されているという想定を受け入れられなくなった場合、退けた場合、何が起こるのか。

「支持の政治」は、そもそも一国レヴェルにおいて、どのように国民の統合が果たされるのかというヴィジョンを示しつつ、その現実性・説得力に拠りながら、政権の、政党の、あるいは指導者の自らへの具体的な支持の訴求を媒介するものであった。どのように秩序が保たれるかに関するヴィジョンに関連しては、どの秩序かという問いも提起されるわけであるが、ポピュラー・キャピタリズムは、その「どの」が、支持を訴求する当の主体の関知し得ないものであること、焦点にある政府以外のものであることを可しとしてしまう。否、ポピュラー・キャピタリズムとは国家を超えた、あるいは国家未然の秩序に人々が繋ぎ止められることの想定であり、論理的にはその秩序を吊り支える支点を人々が自国の政治に求めなくなることを促すものでさえあるであろう。そうして人々がその参加する運動の収攬点を一国の枠外に見出すとき、往々にして足元の一国内での秩序収攬の問題からは目はそらされがちともなる。二級市民の増加の問題は、少なくとも一級市民の視界からは、当分の間、遠ざけられ得る。もっともそれは必ず帰ってくる。気が付くと後者の足元がすくわれているといった案配に。

もしかしたら人々は、自分たちを各レヴェルの政治共同体が体現する秩序に結び付けているのがポピュラー・キャピタリズムへのメンバーシップでありながら（ポピュラー・キャピタリズムを介して各層の政治秩序に結び付いているのでありながら）、このポピュラー・キャピタリズムの成否自体は各層の政治それぞれによって保証されていないという事態に既に感付いているのかもしれない。ポピュラー・キャピタリズムの福音によってわれわれが主観的にコミットするところとなった資本の運動、その過程で実際に人々にステイク（賭け金）を供出させ、彼らを否応なく客観的にも巻き込み続けるその運動、これが続くこと――これが「支持の政治」を下支えし続けることがどこかで保証されていなければならないとして、究極的に頼みとされているのは――今回の金融危機で世界中の人々と政府がアメリカの政策とアメリカ経済の反応を固唾を呑んで見守った様子が端的に語っていたことだが――やはりアメリカであろう。さらに世界的に展開するその運動が成立する状態を保証する秩序条件が、到底各国一国のレヴェルでは約束できないものであることは明白であり、この場面では、今度は〝帝国〟アメリカが世界的な秩序条件の実現者として浮かび上がってくることになる。それは究極的には、ポピュラー・キャピタリズムが取りこぼした部分を封じ込める役割がアメリカに期待されていることを意味する。アメリカの大統領が、今や国家を超える運動に身を委ねるようになった人々が自らの運命を重ね、同一化する対象として、自国の指導者以上に、強い感情を引き起こす参加と動員の表象となることにも不思議はない。アメリカ経済はポピュラー・キャピタリズムのまさに〝心臓〟であり、また彼らの目にはアメリカ国家はポピュラー・キャピタリズムが必要とする限りの平和を保証してくれる存在としても映るであろう。アメリカは、ポピュラー・キャピタリズムの市民にとって二重の意味で世界の中心である。

「世界」の大統領オバマと二つのエンパイア

さて、こうして「支持の政治」は世界の中心、アメリカでは、特別な課題を帯びる。連邦政府の指導者は、第二次世界大戦後の時代を通じて、世界の秩序を吊り支えるヴィジョンを掲げ続けてきた。このことが国内の統合をむしろやり易くしたという側面はあったかもしれないが、世界が如何に収攬され得ているかというヴィジョンを提示するのは、実際のところ荷が重い話である。冷戦構造が崩壊した後の世界において、アメリカはこのヴィジョンを一から描き直すことを迫られた。もはや同盟関係にある諸国の結束を至上命令化する共産主義陣営の存在という前提も、核による恐怖の均衡論のもっともらしさも、失われており、これらに頼るヴィジョンはあり得なかった。他方、世界のあちこちではじける民族紛争、どこかで繰り返されているジェノサイド、災禍や惨劇に追いうちを加える飢饉、至る所に出没するテロリスト、海賊行為の横行、伝染病の蔓延、兵器の拡散——これら「危機」の多様な様相は、アメリカが新時代に向かい合わなければならない秩序問題の複雑さを告げていた。そもそも、これらが突き付ける秩序問題を閑却するわけにはいかないのがアメリカである。何らかの世界大の秩序の構想の提示あるいは暗示は（しかもそれが現実的に聞こえなければならない）、アメリカにおける「支持の政治」のプロジェクトを完成させる——それが一義的には国内向けのものであるにもかかわらず——不可欠の環をなす。九・一一の同時多発テロは、アメリカ国民がそうした提示を政府から受けないままに安閑としてはいられなことを印象付けて余りあった。

本書の続編『新保守主義の作用』では、この世界大の秩序問題に二〇〇〇年代の前半のアメリカがどのように反応する構えが見られたかを論じている。本書で開いた文脈に改めてこの議論を結び付けるならば、アメリカは、その「支持の政治」の形勢を規定する論理に促されて世界大の秩序問題に応答せざるを得ず、二〇〇〇年代に入って、ある一つの回答を打ち出そうとしているように見えたということになる。それが、カウボーイ・ハットを被り投げ縄を振り回し、世界のならず者を狩り出して悦に入るというジョージ・W・ブッシュ大統領が巷に喚起した一種アナクロニスティックなイメージとは裏腹に、一部の国家の手元へのテクノロジーの集中と辺境の無力化とによって、極力省コストにそこそこの安全を実現し得るという計算高いヴィジョン——テクノエンパイア（techno-empire）のヴィジョンではなかったかというのが、『新保守主義の作用』で提起した議論であった。これは、災厄を抱えた部分を「辺境」として放置し、この部分を殊更に物質的な無力さのうちに封じ込めることによって、先進部分に波及する災いのマグニテュードをコントロールすることを図るという戦略の形態において、ポピュラー・キャピタリズムによる「支持の政治」が一国内で意味した、「マージナル」な人口部分を少数者として封じ込める戦略と同型である。かつて二層政党制は、保守党政権がマジョリティーをなす労働者階級を如何に統合し得るのか、そのからくりを指し示したが、ポピュラー・キャピタリズムは、周縁人口が少数者にとどまることを以て、社会統合が担保されるからくりの提示に代えた。アメリカは、テクノロジーによって階層化された世界が（その上層をなす先進部分が）、テクノロジーの不均等な配分、とりわけ秩序条件を脅かす部分の無力化によって、そこそこの秩序（先進部分のそこそこの安全）を保つという見通しを示したのである。

テクノエンパイアが、今日のような世界情勢の下で、世界大の秩序問題に取り組むことを迫られた国家の論理が最も安易にとり得るシナリオと映じる一方で、アメリカ政治社会にこれに対抗するシナリオを形成する論理が存在してきたことも確かである。筆者は『新保守主義の作用』において、この対抗シナリオをデモクラティック・エンパイア（democratic empire）へのシナリオと名付けた。このシナリオの成否は、アメリカの政治過程の開放性に懸かっている。アメリカの政治過程がテクノエンパイアの管理に抗する市民社会からの入力に開かれていること、さらにそれが国外からの入力であることにも鷹揚に（または無防備に）開かれていること、これらがテクノエンパイアへの趨勢を牽制するデモクラティック・エンパイアへのシナリオを有意なものとする。二〇〇八年のアメリカ大統領選挙において、民主党のバラク・オバマ候補は、国内外の多くの市民の目に、この民主主義帝国へのベクトルを体現する人物として現れた。彼への熱狂的支持がアメリカ一国内の現象にとどまらず世界中で見られたことは、まさにこのデモクラティック・エンパイアの市民がアメリカ国民の範疇を超えて世界中に広がりを持つことに対応している。先に述べたように、国境を超えるポピュラー・キャピタリズムの市民たちが既にアメリカへの依存を感じ取っているのかもしれない、否、リーマン・ショック以降は少なくとも何らかのかたちでこれを痛切に実感させられているに違いない一方で、特にオバマ陣営の「チェンジ」というスローガンに呼応した熱狂の部分に関して言うならば、最も有意な説明はこれ即ちデモクラティック・エンパイアとしてのアメリカへの期待であろう。

但し、デモクラティック・エンパイアのシナリオは、テクノエンパイアへのシナリオをチェックするものではあっても、現時点ではこれを何か別物に置き換えるものとして現れてはいない。そもそもテクノエンパイアへのシナリオは特定の党派や政権に帰属するものではなく、従って新しい大統領の誕生を契機に立ち消えになるようなものではない。それは世界の構造的変化に対応する論理としてアメリカに外在的に要請され、加えて長年をかけてアメリカ内にこの要請に応えられるだけの条件が形成されていたことで見えてきたものである。アメリカの場合、「支持の政治」が促すグローバルなヴィジョンの、アメリカの権威調達と安全保障に関わる部分は、このシナリオによるのが最も手っ取り早いということはあったであろう。秩序実現の機構のいわば下部構造に当たる部分として提示されたのが、テクノエンパイアということになる。他方、デモクラティック・エンパイアのヴィジョンは、アメリカの国内の政治過程の論理に接ぎ木され、代表と動員の回路を形成し、これによって秩序に正当性を調達し得る。

場合によっては、これが下部構造に懸かる負荷を和らげることもあるであろうし、逆に負荷を増すこともあるであろう。しかしたとえ代表と動員の対象となる利益や領域が、国境を超えて広がりを持ち流動的であるということになっても、というよりもそのようにアモルファスなものであればこそ、秩序を最終的に担保する契機は、秩序の成否を決定付ける実力とその成否に強い関心を抱かざるを得ない——例えばその成否の見込みに国内の「支持の政治」が抜き難く懸かっていることなどによる——動機の両方をそなえるアメリカに発せざるを得ない。従って、アメリカの国家の論理は剝き出しのままであらざるを得ない。そしてそれは当面のところテクノエンパイアへのベクトルを取り続けそうな気配である。

大統領職に就いてからの、つまり国家に入ってからのオバマが少しずつ変貌を遂げているように見え、あるいは以前より歯切れが悪くなっているように聴こえるのは、一つには、彼が今や国家に抗する市民社会の入力の象徴であるだけに済まされず国家理性を体現する存在となり、例えばテクノエンパイアの構想とも無関係ではいられなくなったことと関連していると考えられる。本書の続編で指摘したようにアメリカが二つのシナリオの間で均衡点を手探りしている状態に置かれているとすれば、同じ状態が今まさにオバマに起こっている。彼が大統領候補として集めた期待と彼を大統領職において待ち受けていた役割との間の擦り合わせが、デモクラティック・エンパイアとテクノエンパイア、二つのシナリオのせめぎ合いとなって生じているのである。さらに言えば、リーマン・ショックに始まる金融危機に就任早々対処する必要があったことは、ポピュラー・キャピタリズムへのスタンスが喫緊の具体的施策において問われてくるという極めて難しい立場に彼を置いた。というのも、この危機自体がまさにポピュラー・キャピタリズムの矛盾の表出と見て取れる一方で、世界中の——全てとは言わずとも大多数の国々の政治が今やポピュラー・キャピタリズムに依存している、これを既に不可欠の一部としているという現実があるからである。このことは、オバマ政権にどっちつかずの姿勢をとることを余儀なくさせ、彼の政権の曖昧な性格を一層強めたと考えられる。

日本における「政権交代」と遅れてきたサッチャー改革　「政権交代」に沸き立つ日本のさまは、国民国家の溶解が進み、人々を国家の捕捉から解き放ち、あるいはその保護の網から振るい落とすことを許容するポピュラー・キャピタリズムの含意がどんどん現実のものとなっていく趨勢と、世界大の国家理性とも言えるようなものの働きにより、新たな秩序、何らかの均衡状態が模索されている状況とを背景に置いて見るならば、実にのどかな、微笑ましくさえある光景と映る。鳩山政権による、政権目玉の新設の国家戦略担当大臣に特命の科学技術担当大臣を兼務させての極めて明示的な科学技術政策への梃子入れは、テクノロジーの独占を要とするアメリカを中心とした世界秩序への道筋が見え始めた折から、時宜に適ったものと言える一方、同ポストや行政刷新会議の創出によって幕を切って落とされた官僚制を向こうにまわす行政改革の企ては、イギリスで三〇年前にサッチャー政権の下で開始された一連の行政改革の動きの自覚的な後追いとも見え、実際その仕掛けを想起させるディテールに事欠かない。これには三〇年前を思い出させることへの感興もさることながら、そのあまりの遅ればせの実現への嘆息も禁じ得ない。

今、本書を読み返し、クォンゴ狩り（日本で言えば、特殊法人狩りに相当するであろう）、省庁のトップ人事や日々の業務への政治の介入、内閣官房に特別ユニットを設けての行政改革への取り組み（いわゆるレイナー改革。もっともこうした組織の整備は後になってからのものであり、まず同改革は、首相の特別顧問のデレク・レイナーが、各省から一本釣りされた若手官僚を活用して細かな行政の無駄にメスを入れることから始まった）、政府内で予算獲得ならぬ予算削減を競わせる体制――これらのホワイトホール（イギリスの中央官庁街。日本の〝霞ヶ関〟

に当たる）をターゲットとする、特にサッチャー政権前半期に開発されたミクロな行政改革の手法が、今般の民主党による霞ヶ関改革の動きときれいに重なって見えることに改めて驚かされた次第である。本書の続編に当たる『新保守主義の作用』では、サッチャー政権と同時代に進行した一九八〇年代の日本での行政改革の企てが、サッチャー政権のそれとは似て非なるものであったことを初めて論じたが、そのことの全てではなくとも少なくとも一部が、本書で論じたホワイトホール改革を彷彿させる霞ヶ関改革が、日本では二十数年後の今になって漸く起ころうとしている、そもそもそれが今なお起こる必要があるとされているという事実によって、図らずも実証されたかたちとなった。また、一九九〇年代の改革熱が大雑把な機構改革（いわゆる「省庁再編」）に回収され、不思議と霞ヶ関のミクロな改革には立ち入らなかったことが漸く広く認識されるようになり、官僚制の病理が生み落とすままに任された細かな弊害の集積が今更ながらに騒ぎ立てられているが、このことは、一九九〇年代の政界再編のうねりが一時政権交代のある政治を実現したかに見えて結局これが頓挫したこと、そしてそれが今般漸く実現したこと、このことと対応させずには論じられまい。ちなみに、一九九〇年代の政界再編劇のアンチクライマックスに至る顛末については、やはり本書の続編『新保守主義の作用』がその経緯に一つの構造的説明を与えて論じている。

ここでもう一度、目を世界に転じてみよう。テクノロジーとガヴァナンスの偏在する世界であらゆる種類の災厄が封じ込められたパンドラの箱、「辺境」あるいは破綻国家。そこここの開発途上ないし体制移行途上の国家に現れ、傍若無人であるのみならず予測不可能な振る舞いで世界を驚かせるクラックポット（crackpot）政治家たち。石油がもたらす富によって私物化され、無為を持て余す有閑市民と使役される大勢の非市民との間の危うい均衡の上に綱渡りを続けるお伽の国々。本当はデ・ファクトに治まっているということの他にアピールし得ている点がないところで何かこれに接ぎ足せる価値を創造しようと躍起になっている巨大国家の非民主主義の実験。政治の作用点が多くの市民にとって益々遠のき見えなくなり、その一方で人の流動性がどんどん増し、そうして脱領域化されたサブカルチャーがモザイク様に入り組んだ社会が現実化することで、そこここに火種が貯えられていく大ヨーロッパの行方。世界の市民がその大統領に期待を寄せ、その一挙手一投足を注視する中で、世界帝国の重荷を投げ出す誘惑にいつ駆られてもおかしくないアメリカ……。

国外に目を向けた途端、どうにも胸騒ぎが抑えられなくなるような現実が押し寄せてくる一方で、日本はと言うと、不思議な凪の状態にあるように見える。個人の立場から見て、経済全体や個人の生活の拡大ムードを信じこれを煽り立てることによって現実に拡大を果たすというパターンが存在するかに見え、いわば非合理性への帰一が半ば強要されていた状態から、縮小モードへの沈着な適応を迫られる事態へ、従って考えることを余儀なくされる状態へと、われわれが置かれている状態は変わってきたようでもあり、社会の先頭を走る個人、または社会を牽引する集団から、しんがり、さらにはそもそも前へ進めないひとりひとりへと漸く視線が移りすなわち視界が広がり、他方、日本が民主主義国であると名乗ることを名実ともに可能にする政権交代のある政治が遂に実現したかに見え、今、われわれは成熟の季節を迎えているといった体にある。成熟に専心し、成熟を急ぐことだ。〝先の大戦〟の記憶を生々しく脳裏にとどめ、過去の行動や出来事の類型に属する事柄へのいわば反射的な否定の反応によって様々なものに箍をはめることで自らを文明化していた――それはまさに〝啓蒙なき文明化〟と言えたが、それだけにそこには文明への確かな支持が存在した――世代は去り、出来事への事実に即した（ザッハリッヒな）精察とわれわれの内側に立ち上がる思考によって、自らを律していく他ないという世代がこれに代わっている。新しい世代がそうしたハビットを物にし得るか、天啓とも思われるこの凪の季節が、成熟の季節となるのかどうか。新しい世代が凪の向こうに待ち受ける嵐に、知恵をもって立ち向かえるようになっていくのかどうか。（ここで声を大にして言いたいのは、これに懸かってくるのは、国益や国際競争力などといったちっぽけな、あるいはあさましい概念で語り得るものではないということだ。）これに懸かっているのは、二一世紀の人間性の運命である。

マテリアリズムへの回帰

「権力の政治」はマターに関わる。「支持の政治」や「パフォーマンスの政治」は観念の操作の舞台となるのに対し、「権力の政治」はマターに関わる。当然のことながら、「支持の政治」や「パフォーマンスの政治」のレヴェルに現れる戦略だけでは、現実の作用は完結しない。あらゆる作用は、人間を介する限り、物理的エフェクトを持たざるを得ないからだ。そして「支持の政治」や「パフォーマンスの政治」のレヴェルで一見如何に天才的に映る統治の構想も、人間の肉体や物質や空間への配慮を欠いていれば、必ず破綻する。そうした物理的エフェクトへの配慮は、「権力の政治」で直截に追求される組織戦略においては勿論、「支持の政治」あるいは「パフォーマンスの政治」に差し向けられた戦略が「権力の政治」上で持つ効果においても実現されていることが重要である。他方、「権力の政治」レヴェルに無理をきたす構想がやがては破綻するからといって、われわれがこれを安閑として放置することは許されない。そうした無理はまさに人間の物理的限定性に関係するという一事において――この物理的限定性をあたかも存在しないかのように扱う、あるいは軽視することを通じて――何らかの非人間的な事態を引き起こす可能性が極めて高いからだ。

本書において、サッチャー政権の支持の調達に大きな役割を果たし、なおかつ人間の物理的な存在の条件に関わる「住宅」をテーマに取り上げた狙いは、この無理をあぶり出すことにあった。しかし、本書を執筆する段になると、むしろサッチャリズムの作用を同定し、その切れ味や新しさを分析することに夢中となり、また当時の筆者には曖昧模糊としたかたちで存在するばかりで名状し切れなかった事柄も多く、この狙いは十分に果たされないままに終わってしまった。そもそもこの狙いの根底にあったのは、物質的世界、マターの世界、あるいは人間の物理的限定性――これを超越しようとするのではなくこれから疎外されないようにすることこそ気遣われなければならないという感覚である。あたかも人間の相互作用からのみ現実が構築されているかのような振る舞いや想定を退け、人間関係の外に横たわる世界とのやりとりを見直すこと、住み処を築くこと、マテリアリズムへ回帰すること。ここに改めて本書を生んだ狙いを確認し、筆者のささやかなネオ・マテリアリズム（neo-materialism）宣言を以て、本書新版の締め括りとしたい。

*

本書の起源は一九九二年に東京大学法学部に提出した助手論文にある。その後、大学紀要への掲載版を経て、旧版は一九九八年に創文社より刊行された。この間、何度も原稿に手を入れ、紙幅の制限等に応じて文章の細かな切り貼りを重ねた。そうした過程で生じた誤りや曖昧さ、矛盾をできるだけ解消することを目指し、全編の記述を見直したのが、この新版である。ことに筆者が個人的に謝辞を述べた方の名前の表記の誤りはずっと気になり（この種の間違いは、本に記載されている他の情報からも誤りを推定しようがない）重版での訂正を心に誓っていた。数年前に病に倒れたときにはこれを果たせないことが脳裏をよぎった。そこで「これだけでも」と改訂の道を探ったが、一旦その道に乗り出してみると「あれもこれも」となってきた。

　本書のもとになった研究が行われた一九九〇年代初めは、今から思うとアルカイックな時代であった。今では海外のどんな書籍や資料も現物または複写を簡単に取り寄せることができ、世界中の図書館や書店の所蔵を自宅のコンピューターを通じて瞬時のうちに検索し、場合によってはテキストまで閲覧することができる。当時は、雑誌資料などは図書館で埃にまみれて片端からページを繰り、とにかく何か関係のありそうな箇所は全て、インクで真っ黒になりながらコピーをとる他なかった（複写機の存在に感謝し、先輩たちの苦労に思いを馳せたものである）。国内で得られる関連書籍も、さらには基本的事実に関する情報さえも限定されていた。幸運にもイギリスに赴くことができた夏には、これも特に時間がないということがあり、手当たり次第に書籍や冊子を購入ないしは複写した。各種の団体や機関を訪れてそこの書棚の前に座り込んではパンフレットの類いもあるだけ収集した。結局使えなかったものは数多ある。

そうして誠に不器用な方法で集められた資料の山から生み出された助手論文を、しかし活字化するための作業を行った際、筆者は、資料の山を国内の複数の場所に預けた状態で、イギリス、そしてアメリカでの武者修行の最中にあった。最初に使った資料を確認できず涙を呑んで表現を変えたり落としたりした箇所が幾つも出た。より面倒なのはその都度現地の図書館などで確認を行ったものの、資料の版が違った場合である。本書で用いた週刊誌の場合、日本、イギリス、アメリカで入手できる版が異なり、ページ番号やときに記事の有無さえも異なった。さらに日本でも所蔵機関によって取り寄せている版が異なることがあり、この間、国内でも拠点を点々と移したことが混乱を倍加した。最終的に旧版を出した際には、気になった箇所について確認を加えるたびにページ番号が変わりあるはずの記述が見つからず落とさなければならない資料が増え、といった具合であった。時間的にも物理的にもどうにもやりくりのつかない状況の中で――一九九〇年代の終わりをもってしてもまだインターネット上でのグローバルな情報の共有はさほど進んでおらず居場所が変わると確認できない情報だらけであった――その時々に目の前にある情報を反映させるという苦衷の方針を立て、これに従った。

今回、この種の問題をできる限り解消するように努めた。雑誌記事で言えば、一つの統一的なデータベースが誕生し、それがオンライン化されたおかげで、一つの版で出典を全て確認し直すことができた。身体が不自由になって移動できないにもかかわらず健康であったときにできなかったことを果たせたとは、まさにＩＴ化、グローバル化のおかげである。さらに大学を卒業して研究生活に入ってから一二回もの引っ越しを重ねた根無し草生活も漸く終わりを告げ、常に複数の場所に分散していた手持ちの書籍と資料が遂にひとところに集結したことで、複写資料も小さなパンフレットの類いも執筆に際して書き込みを加えた蔵書も粗稿段階の助手論文も、一望の下に参照することができた。国内さらに世界各地の図書館で参照した書籍や冊子も、どの版であれ早稲田大学の図書館を介して借り出し、出典を確認することができた。こと新版に関しては、時代と環境に感謝しなくてはならない。

ここまでで済ませるつもりであったところを、本編を読み返していると執筆当時の様々な無念が思い出され、出典が確認できず記述が曖昧になったところ、字数をどんどん削っていく過程や行数やページを調整する過程で表現を切り詰めてしまったところ、どうにも力不足で舌足らずであったところ、これらについても思い切って手を入れることになった。ただ本書があくまでも一九九八年時点での――あるいはそれより前の時点を挙げた方がよいのかもしれない――知見であることそれ自体には意味があるので、これらの作業はあくまでも当時の執筆意図の再現に終始している。前述の出典の話から言うまでもないことだが、基づいている資料もその時点までの筆者の知見に属するものであり、さらに使用している用語も――筆者が「答責性」としたaccountabilityなど、後に別の訳（この場合は「説明責任」）が広まったものもあるが――当時のものをそのまま残す方針をとった。

そういうわけで、この新版の準備は気が遠くなるような作業となった。始める前にやり通せる見通しなど持ちようもなく終わった後に振り返ってもやりおおせたことが不思議に感じられるような、地味で細かく時間と神経ばかりを費消する仕事であった。しかもそれが自分の至らなさ、未熟さの一つ一つと向き合うことを強いられる、赤面すること、嘆息することの数限りない繰り返しときている。しかし、自分のおかした過ちを自ら正せるとは何と幸せなことであろう！

本書の旧版は、思いがけず第二〇回サントリー学芸賞（思想・歴史部門）を受賞した。賞を貰った本に手を入れるのはもしかしたら奇矯に映ることなのかもしれないが、賞を頂いたことの有難さが、むしろ直さなければという気持ちを強くした。旧版が出てから、様々な場所で読者の方にお会いし、思いの外本書が広く読まれていることを知って驚くとともに、その都度大きな励ましを受け、身の引き締まる思いがした。思い起こすだに口惜しくあまり触れたくなかった旧版のことで、懐の広さと温かさに胸が打たれるような反響を頂き、また知らないところで熱心に読んで下さっている読者の存在を感じられたことは、それが今回の新版の刊行に繋がったことは勿論、それなしにはこれまでの研究生活の継続もあり得なかったであろうと思えるような幸いであった。切羽詰まった状況で産んだ欠点だらけの子供を産湯とともに流しかけていたところを、子供を拾い上げ、良いところを見つけ、「さあ」と言って腕に戻し、一緒に前に進むことを促してくれたのは読者の皆さんである。

今回の作業には勇気と忍耐が必要であったとはいえ、いざ進める段になると話そのものの面白さにどんどん引き込まれていった。本書には、新版として改めて世に問うだけの中身はあったと思う。また出典をチェックする過程で、執筆当時は意識もしなかった全ての書籍や資料や記録が持つ歴史的な価値、その価値とはいつ手に取られるかどうかわからない状態で——一〇〇年にひとりの読者を待って、あるいは永遠に現れないかもしれない利用者を待って——ただひたすらそこに佇むことにあるという事実に気付かされ、そうした先人の事績を崇敬の念を以て見るようになったことが、作業へのモティヴェーションを高めた。本書に使ったか使わなかったかを問わず、書くこと、記録することを信じ、われわれに文献を残してくれたあらゆる先達に感謝の意を表したい。

筆者のことである。この新版にも直すべきところが幾つもあるのであろう。それでもこの時点でできる限りの手当てを施した新版を上梓することが叶い、とても嬉しく思う。二〇世紀の記録としてひっそりとどこかの図書館に佇むことのためだけにでも。読者には、是非、昨年刊行された本書の続編『新保守主義の作用――中曽根・ブレア・ブッシュと政治の変容』（勁草書房、二〇〇八年）も併せて読んで頂きたい。二〇世紀がサッチャリズムの時代のまま終わり、二一世紀がサッチャリズムの世紀として始まったことを納得してもらえるであろう。また、筆者が本書で提起した「作用」論、および「支持の政治」、「権力の政治」、「パフォーマンスの政治」の三つの分析レヴェルに関する議論も、右の『新保守主義の作用』の中でさらなる展開を見せている。特にこの部分に関心を持たれた方も、是非、同書を手に取ってほしい。

＊

新版の刊行に当たって、この面倒な仕事に付き合って下さった勁草書房の徳田慎一郎氏とスタッフの皆さんには、とても感謝している。徳田氏と勁草書房には、本書の続編の『新保守主義の作用――中曽根・ブレア・ブッシュと政治の変容』（二〇〇八年刊）でもお世話になった。徳田氏は、その一流の勘で要所要所で誠に時宜にかなった励ましをくれ、どんな長い道でも必ずゴールまで辿り着かせてくれる。また、今回、本書の内容を助手論文時代からご存知の馬場康雄先生が（思えばそのとき先生が論文を読んで熱を出されたことがずっと気になって今日の版に至ったような気もする）、旧版を続編の『新保守主義の作用』と照らし合わせて読んで下さり、コメントを下さるという大変な幸運に恵まれた。先生の鮮やかな指摘は、筆者の頭の中に氾濫していた思考の断片が像を結ぶ触媒となり、本書を今日的な文脈の中に位置付け直す際の大きな助けとなった。さらに、目が悪くなった筆者に代わって校正箇所をチェックしてくれた栗田祐惟君にも、この場を借りて礼を言いたい。そして何より、旧版『サッチャリズムの世紀──作用の政治学へ』を読んで下さった全ての読者に、深い感謝の気持ちとともにこの新版を捧げたい。

二〇〇九年一〇月二〇日

豊永郁子

索引

本文と注において言及されている人名については，英語表記を以下の索引の中で確認できるようにした．但し，参考文献一覧に著者名として挙げられており，そこで表記が確認できる人名はこの限りではない．

あ行

か行

さ行

た行

な行

は行

ま行

や行

ら行

わ行

参考文献

以下には，本文および注に用いた文献のみを挙げ，邦訳版も原則として引用したもののみを付記する．再掲の編著は，原則として編者名と書名のみを記す．

Abromeit, Heidrun (1988) 'British Privatisation Policy', *Parliamentary Affairs*, vol.41, no.1, pp. 68-85.

Adonis, Andrewe (1988) 'The House of Lords in the 1980's', *Parliamentary Affairs*, vol.41, no.3, pp. 380-401.

—— (1990) *Parliament Today* (Manchester : Manchester University Press).

Almond, Gabriel, & Verba, Sidney (1963) *The Civic Culture* (Princeton : Princeton University Press).

Archbishop of Canterbury's Commission on Urban Priority Areas (1985) *Faith in the City* (London : Church House Publishing).

Ascher, Kate (1987) *The Politics of Privatisation : Contracting Out Public Services* (London : Macmillan).

Ashford, Douglas E. (1981) *Policy and Politics in Britain : The Limits of Consensus* (Oxford : Basil Blackwell).

—— (1982) *British Dogmatism and French Pragmatism : Central-local Policy Making in the Welfare State* (London : George Allen & Unwin).

Association of Metropolitan Authorities [AMA] (1986) *Less Ruin, More Renewal: Improvement Policies for Private Housing* (London : Association of Metropolitan Authorities).

—— (1987) *Prospects for Rented Housing: A Discussion Paper* (London, Association of Metropolitan Authorities).

Audit Commission for Local Authorities in England & Wales (1985) *Capital Expenditure Controls in Local Government in England* (London : HMSO).

—— (1986) *Managing the Crisis in Council Housing* (London : HMSO).

—— (1989) *Housing the Homeless : The Local Authority's Role* (London : HMSO).

Axelrod, R. (1970) *Conflict of Interest* (Chicago : Markham Press).

Bagehot, Walter (1964) *The English Constitution* (London : C.A.Watts), originally published in 1867.

Balchin, Paul N. (1989) *Housing Policy : An Introduction* (London : Routledge)

Baldwin, N.D.J. (1985) 'Behavioural Changes : A New Professionalism and a

More Independent House', in Norton, Philip (ed.) (1985) *Parliament in the 1980s* (Oxford：Basil Blackwell).

Ball, M., Harloe, M., & Martens, M. (1988) *Housing and Social Change in Europe and the USA* (London：Routledge).

Ball, Stuart, & Seldon, Anthony (eds) (1996) *The Heath Government 1970 - 74* (London：Longman).

Barber, James (1981) *The Prime Minister, since 1945* (Oxford：Blackwell).

Barker, Anthony (1982) 'Quango：A Word and a Campaign', in Barker, Anthony (ed.) (1982) *Quangos in Britain：Government and the Networks of Public Policy-making* (London：Macmillan).

Barnett, J. (1982) *Inside the Treasury* (London：Andre Deutsch).

Beer, Samuel H. (1969) *Modern British Politics：A Study of Parties and Pressure Groups, 2nd edition.* (London：Faber & Faber).

—— (1982) *Britain Against Itself：The Political Contradictions of Collectivism* (London：Faber & Faber).

Bellah, Robert N. (1992) *The Broken Covenant: American Civil Religion in Time of Trial, 2nd edition.* (Chicago：The University of Chicago Press).

Biddiss, Michael (1987) 'Thatcherism：Concept and Interpretations', in Minogue, Kenneth, & Biddiss, Michael (eds) (1987) *Thatcherism: Personality and Politics* (London：Macmillan).

Birch, A. H. (1964) *Representative and Responsible Government; An Essay on the British Constitution* (London：George Allen & Unwin).

Black, John, & Stafford, David C. (1988) *Housing Policy and Finance* (London：Routledge).

Boddy, M., & Lambert, C. (1988) *The Government - Building Society Connection：From Mortgage Regulation to the Big Ban* (Bristol：School for Advanced Urban Studies).

Bowley, M. (1945) *Housing and the State* (London：Allen & Unwin).

Bramley, G. (1981a) 'Council Housing：The Government's Financial Options', in Bramley, G., Leather, P., & Hill, M. (eds) (1981) *Developments in Housing Finance* (Bristol：School for Advanced Urban Studies).

—— (1981b) 'Block Grant and Housing', in Bramley, Leather & Hill (eds) *Developynents in Housing Finance.*

Bramley, G., & Leather, P. (1981) 'Project Control', in Bramley, Leather & Hill (eds) *Developments in Housing Finance*

Brittan, Samuel (1975) 'The Economic Contradictions of Democracy', *British Journal of Political Science*, vol.5, no.2, pp.129-159.

—— (1977) *The Economic Consequences of Democracy* (London：Temple Smith).

—— (1989) '"The Economic Contradictions of Democracy" Revisited', *Political Quarterly*, vol.60, no.2, pp.190-203.

Building Societies Association (1978) *Co-operation between Building Societies and Local Authorities* (London : Building Societies Association).

Bulpitt, Jim (1983) *Territory and Power in the United Kingdom : An Interpretation* (Manchester : Manchester University Press).

—— (1986) 'The Discipline of the New Democracy : Mrs. Thatcher's Domestic Statecraft', *Political Studies*, vol.34, no.1, pp.19-39.

—— (1989) 'Walking Back to Happiness? : Conservative Party Governments and Elected Local Authorities in the 1980s', *Political Quarterly*, supp., pp. 56-73.

Burch, M. (1983) 'Mrs. Thatcher's Approach to Leadership in Government : 1979-June 1983', *Parliamentary Affairs*, vol.36, no.4 , pp.399-416.

Burrows, R. (ed.) (1991) *Deciphering the Enterprise Culture : Entrepreneurship, Petty Capitalism and the Restructuring of Britain* (London : Routledge).

Butler, D. E., & King, Anthony (1965) *The British General Election 1964* (London : Macmillan).

—— (1966) *The British General Election 1966* (London : Macmillan).

Butler, David, & Stokes, Donald (1969) *Political Change in Britain: Forces Shaping Electoral Choice* (London : Macmillan).

—— (1974) *Political Change in Britain : The Evolution of Electoral Choice* (London : Macmillan).

Butler, David, & Kavanagh, Dennis (1980) *The British General Election of 1979* (London : Macmillan).

Byrne, D., & Damer, S. (1980) 'The State, the Balance of Class Forces, Early Working-Class Housing Legislation', in *Housing, Construction and the State; A third volume of papers presented at the Political Economy of Housing Workshop of the Conference of Socialist Economists* (London), March 1980, pp.63-70.

Cawson, Alan (1982) *Corporatism and Welfare : Social Policy and State Inter Vention in Britain* (London : Heinemann).

Cd. 8663 (1917) *Commission of Enquiry into Working Class Unrest Report* (London : HMSO).

Cd. 9182 (1918) *Committee of the Currency & Foreign Exchanges After the War : 1st Interim Report* (London : HMSO).

Central Statistical Office (1993) *Social Trends 23* (London : HMSO).

—— (1995) *Social Trends 25* (London : HMSO).

Chadwick, Edwin (1965) *The Sanitary Conditions of the Labouring Population of Great Britain* (Edinburgh : Edinburgh University Press), originally published in 1842.

Chandler, J. A. (1988) *Local Government under the Thatcher Governments* (Sheffield : PAVIC Publications, Sheffield City Polytechnic).

Clarke, Harold D., Mishler, William and Whiteley, Paul (1990) 'Recapturing the Falklands : Models of Conservative Popularity, 1979 - 83', *British Journal of Political Science*, vol. 20, no.1, Jan., 1990, pp.63-81.

Cm. 214, Department of the Environment (1987) *Housing : The Government's Proposals* (London : HMSO).

Cm. 849, Department of Health (1989) *Caring for People : Community Care in the Next Decade and Beyond* (London : HMSO).

Cm. 1008, Treasury (1990) *The Government's Expenditure Plans 1990 - 91 to 1992-93* (London : HMSO).

Cmnd. 4728, Department of the Environment (1971) *Fair Deal for Housing* (London : HMSO).

Cmnd. 9714, Department of the Environment (1986) *Green Paper : Paying for Local Government* (London : HMSO).

Cope, Helen (1990) *Housing Associations : Policy and Practice* (London : Macmillan).

Craig, F. W. S. (ed.) (1970) *British General Election Manifestos 1918 - 1966* (London : Political Reference Publications).

—— (ed.) (1990) *British General Election Manifestos 1959 - 1987* (Aldershot : Parliamentary Research Services).

Crewe, Ivor (1988) 'Has the Electorate Become Thatcherite?', in Skidelsky, Robert (ed.) (1988) *Thatcherism* (Oxford : Basil Blackwell).

Crewe, I., Särlvik, B., & Alt, J. (1977) 'Partisan Dealignment in Britain 1964 - 1974', *British Journal of Political Science*, vol.7, no.2, pp.129-190.

Crewe, Ivor, & Särlvik, Bo (1983) *The Decade of Dealignment* (Cambridge : Cambridge University Press).

Curran, James (1991) 'Foreward', in Burrows (ed.), *Deciphering the Enterprise Culture*.

Department of the Environment (1985) *An Inquiry into the Condition of the Local Authority Housing Stock in England 1985* (South Ruislip : Department of Environment).

Derbyshire, J. Denis, & Derbyshire, Ian (1988) *Politics in Britain : From Callaghan to Thatcher* (Cambridge : Chambers).

De Swaan, A. (1973) *Coalition Theories and Cabinet Formations* (Amsterdam : Elsevier).

Doherty, Michael (1988) 'Prime-ministerial Power and Ministerial Responsibility in the Thatcher Era', *Parliamentary Affairs*, vol.41, no.1, pp.49-67.

Dorey, Peter (1995) *British Politics since 1945* (Oxford : Blackwell).

Dow, J. C. R. (1964) *The Management of the British Economy 1945-1960* (Cambridge : Cambridge University Press).

Downs, Anthony (1957) *An Economic Theory of Democracy* (New York : Harper & Row).

Drewry, Gavin (1989) 'The Committees since 1983', in Drewry, Gavin (ed.) (1989) *The New Select Committees, 2nd edition* (London : Clarendon Press).

Drucker, Henry, & Gamble, Andrew (1988) 'The Party System', in Drucker, H., Dunleavy, P., Gamble, A., & Peele, G. (eds) (1988) *Developments in British Politics 2, revised edition* (London : Macmillan).

Dunleavy, Patrick (1981) *The Politics of Mass Housing in Britain 1945 - 1975* (Oxford : Clarendon Press).

—— (1982) 'Quasi-governmental Sector Professionalism : Some Implications for Public Policy-making in Britain', in Barker (ed.) *Quangos in Britain.*

—— (1988) 'Theories of the State in British Polities', in Drucker, Dunleavy, Gamble & Peele (eds) *Developments in British Politics 2, revised edition.*

—— (1989) 'The End of Class Politics?', in Cochrane, Allan, & Anderson, James (eds) (1989) *Politics in Transition* (London : Sage).

—— (1990) 'Government at the Centre', in Dunleavy, P., Gamble, A., & Peele, G. (eds) (1990) *Developments in British Politics 3* (London : Macmillan Education).

—— (1995) 'Reinterpreting the Westland Affair : Theories of the State and Core Executive Decision Making', in Rhodes, R. A.W., & Dunleavy, Patrick (eds) (1995) *Prime Minister, Cabinet and Core Executive* (London : Macmillan), originally appeared in *Public Administration* (1990), vol.68, no.1, pp.29-60.

Dunleavy, Patrick, & Rhodes, R. A. W. (1983) 'Beyond Whitehall', in Drucker, H., Dunleavy, P., Gamble, A., and Peele, G. (eds) (1983) *Developments in British Politics* (London : Macmillan).

Dunleavy, P., & Ward, H. (1981) 'Exogenous Voter Preferences and Parties with State Power : Some Internal Problems of Economic Theories of Party Competition', *British Journal of Political Science*, vol.11, no.3, pp.351-380.

Dunleavy, P., & Husbands, C. T. (1985) *British Democracy at the Crossroads : Voting and Party Competition in the 1980s* (London : George Allen & Unwin).

Dunleavy, Patrick, & O'Leary, Brendan (1987) *Theories of the State : The Politics of Liberal Democracy* (London : Macmillan).

Edgell, S., & Duke, V. (1991) *A Measure of Thatcherism* (London : Harper Collins).

Efficiency Unit (1988) *Improving Management in Government : The Next Steps* (London : HMSO).

Finer, S. E. (1952) *Life and Time of Sir Edwin Chadwick* (London : Methuen).

—— (1973) 'The Political Power of Organized Labour', *Government and Opposition*, vol.8, no.4, pp.391-406.

—— (1975) 'Adversary Politics and Electoral Reform,' in Finer S. E. (ed.) (1975) *Adversary Politics and Electoral Reform* (London ; Anthony Wigram).

Flynn, A., Grey, A., & Jenkins, W. (1990) 'Taking the Next Step : The Changing Management of Government', *Parliamentary Affairs*, vol.43, no.2, pp.159-178.

Forrest, Ray, & Murie, Alan (1984) *Right to Buy? : Issues of Need, Equality and Polarization in the Sale of Council Houses* (Bristol : School for Advanced Urban Studies).

—— (1986) 'Marginalization and Subsidized Individualism : The Sale of Council Houses in the Restructuring of the British Welfare State', *International Journal of Urban and Regional Research*, vol.10, no.1, pp.46-65.

—— (1988) *Selling the Welfare State : The Privatisation of Public Housing* (London : Routledge).

Fraser, Derek (1973) *The Evolution of the British Welfare State* (London : Macmillan).

Fry, G. K. (1988) 'Inside Whitehall', in Drucker, Dunleavy, Gamble & Peele (eds) *Developments in British Politics 2, revised edition.*

Gamble, Andrew (1974) *The Conservative Nation* (London : Routledge & Kegan Paul).

—— (1983) 'Thatcherism and Conservative Polities', in Hall, Stuart, & Jacques, Martin (eds) (1983) *The Politics of Thatcherism* (London : Lawrence & Wishart).

—— (1985) *Britain in Decline* (London : Macmillan).

—— (1988) *The Free Economy and the Strong State* (London : Macmillan).

—— (1990) 'The Thatcher Decade in Perspective', in Dunleavy, Gamble & Peele (eds) *Developments in British Politics 3.*

Gibb, K., & Munro, M. (1991) *Housing Finance in the UK* (London : Macmillan).

Girvin, Brian (1987) 'Conservatism and Political Change in Britain and the United States', *Parliamentary Affairs*, vol.40, no.2, pp.154-171.

—— (1988a) 'Introduction : Varieties of Conservatism' in Girvin, Brian (ed.) *The Transformation of Contemporary Conservatism* (London : Sage).

—— (1988b) 'The United States : Conservative Politics in a Liberal Society', in Girvin (ed.) *The Transformation of Contemporary Conservatism.*

—— (ed.) (1988) *The Transformation of Contemporary Conservatism* (London : Sage).

Goldthorpe, J. H., Lockwood, D., Bechhofer, F., & Platt, J. (1968) *The Affluent Worker : Industrial Attitudes and Behaviour* (London : Cambridge University Press).

Goldthorpe, John H. (ed.) (1984) *Order and Conflict in Contemporary Capitalism : Studies in the Political Economy of Western European Nations* (Oxford : Clarendon Press).

Grant, Wyn (1985) 'Introduction', in Grant, Wyn (ed.) (1985) *The Political Economy of Corporatism* (London : Macmillan).

(1989) 'The Erosion of Intermediary Institutions', *Political Quarterly*, vol.60, no.1, pp.10-21.

Green, David G. (1987) *The New Right; The Counterrevolution in Political Economic and Social Thought* (Brighton : Wheatsheaf).

Hague, D. C., MacKenzie, W. J. M., & Barker, A. (1975) *Public Policy and Private Interests : The Institutions of Compromise* (London : Macmillan).

Hall, Stuart (1983) 'The Great Moving Right Show', in Hall & Jacques (eds) *The Politics of Thatcherism*, originally published in *Marxism Today*, vol.23, no, 1 January 1979, pp.14-20.

—— (1988) 'Authoritarian Populism : A Reply by Stuart Hall', in Jessop, B., Bonnett, K., Bromley, S., & Ling, T. (1988) *Thatcherism : A Tale of Two Nations* (Cambridge : Polity).

Harloe, M. (1978) 'The Green Paper on Housing Policy', in Brown, M., & Baldwin, S. (eds) (1978) *The Yearbook of Social Policy in Britain 1977* (London : Routledge).

Harris, Kenneth (1988) *Thatcher* (London : Weidenfeld & Nicolson).

Hawes, D. (1986) *Building Societies : The Way Forward* (Bristol : School for Advance Urban Studies).

HC366, House of Commons (1981) *The Second Report from the Environment Committee ; Session* 1980-81 (London : HMSO).

HC714, House of Commons (1980) *The First Report from the Environmental Committe ; Session 1979-1980 : Enquiry into Implications of the Government's Expenditure Plans 1980-81 to 1983-84 for the Housing Policies of the Department of the Environment* (London : HMSO).

Heald, David (1988) 'The United Kingdom : Privatisation and Its Political Context', *West European Politics*, vol.11, no.4, pp.31-48.

Heald, D., & Steel, D. (1985) 'Privatisation of Public Enterprises 1979 - 1983', in Jackson, P. M. (ed.) (1985) *Implementing Government Policy Initiatives : Thatcher Administration 1979-83* (London : Royal Institute of Public Administration).

Heidenheimer, A., Heclo, H., & Adams, C.T. (1983) *Comparative Public Policy :*

The Politics of Social Choice in Enrope and America, 2nd edition (London : Macmillan).

Hennessy, Peter (1986) *Cabinet* (Oxford ; Basil Blackwell).

—— (1987) 'The Prime Minister, the Cabinet and the Thatcher Personality', in Minogue & Biddiss (eds) *Thatcherism*.

—— (1989) *Whitehall* (New York : Free press).

Heywood, Andrew (1994) 'Britain's Dominant-party System', in Robins, L., Blackmore, H., & Pyper, R. (eds) (1994) *Britain's Changing Party System* (London : Leicester University Press).

Hill, Michael (1983) *Housing Benefit : From Unified Ideal to Complex Reality* (Bristol : School for Advanced Urban Studies).

—— (1984) 'The Implementation of Housing Benefit', *Journal of Social Policy*, vol.13, no.3, pp.297-320.

Hirst, Paul (1989) *After Thatcher* (London : Collins).

Hobbs, Dick (1991) 'Business as a Master Metaphor : Working Class Entrepreneurship and Business-like Policing', in Burrows (ed.) *Deciphering the Enterprise Culture*.

Holmans, A. E. (1987) *Housing Policy in Britain : A History* (London : Croom Helm).

Houlihan, Barrie (1984) 'The Regional Offices of the DOE —— Policemen or Mediators? : A Study of Local Housing Policy', *Public Administration*, vol.62, no.4, pp.401-421.

—— (1988) *Housing Policy and Central-local Government Relations* (Alder shot : Avebury).

Housing Centre Trust (1975) *Housing Finance Review : Evidence to the Secretary of State for the Environment submitted by the Housing Centre Trust* (London : Housing Centre Trust).

Hudson, J. (1985) 'The Relationship between Government Popularity and Approval for the Government's Record in the United Kingdom', *British Journal of Political Science*, vol.15, no.2, pp.165-186.

Inquiry into British Housing, chaired by HRH the Duke of Edinburgh KG, KT (1985) *The Evidence* ; (1985) *Report* ; (1986) *Supplement* (London : National Federation of Housing Associations).

Institute of Housing (1985) *Working Together : Report of the working party on local authorities and housing associations* (London : Institute of Housing).

—— (1987) *Preparing for Change* (London : Institute of Housing).

Jenkins, Peter (1988) *Mrs. Thatcher's Revolution* (Cambridge, Massachusetts : Harvard University Press).

Jessop, B., Bonnett, K., Bromley, S., & Ling, T. (1988) *Thatcherism : A Tale of*

Two Nations (Cambridge : Polity)
Johnson, P. B. (1968) *Land Fit for Heroes* (Chicago : University of Chicago Press).
Jones, G. W. (1989) 'A Revolution in Whitehall?', *Western European Politics*, vol.12, no.3, pp.238-261.
Jones, Kathleen (1991) *The Making of Social Policy in Britain* (London : Athlone).
Judge, David (1993) *The Parliamentary State* (London : Sage).
Kavanagh, Dennis (1986) *Margaret Thatcher : A Study in Prime Ministerial Style* (Glasgow : Centre for the Study of Public Policy, University of Strathclyde).
—— (1987) 'The Heath Government, 1970 - 1974', in Hennessy, Peter, & Seldon, Anthony (eds) (1987) *Ruling Performance : British Government from Attlee to Thatcher* (Oxford : Blackwell).
—— (1990a) *Politics and Personalities* (London : Macmillan).
—— (1990b) *Thatcherism and British Politics : The End of Consensus?* (Oxford : Oxford University Press).
川上忠雄・増田寿男 (1989) 『新保守主義の経済社会政策：レーガン・サッチャー・中曽根三政権の比較研究』法政大学出版局.
木寺久・内貴滋(1989) 『サッチャー首相の英国地方制度革命』ぎょうせい.
King, Anthony (1975) 'Overload : Problems of Governing in the 1970's', *Political Studies*, vol.23, nos 2-3, pp.284-296.
—— (1985) 'Margaret Thatcher : The Style of a Prime Minister', in King, Anthony (ed.) (1985) *The British Prime Minister* (London : Macmillan).
—— (1988) 'Margaret Thatcher as a Political Leader', in Skidelsky (ed.) *Thatcherism*.
King, Desmond S. (1987) *The New Right ; Politics, Markets and Citizenship* (London : Macmillan).
Kirby, Andrew (1985) 'Voluntarism and the State Funding of Housing : Political Explanations and Geographic Outcomes in Britain', *Tijdschrift voor Economische en Sociale Geografie*, vol.76, no.1, pp.53-62.
Kornhauser, W. (1960) *The Politics of Mass Society* (London : Routledge).
Krieger, Joel (1986) *Reagan, Thatcher, and the Politics of Decline* (Cambridge : Polity Press).
Labour Party (1978) *A New Deal for Council Housing* (London : Labour Party).
—— (1979) *Council House Sales : The New Tory Policy* (London : Labour Party).
—— (1985) *Homes for the Future* (London : Labour Party).

Laski, Harold (1938) *Parliamentary Government in England* (London : George Allen & Unwin).

Leather, P. (1981a) 'The 1980 Housing Act Subsidy System', in Bramley, Leather & Hill (eds) *Developments in Housing Finance.*

—— (1981b) 'Capital Programme Developments', in Bramley, Leather & Hill (eds) *Developments in Housing Finance.*

Lehmbruch, Gerhard (1982) 'Introduction : Neo-corporatism in Comparative Perspective', in Schmitter, Philippe C., & Lehmbruch, Gerhard (eds) (1982) *Patterns of Corporatist Policy-making* (London : Sage).

Letwin, Shirley Robin (1992) *The Anatomy of Thatcherism* (London : Fontana).

Lewis, R. A. (1952) *Edwin Chadwick and the Public Health Movement* (London : Longmans Green).

Lijphart, Arend (1975) *The Politics of Accommodation : Pluralism and Democracy in the Netherlands, 2nd edition* (Berkeley : University of California Press), 1st edition, published in 1968.

—— (1984) *Democracies* (New Haven : Yale University Press).

Lipset, S. M. (1960) 'Must the Tories Always Triumph?', *Socialist Commentary*, November 1960, pp.10-14.

Littlewood, Judith and Mason, Serena, Department of Environment (1984) *Taking the Initiative: A survey of low cost home owners* (London : HMSO).

Lloyd George, David (1992) 'Wolverhampton, 24 November 1918, "a fit country for heroes to live in"', in MacArthur, Brian (ed.) (1992), *The Penguin Book of Twentieth-century Speeches* (London : Viking), pp. 68-70.

Luhmann, Niklas (1982) *Differentiation of Society* (New York : Columbia University Press).

Macmillan, Harold (1969) *Tides of Fortune : 1945-55* (London : Macmillan).

Maier, Charles (1984) 'Preconditions for Corporatism', in Goldthorpe (ed.), *Order and Conflict in Contemporary Capitalism.*

牧原　出 (1991) 『政治・ネットワーク・管理——R. A. W. ローズの政府間関係論と80年代イギリス行政学』東京大学都市行政研究会.

Malpass, Peter, & Murie, Alan (1990) *Housing Policy and Practice, 3rd edition* (London : Macmillan).

Marsh, D., & Rhodes, R.A.W. (1989) *Implementing "Thatcherism" : A Policy Perspective* (Colchester : Department of Government, University of Essex).

Marsh, Dave, & Tant, Tony (1989) *There Is No Alternative : Mrs. Thatcher and the British Political Tradition* (Colchester : Department of Government, University of Essex).

Maynard, G. (1988) *The Economy under Mrs. Thatcher* (Oxford : Blackwell).

McCulloch, David (1980) 'How the AMA Fought - and Improved - the Housing Bill',

Municipal Review, vol.51, no. 607, pp.133-134.
McIlroy, John (1989) 'Unemployment and the Economy', in Jones, Bill (ed.) (1989) *Political Issues in Britain Today, 3rd edition* (Manchester : Manchester University Press).
McKenzie, Robert T. (1958) 'Parties, Pressure Groups and the British Political Process', *Political Quarterly*, vol.29, no.1, pp.5-16.
—— (1964) *British Political Parties* (London : Heinemann), first published in 1955.
McKenzie, Robert T., & Silver, A. (1968) *Angels in Marble : Working Class Conservatives in Urban England* (London : Heinemann).
McVicar, Malcom (1990) 'Education Policy : Education as a Business', in Savage, Stephen P. , and Robins, Lynton (eds) *Public Policy under Thatcher* (Houndmills, Basingstoke : Macmillan).
Mearns, Andrew (1973) *The Bitter Cry of Outcast London* (London : Leicester University Press), originally published in 1883.
Merrett, S. (1979) *State Housing in Britain* (London : Routledge & Kegan Paul).
Middlemas, Keith (1979) *Politics in Industrial Society : The Experience of the British System since 1911* (London : Andre Deutsch).
Miliband, Ralph (1982) *Capitalist Democracy in Britain* (Oxford : Oxford University Press).
Minkin, Lewis (1974) 'The British Labour Party and the Trade Unions : Crisis and Compact', *Industrial and Labour Relations Review*, vol.28, no.1, pp.7-37.
水谷三公（1973 a）「政治資源としての住宅（一)」『国家学会雑誌』第 86 巻 3 ・ 4 号所収，1 -58 頁.
——（1973 b）「政治資源としての住宅（三)」『国家学会雑誌』第 86 巻 9 ・10 号所収，1 -53 頁.
Moran, Michael (1989) *Politics and Society in Britain* (London : Macmillan).
Morgan, Kenneth O. (1984) *Labour in Power 1945 - 1951* (Oxford : Oxford University Press).
Murie, Alan (1985) 'What the Country Can Afford? : Housing under the Conservatives 1979-83', in Jackson (ed.) *Implementing Government Policy Initiatives*.
National Community Development Project (1976) *Whatever Happened to Council Housing?* (London : NCDP).
National Federation of Housing Associations [NFHA] (1986) *Housing - A Countrywide Problem* (London ; National Federation of Housing Associations).
—— [NFHA] (1988) *Development: A guide for housing associations, revised edition* (London ; National Federation of Housing Associations).
—— [NFHA] (1990) *Development under the Housing Act 1988: A supplement*

to Development: a guide for housing associations (London ; National Federation of Housing Associations).

National Housing Forum (1988) *A Future for Rented Housing?* (London).

Nordlinger, Eric A. (1967) *The Working-class Tories : Authority, Deference and Stable Democracy* (London : MacGibbon & Kee).

Norris, Pippa (1990) 'Thatcher's Enterprise Society and Electoral Change', *West European Politics*, vol. 13, no.1, pp.63-78.

Norton, Philip (1978) *Conservative Dissidents : Dissent within the Parliamentary Conservative Party, 1970-74* (London : Temple Smith).

—— (1985) 'Behavioural Changes : Backbench Independence in the 1980s', in Norton (ed.) *Parliament in the 1980s*.

—— (1990) ' "The Lady's Not For Turning" But What About the Rest? Margaret Thatcher and the Conservative Party 1979-89', *Parliamentary Affairs*, vol.43, no.1, pp.41-58.

—— (1991a) *The British Polity, 2nd edition* (London : Longman).

—— (1991b) 'The Changing Face of Parliament : Lobbying and its Consequences', in Norton, Philip (ed.) (1991) *New Directions in British Politics? : Essays on the Evolving Constitutions* (Aldershot : Edward Elgar).

O'Higgins, M. (1983) 'Rolling Back the Welfare State : The Rhetoric and Reality of Public Expenditure and Social Policy under the Conservative Government', in Jones, C., & Stevenson, J. (eds) (1983) *The Yearbook of Social Policy in Britain 1982* (London : Routledge & Kegan Paul).

岡本磐雄(1988) 『現代イギリスの金融と経済』東洋経済新報社.

Painter, Chris (1989) 'Thatcherite Radicalism and Institutional Conservatism', *Parliamentary Affairs*, vol.42, no.4, pp.463-484.

Pahl, R. A., & Winkler, J. T. (1975) 'The Coming Corporatism', *Challenge*, vol. 18, no.1, pp.28-35.

Panitch, Leo (1979) 'The Development of Corporatism in Liberal Democracies', in Schmitter, Philippe C., & Lehmbruch, Gerhard (eds) (1979) *Trends Toward Corporatist Intermediation* (London : Sage).

Paoli, Pia (1991) *Biographie de Margaret Thatcher* (London : Virba) : 福田素子訳『マーガレット・サッチャー：「鉄の女」の孤独と真実』徳間書店, 1991年.

Parkin, F. (1967) 'Working Class Conservatives : A Theory of Political Deviance', *British Journal of Sociology*, vol.18, no.3, pp.278-290.

Peele, Gillian (1988) 'British Conservatism ; Ideological Change and Electoral Uncertainty', in Girvin (ed.) *The Transformation of Contemporary Conservatism*.

—— (1994) 'Culture, Religion and Public Morality', in Adonis, Andrew, & Hames, Tim (eds) (1994) *A Conservative Revolution? : The Thatcher-Reagan Decade in Perspective* (Manchester : Manchester University Press).

Pimlott, B. (1989) 'Is the Post-war Consensus a Myth?', *Contemporary Record*, vol. 2, no.6, pp.12-14.

Pliatzky, Leo (1989) *The Treasury under Mrs. Thatcher* (Oxford : Basil Blackwell).

Price, R. N. (1977) 'Society, Status and Jingoism, the Social Roots of Lower Middle Class Patriotism, 1870 - 1990', in Crossick, Geoffrey (ed.) (1977) *The Lower Middle Class in Britain* (London : Routledge) : 島浩二他訳『イギリス下層中産階級の社会史』法律文化社，1990 年.

Pulzer, Peter D. J. (1967) *Political Representation and Elections in Britain* (London : George Allen & Unwin).

Punnet, R. M. (1987) *British Government and Politics, 5th edition* (Aldershot : Gower).

Pym, Francis (1984) *The Politics of Consent* (London : Hamish Hamilton, 1984).

Radcliffe, J. (1991) *The Reorganisation of British Central Government* (Aldershot : Dartmouth Publishing).

Ramsden, John (1980) *The Making of Conservative Party Policy* (London : Longman).

Reiner, W. J. (1989) 'The Environment Committee', in Drewry (ed.) *The New Select Committees*.

Rhodes, R. A. W. (1981) *Control and Power in Central-local Government Relations* (Aldershot : Gower) : 財団法人自治総合センター訳・刊『中央-地方政府間の制御と権限』1987 年.

—— (1984) 'Continuity and Change in British Central-local Relations : the Conservative Threat, 1979-1983', *British Journal of Political Science*, vol.14, pp.261-283.

—— (1985) 'Corporatism, Pay Negotiations and Local Government', *Public Administration*, vol.63, no.3, pp.287-307.

—— (1988) *Beyond Westminster and Whitehall : The Sub-central Government of Britain* (London : Routledge).

—— (1991) 'Now Nobody Understands the System : The Changing Face of Local Government', in Norton (ed.) *New Directions in British Politics?*

Richards, Janet (1981) *The Housing (Homeless Persons) Act 1977 : A Study in Policymaking* (Bristol : School for Advanced Urban Studies).

Richards, Sue (1987) 'The Financial Management Initiative', in Harrison, A., & Gretton, J. (eds) (1987) *Reshaping the Central Government* (Hermitage, Berks : Policy Journals).

Richardson, J. J., & Jordan, A. G. (1979) *Governing under Pressure : The Policy Process in a Post-parliamentary Democracy* (Oxford : Martin Robertson).

Riddell, Peter (1991) *The Thatcher Era : And Its Lagacy* (Oxford : Basil Blackwell).

Ridley, Nicholas (1988a) 'Speech to Institute of Housing Conference', *DOE News Release*, 17 June 1988.

—— (1988b) *The Local Right : Enabling Not Providing* (London : Centre for Policy Study).

Roberts, David (1960) *Victorian Origins of the British Welfare State* (Connecticut : Yale University Press).

Rose, Richard (1965) *Politics in England* (London : Faber and Faber).

—— (1985) *Politics in England : Persistence and Change* (London : Faber & Faber).

—— (1987) *Ministers and Ministries : A Functional Analysis* (Oxford : Oxford University Press).

Rose, Richard, & Peters, Guy (1978) *Can Government Go Bankrupt?* (New York : Basic Books).

Sartori, Giovanni (1976) *Parties and Party Systems : A Framework for Analysis, Volume I* (Cambridge : Cambridge University Press).

佐々木毅 (1984) 『現代アメリカの保守主義』岩波書店.

—— (1993) 『アメリカの保守とリベラル』講談社学術文庫.

Sanders, David, Ward, Hugh & Marsh, David (with Fletcher, Tony), 'Government Popularity and the Falklands War : A Reassessment', *British Journal of Political Science*, vol. 17, no. 3, Jul., 1987, pp.281-313.

Schmitter, Philippe C. (1979) 'Still the Century of Corporatism?', in Schmitter & Lehmbruch (eds) *Trends Toward Corporatist Intermediation.*

—— (1982) 'Reflections on Where the Theory of Neo-corporatism Has Gone and Where the Praxis of Neo-corporatism', in Schmitter & Lehmbruch (eds) *Patterns of Corporatist Policy-making.*

—— (1984) 「日本の読者のためのエピローグ」, in Schmitter & Lehmbruch (eds) (1979) *Trends Toward Corporatist Intermediation* (London : Sage) : 山口定監訳『現代コーポラティズムⅠ』木鐸社, 1984 年.

Schumpeter, Joseph A. (1950) *Capitalism, Socialism, and Democracy, 3rd edition* (London : George Allen & Unwin), first published in 1943 : 中山伊知郎・東畑精一訳『資本主義・社会主義・民主主義』上・中・下巻,東洋経済新報社, 1962 年.

Schwartz, John E. (1980) 'Explaining a New Role in Policy Making : The British House of Commons in the 1970s', *American Political Science Review*, vol.74, no.1, pp.23-37.

Schwartz, Nathan H. (1987) 'Housing Policy : Converging Trends, Divergent Futures', in Waltman, J. L., & Studlar, D. T. (eds) (1987) *Political Economy : Public Policies in the United States and Britain* (Jackson : University of Mis-

sissippi Press).
Semmel, Bernard (1960) *Imperialism and Social Reform : English Social-imperial Thought 1895-1914* (London : George Allen & Unwin) : 野口建彦・照子訳『社会帝国主義史』みすず書房，1982 年.
SHAC (1977) *Priorities for Housing Policy : SHAC's Response to the Housing Policy Green Paper* (London : Shelter Housing Aid Centre).
Shelter (1986) *Housing: The Case for Investment* (London : Shelter).
Short, John R. (1982) *Housing in Britain: The Post-war Experience* (London : Methuen).
篠原一 (1984) 「連合政治の理論的諸問題」，篠原一編『連合政治 I 』岩波現代選書.
Social and Community Planning Research (1992) *British Social Attitudes Cumulative Sourcebook : The First Six Surveys* (Aldershot : Gower).
Stewart, Gillian & Stewart, John (1977) 'The Housing [Homeless Persons] Act, 1977 ; A reassessment of social need', *The Year Book of Social Policy in Britain*, 1977, pp.22-48.
Streeck, W. (1984) *Industrial Relations in West Germany* (London : Heinemann Educational).
鈴木浩 (1990) 「イギリスにおける地域住宅政策の展開に関する研究(2)」，『住宅総合研究財団研究年報』17 号，245-257 頁.
Swenarton, M. (1981) *Homes Fit for Heroes* (London : Heinemann).
Thatcher, Margaret (1989) *Margaret Thatcher : Revival of Britain : Speeches 1975-1988* (London : Conservative Political Centre).
—— (1993) *The Downing Street Years* (London : Harper Collins).
Tivey, Leonard (1988) *Interpretations of British Politics : The Image and System* (Hemel Hempstead : Harvester Wheatsheaf).
豊永郁子 (1997) 「サッチャリズムの遺産と政党制の変容」 1997 年度日本政治学会分科会B報告頒布原稿.
—— (1996) 「『国民』政党の復活？——トニー・ブレアとサッチャリズム」『創文』376 号 (1996 年 5 月)，10-13 頁.
Travers, T. (1986) *The Politics of Local Government Finance* (London : Allen & Unwin).
Trevelyan, G. M. (1973) *History of England, new illus. edition* (London : Longman), first published in 1926. Cf. 大野真弓訳『イギリス史 3 』みすず書房，1975 年 (translated from *1958 edition*).
宇都宮深志編 (1990) 『サッチャー改革の理念と実践』三嶺書房.
Vickerstaff, S., & Sheldrake, J. (1989) *The Limits of Corporatism* (Aldershot : Avebury).
Waldgrave, William (1987) 'Some Reflections on Housing Policy', *Conservative Policy News Service*, 19 May 1987.

Whitbread, Michael (1987) 'Department of the Environment', in Harrison & Gretton (eds) *Reshaping the Central Government*.

Whitehead, Phillip (1987) 'The Labour Government, 1974 - 1979', in Hennessy & Seldon (eds) *Ruling Performance*.

Willetts, David (1992) *Modern Conservatism* (Harmondworth : Penguin).

Willmott, Peter & Murie, Alan (1988) *Polarisation and Social Housing* (London : Policy Studies Institute).

Wilson, Graham K. (1982) 'Why Is There No Corporatism in the United States', in Schmitter & Lehmbruch (eds) (1982) *Patterns of Corporahst Policy-making*.

Winkler, J. T. (1976) 'Corporatism', *Enropean Journal of Sociology*, vol.17, no.1, pp.100-136.

—— (1977) 'Keynes and the Coming Corporatism', *The Spectator*, 8 January 1977.

Wohl, A. S. (1977) *The Eternal Slum* (London : Edward Arnold).

Young, Hugo, & Sloman, Anne (1986) *The Thatcher Phenomenon* (London : BBC Books).

注

以下では，*Econ.* は *The Economist*（London：The Economist Newspaper Limited）の略とし，ページ番号にはイギリス版における記事冒頭ページの番号を記す．*Commons* は *Parliamentary Debate (Hansard), House of Commons Official Report*（London：HMSO）の略とし，これには製本された Hansard Volumes 内の参照部分を付記する．

序　章　サッチャリズムへの理論的視角

(1)　様々なサッチャリズム論の一つの整理として，see Kavanagh（1990 a）pp. 78-89.

(2)　See Marsh & Rhodes（1989）p.23；Riddell（1991）pp.4-5，11-13. その他，サッチャー政権の掲げた多くの施策が，実は既に前労働党政権下でも行われていたものであることを指摘し，特にサッチャリズムと名を冠すべき新たなプログラムの存在に疑念を差し挟む議論もあった．See Whitehead（1987）p.264. またプログラムではなく政策実績に焦点を当てるならば，最も「サッチャー的」と見られたような政策がその執行の過程で「意図せざる結果」に悩まされた末に密かに廃棄されるというパターンが存在したことが注目され得る．特にマネタリズムが有名無実化した顚末はよく知られている．See Jenkins（1988）pp.281-282；Marsh & Rhodes（1989）pp.10-11；cf. Jackson（1992）．政府が約束していた公共支出の削減もなかなか果たされず福祉国家が一向に縮小され得なかったことも指摘され，「サッチャー時代の大半を通じて起こったことはまさに非サッチャー的と言われた事柄に他ならなかった」とさえ言われた．Riddell（1991）p. 128. See also Jenkins（1988）p.280. 政策実績全般を検証したマーシュ＆ローズは，「サッチャー革命とは政策の現実のインパクトによるものというよりむしろレトリックの産物である」と述べている．Marsh & Rhodes（1992）p. 187. 以上に重なる整理として，see Dorey（1995）pp. 308-309.

(3)　サッチャリズムの党派的攻撃性への言及は，see, e.g., Hall & Jacques（1983）p. 11； Jenkins（1988）p. 168. 1980年代を通し，一党優位制の出現が取り沙汰されるほど保守党の相対的優位は強まった一方で，この間，保守党の得票数に絶対的な増加は見られず，有権者と政権との間の政策選好の乖離もむしろ拡大する傾向にあったというデータが存在する．一党優位制の成立の可能性が論じられた事実については，see Crewe（1988）p. 25；Drucker & Gamble（1988）p. 85；Heywood（1994）p.11. 有権者の党派性の変化からはサッチャリズムの存在証明となるような積極的なインパクトの跡は読み取れないことを示したデータへの言及は，see Crewe（1988）esp. p. 44；Riddell（1991）pp. 211-214；Hirst（1989）pp. 25-26. ハーストなどは，サッチ

ャー側の政治的狡知や国民の側のイデオロギー的シフトが保守党に優位にもたらしたという見方を退け，専ら選挙制度の働きと野党側の分裂や路線の行き詰まりに保守党の優勢を帰し，「『サッチャリズム』は神話である」とさえ述べている．*Ibid*., pp.11-12. 終章の注(3)も参照のこと．

(4) サッチャーのリーダーシップの新しさないし特異性を強調する議論として，see, e. g., Letwin（1992）esp. pp. 28-31；Derbyshire & Derbyshire（1988）pp. 173-175；King（1985），（1988）；Kavanagh（1986），（1990 b）chap.9；Hennessy（1987）pp.55-58. 彼女は保守党内の他の政治家からもそのスタイルにおいて“異端”視されたリーダーであった．See Jenkins（1988）pp.96-97；cf. Pym（1984）. 因みにサッチャーが実践した政治手法については，生い立ちを含めた彼女個人のパーソナリティーによる理解が広く存在したことが指摘される．See Biddiss（1987）pp.1-6. パーソナリティー・アプローチによる代表的なサッチャリズム論としては，see, e.g., Young & Sloman（1986）.（「彼女を間近に観察する多くの人の証言から判ったことは，政府の行動において如何に彼女のパーソナリティーが決定的に重要な役割を果たしているかということである．彼女の政治とは彼女の人格から出てくるものであり，彼女のリーダーシップのスタイルは彼女が女性であることに大きく拠っている．」*Ibid*., p.142.） See also Jenkins（1988）pp.81-86；Riddell（1991）pp.2-6. 他方，サッチャーの体現した政治手法が，むしろ保守党内にこれまで連綿と存在してきた何らかの系譜や伝統の延長線上にあることを指摘する議論として，see, e. g., Kavanagh（1990 a）chap.4；Marsh & Tant（1989）pp.3-10. 特に保守党の「統治術」に即しての連続性を強調する議論として，see Bulpitt（1986）pp.21, 39,（1989）pp.56-57, 73； Gamble（1988）pp.153-154.

(5) 通常コレクティヴィズムないし「戦後合意（postwar consensus, 論者によってはpostwar settlement)」は，ケインジアニズム（総需要管理による経済運営と完全雇用の確保を目指す）と福祉国家へのコミットメントを意味するものとして理解される．サッチャー政権のこれらからの訣別は必ず言及に上る論点である．コレクティヴィズムの成立と危機に関しては，see Beer（1969）chap.3；（1982）pp.5-19. 「戦後合意」の中身とこれへのサッチャーの攻撃については，see, e.g., Kavanagh（1990 b）pp.34-35, 5-8. 但しジェソップらやマーシュ&タントなどは，こうした合意が存在したという見方に留保や疑問を呈する．See Jessop et al.（1988）pp. 75-76；Marsh & Tant（1989）p.5. See also Pimlott（1989）. 二大政党制についてファイナーが提起した「対決政治（adversary politics)」モデルもこの見方への挑戦を意味していたに他ならない．See Finer（1975）esp. pp.14-17.

他方，保守党内に複数の思想的系譜が存在してきたこと，サッチャリズムがその新しい組み合わせ（「自由な経済と強い国家」）からなることを指摘する議論として，see Gamble（1988）pp.170-173, 154-156；（1983）esp.pp.119-122. ウィレッツなどはサッチャリズムを「自由市場」と「強いコミュニティー」とを重視する「世界観」と見，これらがともに保守党の重要なテーマであり続けてきたとしてサッチャリズムを保守党のメイン・ストリーム上に位置付ける．Willetts（1992）pp.51-52, 54.

(6) 以下については，see Hall（1983），（1988）.
(7) Hall（1988）p. 101.
(8) Hall（1988）p. 103.
(9) 以下については，see Jessop et al.（1988）.
(10) See *ibid*., pp. 145-146，176-177.
(11) Jessop et al.（1988）もこの問題を認識している．See pp. 179-180.
(12) *Ibid*., p. 127.
(13) *Ibid*., pp. 129-130.
(14) 以下については，see Gamble（1985），（1988）．主に独自の分析を多く含んだ Gamble（1985）による．
(15) Gamble（1990）p. 356．これに対し，サッチャー政権のマクロ経済政策を検証し，特に同政権が当時の経済学の権威たちの処方に真っ向から反するポンド高政策をとったことを評価する議論として，see Maynard（1988）esp. pp.157-158.「通常イギリス製造業が壊滅した時代と見られている1979年から81年にかけての時代も，保守党政権の業績をおとしめる時代というよりむしろ経済的パフォーマンスの長期的持続的な改善の基礎が築かれた時代として回顧されることになるであろう.」「そのマクロ経済政策の姿勢は，英国産業の構造と効率性に喫緊に必要とされた変化をもたらすという意味では理にかなったものであった.」*Ibid*., pp.158-159, 162.
(16) 以下については，see Bulpitt（1986），（1989）.
(17)「支持の政治」と「権力の政治」の区別は，イギリス政治分析に散見される二分法である．遡ればバジョットの「威厳をもった部分」と「機能する部分」の区別にも行き当たるであろう．第三の「パフォーマンスの政治」を措定するのは本書が初めての試みである．

第一章　文脈の同定

(1) イギリスの政治制度の理論と実践において議会主義に付与されてきた格別の役割については，see Judge（1993）esp. pp.2, 27, 67.
(2) See Schumpeter（1950）n. 10, p. 274：邦訳中巻512頁.
(3) Schumpeter（1950）p. 264，邦訳中巻502頁.
(4) See Lijphart（1975），（1984）.
(5) あまりにも有名となった言明として，「階級こそイギリスの政党政治の基盤である．その他の一切は飾りであり些末でしかない.」Pulzer（1967）p.98.
(6) 以下については，see Laski（1938）pp. 24-25，47-48，90-96.
(7) 例えばタイヴィーは，この時代の「自己礼賛的（self-congratulatory）」なムードを代表する論客としてビアとバーチを挙げている．See Tivey（1988）pp.49-59. ビアはコレクティヴィズムを涵養したイギリスの政治文化――とりわけ利益代表と機能代表の観念の系譜に関心を寄せ，バーチはエリート間で継承されてきた政治実践に関する伝統を強調した．See Beer（1969）pp.x-xi, 329；Birch（1964）pp.240-246. 同様

に伝統の強さもしくは文化的特色を重視する英国政治論として，ローズ，パルツァー，ノードリンガーのものがある．See Rose (1965), Pulzer (1967), Nordlinger (1967) esp. chap.1. この頃始まった投票行動や社会意識の調査に基づく研究も，英国独特の政治的権威への態度や階級意識の在り方を指し示し，同様の理解を促した．See Nordlinger (1967) pp.226-233；Butler and Stokes (1969) pp.85-94. それはイギリスの「政治階級」に対する礼賛論がいまだ根強かった時代でもあった．See Gamble (1988) pp.162-165. ドーリーなどはサッチャー政権期まで含め，1945年以降のイギリス政治が一貫してプラグマティズムの特徴を表してきたと主張する．See Dorey (1995) chap.8.

(8) See Miliband (1982).

(9) See Gamble (1974).

(10) このアプローチによる研究の一つの到達点として，バトラー&ストークスのものがある．See Butler & Stokes (1969)；(1974). 同研究は，大枠はアメリカの政党編成理論に依りながらも，個々の歴史的文化的要因の提示においてイギリスならではの政党支持の在り方の特色を照らし出し示唆深い．因みに浮動票に照準を合わせる戦略は1950年代よりイギリスの二大政党間で現に実践されるところとなっており，そのために選挙にマーケティングのテクニックが用いられるようになった．See Gamble (1974) pp.67-69, 73；Beer (1969) pp.241-242, 417-419；Dorey (1995) pp.60-61.

(11) See Lipset (1960). このテーマをめぐる代表的な研究として，McKenzie & Silver (1968)；Nordlinger (1967). マッケンジー&シルヴァーの議論については後述参照．ノードリンガーは，社会に見られる権威の構造や，労働者階級の内部に政治権力の配分に関する事実認識や規範的評価の違いが存在することに注目した．

(12) See Downs (1957). 特にこのアプローチはヨーロッパ大陸諸国の連合政権の分析に適用され，そこでの政党の組み合わせや政権の安定性を解説する研究を多く紡ぎ出すこととなった．篠原(1984) 12-24頁参照．例として，Axelrod (1970) chap.7, 8；De Swaan (1973) Part II.

(13) See Dunleavy & Ward (1981). 但し，彼らが政党選好を形成する媒体として専ら物質的環境のコントロールを念頭においている点は気に懸かる．

(14) See Sartori (1976) esp. pp. 191-192.

(15) See Butler & Stokes (1974) pp. 323-337.

(16) See Crewe (1988).

(17) See McKenzie & Silver (1968) esp. pp.242-243. 特に労働者階級の「ブルジョア化」に着眼した議論として，Abrams & Rose (1960). 豊かさによって保守化するという「ブルジョア化」説の含意を批判的に検証したのが，Goldthorpe et al. (1968) pp.172-173；Butler & Stokes (1969) pp.101-104. 他方，「敬譲 (deference)」の心性を重視する議論として，Pulzer (1967) p.20；Almond & Verba (1963) p.361. これに懐疑的なのが，Butler & Stokes (1969) pp.104-115.

(18) See Gamble (1974) pp. 205-206. 他方のラディカルな議論としては， see Parkin (1967) esp. pp. 281-282.

(19) その名残りは，英国国教会派に対する非国教会派の分布の名残りと重なって現れる．See Butler & Stokes (1969) pp.124-134.

(20) See Gamble (1974).「有権者の持つ政党イメージはそれがどれほど曖昧で一般的なものであったとしても，有権者の政党への忠誠心を決める要因として，個々の政策イッシューに対して政党がどのように関係付けられているかということよりも遥かに重要な意味を持つことは，今日では躊躇なく認められているところである.」Punnet (1987) p.112

(21) Gamble (1974) p. 18.

(22) ここでの自由主義者としては，保守党内のウィッグ派が念頭に置かれている．

(23) See Beer (1969) Part 2, esp. pp. 149-152.

(24) こうした“自然”の想定が存在したことを窺わせるのが，McKenzie & Silver (1968) pp. 14, 258；Butler & Stokes (1974) pp.186, 410；cf. Punnet (1987) p. 114.

1963年の時点で67％の人が労働者階級に属するという自己イメージを持ち，さらに1987年の時点でも67.3％の人が同様の意識を持っていたというデータが存在する．Butler & Stokes (1969) p. 67, tab. 4-1；Norton (1991 a) p. 16, tab. 1-6. 但し，そうした中でも自らを上層労働者階級に位置づける人々が10％から21.3％へと増えていることには注意を要する．因みに労働組合のメンバーであることが当然に労働党支持を意味したことがビアによって特筆されている．See Beer (1969) pp.240-241. さらに労働者の間には恐らくは階級それ自体がサブカルチャーをなしたことの効果であろう，階級利益の考慮とは無関係に労働党への支持を自明視する傾向が存在したという．See Butler & Stokes (1974) pp.88-90.

(25) See McKenzie & Silver (1968) p. 15；Punnet (1987) p. 485. 新中間層や若者といったグループにおける労働党票の伸張が，同党の将来を保証しているかに見えた．See Butler & Stokes (1969) pp. 260-262, 273-274, 286-291.

(26) ミンキンによれば，労働党は1959年以降中産階級にも訴求する「ピープルの党 (people's party)」となり，さらに1963年以降はウィルソンの指導下で，労働党が政権にあるのが例外ではなく通常の状態となることを目指す「政府の党 (party of government)」になったという．こうした戦略は1966年の総選挙で大きな実を結んだと指摘される．See Minkin (1974) pp.16-18. 1970年の保守党の勝利が「驚き」であったことは，see Gamble (1974) p.219；Kavanagh (1987) p.218.

(27) See Beer (1982) pp.125-126；Gamble (1974) pp.90-92, 217. ヒースのリーダーシップに関しては，see also Kavanagh (1987)；Norton (1985) pp.37-39. ヒース政権研究の最新の集成として，Ball & Seldon (eds) (1996) がある．

(28) バトラー&ストークスは，1960年代には政党の“modern”，“young”，“exciting”といったイメージが有権者の投票行動を左右したことを示している．See Butler & Stokes (1974) pp. 346-350. （因みにこうしたイメージは短期的に変化するものとして，長期にわたって持続する政党イメージ――「政党についての最も一般的で目につく信念」とは区別される．*Ibid.*, pp.336, 350. 注20）参照.）1960年代前半

の保守党が伝統的な相貌の貴族政治家ヒュームを党首に選び政権を失った顚末は，「白熱したテクノロジー革命」を謳ったウィルソンの労働党が人気を博したことと相俟って，近代的イメージに反する要素が政党にとって不利に働く時代が到来したことを物語っているように見えた．See also Gamble（1974）pp.87-89. その後，保守党はヒースの下でイメージの転換を果たし，1969年には労働党を抜いて“新しさ”のアピールにおけるリードを獲得している．See esp. Butler & Stokes（1974）p.348, fig. 16.8.

(29) See Kavanagh（1987）esp. p. 235；Gamble（1988）pp. 73-80，（1974）pp. 220-228. ヒース政権の危機を特に以下の「多元主義がもたらす停滞(pluralistic stagnation)」によって説明するものとして，see Beer（1982）chap. 2, pp.86-90；Jenkins（1988）pp.13-16.

(30) Gamble（1974）pp. 227-228，231-232.

(31) See Kavanagh（1990 b）p.129；Jenkins（1988）pp.15-16；cf. Gamble（1974）p.232. 1974年には保守党は，強みであった筈の“(governing) competence”への評価において労働党に水を空けられる事態に陥っていた．See Kavanagh（1987）p. 234.

ところでクリューらは1974年の二つの選挙の分析を通して，政党支持の「リアライメント（realignment)」ならぬ「ディアライメント（dealignment)」が起こっている可能性を指摘した．Crewe, Särlvik & Alt（1977）. 但し彼らはディアライメントに伴うことが予想される「無党派」グループの出現については否定的であり，むしろアメリカとの比較から「政党帰属」の根強さと二大政党のポテンシャルに注意を促している．この何も語っていないに近い結論には，アメリカに関して有意な投票行動研究のモデルがイギリスに適用された際の限界が表れていると言える．See also Crewe & Särlvik（1983）.

(32) See Beer（1982）p. 90. このとき労働者階級の統治への参画がいよいよ本格的なものになることを期待した左派の議論として，Middlemas（1979）esp. pp. 450-452；Minkin（1974）esp. pp.33-37. とりわけコーポラティズムが今にも確立されると論じ，インパクトを持ったのが，Pahl & Winkler（1975）；Winkler（1976）. サッチャー自身，自らの首相就任当時を振り返り，「労働組合の暗黙の合意なくしてはイギリスを統治することができないという感覚が国中に，さらには保守党内部にも蔓延していた」と語っている．Thatcher（1993）p. 28. 他方の保守党は1974年10月の総選挙においてその得票率を20世紀に入ってからでは最低の35％にまで落ち込ませており，左派を勢いづけていた．See Gamble（1988）p.74.

以上とは対照的に，労働党がこのとき手にしたのは，むしろ「戦後合意」を救う最後のチャンスであったと示唆する議論として，Kavanagh（1987）p.235；Gamble（1974）p.232.

(33) See Jenkins（1988）pp.19-23, 27-29；Kavanagh（1990 b）pp.129-131；Dorey（1995）pp. 149-154. 以下に述べるような意味において，保守党にとっては1974年の屈辱よりむしろ「不満の冬」の方が“決定的”であった．この見方に通じる観点を示しているのが，Kavanagh（1987）p.235；Gamble（1974）p.232.

(34) See Miliband (1982) pp. 30-33；McKenzie (1964) pp. 121-122. See also Gamble (1974) pp. 24-27.

(35) See Miliband (1982) pp. 34-35.「包摂」概念については，pp. 1-5.

(36) ビアによれば，遠心化の傾向にある英国の労働運動がまがりなりにも労働党という一つの政治組織の下にまとまってきたのも，社会主義イデオロギーによってというよりは，英国の労働運動が労働者階級が一つの政治的階級としての認知を得ること——すなわち政治的代表を確保すること，ひいては一つの階級として政治権力の分け前に与ることを終始一貫して求め，優先させてきたことの結果であったという. See Beer (1969) pp.149-152, 111-116, 208-216, 240-241, etc.

(37) 後にサッチャーは，彼女より前の世代の保守党政治家について「彼らは労働党と労働組合が人民の意志の真正の代弁者であるという見解をあまりにも簡単に受け入れ過ぎていた」と評している. Thatcher (1993) p. 10.

(38) Beer (1969) pp. 98-102，386-388.

(39) 同様の指摘として，Jenkins (1988) pp. 178，372.

(40) 制度慣性という概念は，ローズの用語より着想を得た. ローズは「政策ネットワーク」が既存の権力配置の「慣性」を「制度化」しているとし，これによる政策形成の現状維持的・漸進主義的傾向を「慣性の政治」と呼んでいる. See Rhodes (1988) pp.254, 305, 308, 327.

(41) イギリスはしばしばこの意でのコーポラティズムの兆候ないし事例を先行的に表す国，あるいはコーポラティズム的伝統の強い国と見られてきた. See Lehmbruch (1982) p. 21；Vickerstaff & Sheldrake (1989) p. 2. そうした見方の確立に大きな役割を果したビアは，1950年代に「政府と生産者団体との間の緊密で持続的な関係」に注目を促し，これを「準コーポラティズム」と呼んでいる. 1960年代末にはこの現象を英国における団体政治の伝統上に位置付け，将来におけるコーポラティズムの一層の発展を予測した. See Beer (1982) pp.64-65；(1969) pp.419, 427. 他方，よりスペシフィックに戦後の政策過程に定着した政府・資本・労働の三者協議の枠組にコーポラティズムを見出す議論も広く行われた. もっともミドルマスは，そこにあったのはコーポラティズムというより国家官僚が特定の団体と結託関係する「コーポレート・バイアス」というべきものであったと述べ，パニッチなどはそこでの労働組合の従属的地位を強調するなど，この種の議論には何らかの留保が付されることが多い. See Middlemas (1979) chap. 13 esp. pp. 373-376；Panitch (1979) p.138. Cf. Miliband (1982) pp. 18-19；Moran (1989) pp.144-149. さらに，イギリスは他国に先駆けて「コーポラティズム」の名で呼ばれるべき新しい経済体制に移行しつつある——1980年までにこれが実現する——と予言する議論も現れた. See Pahl & Winkler (1975)；Winkler (1976).

(42) 中央・地方関係への「コーポラティズム」概念の適用については，see Rhodes (1981) pp.112-125. もっとも後にローズは，同概念に代えて，より汎用性の高い分析枠組であるとして「政策ネットワーク」の概念を推奨している. See Rhodes (1985) pp.287, 305. 政府と政府外の諸利益・諸団体との間の関係をコーポラティズム概念に

よって包括的に論じることを試みた議論として，see Cawson (1982), esp.p.41.

(43) 政府と労働界，産業界との間の政策協議は国民経済発展会議（NEDC）等の場で以前から――NEDC の場合は既に 1962 年より（Hennessy［1989］p.180）――持たれてきた．しかしそれらは大半の時期を通して，協議によって労働と資本の側に求められる協力があくまで自発的なものにとどまる限りにおいて機能し得たに過ぎなかった．See Panitch (1979) pp.134, 140. これに対し，労働党と労働界との間に結ばれた「社会契約」によってこうした協議の装置に拘束力ある頂上合意を生み出す見通しが開けたのが 1970 年代であった．（この「社会契約」は，労働党政権の閣僚 6 名，党の全国執行委員会の委員 9 名，労働組合会議［TUC：Trade Union Congress］の代表 6 名からなる年に数回開催される連携委員会によって毎年更改されることになっていた.）さらに産業界に対しては，国有企業の経営を統括する国民経営評議会（NEB：National Enterprise Board）が，国有化をさらに広げるという方針の下に鳴り物入りで創出され，政府の経済計画に資本を巻き込む装置となることが期待される．See Kavanagh (1990) p.162.

他方，ダンレヴィー&ローズは，戦後 1970 年代半ばまで概して良好に作動してきた中央・地方関係を，中央が地方の自発的協力を引き出すパートナーシップの関係と捉え，これを 1974 年から 1979 年にかけての時期に試みられた「頂上交渉による包括的な（top-level, overall）」コーポラティズムとは区別している．後者の狙いは，地方政府協会を地方公共支出に関する一種の「社会契約」に巻き込むことにあり，このとき初めて地方公共支出の長期的な在り方を討議する正式なフォーラム――地方財政協議会（CCLGF：Consultative Council on Local Government Finance）も設けられた．このCCLGF は公共支出五カ年計画の策定のための公共支出調査システム（PESS：Public Expenditure Survey System）にも組み込まれていた．See Dunleavy & Rhodes (1983) pp.123-125.

(44) See Schmitter & Lehmbruch (eds) (1979), (1982)；Goldthorpe (ed.) (1984)．わけてもコーポラティズムの定式化の一つの到達点として，see Schmitter (1979) pp. 20-21．シュミッターは，コーポラティズムを政策形成の一様式としてよりもむしろ国家の機能の確保とその正統性の調達とに関わる利益媒介の一形態として捉え，これを国家社会の編成の在り方の比較分析に供し得る概念とした．

(45) See Schmitter (1984) 邦訳 323 頁 表 3；Schmitter (1982) p. 270；Maier (1984) p. 54；Lehmbruch (1982) p. 21；Grant (1985) p. 11．「何らかの理由でコーポラティズムの構造を発展させる能力を持たない，ないしは持てない社会も存在すると考えられる．長い自由主義の伝統を持つイギリスなどはまさにそのような社会であり得る.」Streeck (1984) p. 148, quoted in Grant (1985) p. 11．この観点によると，イギリスで戦後行われてきた三者協議もコーポラティズムには満たないものであったということになる．See ibid., p. 9.

(46) コーポラティズムを多元主義の一範疇と見る圧力団体研究がある一方，これを多元主義とは対置されるべきエリーティズムの一範疇とする国家論も存在する．See Moran (1989) pp. 145-149, 175-176；Dunleavy & O'Leary (1987) pp. 41-59, 193-

197. ここでは多元主義を自律的社会集団の国家による統合・包摂を含意するコーポラティズムの対極にある概念，すなわち国家外に自律的な組織権力が分立し，これによって政府の政策過程に遠心化の作用が及ぼされる状態を指示する概念と捉えて出発する．See Schmitter（1979）pp. 36-39；Wilson（1982）pp. 220-221.

(47) 例えばマッケンジーは，圧力団体が政党制の「不可避かつ不可欠の」補完物であり，民意の「貴重な」チャンネルであると述べた．McKenzie（1958）pp.9-10, 16. それはまたコーンハウザーに言わせれば，大衆社会化に対する防波堤となる重要な「中間構造（intermediate structure）」でもある．Kornhauser（1960）pp.76-80, 230-231. さらにビアは1960年代に「利益集団の代表が行政府と協働する必要への認知が高まっていること」，「世論がそうした慣行を当然のことと見なすようになったため，今日では政府が利益団体に諮問せずに政策形成を行うことは珍しくまた深刻な落ち度と受け取られるようになっている」ことを指摘した．Beer（1969）pp.77-78. この時代のイギリス政治論にしばしば当てられるのが「自己礼賛的（self-congratulatory）」，「自己満足的（contentious）」といった形容である．See Tivey（1988）pp. 56-57；Richardson & Jordan（1979）pp. 158-159.

(48) 多元主義に対する悲観論の登場については，see Dunleavy（1988）p. 375；Moran（1989）p.176.

具体的にイギリスの状況を論じる文脈では，まず第一に，政府が政策形成および執行の過程に外部の専門家や業界代表を巻き込むことが，選挙過程を介さず行使される政治的影響力を増大させているとする「コーポレート国家（corporate state）」批判が起こった．1970年代初めまでは主に大企業の国家に対する支配力が取り沙汰されたが，1970年代にはそうした影響力行使の場となるクォンゴ（quango：quasi-non-governmental organization）が専ら槍玉に上げられるようになる．See Richardson & Jordan（1979）p.161；Jones（1989）p.239. イギリスにおけるクォンゴの発見とこれへの批判の高まりについては，see Hague, McKenzie& Barker（1975）pp. 4-9, 377-378；Barker（1982）pp. 225-227. もっともその一方で，同じ現象を福祉国家の拡大や専門家の台頭と関連付け，むしろ政府のアウトプットの質を高めるものとして楽観的・肯定的に評価する新多元主義（neo-pluralism）論も出現している．See Dunleavy（1982）pp. 183-188,（1988）pp.380-381.

第二に，利益集団が政権の存続や政策の遂行を脅かす存在となっていることへの批判が高まった．特に利益集団が「統治不能状態（ungovernability）」をもたらす事態が問題視された．See Beer（1982）p.13；King（1975）pp. 290；Rose & Peters（1978）. とりわけ切迫した問題と捉えられていたのが，労働組合のストライキを通じたデ・ファクトな（サンディカリスティックな）力の行使であった．See Finer（1973）pp.393-394；Brittan（1975）pp.142-145. 而して1974年2月の総選挙では保守党が「誰がイギリスを統治するのか――民主的に選出された政治家か，戦闘的な組合活動家か」と問いかけ，1979年総選挙では労働組合の「責任なき特権」が大きな争点となる．Dorey（1995）p.125；Craig（ed.）（1990）pp.268. 因みに首相が官邸に労働界の指導者を招き「ビールとサンドウィッチ」でもてなす恒例のインフォーマルな集いは，

労働組合の事実上の力，およびこれに基づきインフォーマルに享受されていた特別な地位を象徴していたと言える.（この慣行は後にサッチャーによってにべもなく廃される.）See Riddell（1991）p. 44.

その他，二大政党が様々な集団への経済的利得や福祉のバラマキを公約して選挙を戦うことが，政府に「過重負担(overload)」をきたし，国家の「統治不能状態」を生んでいるとする見方も存在したが（cf. King［1975］pp.286-288；Beer［1982］chap. 1；Brittan［1975］pp.139-142；Rose & Peters［1978］esp. chap.5），「権力の政治」に照準を合わせるここでの議論では，選挙過程を介する入力について生じる多元主義の問題は射程に入ってこない．それはむしろ「支持の政治」が直接もしくは結果的に何らかの応答を行う——処理するところの問題となる．しかしこれらはトータルに，イギリス国家が政治社会（経済ではない）に突き付けられた機能性の（正統性のではない）危機を構成したであろう．

(49) Beer（1982）chap. 2 の「賃金スクランブル」論，「補助金スクランブル」論を参照.

(50) See Bulpitt（1983），(1986)，(1989).

(51) See Ashford（1981），(1982).

(52) See Ashford（1981）esp. pp. 268-278. 序章注(5)参照.

(53) See Ashford（1982）esp. chap. 5.

(54) See Ashford（1981）esp. pp. 7-8.

(55) See Rhodes（1988）esp. pp. 77-87，368-371.

(56) See Rhodes（1991）pp. 83-112.

(57) See Beer（1969）pp. 189-207.

(58) 後述第 7 章参照.

(59) See Dunleavy & O'Leary（1987）pp. 300-311；Dunleavy（1981）pp. 187-189. 新多元主義論者の草分けとしては，ガルブレイス，ベル，サルトーリの名が挙げられる．また注(47)参照.

(60) 牧原(1991) 33-36 頁参照.「機能分化」と「分節化」はそれぞれ "functional differentiation", "segmentation" に対応する．ルーマンの概念区分ではさらに分化の第三の形態を指示する概念として「階層的分化(stratification)」が設けられている．See Luhmann（1982）esp. pp. 232-238.

(61) その後 1997 年の総選挙で労働党への政権交替が遂に起こるが，そこに兆した新たな政党制の在り方については，拙稿（1997），(1996）を参照されたい〔この議論は拙著『新保守主義の作用——中曽根・ブレア・ブッシュと政治の変容』（勁草書房，2008 年）第 2 部においてさらに詳しく展開されている〕．ところで「支持の政治」とは，人々の表象(パーセプション)への働きかけから成り立つものであり，「一つの国民」や「ポピュラー・キャピタリズム」は人々のパーセプションに対し投射される，彼ら自身や党や政党制や政治秩序や社会秩序に関するイメージ・ヴィジョンを代表する観念である.「二層政党制」の所在を敢えて尋ねるとすれば，それは政党や政権によって人々に投げかけられるイメージの中に存在することになり，元を辿れば政党の政党制

に関するパーセプションの中に，さらに突き詰めれば政党が社会において共有されていると考えるイメージの中に存在することになる．これらを全次元束ねて「≒」等式を用いるならば，それは“社会において共有されている政党制に関するイメージやパーセプションのレヴェルに「二層政党制」は実在する”と言い換えることができるであろう．

(62)　サッチャーを歴代首相から際立たせていたのも，その“生い立ち”からくる「プチ・ブルジョア的」心性と「偏見の一式」であったと言われる．Jenkins (1988) pp. 82-86．保守党議員については，上流階級出身の議員(統計上は，例えばイートン校出身者として認別され得る)の減少など，平民化ないしは中産階級化の趨勢が既に指摘されていた．See Moran (1989) pp. 153-161 esp. p. 160．サッチャーの後継指名に最も近いとされたノーマン・テビットやセシル・パーキンソンなどもセルフ・メイド・マンの類いであった．See Jenkins (1988) pp. 175, 326-327；*Econ.* 22 Oct. 1983, p. 25．実際に後継首班となったメイジャーに至ってはシティー(金融業界)の出身ではあったが，元サーカス芸人を父とし，貧しい下町に育ち，高卒からの叩き上げであるという極めて庶民的な経歴の持ち主であった．

(63)　例えば「要生活保護レヴェル以下の生活水準にある人々の人口比は1979年から87年までの間に6％から19％へ，公的援助を受けている児童の数は92万3000人から200万人へと急増し，ホームレスの認定を受けた世帯は6万8000から16万3000へと増加した」．また，「(サッチャー政権期)警察の記録に上った犯罪件数は60％もの増大を見た」という．Riddell (1991) p. 234．因みに失業者数は79年5月の109万人(人口比4.1％)から急伸して1986年7月に313万人のピークを迎えたが，その後は1990年4月の160万人まで減少している．*Ibid.*, pp. 28, 233.

(64)　まさにそれは同時代の観察者が身を以て確認した変化であった．1985年3月にサッチャーの「180度社会を変えようとする試み」を「まったく馬鹿げて」おり，「失敗を運命づけられている」と評した左派の論客ダーレンドルフでさえ1987年の終わりには「人々の価値観や態度に重大な変化が生じたこと」を驚きとともに認めている．そうした変化を追認するかのように労働党が次々と保守党政権の政策を追認していったことも1980年代の特徴であった．Riddell (1991) pp. 208-210.

第二章　サッチャリズム前史

(1)　Chadwick (1965)．エドウィン・チャドウィックの活動と公衆衛生行政の確立過程については，see, e. g., Jones (1991) esp. chap. 3；Finer (1952)；Lewis (1952)．弁護士出身のチャドウィックは，ジェレミー・ベンサムの秘書を務めた経歴を有し，1834年の救貧法改正の立役者でもあった．チャドウィック報告は政府刊行物としては空前のベスト・セラーとなり，およそ10万部の売れ行きを記録したという．See Fraser (1973) pp. 55-59.

(2)　19世紀初めから中頃にかけては「ありとあらゆる種類の使徒的活動のために団体が発展」した時代であったが，当時の「社会改革の気運とは，実は政府や軍隊に関して

はこれを縮小して国庫の支出と課税を縮減することを志向するものであった．社会改革による政策が公共支出や公共サーヴィスの拡大を意味するようになるのは遙か後のことである.」 Holmans (1987) pp. 23-24. ヴィクトリア朝前期における反集権化の風潮については，see Roberts (1960) pp. 96-100. もっとも公衆衛生行政への反発には，提案者が同じチャドウィックであり中央から地方に視察官が派遣されるという「ベンサム流」の制度も共通していた新救貧法の不評も大きく与っていた. See Jones (1991) pp. 33, 36.

(3) 以上については，see Malpass & Murie (1990) pp. 29-30 ; Jones (1991) pp. 35-36.

(4) Jones (1991) p.36. この任に当たったのはチャドウィックが集めた若き土木建設技師たちであり，衛生問題に対する「ベンサム流の解決」は「土木建設の科学と技術を修得した責任ある官吏」によって遂行されることが期待されていた. *Ibid*., p. 33.

(5) 実際はもっと複雑であった．中央による制度化の試みは，地方に存在する無数の民間組織や行政組織を相手にしなければならなかった．株式会社形態をとっていた水道会社が中央の指示する上水道の公的管理に反対したのは勿論，コミュニティー内にいわば自律的な行政官として存在してきた上水道管理委員，下水道管理委員，街路管理委員，幹線道路調査官，貧民救済委員などもそれぞれ公衆衛生行政の射程内に既得権益を有しており，公衆衛生行政に関する権能が地方衛生委員会の下に一元化されることに強く反対した．

他方，チャドウィックはまさにそうした地方の諸利益の多元的競合による政治の過剰を問題視し，中央集権化された統一的官僚制によって公衆衛生行政を非政治化する意図を抱いていたという. See Fraser (1973) p. 63. しかし多くのコミュニティーは，地元の諸利益の擦り合わせを反映させた特別法を成立させ，公衆衛生法の適用を回避している. See *ibid*., p. 67. See also Malpass & Murie (1990) pp. 29-30.

(6) See Jones (1991) pp.36-41.

(7) ここまでに至る改革者たちの試みの制度設計および運用面における攻防について，特に 1833 年から 1854 年までの展開を追った研究として，see, e. g., Roberts (1960). 全国的な公衆衛生行政制度が確立されたのと期を同じくして初の全国的な地方政府制度が確立されたことは重要である．新しい地方政府制度によって，それまで例えばロンドンであれば 300 もの機関の間に分散されていた地方行政に関する権能が単一の自治体政府の手に集中されることになった. See Fraser (1973) p. 63.

(8) この間，医学会側においても，公衆衛生に関わる予防医学が医学の一範疇として承認され，また 1858 年の医師免許法によって医師の専門家としての地位と権威が確立される等の変化が生じていた. See Jones (1991) pp. 37-38, 41.

(9) See Holmans (1987) p. 26 ; Jones (1991) pp. 71-73.

(10) 「(1866 年に至る) この 10 年間に労働階級運動が力強く展開されたのは，その政治的側面においては中産階級的急進主義者と同盟していたからであったが，それは彼らが共に選挙権から除外されていたためであった.」 Trevelyan (1973) p. 778 (邦訳 148 頁). See also pp. 761-764.

(11) 自由党の大衆組織である全国自由党連盟は，そもそも中産階級を母体とする急進派運動の系譜上に生み出されたものであり，またこれに対抗した保守党が明示的に労働者階級を包摂することを企図して発足させた保守党全国同盟も，実際にはむしろ中産階級の政治的な自己表現の場として機能するものとなった．See McKenzie (1964) pp. 147-150, 169.

(12) See Holmans (1987) pp. 26-30；Malpass & Murie (1990) pp. 31-34；Wohl (1977) pp. 116-119.

(13) See Holmans (1987) p. 29. 内務相リチャード・クロスが管掌していたため，同法およびその修正法からなる一連の住宅立法は一般にクロス諸法と呼ばれる．

(14) See Trevelyan (1973) p. 812.

(15) See Holmans (1987) p. 46.

(16) See McKenzie (1964) pp. 165-166.

(17) See Malpass & Murie (1990) p. 37.

(18) Mearns (1973). *Ibid.* に言及．

(19) See Malpass & Murie (1990) pp. 37-38；Wohl (1977) p. 317；cf. Merrett (1979) pp. 24-25. 住宅イッシューは労働者階級の活動家がその地域に合った形態の運動を形成していく上での重要な凝結核にもなった．See Byrne & Damer (1978) pp. 67-69.

(20) See Holmans (1987) pp. 47-49. 特に都市部においては新たに自治体の責務とされた義務教育への支出が足枷となった．

(21) 当時の「住宅問題」は端的には過密居住や複数世帯の雑居といった現象として現れていた．これは19世紀後半に実質賃金が倍増したにも関わらず一向に改善しなかった問題であった．See Holmans (1987) pp. 32-39.

(22) See Merrett (1979) p.28.「住宅問題」に対し，国の補助金を受けた住宅を自治体が供給する体制を処方するアプローチは，専ら保守党の内部から出ていたものであった．一方の自由党内は土地税制の見直しによって土地所有者に土地を安く開放させる案に傾き，この案が，1909年税制改革における失敗に終わった土地税導入の企てを山場としてやがて立ち消えるまでは，自治体への国庫補助金案を牽制する有力な議論をなし続ける．因みに自由党内の一部にあった労働者個人に直接補助金を支給してその家賃負担を援助するという案は，中産階級的見地に立てば労働者への道徳的不信感から到底賛成し難い案であり，また労働者階級にとっては貧民という烙印を押される境遇を生んだ過去の救貧法の経験からやはり受け入れにくい案であった．以上については，see Holmans (1987) pp. 39-49.

(23) ホルマンズは，このとき選挙のスローガンとなったロイド・ジョージの文句は「英雄にふさわしい国を」であって，しばしばそのように伝えられる「英雄に家を (homes for heroes)」は後日の彼の住宅政策でのUターンへの皮肉として膾炙するようになった文句であると指摘する．Holmans (1987) p.298. 実際にロイド・ジョージが大戦の終結した1918年11月11日の直後の24日にウォルヴァーハンプトンで行い有名となった演説で用いられていたのは，“a fit country for heroes to live in”

あるいは“a land fit for such men to live in”という言葉であった．しかしこの演説でもロイド・ジョージは，戦後対策の重点が住宅政策に置かれることをこれ以上なく明確にしているのであり，“fit homes for the men who have won the war”という表現とともに「強く健康な男女からなる活力ある国」を作るために政府がなしえることとして住宅問題への取り組みを第一に挙げ，それが「国の責任であり義務である」ことを正面を切って唱えている．See Lloyd George (1992), pp. 68-70.

(24) Cd. 8663. “革命の脅威”が住宅政策に及ぼした影響については，see Swenarton (1981) pp. 77-79, 85-86；Merrett (1979) p. 32.

(25) See Holmans (1987) pp. 296-297；Swenarton (1981) pp. 67-82；Merrett (1979) pp. 32-35.

(26) 当時は戦後復興の大前提として公共支出の大幅な削減により財政黒字を早急に創出することが急務であると認識されていた．See Cd. 9182.

(27) See Swenarton (1981), p. 83. もっともロイド・ジョージは，戦後の住宅建設プログラムを戦前の蔵相時代に推進した一連の社会改革の引き延ばされた一環とも捉えていたであろう．また1918年に発表された自治体住宅の設計基準に関するテューダー報告は，自治体が貧窮者に限らず一般的な世帯向けにも住宅を供給するべきことを唱えて時限的どころではない自治体住宅の役割への期待を表し，自治体住宅に関してかなり贅沢な設計基準を勧告するものとなっていた．See Swenarton (1981) pp. 94-95, 111；Holmans (1987) pp. 295-296.

(28) その顛末については，see Holmans (1987) pp. 299-302；Swenarton (1981), pp. 130-135；Merrett (1979) pp. 40-41.

(29) アディソンの活躍については，水谷 (1973 a) 27-48頁に詳しい．

(30) 水谷(1973 a) 36頁；Swenarton (1981) p. 79. また注(24)参照．See also Johnson (1968) pp. 345-346.

(31) 水谷 (1973 a) 49-51頁参照．他方の自由党側を待ち受けていたのも，1922年総選挙でロイド・ジョージが率いる国民自由党が壊滅的敗北を喫し，アスキス派の自由党から立候補したアディソンも最下位で落選するという事態であった．ともに住宅政策での負い目や失敗を想起させての惨敗であった．

(32) 保健相としての成功は，その後チェンバレンが蔵相に抜擢され，政治権力の中枢部に進出を遂げる上での「跳躍台」になったと言われる．水谷 (1973a) 51-52頁参照．

(33) ウィットリー保健相は，少数与党としての組閣に反対した独立労働党系の党内左派から入閣した唯一の閣僚であり，本来賃貸住宅を全て公営化し，労働者階級のテニュアとする夢を持っていたが，結局，同相の下で前政権との政策上の連続性が失なわれることはなく，労働党の基本綱領に関わる土地所有問題に手がつけられることもなかった．但し，閉鎖的なギルドを形成していた建設労働者の組合と交渉し，補助金制度の将来にわたる継続の方針を打ち出すことで組合から労働力の供給を増やす約束を取り付け，住宅建設拡大の実質的条件を整えたのは，まさに彼ならではの功績であったであろう．See Merrett (1979) pp. 45-46；Malpass & Murie (1990) pp. 55-56；水谷 (1973 a) 52-54頁．

(34)　See Bowley (1945) pp. 40-41.

(35)　See Merrett (1979) pp. 46-47. このときの首相が，労働党の二大政党制ひいては議会制民主主義への包摂に向けた動きをとっていた最中のボールドウィンであったことは特記に値する. Cf. Miliband (1982) esp. p. 32.

(36)　See Holmans (1987) pp. 310-311.

(37)　それまではどの政党も（住宅建設戸数に限らず）具体的な数字を示した達成目標を選挙綱領に盛り込むことは慎重に避けている. 1945年の綱領において保守党が初めて具体的数字に言及し，「2年間で22万戸供給」と述べた際も，この数字はあくまで実現確実なミニマムな戸数に過ぎず，実際にはより多くの戸数の建設を期していることが示唆された. しかもこのとき保守党は，どれだけ多くの上乗せを目指すかを示すことを頑として拒み，「達成できないかもしれない約束をするつもりはない」とわざわざ釘を刺しさえしている. Craig (ed.) (1970) p.90. 1951年綱領の30万戸公約は，基本的にはこうした姿勢にあった保守党首脳部からは反対の声が上がったにもかかわらず，敢えて盛り込まれたものであった. Gamble (1974) p.34. 次の注(38)参照.

(38)　Craig (ed.) (1970) p. 146. 年間30万戸の住宅建設目標を宣言するというコミットメントはそもそも保守党大会において一般代議員レヴェルから提起されたものであった. See 水谷 (1973b) 3頁；McKenzie (1964) pp. 197-198. 党大会における下からの要求が綱領の一項目に結実したのほ，あとにも先にもこの一度限りであったという. *Ibid.*, p. 309. 因みに，住宅が国民の「揺りかごから墓場まで」の行路にとって持つ重要性から住宅問題への取り組みを「国の義務」とする論法は，先のロイド・ジョージのウォルヴァーハンプトン演説において既に打ち出されていたものであった. Lloyd George (1992) p.70. 本章注23)参照.

(39)　マクミランにとって住宅相は必ずしも本意に適ったポストではなかった. かつまた30万戸公約の存在は，住宅相への就任が致命的ともなり得る大きな政治的賭けであることを意味していた. 水谷 (1973 b) 5-6頁参照. See also Macmillan (1969) p. 363. 就任二年目の終わりにして早くも年間30万戸の住宅建設を達成したマクミランは「『いまや政府の中で傑出した成功の一つとして考えられるようになり……新聞によって子供向け番組“マック叔父さん”の代役をやらせることすらできるかもしれない』と評されるほどになる. 国民的人物となったマクミランは，保守党が労働党とは多少異なったスタイルではあるが，気前のよい叔父さん役をつとめうるようになったことを象徴していた」. 水谷 (1973 b) 20頁. 後にマクミラン自身が「私の人生で最も幸福な三年間」と評し，最大の感興をもって懐かしんだのもこの住宅相時代であった. Macmillan (1969) p. 460.

(40)　See Holmans (1987) pp. 137, 119.

(41)　See Malpass & Murie (1990) pp. 62-65.

(42)　See Craig (ed.) (1970) pp. 102-103.

(43)　ベヴァンは自治体住宅団地が低所得者のゲットーとなること（ベヴァンの言葉で言う「トワイライト・ヴィレッジ」化）を懸念し，中産階級向けの自治体住宅建設を奨励した. この時期に建設された公営住宅群は，その多くにおいて大幅に引き上げら

れたばかりの設計基準さえ上回り，英国史上最も高い水準の(例えば専有面積が最も広い）公営住宅となっている．See Forrest & Murie（1988）pp. 23-24；Malpass & Murie（1990）pp. 71-72.

(44)　See Holmans（1987）pp. 94, 152. 当時の労働党政権が如何に経済政策の遂行を住宅政策に対しては勿論，何よりも優先させていたかについては，see, e. g., Morgan（1984）pp. 168, 401；Dow（1964）pp. 35-36.

(45)　1951年の保守党綱領は「保守党政権は国防政策以外では第一番目の優先順位を住宅政策に付与する」と明言している．Craig（ed.）（1970）p. 146. 選挙後は財政緊縮ムードが支配的であった折から，マクミラン住宅相は30万戸公約の遂行に際して様々な局面で大蔵省の反対に遭遇するのだが，一貫して首相の強力な支持を当てにすることができた．水谷（1973 b）9-16頁参照.

(46)　この二つの手法は，戦時の挙国一致内閣によって経済計画の発想が採用されて以来，相互に代案を成し合いながら同時並行裡に試みられてきたものであった．しかしこのうち物量統制的手法は戦時下の総動員体制によって初めて実効的たり得たものであり，1945年に成立した労働党政権が戦後の時代にこの手法を持ち込んだ結果は無残な失敗であった．労働党政権も徐々に他方のケインジアン的手法に重心を移さざるを得ず，その後，同手法は物量統制的手法を嫌う次の保守党政権の下で全面化されることになった．See Beer（1969）pp. 189-208.

(47)　See Bulpitt（1986）. 経済管理という現代国家が生んだ新しい機能的な課題に対する保守党の適応を導いたのが，「戦後合意」の代名詞となった「バッケリズム（Butskellism）」に労働党のガイツケルとともに名を冠したバトラーであったならば，下からの圧力に促されてアジェンダに上った住宅政策という具体的な社会政策の遂行を通し，保守党が戦後の新しい「支持の政治」のダイナミズムに適応を遂げた局面を代表したのが，マクミランであったと言える.

(48)　両党の選挙綱領を調べてみると，保守党の方が数字を並べ上げて選挙民に訴求する戦術により多く頼っていたことがわかる．興味深い符合は，両党とも議席の絶対多数を取り戻した選挙（1951年，1966年）では綱領中，他のどの社会政策よりも先に住宅政策に関する公約を述べていることである．See Craig（ed.）（1970），（1990）.

(49)　ここで少し具体的に“数字”の攻防史を追ってみよう．1951年保守党綱領の30万戸公約は，そもそも労働党政権下の年間20万戸という建設実績を睨んで打ち出されたものであった．保守党はさらに1955年の総選挙では，30万戸公約の履行と前年度に実現した年間35万戸建設の実績を誇示し，「保守党政権の下でのみ国民のニーズを充足する住宅政策が保証される」と豪語することができた．住宅建設における生産性に関して保守党のリードを完全に許してしまった労働党は，1955年，1959年の二度の選挙では敢えて数字に触れず，むしろ民間借家の抱える問題に注意を促して争点をズラすことを図ったが，結局政権に返り咲くことのできた1964年の選挙では具体的な数字の呈示に訴えている．このとき労働党は，当時の保守党の40万戸建設計画を用地や建設資材，労働力などの確保の目処を欠く非現実的なものと批判しながらも，同じ年間40万戸という厖大な数字を自らにとっては「合理的な目標戸数」として示したのである.

1966 年には両党の入札は 50 万戸にまで高騰する．いまや労働党は「住宅は我々の第一の優先項目である」と宣言し，焦る保守党の第一声も「住宅建設のペースを上げよ」と甲高い．See Craig（ed.）（1970），（1990）．

(50) See Craig（ed.）（1990）pp. 122-123，142．

(51) 第二次大戦中に空襲により破壊され居住不能となった住宅は 45 万戸を超え，さらに戦争がなければ維持・建設されていた筈の住宅も加えるならば，戦争による住宅の損失は約 200 万戸にも上った．終戦の時点で居住可能な住宅総数は世帯数に対して 200 万戸ほど不足していたという．これは史上最大の不足戸数に当たった．See Holmans（1987）pp. 91-93．

(52) 一般的には 1970 年より以前の時代から保守党＝「持ち家の党」，労働党＝「自治体住宅の党」という二項対立の図式が成立していたという前提の下（cf. Butler & Stokes[1974] p. 109），その延長線上に 1970 年代以降のテニュア論争が捉えられる．しかし保守党はむしろ具体的な住宅政策の執行の場面では全面的に自治体住宅セクターに依存してきたというのが実際であり，30 万戸宣言に始まる建設戸数公約の実現においても，保守党が開始したスラム解消政策の推進においても，自治体住宅セクターは最大限に動員された．5 年間（1952〜1956 年）で約 94 万戸の建設という史上最大の規模で自治体住宅セクターが拡張されたのも保守党政権下でのことであったし，それ

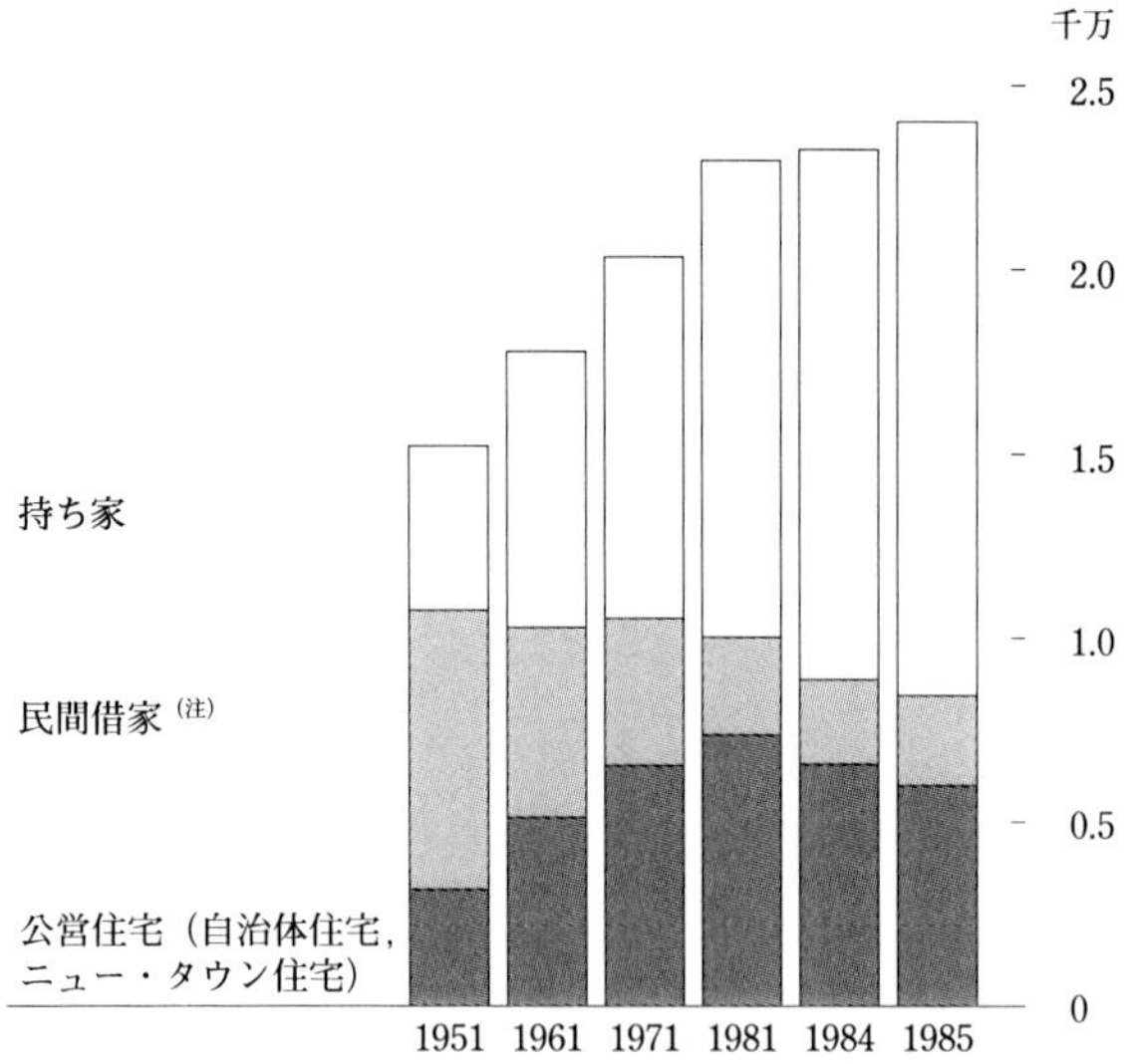

（注）住宅協会（housing associations）による賃貸住宅，社宅等を含む。

図5　英国における住宅ストックの変化　1951-1985（テニュア別）
〈出典〉Black & Stafford（1998）p.27, fig. 2-2.

以後一時は下降線を辿った同セクター内の新規建設戸数は1960年代には保守党政権の手によって再度急増させられている. See Holmans (1987) pp. 113, 335-336. 保守党が概して自治体住宅セクターの普遍化には反対し，これを民間賃貸セクターと対置していたという事実はあったものの，同党が自治体住宅と持ち家との間にゼロ・サム関係を想定するようなことはなかったのである. See *ibid*., pp. 167-175. 逆に労働党の方は，自党こそ「持ち家の党」であると自負してきた. 実際に1960年代に確立され，持ち家に多大な財政的手当を約束した税制は，専ら労働党政権の手によって整備されたものであり，労働党側にそうした主張を行うだけの根拠は十分にあった. See, e.g., Labour Party (1978) p. 1；(1979) p. 3. そもそも1945年の時点より，労働党の自治体住宅に対する態度にはかなり曖昧な部分があった. 1945年の労働党綱領が政府による計画化への志向を随所で表しながらも自治体住宅が果たすべき役割には全く言及しなかったという事実に始まり，保守党の方は既に1950年の綱領で自治体による住宅供給を論じていたにもかかわらず，労働党綱領が自治体住宅を取り上げることは1955年まで絶えてなかったのである. その1955年以降も労働党が他のテニュアとの関係で自治体住宅セクターについて明らかにした期待は，一部の劣悪な民間賃貸住宅を吸収するという程度のことでしかなかった. 労働党においては自治体住宅を含む賃貸セクター全体に対置される持ち家セクターの方にこそ一義的なプライオリティーが置かれていたのであり，労働党が「自治体住宅の党」でなかったことは確かである. See Craig (ed.) (1970), (1990). 因みに1964年の総選挙では，労働党候補者が行った演説の86%が「住宅所有」の促進に触れていたのに対し，自由党では57%，保守党では33%の演説において住宅所有が言及されていたに過ぎなかった. See Butler & King (1965) p. 143. さらに1966年の選挙キャンペーンについても同様なデータが存在する. See Butler & King (1966) p. 103.

(53) 以下，主にForrest & Murie (1988) pp. 43-55による.

(54) 払い下げを封じてきた労働党政権も，必ず「現在の段階では」という留保を付してその弁解に努めていた. *Commons*, 1947-48, vol. 445, col. 1167；1948-49, vol. 468, col. 186.

(55) *Commons*, 1967-68, vol. 740, col. 1336. 労働党政権は払い下げられる住宅の価値に見合わない，つまり不当に安い払い下げ価格が実行されることへの懸念も表明していた. See *Commons*, 1965-66, vol. 715, col. 39.

(56) Craig (ed.) (1990) p. 123.

(57) *1971 Conservative Annual Conference Report*, p. 92. もっともこの時点ではまだ環境相は，中央が介入するよりも地方選挙の審判に事を委ねる方が良策であると述べている.

(58) 払い下げ件数が伸び悩んだ背景には，一時は盛り上がった世論の関心が急速に薄らいだことや，住宅価格の高騰が買い取りを困難にしたこと，労働党と保守党のどちらの支配下にあるかにかかわらず少なからぬ自治体がそもそも払い下げに不乗り気であったこと等の要因が存在した. 具体的には，ニュー・フォレスト自治体の事例への言及として，see Forrest & Murie (1988) pp. 177-183.

(59) See Craig (ed.) (1990) pp. 174, 225. 1974年10月選挙で保守党は,「もはやコミュニティーは市当局が狭い党派的了見から市の借家人(テナント)が住宅所有者になる道に立ちはだかることを許しはしない」と宣言し,コミュニティーを自治体と対置している.こうしたコミュニティー概念の用法は後のサッチャー政権のレトリックにも現れることになるが,このときの影の環境相こそサッチャーその人であった.

(60) Cmnd. 4728. 以下に述べる住宅財政改革の概要については,see Holmans (1987) pp. 347-362; Malpass & Murie (1990) pp. 77-79.

(61) エドワード・ヒースの出自と経歴,その歴代首相との比較に関しては,see, e. g., Barber (1981) esp. pp. 26-27. 彼は人工の息子に生まれ,庶民の通うグラマー・スクールを卒業し,奨学金を得てオックスフォードに学び,保守党調査局のテクノクラートを経て下院入りを果たすという従来の宰相の例に照らせば異色と言える経歴を持っていた.

(62) See Gamble (1974) pp. 92, 220; Kavanagh (1987) p. 221. ヒースによる党官僚制,特に保守党調査局 (Conservative Research Department) の強化と緻密な政策プログラム作りとについては,see Ramsden (1980) chap. 9. 例えば住宅財政改革の日程も組み込んだ具体的な立法化のスケジュール表なるものが存在し,それは1969年から70年冬にかけての間に作成されている. See 'Appendix: The future legislation exercise' *ibid.*, pp. 279-283.

(63) ヒースと保守党平議員の関係も決して良好なものではなかった. 1971年度の会期以降,政府はかつてない頻度で平議員の「反乱」に悩まされるようになったが,ノートンはその原因をヒースの人物に帰し,ヒース後の反乱の頻発についてもヒースの下での実践が定着した結果であったことを示唆している. See Norton (1978) chap. 9, (1985) pp. 22-47. 平議員の「反乱」問題については他に,see Beer (1982) pp. 180-194; Schwartz (1980).

(64) 以下,see Houlihan (1988) pp. 42-44.

(65) See Rhodes (1984) pp. 265-268, (1988) pp. 239, 241, 378-381.

(66) See Houlihan (1988) pp.52-53; Malpass & Murie (1990) pp.84-85, 131. そもそも後述の緑書がHIPsの構想を示した時点で既に自治体の自由度を高めるという建て前には真がないことが疑われており,他方の「公共支出コントロールの手段」を中央に与えることが主たる狙いと見られていた. See Harloe (1978) p.15; SHAC (1977) p.26.

(67) 但し,家賃政策は再び政府の物価・所得政策への従属を強いられた. 家賃の抑制は当時の労働党政権が企てた「社会契約」の重要な一部であった. See Holmans (1987) pp. 362-371.

(68) See Forrest & Murie (1988) p. 32; Holmans (1987) pp. 368-370. フォレスト&ミューリーは,労働党政権下の1970年代後半を「住宅プライオリティーの後退」の時代と見る.

(69) 1971年に住宅総戸数の世帯総数比は過去の最大値を超え,それ以後もマクロな戸数世帯比は着実な伸びを続けるのだが,ミクロな実態は,別荘などのセカンド・ハウ

スが増え続ける一方でホームレスが増加するなど，均衡を欠いたものであった．自治体セクター内でも空き家の増加や自治体間での転居の難しさなど，配分に関する問題が取り沙汰されるようになっていた．See Holmans (1987) pp. 134, 137, 370-371; Balchin (1989) p. 271.

(70) See Harloe (1978) p. 10.

(71) 持ち家優遇税制は1960年代後半に労働党政権によって導入され，1970年代以降，その財政的含意に関心が集まるようになった．See Holmans (1987) pp. 271-276, 283.

(72) See Balchin (1989) p. 241.

(73) 政府による財政的手当をテニュア間ひいては所得階層間で平等化する必要は，政府外の住宅政策関連団体によって当時強く主張されていた．See Housing Centre Trust (1975).

(74) Cmnd. 4728. 1977年の住宅緑書は，1975年に環境相クロスランドが組織した住宅財政システムの見直しが住宅政策全般の見直しへと発展を遂げたものであった．他の主要な政策分野ではそれまでに戦後少なくとも一度は大掛かりな見直し作業が行われていたのに対し，住宅政策全般について政府による包括的な見直しが組織されたのはこれが初めてであった．

(75) See Harloe (1978), p. 12. 緑書は「現実的なプログラム」を欠いているとは，ある住宅政策関連団体が上げた失望の声である．SHAC (1977) p. 6. 結局そこには期待されていた新たな財源は示されず，むしろ自治体セクターに関しては前年度の補助金実績に基づき中央政府が多大な裁量権を介在させながら増分を算定していくという単に中央による財政統制の契機を強めるだけの新制度が提案されている．この制度案は次の保守党政権の住宅法に継承され，実施後はその財政統制的含意を全面化させていく．緑書に関する分析と評価は，see Harloe (1978) pp. 10-18.

(76) Quoted in Harloe (1978) p. 7.

(77) 緑書の“保守化”には，選挙への配慮の他に，クロスランドからショアへの環境相の交代，IMF危機を背景に支出削減圧力を強めていた大蔵省に対する予算防衛の思惑なども影響していたであろう．See Harloe (1978) p. 6.

(78) See Housing Centre Trust (1975) p. 36.

(79) 緑書におけるこうした労働党の主張の展開については，see Harloe (1978) esp. pp.8, 17; SHAC (1977) p.48.

(80) 労働党政権は既に幾つもの通達によって自治体に対し，スペシャル・ニーズへの対応と自治体住宅の質の引き下げを促しており，その住宅政策が自治体セクターの「スラム化」を含意しているものであるという批判を受けていた．See National Community Development Project (1990) p.7. See also Malpass & Murie (1990) p.82.「残余化」と「周縁化」の概念については，Malpass & Murie (1990) p.21.

因みに住宅政策におけるこうした自治体の新たな役割論との符合が注目されるのが，同じ時期に成立した1977年住宅［ホームレス］法である．この法律によって英国の歴史上初めてホームレスに住居を提供する自治体の義務が明文化された．但し義務を一

義的に負わされることを嫌った自治体側は，諮問手続きおよび議会審議の段階で様々な働きかけを行い，最終的に議員立法として成立した同法は，運用面において自治体に大きな裁量の幅を与えるものとなった．See Richards (1981). Cf. Stewart & Stewart (1977).

(81) See Labour Party (1978) p. 1.

(82) See, e. g., Labour Party (1978) p. 1, (1979) p. 3.

(83) Craig (ed.) (1990) p. 292.

第三章　第一期サッチャー政権

(1) Craig (ed.) (1990) p. 278.

(2) See Ramsden (1980) p. 305.

(3) See Craig (ed.) (1990) pp. 224-225.

(4) 1979年5月15日の女王演説（新政権の施政方針演説に当たった）を受けて行われた下院の討論より．*Commons*, 15 May 1979, vol. 967, cols. 79-80. See Murie (1985) p. 171. 少なくとも選挙の勝利後に政府が住宅に関する公約の重要性を確信していたことは明らかである．

(5) See Butler & Kavanagh (1980) p. 350. 1974年10月選挙と1979年選挙との間で生じた労働党から保守党への票のシフトは，熟練労働者では11％，半熟練労働者では6.5％，労働組合員では7％であった．逆に上層中産階級では保守党から労働党への2％のシフトが記録されている．但しこうした票のシフトは，あるグループにおける政党間の得票率の差が二つの選挙の間でどれだけ増減しているかによって測られるため，実際の投票行動の変化を正しく映しているとは限らない．例えば上層中産階級グループの場合でも，実際には保守党はこのグループで票を失ったわけではなく，シフトの数字は自由党からの移動票が労働党の方をより大きく利したことに拠っていた．また労働者階級内でも，労働党を見捨てた割合と保守党を新たに支持した割合の両方が最も大きかったのはむしろ非熟練労働者においてであり，熟練労働者の間では相対的に投票行動の変化の幅は小さかったという分析結果が後日示されている．See Crewe & Särlvik (1983) pp. 82-91, esp. tab. 3-4.

(6) 1979年の選挙の時点で全有権者の73％以上（Crewe & Särlvik [1983] p. 170, tab. 7-2)，労働党支持者の75％以上（*Commons*, 15 Jan. 1980, vol. 976, col. 1570, *The Observer* 紙の調査より）が保守党の自治体住宅払い下げ政策を支持していたという．しかし，「買う権利」政策が現実に選挙結果を左右したかどうかは疑わしい．Crewe & Särlvik (1983) pp. 259-263, esp. tab. 11-6は，労働党支持から保守党支持に転じた有権者と労働党支持にとどまった有権者とを比べた場合，両者の「買う権利」政策に対する態度に劇的な違いがあったわけではないことを示している．そもそも1979年に労働党に投票した人々の大半が実は「買う権利」を支持していたことからも，「買う権利」政策が有権者の投票行動を左右したとは断じ難いのである．See also Forrest & Murie (1988) pp. 101-102.

(7)　See, e. g., Jenkins (1988) pp. 92-94.

(8)　1970年の保守党綱領はむしろ教育政策と住宅政策の分野において近年労働党政権が追求してきた政策が地方の自己決定権を脅かすことへの非難に力を割いており，綱領として初めて払い下げ政策を取り上げたとはいえ，自治体の自己決定権を否定する払い下げ論を許容するような論調には程遠かった．See Craig (ed.) (1990) p. 128.

(9)　当時の保守党は労働組合イッシューに対して非常に慎重であったことが窺われる．See *Econ.*, 13 Jan. 1979, p.78；27 Jan. 1979, p.17. この傾向は1984年の炭鉱ストとの全面対決まで続いたという．See Gamble (1985) p.196. 所得政策については，see *Econ.*, 3 Feb. 1979, p.55；31 March 1979, p.9.

(10)　See Peele (1994) pp. 70-71. アメリカでは道徳主義的な言葉で語られる政治的言説はベラーが見出だした「市民宗教」に接続され，これを介して国民の間に広範な訴求力を持ち得た．何故ならアメリカを神の国と見立て，アメリカ建国史とイエルサレム建国神話を重ね合わせる壮大なキリスト教シンボリズムが，アメリカ国民のアイデンティティーを表現する語彙を供給することで政治的イマジネーションの最も重要な源泉をなしてきたからである．See Bellah (1992) pp. 2-3, 12-13. 1980年代にレーガン政権を支えた新保守主義連合において，キリスト教ニュー・ライトが最大の勢力を構成したことは，アメリカの新保守主義が道徳的・宗教的アピールを不可欠の部分としていたことを示唆している．アメリカの新保守主義については，佐々木 (1984), (1993)参照．See also Girvin (1988b). これに対してイギリスでは，サッチャーの道徳的言辞は厳格なメソディストの食料品雑貨店を営む家庭に育った彼女の個人史に帰されることでむしろ矮小化された．See, e. g., Jenkins (1988) pp. 81-86；Harris (1988) esp. pp. 41, 93；Paoli (1991) 邦訳272-273頁．サッチャーの言葉は個人的な世界の全てを大統領職に持ち込んだ点ではサッチャーに勝るとも劣らぬレーガンのケースとは異なり，接続されるべき国民的な文脈を持たなかったのである．むしろイギリスの新保守主義は道徳主義的なトーンの払拭に伝播の道を見いだし，俗化された経済理論として，ないしはその応用としての国家・社会関係に関する理論として，政治への影響力を確保することになる．

(11)　もっとも1979年綱領は，後の1983年，1987年の綱領に比べれば――例えば「法と秩序」に関する公約が社会政策上の諸公約に先行させられていたことにその一端が表れていたと言えるのだが――最も道徳的アピールが前面に押し出された綱領であった．

(12)　ここでの「新保守主義 (neoconservatism)」は，1980年代に西側先進諸国を席巻した保守的な政治運動の総称の意で用いた．See Girvin (1987) p.154；(1988 a) p.1. 特に国際比較の文脈で重宝されることを通じて，英米以外にも適用例を増やしながらこのラベルは広まった．See Grivin (ed.) (1988)；川上・増田(1989)．アメリカではこの語がより狭く，レーガン政権を支えた「新しい保守主義」連合の一角をなした知識人グループに関連付けられていたことには注意を要する．See Krieger (1986) p. 146. もっとも筆者は，そうした知識人グループの「新保守主義」が，実は1980年代の統治における新しい保守主義の発現の態様を最も包括的に予示していたものではなか

ったかと見ており，従ってその点でも「新保守主義」は，英米に始まりながらも世界的な現象となり様々なヴァリエーションをとった動きを総称するのに相応しい語であると考える．因みに政権の傾向や政策に冠される「新自由主義的（neoliberal）」という形容は，イギリスでは同時代的にはより直截に「自由主義的（liberal）」と言われ得た．しかしそもそも「この新しい保守政治が単に新自由主義ないし自由市場経済への転向として説明できるようなものでな」かったことも留意されなければならない．Peele（1988）p.15. 英米双方に関して同時代的によく用いられたのは「ニュー・ライト（New Right）」という呼称であったが，この急進主義を想起させる語の指示対象からは，社会秩序や道徳に関して伝統的な保守主義の立場と重なり合うような主張——例えば上述のアメリカの知識人グループの主張がこれに当たる——や政治家が抜け落ちる傾向があったのが難点と言えた．See Green（1988）pp.5-7. Cf. King（1987）p. 17.

(13)　帝国主義の理念は，19 世紀末には社会的地歩の低下に困惑する下層中産階級の盲目的な愛国主義に訴えるジンゴイズムの運動を，また 20 世紀初頭には労働者階級の支持を競い合う関税改革派・自由貿易派それぞれの経済的利益の配分に関するヴィジョンを触発し，その動員力を実証したが，前者は暴動に類する激烈さを持った運動であり，後者は第一次大戦へと繋がる欧州の不穏な空気と呼応するものであった等の事実に示唆されるように，それは安定的な秩序を実現する媒体となり得るようなものではなかった．See Price（1977）；Semmel（1960），esp. pp. 141-165, 258-265.

(14)　See Forrest & Murie（1984）pp. 7-8,（1988）pp. 55-56.

(15)　See Malpass & Murie（1990）pp. 101-102.

1955 年から 1966 年まで環境省の前身である住宅・地方政府省の事務次官を務めたシャープは，同省と地方自治体の関係について次のように解説している．「（同省の仕事の説明は）どうしてもぶつ切りで断片的なものとならざるを得ない．というのもその地方政府をめぐる権能は一世紀以上かけてしばしば個別のニーズへの対応が積み上げられて形成されたものであり，性格上多様である．……さらにそれは自治体がそもそも独立した団体であり，地元選挙民にのみ責任を負うことにもよる．自治体の権威は議会に，資金は地方税納入者に（大蔵省から多額の補塡を受けてはいるが）由来する．……（こうした独立性の）一つの帰結は森のように密生した地方政府に関する法律の数々である．どの自治体も……望めば議会から追加的な権限を取得することができる．大臣は各自治体が何をどうするのかについて責任を負わない．一般的な監督権限も調査権限も持たない．同省にはつまり地方政府に関する包括的責任はないのである．」「地方自治体もその仕事について，中央政府が責任を持つことを歓迎しないであろう．」Sharp（1969）pp.39-40, 68.

その一方で，環境省とその前身には，確かに中央政府における自治体の代弁者として振る舞ってきた伝統が存在した．See Hennessy（1989）p.348. アシュフォードは，自治体に自律性を与えて福祉国家が要請する政策執行の子細および行政組織の調整を地方に委ねる英国独自の中央・地方関係の在り方が，中央の官僚には超然性を，中央の政治家には対決型の政治を可能にするなど，中央の統治エリートにとって好都合で

あったことを強調する. See Ashford (1982) p.356.

(16) そこでは労働党案の中で特に期待と注目を集めた自治体住宅セクター内における転居促進制度や住民参加制度などの提案は全く生かされていなかった. See Malpass & Murie (1990) p. 116.

(17) See Malpass & Murie (1990) pp. 114-115 ; Balchin (1989) pp. 127-128.

(18) See, e. g., *Econ.*, 13 Oct. 1979, p. 32 ; 19 Jan. 1980, p. 17.

(19) *Commons*, 15 Jan. 1980, vol. 976, col. 1493.

(20) See *Econ.*, 19 Jan. 1980, p.17. これら二つの法案の相即不離——政府が期待した相身互いの関係は, 保守党が下院で住宅法案を審議する間に他方の財政法案を先に上院に掛けるという憲法上問題のある変則的な議会運営を敢えて図り, 非難を受けた末にこれを撤回したという経緯にその一端を表していたと言える.

(21) See *Commons*, 15 Jan. 1980, vol. 976, cols 1443-1444 ; 21 Feb. 1980, vol. 979, col. 667.

(22) 以上に用いた引用部分は, *Commons*, 15 Jan. 1980, vol. 976, cols 1444-1445.

(23) See *Commons*, 15 Jan. 1980, vol. 976, cols 1547, 1549 ; 17 May 1979, vol. 967, col. 503.

因みに環境相ヘーゼルタインは, 住宅所有が個人にもたらす経済的利得, 具体的には不動産価格の上昇による資産価値の増大を強調し, これに自治体住宅の住人も浴せるようになることをアピールした. このような観点からは「買う権利」政策も立派な再配分政策となり, とりわけ近年の不動産ブームが際立たせた「住宅を持つものと持たないものとの間に生じた国民の分断」を解消することが期待される. See *Commons*, 17 May 1979, vol. 967, cols 408-409. 解消されるのは経済的境遇における「二つの国民」状況だけではない. 社会的地位の面でもこれまで「二級市民」として扱われてきた自治体住宅住人が「買う権利」によってその境遇から抜け出すことができると論じられた. See *Commons*, 15 Jan. 1980, vol. 976, col. 1476. 保守党によれば,「買う権利」は「二つの国民」ではなく「住宅所有者からなる一つの国民」を作り出す. *Commons*, 15 Jan. 1980, vol. 976, 1546-1547.

これらの保守党側の「二つの国民」論は労働党側の「二つの国民」論を用いた批判, すなわち保守党の「買う権利」政策は「イギリス国民を住宅を買うことができる繁栄を享受している部分と借家で生き延びて行かなくてはならない残りの部分からなる二つの国民に分断することを図る」ものとする批判と鋭く対時していた. *Commons*, 15 Jan. 1980, vol. 976, col. 1470.

(24) *Commons*, 15 Jan. 1980, vol. 976, col. 1445.

(25) See, e. g., *Commons*, 17 May 1979, vol. 967, col. 409. その背後には, 政権の産業政策的な施策一切を忌避する立場とも呼応しあう, 労働力の適正な地域間の配分は全て市場の自己調整メカニズムに委ねられるべきものとして政府側は無為を決め込むという消極的労働政策が窺われる. 労働党側の反論として, see *Commons*, 15 Jan. 1980, vol. 976, col. 1477. そもそも人々の「移動(mobility)」の問題は, 産業構造転換の必要性が痛感された当時広く共有されていた関心事であった. See, e. g., *Econ.*, 20

Oct. 1979, p. 15；10 Nov. 1979, p. 32；2 Aug. 1980, p. 14. See also *Commons* 17 May 1979, vol.967, col. 503.

(26) See *Commons*, 17 May 1979, vol. 967, col. 499；15 Jan. 1980, vol. 976, col. 1476. これに対して，むしろジェントリフィケーション（gentrification：古くからの住民の半強制的な転出を伴う一等地化)が起こることを危惧する意見として，see *Commons*, 15 Jan. 1980, vol. 976, cols 1491–1492.

(27) 1980年住宅法案の第二読会を締め括るに際して，労働党は，保守党の払い下げ奨励策がこれまで持ち家拡大の効果を上げる成果において如何に貧弱であったか，今回の「買う権利」法案が如何に「買う権利」行使を限定的かつ困難なものにしているかを問題にすることによって，「買う権利」の非合理性を指摘するその主張の輪郭を一層曖昧なものにしている．See *Commons*, 15 Jan. 1980, vol. 976, cols 1549–1554.

(28) この点を突いた環境相の議論として，*Commons*, 17 May 1979, vol. 967, cols 397–399.

(29) これは前労働党政権が弾き出した数字であり，これに対して現政権側は一戸当たり7600ポンドの利益が上がると主張している．See *Commons*, 15 Jan. 1980, vol. 976, col. 1503. 但し労働党側には政権在任中に払い下げの財政的効果の試算を行いながら，その結果が労働党が払い下げに反対であるとの印象を有権者に与えかねないものであったために発表を見送っていたという負い目があった．See, e. g., *Commons*, 15 Jan. 1980, vol. 976, col. 1450. いずれも財政的損失を結論付けた様々な見積りについては，see Balchin (1989) pp. 209–211；*Econ.*, 25 Aug. 1979, p. 17.

(30) その他，労働党側は，「買う権利」政策が自治体住宅ストックの質・量両面での貧弱化をもたらし（*Commons*, 17 May 1979, vol. 967, col. 420；15 Jan. 1980, vol. 976, cols 1471–1473, 1583），これが入居待機者リストの長大化（*Commons*, 17 May 1979, vol. 967, cols 480–482）や家賃の上昇（*Commons*, 17 May 1979, vol. 967, col. 420；*Commoms*, 15 Jan. 1980, vol. 976, cols 1540, 1552），さらには自治体住宅に住むことのスティグマ（烙印）化（*Commons*, 17 May 1979, vol. 967, col. 448）に繋がると指摘している．

(31) See, e. g., *Commons*, 17 May 1979, vol. 967, col. 497；15 Jan. 1980, vol. 976, cols 1486, 1497–1500.

(32) See *Commons*, 17 May 1979, vol. 967, col. 454；15 Jan. 1980, vol. 976, cols 1501, 1506–1509.

(33) バッキンガム選出のウィリアム・ベニオン議員は，「この党が伝統の党でないのであれば，私の考えではそれは何物でもない．決定権を地方議会から取り去り中央官庁の権力とパトロネージに委ねるものは何であっても私の辞書の中では悪である．それは私にとってトーリー主義でも何でもない」と述べている．*Commons*, 15 Jan. 1980, vol. 976, cols 1510–1511. ところで自治体の自己決定権を巡る保守党と労働党のやりとりに亡霊のようにつきまとったのは，過去における中等教育の総合学校への一元化の政策をめぐる両党の確執であった．ここでは地方の自己決定権をめぐる両党の立場は全く逆であり，1970年代を通してこの争点は自治体住宅払い下げイッシューとは逆方

向に政権間の振子運動を生み出してきた．従って保守党内の「買う権利」反対派も，実は総合学校問題をめぐって保守党が主張してきた論理に忠実であったに過ぎない．See *Commons*, 17 May 1979, vol. 967, cols 454-455. 他方の労働党も，総合学校政策の強行を試みた前歴がある手前，地方の自己決定権擁護の姿勢は今更ながらとりにくかったのである．See *Commons*. 15 Jan. 1980, vol. 976, cols 1448, 1479. 以上は“地方自治”にとっては両党が所詮互換可能な存在であることを物語っていたと言える．

(34) See, e. g., *Econ.*, 19 Jan. 1980, p. 17；16 Aug. 1980, p. 51；cf. 9 Aug. 1980, p. 58.

(35) See *Commons*, 15 Jan. 1980, vol. 976, col. 1501.

(36) See *Commons*, 15 Jan. 1980, vol. 976, col. 1479；Bachin (1989) p. 204.

(37) See, e. g., *Commons*, 17 May 1979, vol. 967, cols 539-541.

(38) See Grant (1989) pp. 10, 17.

(39) See, e. g., *Econ.*, 2 Aug. 1980, p. 14；8 Nov. 1980, p. 65.

(40) See *Econ.*, 26 May 1979, p. 24.

(41) See *Econ.*, 8 Nov. 1980, p. 65；*Commons*, 15 Jan. 1980, vol. 976, col. 1551.

(42) See *Commons*, 15 Jan. 1980, vol. 976, col. 1473.

(43) *Commons*, 15 Jan. 1980, vol. 976, col. 1447.

(44) *Commons*, 21 Feb. 1980, vol. 979, col. 675.

(45) *Commons*, 15 Jan. 1980, vol. 976, col. 1460.

(46) Quoted by Gerald Kaufman, MP, *Commons*, 15 Jan. 1980, vol. 976, col. 1552.

(47) *Commons*, 15 Jan. 1980, vol. 976, col. 1443.

(48) *Commons*, 17 May 1979, vol. 967, col. 411.

(49) See *Econ.*, 8 Nov. 1980, p. 65.

(50) See Forrest & Murie (1988) p. 207.

(51) See *Guardian*, 30 May 1985 (John Carvel, 'Government has spent 2.9 million pounds on "controversial" publicity')；Forrest & Murie (1988) p. 207.

(52) See Balchin (1989) pp. 220-221, 218, tab. 9-5.

(53) *Commons*, 21 Feb. 1980, vol. 979, col. 666.

(54) このような数字について最初に警鐘を鳴らしたのは，下院内の政策機関として発足したばかりの環境専門委員会の報告書であった． HC 714.

(55) Murie (1985) p. 176, quoted from O'Higgins (1983).

(56) 以下については，see e.g., *Econ.*, 21 July 1979, p. 99；17 Nov. 1979, p. 77；11 Aug. 1979, p. 103.

(57) See *Econ.*, 15 Sep. 1979, p. 103,

(58) 実際に払い下げの効果が直接反映される PSBR の数字を辿ってみるならば，自治体の執行行政に対する環境相の介入が盛んに行われた時期や「買う権利」を拡大した 1984 年と 1986 年の追加立法の前後に，数字の変化は増加から減少へと(特に 86 年には

プラスからマイナスへと)転じている。See Pliatzky (1989) p. 151, esp. tab. 3.
(59) *Commons*, 15 Jan. 1980, vol. 976, col. 1460.
(60) *Commons*, 15 Jan. 1980, vol. 976, col. 1443.
(61) *Commons*, 17 May 1980, vol. 967, col. 411.
(62) *Commons*, 15 Jan. 1980, vol. 976, col. 1443.
(63) See Thatcher (1989) p. 90 (1979年7月6日演説).
(64) *Econ.*, 4 Oct. 1980, p. 64. ヘーゼルタイン人気については，see Jenkins (1988) p. 192. See also *Econ.*, 28 April 1979, p. 21；13 Oct. 1979, pp. 31, 32；11 Oct. 1980, p. 67.
(65) See Hennessy (1986) pp.99-106；Doherty (1988) pp.55-57；宇都宮 (1990) 27-33頁. サッチャーによる内閣のバイパスは，各種の閣内委員会での政策形成，あるいは平議員や世論に対する直接的な支持の訴求というかたちで起こった。閣内委員会としては，例えば経済政策に関する事項を閣議から取り上げたと言われたE委員会が有名であり，後者に関してはサッチャーが平議員との間で定期的に食事会や会合を持ったことやマスコミへのリークを利用したことなどが注目された。その他，サッチャーは官僚制との関係でも，事務次官級の人事への積極的関与や各省への細かな介入によってトップを震撼させると同時に，官邸での積極的登用や各省への首相自らの直接訪問，レイナー改革への動員などを通じ，大臣や高官の頭越しに中堅・若手の官僚を取り込むことを行っている。See, e.g., Burch (1983) pp.408-413；Kavanagh (1986) pp.17-21；Norton (1985) p.39；Jenkins (1988) p.184；Hennessy (1989) pp.594, 596-598, 628-630. See also *Econ.*, 7 Feb. 1981, p.56；17 Jan. 1981, p.51；10 March 1984, p.20, p.27；22 Sep. 1979, p.13；27 Dec. 1980, p.46.
(66) See Burch (1983) pp. 408, 414.
(67) See Norton (1990) p. 45；Burch (1983) p. 400. サッチャーの内閣におけるままならぬ戦果については，see Kavanagh (1986) p. 18. サッチャーは，自ら「内閣の反逆者」と名乗りさえした。*Ibid.*, p. 11；*The Sunday Times*, 3 May 1981 (Simen Winchester, 'You see before you a rebel'). See also Jenkins (1988) p. 183；*Econ.*, 1 March 1980, p. 52；4 Oct. 1980, p. 11.
(68) See, e. g., *Econ.*, 15 Sep. 1979, p. 29；22 Sep. 1979, p. 13；27 Dec. 1980, p. 46；Burch (1983) p. 408.
(69) See Burch (1983) p. 408； Hennessy (1989) p. 593；*Econ.*, 6 March 1982, p. 32.
(70) See Hennessy (1989) pp. 636-637, 651；*Econ.*, 6 March 1982, p. 32.
(71) See Painter (1989) p.470. 例えばサッチャーは一つのシンク・タンクに依存する代わりに必要毎に新たなユニットを設け，あるいは既存の組織についてはそのミッションを狭く限定して利用するといったかたちでシンク・タンク機能を分散させている。それらはPolicy Unitは首相官邸に，CPRS (Central Policy Review Staff) とEfficiency Unitは内閣官房に，Financial Management UnitとNext Steps Unitは大蔵省にといった具合に内属先までバラバラであった。

(72) こうした首相と蔵相の蜜月関係は1970年代には見られなかったものであった．大蔵省はむしろ新設の国家経済開発委員会(NEDC：National Economic Development Council)や総務省(CSD：Civil Service Department)に押されて不利な形勢に置かれていたことが指摘されており，1970年代中盤には「スケープゴート・デパートメント」と化した趣さえあった．See, e. g., *Econ.*, 19 July 1980, p. 68；Barnett (1982) p. 63：Hennessy (1989) p. 251.サッチャー政権下，政権執行部内での大蔵省の立場は著しく強化され，このことを象徴するかのように1980年に総務省(CSD)が廃止された際にも最も不合理と見られていた大蔵省によるCSDの吸収案がサッチャーの専断によって採択されている．See *Econ.*, 19 July 1980, p. 68；15 Nov. 1980, p. 71；13 Dec. 1980, p. 55；14 Nov. 1981, p. 29. もっともサッチャーと大蔵省は一枚岩であったわけではない．大蔵省の官僚はサッチャーが持ち込んだマクロ経済政策にそもそも懐疑的であったと言われ，また首相個人が執着を示した持ち家優遇税制についても何度もゲリラ的な切り崩しを図っては失敗している．See Malpass & Murie (1990) p. 99；*Econ.*, 22 Sep. 1979, p. 13；6 Oct. 1979, p. 30.

(73) See *Econ.*, 13 Oct. 1979, p. 32.

(74) See *Econ.*, 5 May 1979, p. 19.

(75) See, e. g., *Econ.*, 22 Sep. 1979, p. 18； 29, Aug. 1981, p. 19.

(76) See Dunleavy (1995), esp. pp. 198-199.

第四章　一九八〇年住宅政策体制

(1) このような制度配置の簡潔な定式化として，see Rhodes (1991) pp. 88-89. ローズは二重政体を統治術（statecraft）からはっきりと区別せずに論じていたバルピットとは異なり，後者から制度配置を概念的に区別し，制度配置のレヴェルで二重政体を論じている．

(2) See Leather (1981a). See also Bramley (1981a)；Malpass & Muire (1990) pp.99-100.

(3) See Bramley (1981b)；木寺・内貫(1989) 77-78頁．

(4) See *Econ.*, 17 April 1982, p. 32.

(5) See, e.g., Balchin (1989) p. 28.

(6) See Bramley & Leather (1981).

(7) See Leather (1981b)；Malpass & Murie (1990) pp. 106-110；木寺・内貴(1989) 406-410頁．

(8) 家賃の上昇は，「買う権利」によって投下資本の回収が進んだ良質の住宅群が集中的に払い下げられたため，自治体住宅間でコストを補塡し合う家賃プールが侵食されたことも一因としていた．逆にこの家賃の上昇によって「買う権利」を行使する誘因が高まったことも事実である．

(9) See Forrest & Murie (1988) p. 88.

(10) Balchin (1989) p. 263, tab. 11-1によれば，サッチャー政権の下で住宅会計の規

模は，最大時の1980年度には18億5300万ポンドであったものが，1986年度には9億9300万ポンドまで収縮している．これに対し，公私両セクターでの家賃への補助金を合算した額は，この間4億400万ポンドから34億5400万ポンドへと膨張していた．

(11) 1982年社会保障及び住宅給付法は，家賃減額（rent rabate），レイト減額（rate rebate），家賃手当（rent allowance），生活保護の住宅補足給付（supplementary benefit）等の住宅費に関連して個人に直接支給される補助金を一本化することを通じ，行政コストの節減を図るという名目の下に制定された．しかしその行政改革としての破綻は明白であり，結果として生じた行政コスト膨張の皺寄せは専ら自治体レヴェルに降り懸かるものとなった．See Malpass & Murie (1990) pp. 101-102. この新法の詳細については，see Hill (1983)，(1984)．

(12) See Balchin (1989) p. 263, tab. 11-1. 自治体住宅への国庫補助金総額は，1979年度の12億7400万ポンドから83年度の2億8000万ポンドまで落ち込み，1987年度にも4億6400万ポンドのレヴェルにとどまっている．

(13) ここで言う住宅公共支出の総額とは，住宅事業への資本支出と経常支出の合計を指す．1979年度には45億200万ポンドあったものが，1987年度には24億5000万ポンドにとどまった．See Balchin (1989) p. 185.

(14) See Forrest & Murie (1988) p. 88.

(15) Chandler (1988) p. 1.

(16) Chandler (1988) p. 2.

(17) See Rhodes (1988) p.239.「1980年代の中央の地方政府に対する政策が生んだ最も重要な結果とは，中央と地方どちらのレヴェルの政府もその目的を達せられないような政策の混乱（policy mess）であった.」Rhodes (1991) pp.83-84. "policy mess", "repetitive legislation", "confrontation", "unilateralism", "recalcitrance", "unintended consequences" といったここでの用語は，ローズの用語に基づいている．See Rhodes (1984) pp.268-269；(1991) pp.86-89, 96-97.

(18) See *Econ.*, 24 March 1979, p. 12.

(19) See *Econ.*, 31 May 1980, p. 75；14 June 1980, p. 66. 1969年に環境省の前身である住宅・地方政府省について，ある次官経験者は「その立法作業の多くは地方自治体の権限の拡大に関わるものである」と語り得た．Sharp (1969) p.20. これに対してヘーゼルタインの下で環境省が示したのは自治体の中央における代弁者ないし庇護者としての役割を装う伝統との断絶であり，同省はむしろ自治体の敵役として立ち現れた．

(20) これに対峙する自治体側は，当時，都市部と田園部の「貧しさ（poverty）」宣伝合戦――資源獲得競争の最中にあり（特に田園利益のキャンペーンが成功をおさめつつあった），中央の党派的・選別的な攻撃を助ける布陣にあった．See *Econ.*, 15 Sep. 1979, p.34.

(21) HCCについては，see Houlihan (1988) pp.52-53. ヘーゼルタインとCCLGFの関係については，see Rhodes (1991) p.87. Cf. *Econ.*, 7 July 1979, p.19. 1979年までのCCLGFについては，see Rhodes (1984) pp.265-268；(1988) pp.239-242, 378-

381.

(22) 木寺・内貴(1989) 77-78頁参照. See also *Econ.*, 19 Dec. 1981, p. 34；11 Dec. 1982, p. 29.

(23) See *Econ.*, 11 Sep. 1982, p. 22；15 Jan. 1983, p. 24；14 Jan. 1984, p.14；6 April 1985, p. 15. 自治体の課税権に関しては，保守党が野党時代から提唱していた住民によるコントロールを利用してこれを抑制するという方向性（具体的にはまず1982年地方政府財政法の法案に当初盛り込まれ，物議を醸した末に撤回された環境相のレファレンダム案として現れる）と大蔵省が好んだ中央の直接統制強化の方向性（レイト・キャッピングの手法に現れる）との間の綱引きもあったという. See *Econ.*, 16 March 1985, p.38.

(24) See *Econ.*, 14 Nov. 1981, p. 33；28 Nov. 1981, p. 30.

(25) See *Econ.*, 13 Feb. 1982, p. 30.

(26) See Chandler (1988) p. 4. Cf. *Econ.*, 11 Oct. 1980, p. 68；28 Nov. 1981, p. 30. 注(21)も参照.

(27) See *Econ.*, 4 Aug. 1979, p.15；28 March 1981, p.27；7 July 1979, p.19；24 Nov. 1979 p.86；21 April 1979, p.13.

(28) See *Econ.*, 4 Oct. 1980, p.64；25 April 1981, p.19；17 April 1982, p.32；6 Nov. 1982, p.27.

(29) See Murie (1985) p. 173.

(30) 1981年度の自治体のPSBRは，前年度の23億ポンドから一挙に3億ポンドにまで収縮している. See *Econ.*, 17 April 1982, p. 32.

(31) See *Econ.*, 5 March 1983, p. 29, 19 March 1983, p. 36.

(32) *Econ.*, 17 April 1982, p. 32.

(33) See Travers (1986) p. 144. しばしば改修補助金の拡大は，政府の住宅政策が改修・修繕政策に重点を移したことの現れと理解されるが，これは疑問である. 選挙直前の1982年度および1983年度に期間を限定して民間改修費用への援助率を一挙に50％から90％，自治体住宅に関しては90％から95％へと引き上げ，改修補助金予算を7500万ポンドも増大させた政策は，住宅政策というより明らかな選挙対策でありHIPsの過小支出に対する弥縫策であった. See Balchin (1989) pp.91-92. この見方は，1983年総選挙後に今度は一転して逆方向への動きがとられたことによって裏付けられる.

(34) See Balchin (1989) pp. 21-22. 1982年度の33億1300万ポンドから1983年度の40億1000万ポンドに拡大され，1984年度については前年度比80％が1982年12月の時点で約束されている. 1983年度の予算編成が建設・不動産業界の意向を忠実に反映していたとは当時指摘に上った事実である. See *Econ.*, 19 Feb. 1983, p. 20；19 March 1983, p. 36.

(35) See Balchin (1989) pp. 102-104；Malpass & Murie (1990) p. 107.

(36) See Gibb & Munro (1991) p. 75, tab. 4-1.

(37) 英国の住宅政策コミュニティーは，特に国家による公営住宅の供給事業を巡って

同定され得たものであった. See Dunleavy (1981) chap. 1, 4 ; Houlihan (1988). それは住宅政策が自治体住宅政策を中心に発展を遂げてきたからであり，その政策過程においては住宅政策上のプライオリティーを決定し財政資源を分配する中央政府と実際に住宅を供給する自治体との間の協働関係が何より重要な意味を持っていた. 従って中央政府と自治体とを軸として両レヴェル間の連絡に関与する専門家や地方政府協会等が政策コミュニティーの重要なメンバーをなしてきた. ここで政策コミュニティーを形成する中央と地方の関係の媒体に注目するならば，以下の四つの関係が判別され得る. 財政関係，政策計画システム (PPS : Policy Planning System, 住宅政策では HIPs がこれに当たる)を通じた関係，専門家を媒介とする関係，最後に地方政府協会を主要なアクターとする協議・諮問関係である. See Houlihan (1988) pp. 75-85. 前二者は中央の財政コントロールに従属させられ，後二者における専門家や諮問団体はあからさまに疎外されたというのがサッチャー政権下の状況であった. 本章注(21)，第7章注(11)参照.

(38) See McCulloch (1980) ; *Econ.*, 19 Jan. 1980, p.17 ; 16 Aug. 1980, p.51 ; 11 Oct. 1980, p.68. 地方政府協会は議員への独自の影響力の経路を有し，このことは地方政府関連法案の議会審議の過程に端的に表れた. 上院でも下院でも発言する議員がいずれかの地方政府協会の意を受けていることを表明する場面が繰り返し見られた.

因みに下院については，少なくとも数字上は，サッチャー政権期となって以降，与党の団結と政府への忠誠心は回復されたように見えた. 政府の敗北議決数は，1970-74年の保守党政権下には6件，1974-79年の労働党政権下には23件に上ったものが，1979-83年のサッチャー政権第一期目には1件へと激減し，また1970-74年，1974-79年に行われた議決の20％以上が与党内部の反乱票を伴ったのに対し，1979-83年にはそれが全体の1％にとどまっている. この変化については70年代に生じた議員の独立心と自己主張の高まりが1979年以降は落ち着いたと見る向きもあったが，80年代にはむしろ反対投票の脅しが積極的に活用されたことが注目されなければならない. See Norton (1985) pp.23-36. そもそもサッチャーはヒースとは異なり平議員と緊密な意思疎通を図ることを重視し，彼らに対する妥協の可能性を排除することなく，従って平議員の反乱が投票行動として表れる前にその懐柔を果たすことが多かった. 10名以上の反乱票が発生した16の事例においても，反対投票を予告した議員はもっと多かったという. 特に1982年の地方財政政府法と予算編成は，平議員による交差投票の脅しの成功例と見なされている. 上院では逆にサッチャー政権の敗北議決数はヒース政権のそれを遙かに上回っており，1970年代後半に労働党政権と対峙する中で活性化した上院も保守党政権の下では大人しくなるであろうという予測は見事に裏切られた. 政府の敗北議決数は1984年の時点で64件にも上っていた. 上院の活性化については，see Baldwin (1985) pp.101-102 ; Adonis (1988) ; (1990) pp. 156-168 ; *Econ.*, 11 Oct.1980, p.16.

(39) ところで1979年の下院改革によって創設された党派横断的な院内機関である下院専門委員会(Select Committees)が，その管轄する省庁に対する監督的・中立的立場から政策過程に関わる様々な機関や団体より意見や情報を聴取して政策を検証するこ

とで，それまで政府が主宰してきた諮問過程を一定程度代替していく可能性も考えられた．実際に環境省に対応させられた環境専門委員会は，発足後早速1980年住宅法や住宅公共支出の削減計画について優れた報告書を発表しており，これらに対する最も包括的な批判を展開した．HC 366；HC 714. しかしこうした報告書が実際に政府の政策に影響を及ぼすことはなく，そもそもサッチャー政権の側に委員会の意見を取り上げて自らの政策を見直す意志がないことは明らかであった．政権第一期目の環境専門委員会の成果に関しては，see Reiner (1989) pp. 145-158. その後，環境専門委員会は，住宅政策のように論争的な政策領域への関与は敢えて避ける方向へと進み，例えば環境問題など二大政党の対立図式がいまだ確立されていない問題に自らを特化することによって，超党派的な機関としての権威と発言力を確立する戦略をとることになる．See Drewry (1989) pp. 404, 406.

(40) See *Econ.*, 23 Feb. 1980, p. 65；16 Aug. 1980, p. 51；cf. 19 Jan. 1980, p. 17.「田園部英国(rural Britain)」の利害は当時保守党議員を動かし，政権のニュー・ライト的な政策追求を牽制し得た最大の力であった．See *Econ.*, 16 Feb. 1980, p. 73；21 March 1981, p. 41. 特に上院の「反乱」は，最も典型的には田園部に位置するカウンティーの声に呼応して発生している．See *Econ.*, 11 Oct. 1980, p.16, p.68. 上院が保守党政権の前に立ちはだかったその他の一見雑多に見えるイッシューも（see Baldwin [1985] pp.99-100；Adonis [1988] pp.384-385）パターナリズムが現れ易いタイプのイッシューとして括り上げることが可能である．

(41)「ジェフリー・ハウ卿は予算案に下院の承認が得られるかどうかを心配しなければならない初の保守党蔵相かもしれない」と言われた．*Econ.*, 16 Jan. 1982, p.19. See also *Econ.*, 19 Dec. 1981, p.33. 当時保守党の議員は，誕生したばかりの社会民主党の人気と同党が自由党と連合を組んで次期総選挙で挑んでくる見通しに，議席喪失の脅威を感じ取り騒然としていた．現にある世論調査では保守党は労働党と「連合」に後して支持率三位に転落する有り様であり，平議員たちの騒々しさにも理解できる部分があった．See *Econ.*, 3 Oct. 1981, p.26. こうした中，不評だった前年度の予算に責めを帰し，緊縮路線の修正ないし転換を求める声が高まった．政府支持率の落ち込みについては，see King (1985) pp.108-110.

(42) See *Econ.*, 28 Aug. 1982, p. 22.

(43) 注(11)参照．See Hill (1984) pp.305, 320；(1983) esp. p.63；Malpass & Murie (1990) pp.101-102. 自治体にはまた従来保健・社会保障省の出先機関が生活保護費とともに処理してきた住宅補足給付に関する事務を新たに引き受け，そのための収入審査等を手掛けるようになることにより，住民との関係が悪化することも懸念された．

(44) 例えば政府が住宅建設目標に一切言及しないことへの批判に対し，環境相は地方の自律的な政策形成を尊重するためであると答弁し，上述の新しい住宅財政システムについても地元の事情に即応した柔軟な行政を可能にするためのものであることを強調した．*Commons*, 21 Feb. 1980, vol. 979, cols 666-682.

第五章　第二期サッチャー政権

(1)　See Balchin (1989) p. 218 ; Forrest & Murie (1988) p. 93.

(2)　年間10万戸のペースとは下院環境専門委員会の見積もりであった．政府が唯一明らかにした払い下げ戸数の予想値と言えば，1982年度について発表された12万戸という数字であったが，現実のペースはこれをも上回っていたのである．See Forrest & Murie (1984) p. 10.

(3)　See Murie (1985) p. 176.

(4)　See Balchin (1989) p. 39.

(5)　See Balchin (1989) p. 235.

(6)　See Malpass & Murie (1990) p.98.

(7)　See Sanders (1990) p. 330.

(8)　See Dunleavy & Husbands (1985) pp. 85-87.「1970年代末のサッチャリズムが約束した（国家の）撤退が果たされた形跡があるのは，住宅政策と国有産業のごく周縁部とにおいてのみであった」. *Econ.*, 8 Oct. 1983, p. 12.

(9)　そもそも1983年総選挙での保守党の圧勝は，フォークランド戦争が保守党政権の人気を押し上げたことに負うものと見るのが定説になっている．See Dunleavy & Husbands (1985) pp.85-87 ; Sanders, Ward & Marsh (1987) pp.282-283. もっともこの説をめぐっては戦争前からのマクロ経済指標改善への動きによっていずれにせよ保守党の人気は回復していたであろうとする反対説も存在する．See Sanders, Ward & Marsh (1987) p.312. これに対する再反論は，see Clarke, Mishler & Whiteley (1990) p.64.「買う権利」を行使した有権者が，前回と異なる投票行動をとったというデータも特に存在していない．See Forrest & Murie (1988) pp.103-106.

(10)　1983年以降1986年までにさらに50万世帯が「買う権利」を行使しており，しかも1986年時点での自治体住宅の借家人，すなわち自治体セクターへの居残りを余儀なくされたことで「買う権利」政策から最もダメージを蒙ったと考えられるグループにおいてさえ，その大多数が「買う権利」を支持していたという．See Forrest & Murie (1988) p. 101.

(11)　See Craig (ed.) (1990) pp. 331-332.

(12)　環境省は資本支出枠の割り増しや補助金を誘因として用いながら様々なプログラムからなる「低コスト住宅所有イニシアティヴ」を自治体に促した．（自治体が自ら住宅を建設して分譲する方式，自治体が住宅建設の条件をつけて土地を開発業者に売却する方式，自治体が空き住戸を売却する方式，自治体が要修繕の住宅を購入者による修理を前提に売却する方式，自治体が自ら修繕して分譲する方式，自治体が部分的に所有権を留保して売却する方式などが示され，これらの間で「買う権利」方式はいわば相対化された．）See Littlewood & Mason (1984) pp.23-25.

(13)　Craig (ed.) (1990) p. 332.

(14)　Inquiry into British Housing (1985, 1986) ; Archbishop of Canterbury's Commission on Urban Priority Areas (1985).

(15) Cf. Shelter (1986); Association of Metropolitan Authorities (1986).
(16) Malpass & Murie (1990) p. 89.
(17) Malpass & Murie (1990) p. 89. もっとも「住宅問題」を暴露した報告書も，1980年代のそれまでの政策の刻印を抜き難く受けていた．例えばエディンバラ委員会の報告書においても「買う権利」に関する疑念が提起されることはもはやなく，また自治体住宅が持ち家のオルタナティヴとして重要視されるということもなくなっていた．同報告書はむしろ賃貸住宅の拡充には政治的風向きに左右され易い公共投資を当てにするよりも民間投資を開拓する方が確実であるという認識に立ち，様々な形態での民間活力導入の道を促していた．さらに自治体住宅の家賃にも相応の市場価格が適用されるべきであるとし，あらゆる補助金は各個人の必要に応じた直接補助金に一本化されるべきであるという立場を一貫させていた．
(18) See Department of the Environment (1985), p. 5.
(19) See *Econ.*, 5 Oct. 1985, p. 34.
(20) Audit Commission for Local Authorities in England and Wales (1986) p.3. 地方会計監査委員会は，そもそも地方政府の権能を縮小する狙いで提案され物議を呼んだ1982年地方政府・財政法によって設置されたものであった．その性格と活動については，see Malpass & Murie (1990) p.160.
(21) Audit Commission (1985). See *Econ.*, 9 March 1985, p. 34.
(22) Audit Commission (1986) p. 82.
(23) 第3章注(72)，および本章注(38)，(39)を参照．
(24) 大蔵省の再攻勢については，see Balchin (1989) p. 22.
(25) See, e. g., *Econ.*, 17 Nov. 1984, pp. 26, 29; 19 Oct. 1985, p. 32.
(26) See, e. g., *Econ.*, 8 Oct. 1983, p. 12; 22 Oct. 1983, p. 15.
(27) 閣内を二分する対立が解消されたことで，かつて「ドライ」の主軸をなしたサッチャー＝蔵相同盟がその存在意義と凝集力を減じたということもあったであろう．
(28) See, e. g., *Econ.*, 19 Oct. 1985, p. 32. See also Pliatzky (1989) pp. 45-47. 「星室庁」とは，1982年度の予算編成をめぐる政治危機の際に政府の不人気に危機感を抱いた保守党平議員と「ウェット」派閣僚の突き上げによって予算編成への内閣の関与を強化するために導入された制度の一つであり，閣内委員会として組織され，大蔵省と各省庁との間でこじれた予算折衝を仲裁することを任務とした．サッチャー政権第二期目にはこの「星室庁」が裁定を下す機会が増え，その存在を内外に印象付けるようになった．但し首相の裁定は「星室庁」の裁定の上位におかれ，大蔵省の相対的地位の低下は首相の専断権の弱化と同義ではなかった．
(29) 教育科学省におけるスクール・バウチャー制の検討，保健・社会保障省の悪名高いファウラー改革，リドリー運輸相によるバス事業の民営化が例として挙げられる．これに対してサッチャーが，後述する通り，むしろ保守的な役回りに立たされたことは，see *Econ.*, 9 Nov. 1985, p.31; 24 May 1986, p.19. 本章注(39)参照．
(30) 後に言及するニコラス・リドリーのケースはその例である．See, e.g., *Econ.* 18 Aug. 1984, p.20; 13 April 1985, p.24. ノーマン・テビットのようにサッチャー以上

に右寄りと目されたサッチャー子飼いの閣僚の出現も注目を集めた．See *Econ*. 22 Oct. 1983, p.25. こうした状況には例えば同じ平議員の「反乱」を押さえる狙いをもった閣僚人事でも「ウェット」派の反乱の凝結核となりそうな人物の登用が行われた政権第一期目からは隔世の観があった．See Burch（1983）p.412.

(31) 1981年に政府の経済政策批判の先鋒を担いだ若手グループ“ブルー・チップス(Blue Chips)”のメンバー，クリス・パッテン，ウィリアム・ウォルドグレイヴなどもこの頃にはすっかり政権の奥部に取り込まれている．See *Econ*., 12 Jan. 1985, p. 17；14 Nov. 1981, p. 34；Burch（1983）p. 412.

(32) See Dunleavy（1990）pp. 123-124.

(33) 「ニュー・ライトのイデオロギーは首相軍団の影響力をこれまで首相の影響力が浸透し得なかったようなところにまで広げる増殖器(multiplier)として機能している.」Dunleavy（1990）p. 124.

(34) サッチャー政権第二期目の下院の騒々しさは，アメリカ議会の様子に喩えられた．See *Econ*., 4 Aug. 1984, p.14. 特にこの騒々しさが下院議員に対する圧力団体の活発なロビー活動の所産であることが注目された．ノートンは英国の議会におけるロビー活動の台頭を1970年代初め以来の一貫した傾向と見なす．だが政権第二期目の状況は，むしろ政策過程において慣行とされてきた諮問や合意形成の手続きを1979年以降の保守党政権が殊更に無視したことの早晩の帰結と言える部分が大きかったであろう．他方でノートンは，かつて圧力団体が政府との間に太いパイプを持ち「議会へのロビイングを行うことを必要とせず」，議会への働きかけが圧力団体にとっては「失敗を認める」ことに他ならなかった時代があったと述べている．1970年代はともかく少なくとも1980年代の半ばに関しては，こうした時代が既に過去のものになっていたことは確かである．See Norton（1991 b), p.61.

(35) See *Econ*., 4 Aug. 1984, pp. 14, 21；8 Dec. 1984, p. 24；12 Jan. 1985, p. 17.

(36) See *Econ*., 31 Aug. 1985, p. 20；6 April 1985, p. 15.

(37) See *Econ*., 12 Jan. 1985, p. 20；6 April 1985, p. 14.

(38) See, e. g., *Econ*., 2 June 1984, p. 20；8 Nov. 1986, p. 33.

(39) See *Econ*., 22 Dec. 1984, p.12, p.15；11 Oct. 1986, p.22；15 Feb. 1986, p.37；8 Nov. 1986, p.33. サッチャーについて指摘されたのは，中産階級の不興を買うような種類の革新的な政策が各省大臣から提案された際の及び腰の姿勢であった．それは「中産階級の福祉国家（middle-class welfare state)」路線とも揶揄された．See, e. g., *Econ*., 22 Dec. 1984, p.12：8 Dec. 1984, p.24. See also Jenkins（1988）pp.181-183. 後にリドリー環境相が民間事業者による住宅供給を促すための緑地帯開発規制の緩和に踏み切った際にも，サッチャーは開発反対派の郊外住民を意識して煮え切らない態度をとり続けている．See *Econ*., 14 Feb. 1987, p.19；17 Jan. 1987, p.33；7 Feb. 1987, p.27. Cf. *Econ*., 21 Jan. 1984, p.25；18 May 1985, p.27. 政権執行部内または保守党内に浮上する急進的な「自由化」案に往々にして水を差しているのがサッチャー当人であるというふうに捉える見方も存在した．See *Econ*., 9 Nov. 1985, p. 31；5 Oct. 1985, p.15.

(40) See *Econ.*, 6 July 1985, p. 29.

(41) See *Econ.*, 6 July 1985, p. 29；27 July 1985, p. 21；19 July 1986, p. 17；18 Oct. 1986, p. 41.

(42) See *Econ.*, 3 Aug. 1985, p. 22.

(43) See *Econ.*, 24 May 1986, p. 19.

(44) Labour Party, *Homes for the Future*, 1985.

(45) See *Commons*, 4 Feb. 1986, vol. 91, cols 153-154.

(46) See, e.g., *Econ.*, 31 Aug. 1985, p. 21；14 Dec. 1985, p. 23.

(47) 以下については，Heald & Steel (1985)；Abromeit (1988)；Heald (1988)を参照した.

(48) Craig (ed.) (1990) p.73.

(49) See Thatcher (1989) esp. p.43 (1976年11月11日演説), p.78 (1978年5月6日演説).

(50) See Heald & Steel (1985) p.75. もっともリドリーは後年民営化政策を大成功に導くことになる独占的な公益企業の払い下げには懐疑的であり，これもあくまで競争に曝され得る産業を念頭に置いた脱国有化論であったという. See Riddell (1991) p. 90.

(51) See *Econ.*, 6 Oct. 1984, p. 28, Abromeit (1988) p. 73. 1970年代の脱国有化論はその他に政府による国有企業の経営への介入を批判する文脈でも行われた. これらの観点は80年代初めの民営化論にはまだ残っていたが，やがて民営化政策はこれらからの“独立”を果たし，独自の文脈を獲得していく. See Riddell (1991) pp.89-90.

(52) See, e. g., *Econ.*, 21 July 1979, p. 99. ヘルド&スティールは払い下げ収入の項目別推移を調べ，同様の洞察を示している. See Heald & Steel (1985) pp. 81-83. 政府は毎年度，政府資産の払い下げ目標額(target for special sales of assets)を設定し，これを追求していた.

(53) 以上については，see Heald & Steel (1985) p. 80.

(54) 1982年のフォークランド戦争によって政権二期目の見通しが開けたことがより急進的な民営化計画への気運を生み，それまで視野の外にあった公益企業を脱国有化プログラムの俎上に押し上げたという. See Heald (1988) p.37. こうしたムードを代表し，BTモデルによる民営化の路線を確立したのがナイジェル・ローソンであった. 彼は1983年の総選挙の後に蔵相に就任し，民営化ブームを演出した. See Riddell (1991) p.92.

ローソンは終始「競争」を奉じたリドリーとは対照的に（ところでリドリーは政権第一期目の終わりに財政担当相としてBT株払い下げ案の作成にも携わっている）「民営化が会計上の便宜以上のものであるかのように装うことを遂にやめた」蔵相であった. Abromeit (1988) p.71：*Econ.*, 16 Nov. 1985, p.33. 彼には政権第一期目のエネルギー大臣時代，国有石油会社について速やかに民営化を実現するべく，これを生産部門と配給部門とに分けて前者のみを売却するという大胆な方式――当時大蔵省と外務省の猛反対を受けた――を強行した前歴があった. See Heald & Steal (1985) p.

75.

公益企業について分割民営化ではなく一体的民営化が選択された経緯については，see Riddell (1991) pp.96-98；Abromeit (1988) pp.75-77. 民営化が安売りによる政府資産の侵食を意味したことを指摘し，それが専ら財政上の帳尻合わせの思惑に導かれていたとする議論として，see Abromeit (1988) pp.77-78, 80, 83.

(55) See Heald (1988) p. 39.

(56) Heald & Steal (1985) p. 72.

(57) ムーアの発言は，Abromeit (1988) p.71より引用．もっとも民営化が本当に「(一般の) 人々の資本市場」創出の効果を持つのかどうか，つまり個人株主（資本家）を増やす結果になるのかどうかは疑わしいと言われ得た．実際には払い下げられた株式の多くが短期間で転売されたことが指摘されている．See Abromeit (1988) pp.78-79.

(58) See Heald (1988) pp. 41-42.

(59) See *Econ.*, 18 Aug. 1984, p. 20；13 April 1985, p. 24；24 May 1986, p. 19.

第六章　一九八七年保守党綱領

(1) 以下については，see Craig (ed.) (1990) pp. 417-455.

(2) 以上の引用は，Craig (ed.) (1990) p. 420.

(3) Craig (ed.) (1990) p. 421.

(4) Craig (ed.) (1990) p. 423.

(5) Craig (ed.) (1990) p. 423.

(6) 1974年の10月選挙綱領中，サッチャーが管掌した住宅政策の提案箇所で謳われていたほか(Craig〔ed.〕〔1990〕p. 224)，サッチャー自身の演説における用例としては，see Thatcher (1989) p. 19 (1975年10月10日演説)；p. 90 (1979年7月6日演説)；p. 112 (1980年10月10日演説)；p. 155 (1981年10月16日演説).

(7) サッチャー個人の属性の庶民性，サッチャーの政策選好と庶民の感覚の近しさ，あるいはサッチャーが庶民に支持を訴える手法の――内閣や政党，議会を介さないという意味での――直接性のいずれかを指して「ポピュリスティック」という形容が当てられる場合もあれば，その提起するヴィジョンが「ポピュリズム」と呼ばれ得る場合もあった．以下では第二の，サッチャー自身によって対象化されたポピュリズムを念頭に置く．

(8) 以下，Thatcher (1989) による．

(9) Thatcher (1989) p. 205 (1986年3月15日演説).

(10) ポピュラー・キャピタリズムのインパクトは，例えば「買う権利」行使件数と個人株主数の推移によって示唆される．「買う権利」の応募・行使件数は，1985年には応募件数15万件，実施件数10万件に落ち込んでいたところが1986年前後から急激な伸びに転じ，1988年の応募件数40万件，翌年の実施件数20万件というピークを迎えている．同様に個人株主数の成人人口比も政権発足当初より6～7％の横這い状態にあ

ったものが，やはり1985年以降に急速に伸長し，1991年には25%にまで迫っている．Central Statistical Office（1995）p.177, tab. 10-8; Central Statistical Office（1993）p.78, tab. 5-21. このことはポピュラー・キャピタリズムのアピールの現実の成果でもあっただろうし，また同ヴィジョンの説得力の根拠にもなったであろう．特に所有拡大のインパクトは労働者階級において最も大きく感じられたはずであり，このことはポピュラー・キャピタリズムの非階級的ないしはポピュリスティックな訴求力を裏打ちしたに違いない．（例えば1981年と1990年の持ち家人口比を比べるならば，熟練労働者の間で最大の変化——約18ポイントの伸び——が認められるのであり，これに続き半熟練労働者，非熟練労働者，下級事務職従事者の順に10〜15ポイントの伸びが記録されている．*Ibid*., p. 123, tab. 8-25.）またある調査によると，ちょうどポピュラー・キャピタリズムが特に総選挙に向けたキャンペーンを通して喧伝された時期に当たる1986年から1987年にかけての一年間に，保守党政権が全階級にとって良い（good for）とする人々の割合が7.3ポイントも増え，一階級にとってのみ良いとする人々が7.4ポイント減っている．逆に労働党の政権については一階級のためのものと見る人々が3.8ポイント増え，全階級にとって良いとする人々は7.5ポイントも減っている．Social & Community Planning Research（1992）C-13. これらのデータからはポピュラー・キャピタリズムのキャンペーンが人々のパーセプションに及ぼした改変の作用の形跡らしきものが窺われ，しかもそれが保守党のアピールを階級の壁を超えて及ぼすような作用であったことが示唆されるのである．

(11) See Craig（ed.）（1990）pp. 421-423.

(12) See Grant（1989）. その含意は権威主義的な国家と命令と交換という二つのモードによって支配された社会であると言われた．Ibid., pp.10, 20. 住宅政策の領域では，自治体や住宅協会などへの攻撃を通じて集権度を高めた国家が，個人に直接補助金を与えて市場に参加させる「国家に補助された個人主義（state subsidized individualism）」への動きとして看取された．Forrest & Murie（1986）pp.61, 63. 第7章注（8）参照．

(13) See Ascher（1987）pp.33-35, 220-222. 自治体レヴェルでの自発的なコントラクト・アウトは1980年から1982年にかけて流行したが，その流行も1983年，1984年には衰え，自治体の関心は一度は冷却の方向に向かったという．See *ibid*., pp. 223-225.

(14) See *Econ*., 21 Feb. 1987, p. 25.

(15) Craig（ed.）（1990）p.448.

第七章　第三期サッチャー政権

(1) 住宅協会については，see Malpass & Murie（1990）pp. 144-152；Balchin（1989）pp. 150-160；Holmans（1987）pp. 206-208；Cope（1990）.

(2) See Balchin（1989）pp. 164-168.

(3) See Malpass & Murie（1990）pp. 112, 148-149.

(4) See, e. g., *Econ.*, 27 July 1985, p.21; 23 Nov. 1985, p.25; 19 July 1986, p.17；18 Oct. 1986, p. 41. Cf. National Federation of Housing Association (1986); 第5章注(24).

(5) See *Econ.*, 8 Nov. 1986, p.33; 2 May 1987, p.28. 保守党は伝統的に慈善事業としての住宅協会事業に対しては庇護者然と振る舞ってきた党であったが，サッチャー政権がそれまで示してきたのは，そうした伝統との断絶であり協会セクターへの冷ややかで懐疑的な視線であった．このことは協会住宅も「買う権利」の対象とされたことに端的に表れた．See Balchin (1988) pp.165-166, 169. もっとも特に公私の資本の併用に関して言えば，最大の障壁は大蔵省であった．最終的には首相サッチャーの裁断が官民合同の事業への道を開いたとされる．See *Econ.*, 27 Sep. 1986, p.32; 11 Oct. 1986, p.21.

(6) See Cm 214; *Econ.*, 3 Oct. 1987, p.33; Balchin (1988) p.168. それは民間資本の併用どころか奨励策をも超えていた．例えば1990年度について言えば，住宅公社の賃貸事業向けプログラムの75％を官民資本の併用事業に当てることが計画されていた．See Malpass & Murie (1990) p.113.

(7) 以下，Ridley (1988 a)より．

(8) フォレスト&ミューリーは，自治体住宅の払い下げを中心とするサッチャー政権の住宅政策が「社会化された (socialized)」住宅供給の形態を「国家に補助された個人主義 (state subsidized individualism)」によるものへの改変する意味を持っていたとし，これを「集団的な (collective) 福祉国家」から「個人主義化された (individualized) 福祉国家」への福祉国家再編の流れの一つの側面として論じている．See Forrest & Murie (1986) p.61. サッチャー政権の住宅政策はこうして広範な「社会経済関係再編の企ての前衛」にあるものとして捉えられ，また同様の住宅政策がフランス，西ドイツ，スウェーデンにも起こり「国際的な現象」となっていることも指摘された．See ibid., p.46. アメリカ，スウェーデン，西ドイツ，フランス，オランダの住宅政策との比較を含んだ国際的動向の報告として，see Heidenheimer, Heclo & Adams (1983) chap. 4. 特にアメリカとの収斂に注目するものとして，see Schwartz (1987).

(9) See Malpass & Murie (1990) pp. 111-112.

(10) See Waldgrave (1987), quoted in Malpass & Murie (1990) pp. 118-119. 因みにイギリスの住宅協会運動について住宅のニーズの分布と協会の活動の分布との間にギャップがあることを示し，公的な資金をヴォランタリズムによる社会住宅の供給に注ぎ込むことの非効率性を指摘する論者も存在する．See Kirby (1985).

(11) See Balchin (1988) p.169. 住宅白書中の住宅協会政策とこれへの住宅協会の反応については，See *Econ.*, 3 Oct. 1987, p.33. 1987年総選挙の公約と住宅協会の反応については，See *Econ.*, 30 May 1987, p.25.

1988年住宅法制定に至る過程で法令の定める諮問手続きさえ露骨に蔑ろにされたことは，ある地方政府協会が政府の指定した非現実的な諮問手続きの日程を表にして公表し，非難するほどであった．「我々は諮問の段取りに関して非常に当惑している．提

供された時間も情報も全く不十分であった.」Association of Metropolitan Authorities (1987) p.1. See also National Housing Forum (1988) p.iii.

(12) See National Housing Forum (1988) p. 31.

(13) Balchin (1989) p. 169.

(14) See, e.g., National Housing Forum (1988) p. 32. 折しも地方政府協会に住宅政策に携わる専門家が参加する各種の団体が加わって，中央政府の自治体および自治体住宅セクターへの「攻撃」を批判し，後者を強力に擁護する論陣が形成されていた. See *ibid*. pp.2-3; Institute of Housing (1987) esp. pp.10-14; Association of Metropolitan Authorities (1987) pp.8-10. 住宅協会側の反応もこれに唱和するものであった.

(15) See Houlihan (1988) pp.117-118, (1984) p.416; Institute of Housing (1985) pp.24-25. 新政策体制下においても住宅協会の自治体への依存が続くと見込まれたことは，see National Federation of Housing Associations (1988) pp.17-18, (1990) pp.3-4. See also *Econ*., 26 Sep. 1987, p.35.

(16) See Malpass & Murie (1990) pp. 90, 152-154, 162；Ball, Harloe & Martens (1988) chap. 4；岡本(1988)第9章.

(17) See Boddy & Lambert (1988)；Malpass & Murie (1990) p.156.

(18) 以下については，see Building Societies Association (1978) pp.26-38; Short (1982) p.136; Malpass & Murie (1990) pp.154-155. 特に1980年代に建築組合がもたらした「意図せざる結果」については，see Forrest & Murie (1988) p.99.

(19) 「政治化(politicization)」とは，中央・地方関係のモードを同定しようとしたローズの用語による. See Rhodes (1991) pp. 86-99

(20) See Malpass & Murie (1990) pp.158-163, 167-169. ここでマルパス&ミューリーは，中央政府にとって政策手段となる住宅協会は「エイジェント」，協力要請先となる建築組合は対等な「パートナー」とする区別を行っている.

(21) Hawes (1986) p. 66, quoted in Malpass & Murie (1990) p. 163.

(22) 地方レヴェルで形成されたこうした密接な関係については，フーリハンの研究が詳細に分析している. 但しそこでは新住宅政策が確立される前の1980年代前半までの状況しか扱われていない. See Houlihan (1988).

(23) 以下については，see Ridley (1988 b).

(24) Cmnd. 9714.

(25) 環境省のラディカリズムと大蔵省の中央統制志向との間の綱引きについては，see *Econ*., 6 July 1985, p.27; 12 Oct. 1985, p. 29; 11 Jan. 1986, p.19; 10 Oct. 1987, p. 25; 21 Nov. 1987, p.32. See also Pliatzky (1989) p. 149. 実際にコミュニティー・チャージが法制化される段には大蔵省もそれなりに一定の譲歩を獲得しているようである. すなわち最終的に中央政府には各自治体のコミュニティー・チャージに上限規制を課す権限が留保されている. See *Econ*., 2 Dec. 1989, p.33.

(26) Cmnd. 9714, p. 9.

(27) コミュニティー・チャージの例も含め，政権が「選択」のテーマに照応させて追

求した「競争化」とは「標準化」の契機を含むものであったことが見落とされてはならない．例えばサッチャー政権の初等・中等教育政策については，学校運営に関して推進された自由化・競争化の路線とナショナル・カリキュラムの導入や全国統一テストの実施に現れたとされる中央集権化・画一化の傾向との間の矛盾が決まって指摘に上る．See McVicar (1990) p.144. しかし政府や消費者にとってのサーヴィス供給主体の比較可能性が競争の前提であると捉えられているとすれば，その矛盾も矛盾ではないことになるであろう．Cf. *Econ.*, 31 Oct. 1987, p. 19; 3 Dec. 1988, p.30. サッチャー政権下，様々な分野で規制緩和策が熱心に追求されながらも，その一方で——そうした規制緩和の路線との矛盾を指摘されつつ——規制強化の傾向が厳と存在したことも，このように一定の条件を要請する競争を含意する「競争化」の論理に照らせば理解し易い．

(28) Cm. 214, p.14.

(29) See Malpass & Murie (1990) p. 120. 計画・規制権限のみで実効的な住宅政策が行われ得た試しはなく，ある機関にとってそのコントロール下にない物的資源を誘導して政策目標を思うように実現することなど殆ど不可能に近いというのがここでの意である．増してやその機関に誘因付けのための財政的資源もないとなれば尚更である．

(30) もっとも自治体の側にも，むしろ政府の積極的なレトリックを逆手にとり，その「戦略的役割」のポテンシャルをフルに活用し得るような体制を確立する動きが生じていたことは重要である．鈴木(1990)参照．例えばロンドンのハリンゲー自治体では，1986年頃よりLHP (Local Housing Programme)の策定が実施されるようになり，自治体が地域の住宅の状態に関する情報を具に収集し，それを基に直接的な住宅供給にとどまらない総合的な住宅事業計画を作成・実施していく体制が整えられつつあった．そこでの試みはまた住宅行政の機能のより細かい地区単位への分権化を伴うものでもあった．このように総合的住宅サーヴィスの旗印の下，あらゆる住宅関連行政を等価的・網羅的に自治体の住宅局が管掌するようになること，およびこれに伴い地元に密着した下位機関に対する機能や権限の委譲が進むことは，自治体によって緻密な情報と行政の網が地域全体に投じられることを意味し，そこに集積される資源を挺子に自治体の政策過程における重要性が自ずと高められていく可能性を開くものであった．以上はごく一部の自治体において見られた展開に過ぎず，こうした動向が一般化するかどうかは俄かには見定めがたい．しかし少なくともこうした動向は，前掲の鈴木によれば，いまだ全住宅ストックの四分の一の住宅が自治体のコントロール下にあり，また地方自治体の住宅関連スタッフが1979年から1988年までの間に1万2000人もの増加を見ている等の数字にも表れているように，まだまだ自治体の住宅行政機構が意気盛んであるという情勢下に生起している．いずれにせよこれらの数字が含意する将来は，保守党政権がその対自治体戦略の果てに見据える将来とは随分違ったものになり得るであろう．

(31) See Forrest & Murie (1984) pp.64-67. 自治体住宅の「周縁化 (marginalization) は自治体住宅の「残余化 (residualization)」とも言われた．「残余化」は自治体

住宅の借家人にとっては住宅コストの増大（“less choice, lower quality and higher prices”）として体験される．See Forrest & Murie（1986）pp.51-52, 62. 他方，「周縁化」は，特にその顧客が社会のアンダークラス層――「余剰」人口部分に特化する傾向が見られたことを含意して言われることが多かった．See ibid., pp. 48-51. この自治体住宅の「残余化」あるいは「周縁化」と言われるような事態には，かつて自治体住宅が借家形態の主流であり，典型的には恵まれた労働者階級がその顧客となり，マージナルなアンダークラス層はむしろ劣悪な民間借家に住むというイメージが成立した時代からは隔世の感があった．その傾向は既に1970年代終わりには指摘されていたことであったが，当初は「自治体住宅テニュアと持ち家テニュアとの間の二極化（polarization）」を意味する現象として捉えられていた．See Forrest & Murie（1984）pp.65; Willmott & Murie（1988）pp.29-36. サッチャー政権の政策はこの「二極化」を露骨に後押しするものとして立ち現れ，例えば1978年度から1982年度にかけて自治体住宅一戸当たりの補助金額は245ポンドから142ポンドに減らされ，これに対して持ち家世帯に対する減税措置などによる補助金は200ポンドから370ポンドにも増やされている．See Forrest & Murie（1984）p.62. ところがその後認識されるようになったのは，「周縁化」が必ずしも公営住宅にのみ起こる現象ではなく持ち家セクターの一部でも問題化しつつあるという事態であった．See Forrest & Murie（1986）pp.58, 62-63.

(32) 1990年度公共支出白書は，画期的にもホームレス問題に言及した初の白書となった．Cm. 1008. それは「公的補助を受けた賃貸住宅の十分な供給」が必要であることを初めて宣明するに及んだ上で「特にホームレスの家族のニーズに応えていきたい」と述べている．*Ibid.*, chap. 8 ‘Environment’, p. 3. この白書に対応するかたちで1989年末にはホームレス対策のための新政策が浮上し，若干の予算措置も講じられることとなった．See Audit Commission for Local Authorities in England and Wales（1989）．その中では特に住宅協会に対し，自治体を助けるためとして7300万ポンドが用意されたが，これはホームレスへの住居の提供義務を負う自治体が直接ホームレス対策用の住宅資源を持つのではなく，専ら民間家主，特に住宅協会への委託によってホームレスの収容義務を果たしていくことが想定されていたことと対応していた．

(33) Waldegrave（1987）.

(34) See Cm. 214, p.2.

(35) See Cm. 849. See also Jones（1991）pp. 196-197.

(36) 1980年代のホワイトホール改革に関する解説としては，宇都宮(1990）第2章も参照されたい．但し宇都宮論文は，1980年代前半の諸改革と後半のネクスト・ステップ改革を連続線上に捉え，1980年代を通じて一つの「革命」が進行したと解する点で，本書とは若干見地を異にする．同83頁参照．

(37) See Fry（1988）p.100. ウィルソンとヒースが官僚制に対して良くも悪くもインサイダー的に振る舞い，官僚の「なり損ない（manqué)」とも形容された“近しさ”を見せたことについては、see Kavanagh（1987）pp.220-221; Hennessy（1986）pp.

69-70, 74; (1989) pp.180-181.

(38) See Jones (1989) pp. 243-244.

(39) 以下については，see Fry (1988) pp. 102-103.

(40) See *Econ.*, 26 May 1979, p. 85.

(41) See *Econ.*, 8 Dec. 1979, p. 17.

(42) See *Econ.*, 7 July 1979, p.23；15 Dec. 1979, p.23；9 Feb. 1980, p.20；19 April 1980, p. 50. See also *Econ.*, 19 May 1979, p. 20；15 March 1980, p. 60.

(43) See *Econ.*, 2 Aug. 1980, p. 44; cf. p.60. 一時は政府が本格的な所得政策に乗り出すのではないかとも噂された. See *Econ.*, 31 May 1980, p. 71.

(44) See *Econ.*, 10 July 1982, p. 20.

(45) See *Econ.*, 18 April 1981, p. 21；6 June 1981, p.30；13 June 1981, p.27；18 July 1981, p. 26；25 July 1981, p. 24. その他，政府が総務省(CSD)を廃止し大蔵省にその機能を吸収させたことなども，国家公務員の集団的利益に追撃を加えるものであった. See *Econ.*, 14 Nov. 1981, p. 29; Jones (1989) p.239.

(46) See *Econ.*, 31 Jan. 1981, p. 53.

(47) See Jones (1989) pp. 244-245. サッチャーの人材登用が党派的な性格のものとは必ずしも言えなかったことについては，see also Hennessy (1989) pp. 627-634.

(48) See Fry (1988) pp. 103-105；Jones (1989) pp. 252-254.

(49) その信任の篤さについては，see Hennessy (1989) p. 589.

(50) See Hennessy (1989) chap. 14, esp. pp. 594-598.

(51) See *ibid* p. 594.

(52) See *ibid*. pp.598-599. ローズのように，こうした経費節減分を全公共支出の0.4%にも満たないとして軽視する向きもあったが，問題の額を例えば1983年度の中央政府の経費165億ポンドと比べてみるならば，その評価も変わってこざるを得ない. Rose (1987) p.258, guoted *ibid*..

(53) FMI改革については，see Hennessy (1989) pp. 605-619；Jones (1989) pp. 247-250；Fry (1988) p. 104；Flynn, Grey & Jenkins (1990) pp. 160-162, Dunleavy (1990) pp. 111-112；Richards (1987)；Whitbread (1987).

(54) Hennessy (1989) p. 607. See also *Econ*. 22 Sep. 1979, p. 27; 20 March 1982, p.21; 11 Sep. 1982, p.21.

(55) See, e.g., Painter (1989), esp. pp.468-469.

(56) クォンゴ狩りについては，see Jones (1989) p.239; Barker (1982). クォンゴという新奇な概念は1978年頃にこのキャンペーンによって定着を見たものであった.（もっともこの語はそれが何の略語であるかが確定されないままに広まり，これを"quasi-autonomous national governmental organization"の略とする用法も有力であり続けた.）反クォンゴのキャンペーンが，総選挙を睨んだ政権批判と連動していたことは言うまでもない. See *ibid*., pp.222-223.

(57) See *Econ.*, 22 Sep. 1979, p. 27.

(58) See *Econ.*, 19 Jan. 1980, p. 21.

(59) Efficiency Unit, *Improving Management in Government : The Next Steps*, 1988. 以下に関してはその他に，see Hennessy（1989）pp.617-622；Jones（1989）pp.250-254；Dunleavy（1990）pp. 113-116.

(60) それは，同じ頃まとめられたストウ報告書（*The Better Management of Government*）の提案を切り捨てての選択であった．同報告書は保健・社会保障省の元事務次官であるケネス・ストウの下で作成され，全省のマネージメントを監督するマネージメント・ボードの創設を提案していた．これもやはりレイナー改革とFMI改革の成果を踏まえて出てきた行政改革案であったが，官僚制のマネージメントの一元化を図る方向性において「ネクスト・ステップ」とは全く逆を行く路線を意味していた．See Flynn, Grey & Jenkins（1990）p. 161.

(61) Efficiency Unit（1988）pp. 9-10.

(62) 国家公務員制度の統一性ないしフィッシャー改革については，see Radcliffe（1991）pp. 12-17. このときホワイトホールの一体性を人的に担保するために，高官ポストはジェネラリスト官僚が占めるべきものとされ，ジェネラリストに対置される専門家に関しては「必要とあらばいつでも使うが，トップには置かない（on tap, not on top)」という処遇の在り方が確立した．それは第一次大戦中に国家の中枢部で専門家が重用されたことに対する反動であったとも言われる．その後1968年のフルトン報告の時代には，「プロフェッショナル」と呼ばれる専門家が公式・非公式に政策過程への関与を強める傾向が注目を浴びるようなった．これに対し今回のネクスト・ステップ改革では，同じ専門家でもむしろ「スペシャリスト」にマネージメントを任せることが主張される．政策形成に当たるジェネラリストを補完する専門家がこのように「プロフェッショナル」から「スペシャリスト」への転回を遂げたことは，国家の組織原理レヴェルに生じた変化の表徴と見てよいだろう．

(63) ヘネシーなどはこの段階で改革は未完の革命に終わったと評価する．See Hennessy（1989）p. 620. 大蔵省の改革に対する態度とその抵抗の戦果については他に，see Dunleavy（1990）pp. 115-116；Flynn, Grey & Jenkins（1990）pp. 167-168.

(64) こうした光景を皮肉な面持ちで眺めていたのがプリアツキーであった．See Pliatzky（1989）pp. 101-104．彼はかつてクォンゴ狩りを指揮し，政府機構の無用の分化・増殖を遂げた部分を削ぎ落とす任に当たった人物であり，それ以前の大蔵省高官時代にはキャッシュ・プランニング――各支出項目に額面において固定された総額規制を割り当てる手法――を発明し，1970年代に失墜した大蔵省の勢威を再興に導いた人物でもあった．言うならばプリアツキーは官僚制の統一性の理念と大蔵省の支出統制意志とを1980年前後の時期に一身に体現していた人物であった．しかし1987年以降，事態は彼が1979年当時自らその第一歩を踏み出し確認した方向とは全く逆の方向に進みつつあった．

(65) See Jones（1989）p. 251；Flynn, Grey & Jenkins（1990）p. 174.

終　章　作用としてのサッチャリズム

(1)　See Hudson (1985) p. 166.

(2)　See Jenkins (1988) p. 154

(3)「高い失業率こそ，我々の前進の証しである」とニコラス・リドリーは述べたという．1980年代の大半を通じて失業者数は300万人の大台周辺より下がることがなかった．See McIroy (1989) esp. p.175.

ところで1970年代末にイギリスが“統治不能状態”に陥るシナリオを描いたブリタンは，1989年の時点で次のように回顧している．「何故私の予測が悲観的過ぎたということになり，民主主義は相争う利益集団の課す負荷にもかかわらず生き延びたのか．私は自由民主主義は利益集団の圧力を直接馴致することなどできないし，完全雇用へのコミットメントを捨て去ることで間接的にそうすることもできないであろうと考えていた．*ところが民主主義は私が恐れていたよりもずっとうまく生き延びたのであり，それは結局完全雇用へのコミットメントを捨て去ることによって可能となったのである．これはしかしとても民主主義存続のための満足のいく望ましい持続可能な基盤とは言えない（イタリック筆者）．*」Brittan (1989) p.199.

もっとも，パーセプションの変化を端的に物語ってくれるような統計データは殆ど存在していない．よく引かれるのは，1980年代を通じて減税と公共支出拡大に人々が付すプライオリティー比がサッチャリズムの路線とは逆の方向に振れたというデータである．すなわち1983年から1989年の間に，公共支出を減らしてでも減税を行うべきだとする見解が5.9ポイント減って2.7％にまで落ち込み，増税をしてでも社会的支出を上げるべきだとする見解が24.0ポイント増えて56.2％になっている．（因みに，どちらもこのままの水準でよいとする見解は17.5ポイント減り，36.8％となっている．）Social & Community Planning Research (1992) F-3. またインフレ抑制策と失業対策とに付されるプライオリティー比は，1989年の時点でインフレ抑制を失業の削減に優先させるべきとする見解が38.5％，失業対策を優先させるべきとする見解が56.7％となっている．*Ibid.*, F-2. 以上を以てサッチャリズムは人々の広汎な支持を得ていたものでは決してなかったと結論付ける有力な見方が存在する．See, e. g., Edgell & Duke (1991) esp. pp. 222-223. しかしマクロな建て前に関する調査を離れ，実際に政府がとるべき具体的方策に関する人々のパーセプションを調べるならば，しかも異なる評価や見解のある時点での比較ではなく，その系時的な変化を追っていくならば，サッチャリズムが人々のパーセプションの上に残した刻印らしきものが確かに見えてくる．例えば1970年代に頻りにその可能性が論じられた法定所得政策，物価政策は，1980年代を通じて劇的に支持を失っている．（法定所得政策について，1983年に賛成47.7％，反対48.5％と拮抗していた世論は，1989年には賛成27.7％，反対68.5％と明確に拒絶の大勢を表すものとなっている．後者の法定物価政策についても，同じ期間に賛成から反対へ14.8ポイントも動いている．）また産業補助金政策，雇用創出のための政府による建設プロジェクトに対する賛否においては，特にサッチャリズムの完成期にあたる1986年から1989年にかけて有意な変化が生じており，前者について

は1983年から1986年までの間は3.8ポイントの幅内で変動していた賛成率が1986年から1989年の間に8.2ポイント減り，同じく1.9ポイントの幅内にあった反対率は8.4％もの急伸を示している．後者についてはそれまでの1.5ポイント前後の変動幅に対し，賛成率が3.8ポイントのマイナスを，反対率は4.1ポイントのプラスを記録している．*Ibid*., F-3, F-4, F-5, F-6. さらにインフレ抑制と失業対策とに付されるプライオリティー比も，系時的な変化，特に1986年から1989年にかけての変化に注目するならば，むしろインフレ抑制を重視する見解は18.4ポイントの急増を，失業対策を優先させる見方は18.1ポイントの減少を見ていることが判明する．また，これに関連して興味深いのは，政府の優先順位としては56.7％の人々が失業問題をインフレの上に位置付けていたのに対し(後者優先が38.5％)，自分個人とその家族にとっての関心事としては，むしろ66.5％がインフレを失業よりも大きな問題として挙げ，わずか29.8％が失業をより重く見ているに過ぎない(1989年時点)．しかも各々への関心は，1986年から1989年の間に前者で16.0ポイントの増加，後者で14.8ポイントの減少という劇的な変化を示している．*Ibid*., F-2. 以上からはまず第一に，少なくとも政府が実際にとり得る具体的政策については，かつて一度は現実的であったものが否定されるかたちで人々のパーセプションに確かに変化が生じていることが確認される．また第二に，人々の意識において政府の目標に関する建て前と自己の身辺における利害認識との間にズレがあることが認められ，少なくとも後者についてはサッチャー政権の公式政策との対応性が見出されるとともに，さらに系時的変化に着目するならば，そうしたズレを抱えながらもそのどちらもが同じ方向に——サッチャリズムの含意を承認する方向に——動いていることが確認される．つまり政府が具体的にとるべき行動とその実現可能な目的とに関する人々のパーセプションには，確かに何らかの変化が生じている可能性があるのである．そうであるとすれば，最初に紹介した減税か公共支出の拡大かという抽象的な二者択一は，そもそもサッチャリズムの本質から見れば的を外していると言うべきなのかもしれない．

サッチャリズムの本質をポピュラー・キャピタリズムと分節化・競争化の組織戦略に代表させるのであれば——換言すれば，社会の「統合」と「機能」を政治の領域から切り離す戦略に見出すのであれば，むしろバロウズらが注目したような「企業家文化(enterprise culture)」の伝播の程度においてサッチャリズムの「パフォーマンスの政治」は測られるべきなのかもしれない．See Burrows (ed.) (1991), esp. Curran (1991). そしてそうであるとすれば，例えばホッブズが報告したような労働者階級の様々な生活の局面におけるビジネス・メタファーの浸透といった現象にこそ，サッチャリズムの“成功”を物語るデータが探られなければならないであろう． See Hobbs (1991). ノリスはサッチャー政権による「企業家社会 (enterprise society)」実現の取り組みについて，短期的に有権者の労働党離れを帰結することはなかったものの，それが社会構造を大きく変えたこと（労働組合員の減少，株保有の広まりなどとして体験される)，さらにそうした変化には長期的に国民の間に深く根差した価値観や社会的態度を変えていくポテンシャルがあることを指摘した．See Norris (1990) pp.74-76.

(4) ところでここで興味深いのは，あるペルーの知識人によるサッチャリズム受容の思想的背景である．イギリスではむしろ非知性的キャラクターと結び付けられ，そのことが革新性もしくは大胆さの秘訣と受け止められてきたサッチャリズムであるが，ペルーのバルガス・リョサについては，その著作『世界終末戦争』(旦敬介訳，新潮社，1988年) で展開された壮大な思考実験がサッチャリズムへの転向の背景にあることが注目される．辺境における上からの近代化の不可能性を洞察し，政治的に辺境を隔離していく方向性を諦念を以て指し示す過程で，共産主義，貴族的な保守主義，近代国家，インテレクチュアリズムの無力を，宗教と情念のポピュリスティックな力の前に晒け出したのが彼の著作であった．マージナルなものの封じ込めと隔離を含意するサッチャリズムは，そうした彼が1990年の大統領選を戦う際に提起し得た唯一の政治ヴィジョンであったのであろう．しかし深刻な面持ちの高踏派はサッチャリズムにはそぐわない．サッチャリズムは国家と市場の平板化，そしてリーダーとフォロワーの同質化を含意するものでもあった．大統領選において支配者階級のオーラをまとったバルガス・リョサが，より庶民的なイメージを前面に押し出したフジモリに敗北を喫したことは，サッチャリズムの現実の道具立てに関する重要な示唆を含んでいたように思われる．

著者略歴

1966年生まれ．名古屋，酒田，東京，札幌，大阪で育つ．東京大学法学部卒業．同助手，専任講師，九州大学法学部助教授を経て，2004年より早稲田大学国際教養学部教授．『新保守主義の作用——中曽根・ブレア・ブッシュと政治の変容』（勁草書房，2008年）ほか．1998年サントリー学芸賞（思想・歴史部門）受賞（本書旧版にて）．

新版　サッチャリズムの世紀　作用の政治学へ

2010年３月25日　第１版第１刷発行

著者　豊《とよ》　永《なが》　郁《いく》　子《こ》

発行者　井　村　寿　人

発行所　株式会社　勁《けい》　草《そう》　書　房

112-0005　東京都文京区水道2-1-1　振替　00150-2-175253

（編集）電話　03-3815-5277／FAX　03-3814-6968

（営業）電話　03-3814-6861／FAX　03-3814-6854

平文社・青木製本

http：//www.keisoshobo.co.jp

新版　サッチャリズムの世紀　作用の政治学へ

2018年8月10日　オンデマンド版発行

著 者　豊 永 郁 子

発行者　井 村 寿 人

発行所　株式会社　勁《けい》 草《そう》 書 房

112-0005 東京都文京区水道 2-1-1　振替　00150-2-175253
（編集）電話 03-3815-5277／FAX 03-3814-6968
（営業）電話 03-3814-6861／FAX 03-3814-6854

印刷・製本　(株)デジタルパブリッシングサービス http://www.d-pub.co.jp

AK325

ISBN978-4-326-98324-7　Printed in Japan